华 南 国 际 知 识 产 权 研 究 文 丛

粤港澳大湾区
知识产权研究报告

（2018—2019）

卢纯昕　赵盛和　曾凤辰　等／编著

全国百佳图书出版单位

—北京—

图书在版编目（CIP）数据

粤港澳大湾区知识产权研究报告. 2018—2019/卢纯昕等编著. —北京：
知识产权出版社，2020.12
ISBN 978 - 7 - 5130 - 7284 - 7

Ⅰ.①粤… Ⅱ.①卢… Ⅲ.①知识产权—研究报告—广东、香港、澳门—2018 - 2019
Ⅳ.①D923.404

中国版本图书馆 CIP 数据核字（2020）第 214387 号

内容提要

本书着眼于粤港澳大湾区成为国际科技创新中心的发展目标，在对比该区域 11 座城市知识产权制度、政策及发展状况的基础上，从宏观层面上对粤港澳大湾区知识产权建设中面临的问题进行研究并给出解决思路，探讨并回答了如何能促进大湾区内知识产权的协同合作，保障大湾区内知识产权工作的实效，从而实现大湾区的创新发展建设。

责任编辑：王玉茂　可　为　　　　　　　责任校对：潘凤越
封面设计：博华创意·张冀　　　　　　　责任印制：刘译文

粤港澳大湾区知识产权研究报告（2018—2019）

卢纯昕　赵盛和　曾凤辰　等编著

出版发行：知识产权出版社 有限责任公司	网　　址：http：//www.ipph.cn
社　　址：北京市海淀区气象路 50 号院	邮　　编：100081
责编电话：010 - 82000860 转 8541	责编邮箱：wangyumao@ cnipr.com
发行电话：010 - 82000860 转 8101/8102	发行传真：010 - 82000893/82005070/82000270
印　　刷：三河市国英印务有限公司	经　　销：各大网上书店、新华书店及相关专业书店
开　　本：720mm×1000mm　1/16	印　　张：22.75
版　　次：2020 年 12 月第 1 版	印　　次：2020 年 12 月第 1 次印刷
字　　数：373 千字	定　　价：110.00 元

ISBN 978 - 7 - 5130 - 7284 - 7

华南国际知识产权研究文丛

总　序

　　党的十九大报告明确指出："创新是引领发展的第一动力，是建设现代化经济体系的战略支撑。"知识产权制度通过合理确定人们对于知识及其他信息的权利，调整人们在创造、运用知识和信息过程中产生的利益关系，激励创新，推动经济发展和社会进步。随着知识经济和经济全球化深入发展，知识产权日益成为推动世界各国发展的战略性资源，成为增强各国国际竞争力的核心要素，成为建设创新型国家的重要支撑和掌握发展主动权的关键。

　　广东外语外贸大学作为一所具有鲜明国际化特色的广东省属重点大学，是华南地区国际化人才培养和外国语言文化、对外经济贸易、国际战略研究的重要基地。为了更好地服务于创新驱动发展战略和"一带一路"倡议的实施及科技创新强省的建设，广东外语外贸大学和广东省知识产权局于2017年3月共同组建了省级科研机构——华南国际知识产权研究院。研究院本着"国际视野、服务实践"的理念，整合运用广东外语外贸大学在法学、经贸、外语等领域中的人才和资源，以全方位视角致力于涉外及涉港澳台地区知识产权领域重大理论和实践问题的综合研究，力争建设成为一个国际化、专业化和高水平的知识产权研究基地和国际知识产权智库。

　　为了增强研究能力，更好地服务于营造法治化、国际化营商环境和粤港澳大湾区的建设，我们决定组织编写"华南国际知识产权研究文丛"。该文丛以广东省以及粤港澳大湾区这一特定区域内的知识产权情况为研究对象，对区域内具有涉外及涉港澳台因素的知识产权创造、保护和运营等情况进行深入研究，为提升广东、粤港澳大湾区乃至全国知识产权创造、保护和运用水平，促进社会经济文化的创新发展，提供智力支持。

该文丛是内容相对集中的开放式书库，包括但不限于以下三个系列：

《广东涉外知识产权年度报告》系列丛书。其以广东省涉外知识产权的司法和行政保护以及广东省企业在国外进行知识产权创造和运用等情况作为研究对象，立足广东，从国内和国际两个市场，从整体上研究我国知识产权的创造、保护和运用情况，为进一步完善我国的知识产权法律制度，提高行政机构的知识产权管理和服务能力，提升知识产权的司法和行政保护水平，增强企业在国内和国外两个市场进行知识产权创造、应用和防范、应对知识产权风险的能力，进而为推动我国"一带一路"倡议、"走出去"等国家政策的实施提供智力支持。

《粤港澳大湾区知识产权研究报告》系列丛书。其以粤港澳大湾区内的香港、澳门、广州、深圳等 11 个城市的知识产权情况为研究对象，全面和深入研究各地的知识产权制度以及知识产权创造、保护和运用等情况，力求推动大湾区内部的知识产权交流与合作，增强和提升大湾区知识产权创造、保护和运用的能力和水平。

《广东涉外知识产权诉讼典型案例解析》系列丛书。其以研究院每年评选出的"广东十大涉外知识产权诉讼典型案例"为研究对象，深入解读典型案例所确立的裁判规则，分析涉外知识产权司法保护中的经验和不足，以推动我国知识产权司法保护工作的发展，增强我国企业、个人防范和应对知识产权诉讼的能力。

我们期望并且相信，经过各方的共同努力，该文丛必将成为知识产权研究的特色、精品佳作，为知识产权创造、运用、保护、管理提供高质量的智力指导。

是为序。

石佑启

2019 年 7 月 10 日

前　言

推进粤港澳大湾区建设，是以习近平同志为核心的党中央作出的重大决策，是习近平总书记亲自谋划、亲自部署、亲自推动的国家战略，是新时代推动形成全面开放新格局的新举措，也是推动"一国两制"事业发展的新实践。2019 年 2 月 18 日，中共中央、国务院印发了《粤港澳大湾区发展规划纲要》（以下简称《规划纲要》），明确指出"全面加强粤港澳大湾区在知识产权保护、专业人才培养等领域的合作。强化知识产权行政执法和司法保护，更好发挥广州知识产权法院等机构作用，加强电子商务、进出口等重点领域和环节的知识产权执法"。在《规划纲要》精神的指引下，本报告全面梳理了 2018—2019 年粤港澳大湾区知识产权的发展状况，对发展过程中出现的问题提出了建议并对未来的发展进行了展望。粤港澳大湾区知识产权工作取得了长足的进步，主要的亮点如下：

一是粤港澳大湾区知识产权政策制度不断完善。香港特别行政区在《2019 年专利（一般）（修订）规则》中引入了原授专利制度和优化了短期专利制度，在《2017 年仲裁（修订）条例》中扩大了知识产权仲裁的适用范围。澳门特别行政区持续优化知识产权行政管理流程，改善电子卷宗的管理，推行"送服务上门"的便民措施，继续推动知识产权管理的电子化建设。广东省修订了《广东省自主创新促进条例》、《广东省专利奖励办法》及其实施细则。广州市发布了《广州市黄埔区广州开发区推进粤港澳知识产权互认互通办法（试行）》，探索建立粤港澳大湾区知识产权合作新机制，率先开展粤港澳知识产权互认互通试点工作。深圳市颁布施行了《深圳经济特区知识产权保护条例》。珠海市发布了《珠海市人民政府关于建设知识产权强市的意见》，制定了《珠海市推进国家知识产权示范城市建设工作方案（2019—2022年）》等。

二是粤港澳大湾区知识产权协作不断加强。粤港澳三地深入优化"粤港保护知识产权合作专责小组"和"粤澳知识产权合作工作小组"机制，分别签署了《粤港知识产权合作计划（2020 年）》《粤澳知识产权合作协议（2019—2020 年）》。根据《广州市深圳市深化战略合作框架协议》，深圳市市场监督管理局和广州市市场监督管理局签署了《全面加强知识产权战略合作协议》。惠州市与国家知识产权局专利局专利审查协作广东中心建立战略合作关系，同时与广州知识产权法院达成合作共识，在惠州仲恺高新区设立了广州知识产权法院巡回审判法庭。2019 年，广州海关与广州知识产权法院签订了知识产权保护合作备忘录，联合广州市南沙区人民法院（广东自由贸易试验区南沙片区人民法院）设立全国首个法院驻口岸知识产权纠纷调处中心等。

三是粤港澳大湾区知识产权保护不断增强。粤港澳三地知识产权部门在广州举办首届粤港澳大湾区知识产权交易博览会，首次实现专利、商标、著作权、地理标志等知识产权类别全覆盖。在全国率先组建广东省知识产权保护中心，中国（广东）知识产权保护中心、中国（深圳）知识产权保护中心、中国（佛山）知识产权保护中心挂牌运行。2019 年 3 月，国家知识产权局将广东"建立大型展会快速维权机制"有关做法列入第一批知识产权强省建设试点经验与典型案例，向全国推广。2019 年 11 月 13 日，广东省知识产权保护中心、国际争议解决及风险管理协会、香港和解中心、澳门知识产权研究会等共同签署了《粤港澳大湾区知识产权调解中心合作框架协议》，成立首家"粤港澳大湾区知识产权调解中心"。知识产权保护快速维权"中山模式"获得了世界知识产权组织、国家知识产权局和广东省知识产权局的认可，并于 2018 年 9 月在世界知识产权组织总部日内瓦向世界推广介绍。深圳海关首创专利权海关保护"深圳模式"，查处专利侵权案件全国居首。肇庆市依托12345 投诉举报系统建立了知识产权维权平台，制定了接诉、审查、分派、办理、回复等一整套工作程序，确保知识产权维权案件的快速有效处理。

此外，在知识产权诚信机制方面，粤港澳大湾区作出了许多有益的探索和尝试，制定颁布了相关文件，如广州市发布了《关于对知识产权领域严重失信主体及其有关人员开展联合惩戒的合作备忘录》，深圳市发布了《深圳市关于对知识产权（专利）领域严重失信主体开展联合惩戒的合作备忘录》等。

目　录

第1章 广东省知识产权报告

引 言

2018 年是国家知识产权战略纲要实施十周年以及《"十三五"国家知识产权保护和运用规划》《广东省知识产权事业发展"十三五"规划》实施期间关键的一年，广东省委、省政府全面落实党中央、国务院对知识产权工作的一系列方针政策和重要部署，高度重视知识产权工作，积极推进国家引领型知识产权强省试点省、知识产权服务业发展示范省等工作，使广东省知识产权事业持续快速发展，知识产权大省的地位不断巩固，在知识产权环境和知识产权创造、运用、保护等方面取得显著成效。2019 年 2 月，中共中央、国务院印发《粤港澳大湾区发展规划纲要》，再次给广东省带来新的发展机遇和挑战。

尽管目前广东省在知识产权工作方面取得了显著成绩，同时迎来了重要的发展机遇，但面临的挑战也依然十分严峻。本章将在客观反映广东省知识产权发展总体情况的基础上，分析知识产权进一步发展面临的挑战，并提出相应的建议。

一、广东省知识产权制度和政策

（一）概述

2018—2019 年，广东省委、省政府紧跟国家知识产权战略和政策动向，结合省内知识产权创造、运用、保护、管理、服务等方面的实际情况，重点围绕知识产权的保护和运用，颁布实施了一系列知识产权制度和政策。主要包括：当年和今后一个时期的纲领性文件——《关于强化知识产权保护推动经济高质量发展的行动方案》（粤知〔2018〕153 号）；针对《粤港澳大湾区发展规划纲要》出具的实施意见；若干具体文件——《广东省人民政府关于印发广东省举报侵犯知识产权和制售假冒伪劣商品违法行为奖励办法》（粤府〔2019〕40 号）、《广东省专利奖励办法》（粤府令第 258 号）、《广东省关于专利奖励办法的实施细则》、《促进中小企业知识产权保护和利用的若干政策措施》（粤办函〔2019〕79 号）等。

1. 出台《关于强化知识产权保护推动经济高质量发展的行动方案》

为积极响应习近平总书记于 2018 年全国两会期间对广东省提出的"四个走在全国前列"的要求，广东省市场监督管理局（知识产权局）于 2018 年 9 月印发《关于强化知识产权保护推动经济高质量发展的行动方案》（以下简称《行动方案》）。该《行动方案》是广东省知识产权局围绕知识产权领域改革、保护、创造、运用、合作交流等 8 个重点专题，赴其他省市进行深入调研，经过认真找短板、找差距、找问题之后形成的，旨在解决目前广东省知识产权事业发展主要存在的问题和短板，进一步发挥知识产权制度对促进创新和经济高质量发展的激励作用。该《行动方案》将贯彻落实保护知识产权提升到一个新的高度，为广东省知识产权事业发展带来了新机遇，是当前和今后一个时期广东省知识产权事业改革与发展的纲领性文件。

《行动方案》明确了到 2022 年的各项具体目标指标，提出了七大政策措施 14 项重点任务。七大措施包括：一是实行最严格的知识产权保护，营造良好营商环境；二是增强自主知识产权创造能力，促进高质量专利产出；三是建立健全知识产权保护体系，培植产业核心竞争力；四是构建知识产权运营交易体系，促进专利技术转化实施；五是加快专利信息资源的深度开发，增强经济发展新动能；六是深化粤港澳大湾区合作，强化海外知识产权布局和维权；七是深化知识产权"放管服"改革，建设专业化服务队伍。

《行动方案》中特别强调了深化粤港澳大湾区的知识产权合作，并提出以下具体措施。一是深化粤港澳大湾区知识产权合作和国际交流。建立健全粤港澳知识产权跨区域合作机制，强化跨区域执法协作，推动信息服务共建共享，推进知识产权金融和交易运营合作，力争将大湾区建设成为具有国际影响力的区域知识产权交易中心；继续推动中新广州知识城知识产权运用和保护综合改革试验；大力创建国家知识产权国际合作基地，争取世界知识产权组织技术创新支持中心落户广东省；打造具有影响力的国际知识产权论坛和巡回研讨活动精品。二是强化知识产权海外布局和维权。鼓励企业强化知识产权海外布局，加强知识产权海外实务指引和风险预警；支持外向型企业、行业协会和服务机构联合建立知识产权海外纠纷应对机制，组建企业海外知识产权维权联盟，设立海外维权风险共担准备金，妥善推进海外知识产权争端处理工作，积极维护企业海外知识产权合法权益。

2. 印发贯彻落实《粤港澳大湾区发展规划纲要》的实施意见

为深入贯彻落实习近平总书记关于粤港澳大湾区建设重要讲话精神和《粤港澳大湾区发展规划纲要》，广东省委、省政府于 2019 年 7 月印发《关于贯彻落实〈粤港澳大湾区发展规划纲要〉的实施意见》（以下简称《实施意见》）。《实施意见》在广东省知识产权发展方面作出了如下部署。

一是优化区域创新环境。大力推动科技金融服务创新，强化知识产权保护和运用，打造具有国际竞争力的科技成果转化基地；充分发挥香港、澳门、深圳、广州等资本市场和金融服务功能，合作构建多元化、国际化、跨区域的科技创新投融资体系；鼓励港澳在大湾区设立创投风投机构，鼓励社会资本设立科技孵化基金，推动设立粤港澳大湾区科研成果转化联合母基金，引导风险投资和天使投资投向种子期、初创期的科技企业，建立天使投资风险补偿制度；依托区域性股权交易市场，建设科技创新金融支持平台；支持香港私募基金参与大湾区创新型科技企业融资，鼓励符合条件的创新型科技企业进入香港上市集资平台；探索内地与港澳创新基金双向募集、双向投资、双向流动的新模式；强化知识产权行政执法和司法保护，更好发挥广州知识产权法院、深圳知识产权法庭等机构作用，加强电子商务、进出口等重点领域和环节的知识产权行政和司法保护；探索制定新形态创新成果的知识产权保护办法，推进电子商务领域知识产权保护地方立法，建立健全大湾区知识产权纠纷多元化解决机制；发挥知识产权服务业集聚发展区的辐射作用，促进高端知识产权服务与区域产业融合发展；建立大湾区知识产权信息交换机制和信息共享平台；争取国家支持，推动建立粤港澳大湾区知识产权交易平台，完善知识产权评估机制、质押融资机制，探索开展知识产权融资租赁服务、知识产权投贷联动融资服务和知识产权证券化试点；开展知识产权保护规范化市场培育和"正版正货"承诺活动；加快推进中国（广东）知识产权保护中心、中国（佛山）知识产权保护中心的建设与运营，支持中新广州知识城开展国家知识产权运用和保护综合改革试验，推进珠海横琴国际知识产权交易中心和中国（南方）知识产权保护中心建设；加快构建跨境产学研合作机制，完善科技企业孵化育成体系，推动珠三角国家科技成果转移转化示范区建设，支持设立粤港澳产学研创新联盟，完善"省部院"产学研合作机制、产学研深度融合创新体系，培育建设华南技术转移中心、国家技术转移南方中心等；建设企业技术需求数据库，推动科技成果与企业技术需求有效对接；加快建设一批面向港澳的科技企业孵化器，联合港澳共建国际科技成果孵化基地；支持掌握关键核心技术、拥有自主知识产权的港澳科技人才或团队在大湾区内地落地转化科技成果。

二是支持中新广州知识城建设。高质量推进广东省营商环境改革创新实验区建设和知识产权综合改革试点，加快自贸试验区创新制度在知识城复制推广，打造与港澳营商环境对接、经济发展协同的合作体系，创建粤港澳大湾区制度创新先行区；强化与新加坡全面合作，推动知识城先进制造业与新加坡工业4.0技术深度融合，大力发展战略性新兴产业，规划建设价值创新园区集群，打造知识经济发展新高地和中新两国创新合作新标杆；支持建设新一代信息技术、数字经济、生物医药、新能源、新材料及智能芯片和粤港澳大湾区科技创新综合孵化园等价值创新园；支持开展粤港澳知识产权保险、交易、贸易活动，加快建设广州知识产权交易中心。

3. 出台《广东省举报侵犯知识产权和制售假冒伪劣商品违法行为奖励办法》

2018年，习近平总书记在全国两会期间明确要求广东省奋力实现"四个走在全国前列"、当好"两个重要窗口"，并于同年10月亲临广东省视察，提出深化改革开放、推动高质量发展、提高发展平衡性和协调性、加强党的领导和党的建设四个方面重要指示。2019 年两会期间，李克强总理在《政府工作报告》中提出 2019 年政府工作任务时强调"依法打击制售假冒伪劣商品等违法行为，让违法者付出付不起的代价"。

在此背景下，广东省人民政府积极开展相应行动，切实落实政府各项工作任务。例如，于 2019 年 4 月发布《广东省举报侵犯知识产权和制售假冒伪劣商品违法行为奖励办法》（以下简称《奖励办法》）。《奖励办法》是广东省在全国率先推出的保护知识产权和打假治劣新举措，其有利于维护公平竞争的市场经济环境，严厉打击侵犯知识产权和制售假冒伪劣商品违法犯罪行为，营造良好的消费环境，切实保护企业、消费者的合法权益。

《奖励办法》共 8 章 31 条，明确了举报受理与举报方式、举报人的权利与义务、奖励范围与条件、奖励原则与标准、奖励程序、监督管理等内容。尤为值得注意的是，《奖励办法》中明确规定：单宗案件最高奖励金额可达50 万元；若举报人有特别重大贡献的，奖励金额可以超过 50 万元。

4. 修订《广东省专利奖励办法》

广东省人民政府于 2019 年新修订的《广东省专利奖励办法》（以下简称《办法》）于 2019 年 5 月 1 日起施行。广东省人民政府于 2014 年 8 月 27 日公布的《广东省专利奖励办法》（广东省人民政府令第 202 号）同时废止。

《办法》顺应了广东省社会经济快速发展、知识产权事业深入推进的形势下专利奖励工作的新要求：一是满足了社会各界对专利奖励工作的新需要；二是及时与国家自 2018 年新增的"中国专利银奖"和"中国外观设计银奖"进行衔接；三是将实践中积累的很多有益经验和有效做法，比如申报材料如何进一步简化、评审流程如何进一步优化等具有"广东特色"的经验做法固定下来。《办法》进一步推动了专利奖励工作科学化、规范化、法制化发展。

《办法》主要对专利奖奖项和奖励金额设置、申报和评审制度、有关奖惩制度三大方面进行了调整和完善。

（1）增设有关奖项并提高奖励金额。

一是增设广东省专利奖的一系列奖项。其中，根据《中国专利奖评奖办法》（2018），中国专利奖专列增设了"中国专利银奖"和"中国外观设计银奖"，为更好地与其衔接，广东省专利奖也相应增设广东专利银奖和中国专利银奖、中国外观设计银奖嘉奖。同时，从树立标杆的角度出发，将"广东发明人奖"修改为"广东杰出发明人奖"，赋予发明人奖更加响亮的称号。二是增加广东专利奖授奖数量，并提高奖励金额。《办法》将每届广东专利奖的金奖授奖限额由 15 项增至 20 项，每项奖金由 10 万元提高至 30 万元；优秀奖授奖限额由 55 项增至 60 项，每项奖金由 5 万元提高至 10 万元；增设银奖 40 项，奖金为每项 20 万元；对获得广东杰出发明人奖的个人，奖金由 2 万元提高至 10 万元。三是调整中国专利奖的嘉奖奖励项目和奖励金额。《办法》将原"中国专利奖配套奖"更名为"中国专利奖嘉奖"，对获得中国专利金奖或者中国外观设计金奖的单位和个人，给予每项 100 万元的奖励。对获得中国专利银奖或者中国外观设计银奖的单位和个人，给予每项 50 万元的奖励。同时，综合考虑不同级别奖项的含金量以及省财政实际情况，对获得中国专利优秀奖或者中国外观设计优秀奖的单位和个人，奖金调整为每项 30 万元。

（2）修改完善有关申报、评审制度。

一是对申报条件、申报材料、申报方式等方面进行了完善。《办法》在申报条件方面，明确了个人已获得广东专利奖的不可重复申报；在申报材料方面，增加"新颖性检索报告"作为实用新型和外观设计专利权有效证明材料，为申报主体提供更多选择；在申报方式方面，赋予"中直驻粤单位"推荐参评项目和发明人的资格。二是对评审程序进行细化规定和调整。《办法》规定："评审委员会办公室收到申报材料和推荐、自荐意见后，进行形式审查。形式审查合格的，组织各专业评审组通过书面评审、现场答辩等方式进行评审。评审委员会办公室根据各专业评审组评审结果，制定拟奖项目建议方案并提出重点项目答辩建议，提交评审委员会进行综合评审。评审委员会根据综合评审结果，提出广东专利奖拟奖名单，并在省人民政府专利行政部门网站上进行公示，公示期为 15 日。公示期结束后，由省人民政府专利行政部门将拟奖名单报省人民政府批准，并向社会公布。"

（3）优化有关奖惩制度。

一是规定将专利发明人（设计人）获奖情况作为晋升、考核的依据。《办法》明确规定："广东省专利奖获奖情况应当记入专利发明人（设计人）档案，并作为职称评聘、职务晋升、业绩考核等工作的重要依据。"二是完善了骗取广东专利奖的惩处措施。《办法》规定："以提供虚假数据、材料或者其他不正当手段骗取广东专利奖的，由省人民政府专利行政部门报请省人民政府撤销奖励，追回证书和奖金，并在相关媒体上公布，5 年内不予申报广东专利奖。构成犯罪的，依法追究当事人的刑事责任。"三是强化了全过程违法违规行为记入诚信档案的要求。《办法》规定："省人民政府专利行政部门应当建立广东专利奖诚信档案，将广东专利奖申报、推荐、自荐、评审、奖励和管理中有关单位和个人的违法违规行为记入诚信档案，并依照省有关规定予以处理。"

5. 修订《广东省知识产权局关于广东省专利奖励办法的实施细则》

修订后的《广东省知识产权局关于广东省专利奖励办法的实施细则》（以下简称《实施细则》）自 2019 年 9 月 1 日起施行。《实施细则》主要作了以下修改：一是依照《办法》作相应修改，即对奖项名称、授奖数量、奖金金额、申报所需材料等内容，按照《办法》有关表述，作了相应调整；二是总结评奖工作经验，对评奖工作流程进行优化。《实施细则》分别对专家来源、推荐渠道、评审程序进行界定、细化及优化，旨在进一步提升专利奖推荐、评审的公平性。此外，增加了专利奖评审关键环节监督的表述，进一步提高了评奖工作公正性。

6. 发布《广东省促进中小企业知识产权保护和利用的若干政策措施》

2019 年 4 月 25 日，广东省人民政府发布了《广东省促进中小企业知识产权保护和利用的若干政策措施》（以下简称《措施》）。《措施》分别从提高纠纷解决效率、加大处罚力度、加强海外维权等方面为中小企业保驾护航。

《措施》共 8 条，每一条的着力点都有所不同。①聚焦于提高知识产权纠纷解决效率：主要从完善知识产权民事案件"简案快审、繁案精审"审判模式，健全面向中小企业的快速响应、快速确权、快速调处"一站式"处理机制，积极利用大数据、人工智能等信息技术手段提升打击知识产权侵权假冒行为的精准度，大力推进知识产权行政法规范化建设，从而提升办案的质量和效率。②重点在于加大知识产权侵权惩处力度：一方面，坚持知识产权侵权损害赔偿的市场价值导向，力求使赔偿标准准确反映被侵害创新成果的市场价值，建立尊重知识产权、鼓励创新、科学合理的侵权损害赔偿司法认定机制；另一方面，对重复侵权、恶意侵权或具有其他严重侵权情节的行为，提高赔偿数额，加大赔偿力度，并由侵权者承担维权成本。通过加快建立侵权惩罚性赔偿制度、加强知识产权社会信用体系建设、建立完善知识产权失信惩戒机制，将知识产权违法违规行为信息纳入企业和个人信用记录。③关注加强知识产权海外维权：旨在通过打造企业海外知识产权保护综合信息服务平台，支持中小企业开展知识产权海外布局，为中小企业"走出去"保驾护航。同时，支持建立海外知识产权保护促进会（联盟）和重点产业海外知识产权风险互助金，建设海外知识产权法律数据库、案例库和专家库，为中小企业提供必要和及时的公益性救济及知识产权信息、法律等公益服务。④着眼于推进知识产权质押融资：通过充分发挥知识产权的增信增贷作用，鼓励银行广泛开展知识产权质押融资业务，开发和完善知识产权质押融资产品；通过建立完善知识产权质押融资风险分担及补偿机制，探索建立知识产权质押融资担保机制，完善企业和金融机构需求对接机制，建立企业知识产权投融资项目数据库和知识产权市场价值评估体系。⑤关键在于促进知识产权交易运营：通过大力培育知识产权市场，建设省级知识产权交易运营公共服务平台，完善知识产权交易数据库管理；通过鼓励知识产权交易运营机构，重点面向中小企业开展托管、培育和收储服务，创新中小企业知识产权交易运营专业服务和产品，完善提高知识产权未来预期收益的评估方法和体系；通过建立知识产权交易线上超市，打造贯通线上线下的知识产权综合交易展示平台。⑥重在降低知识产权创造和应用成本：通过进一步降低企业研发成本，优化知识产权资助政策，大力推进中小企业专利质量提升工程；通过引导科技型中小企业参与战略性新兴产业等重点领域研发，推动中小企业与科研机构、高校、知识产权服务机构深度合作，开展高价值专利培育布局，形成高价值专利组合，建立科研成果转化实施体系。⑦注重提升知识产权服务能力：通过推进知识产权便利化服务，推广专利电子申请和网上缴费系统，深化商标注册便利化改革；通过建立专利审查员、商标审查员与中小企业创新促进对接机制，组织审查员深入中小企业开展技术实践和研发交流；通过建设知识产权公共服务平台，为中小企业提供查询、检索、统计、分析和预警等公共服务；通过构建重点产业专利信息数据库，推动商标数据库逐步开放，开展专利、商标信息精准推送。⑧关注强化知识产权人才培养：支持知识产权培训基地、知识产权学院开展职业化知识产权人才培养；面向中小企业领军人才、管理人才、实务人才和创新创业人才开展多层次、精准化知识产权业务培训；通过实施知识产权服务业人才培训计划，培育一批高素质、复合型知识产权服务业人才。《措施》的颁布实施，将进一步提升中小企业的知识产权保护和利用水平，大力支持中小企业创新发展和提质增效。

7. 修订《广东省自主创新促进条例》

修订后的《广东省自主创新促进条例》（以下简称《条例》）于 2019 年 12 月 1 日开始施行。该条例的修订是广东省政府为落实《粤港澳大湾区发展规划纲要》《关于支持深圳建设中国特色社会主义先行示范区的意见》的相关规定而进行的一次系统性的修订。《条例》的实施意味着广东省基本构建起覆盖创新全链条的政策法规体系。

《条例》的主要修订内容包括：增加了推进粤港澳大湾区建设和支持深圳建设中国特色社会主义先行示范区的相关内容；首次在立法层面对产权激励进行原则性规定；首次在地方立法层面对科研伦理进行规范；将广东省自主创新工作实践中的好经验、好做法上升为地方性法规，多条规定具有首创性和示范意义。

（1）《条例》为粤港澳三地的科技合作、人往来、钱过境及知识产权合作提供了政策支持。

比如，《条例》规定，"建设国际科技创新中心，以深圳为主阵地建设综合性国家科学中心""面向港澳建立省级财政科研资金跨境使用机制，鼓励港澳高等学校、科学技术研究开发机构承担财政科研资金设立的自主创新项目""推进粤港澳大湾区创新型人才公共服务衔接，促进人才往来便利化和跨境交流合作"。此外，《条例》针对推动建立粤港澳大湾区知识产权信息交换机制和信息共享平台、培育发展粤港澳大湾区知识产权市场等作出了相应规定。

（2）《条例》纳入了广东省自主创新工作实践中的好经验、好做法，凸显广东特色。

《条例》涵盖了广东省重点领域研发计划、广东省实验室建设、重大科技基础设施建设、科技成果转化产权激励、赋予科研人员经费自主权等多项探索；增加了基础与应用基础研究、关键核心技术自主可控及重大创新平台内容；强调了要实现前瞻性基础研究、引领型原创成果重大突破，注重延伸到创新链条前端，进行自主创新全链条布局。

（3）《条例》首次在立法层面对产权激励进行原则性规定，并赋予科研人员更大自主权，人力资源成本费占比不再受限。

在产权激励方面，《条例》明确高等学校、科学技术研究开发机构和企业可以依法实行产权激励，采取科技成果折股、知识产权入股、科技成果收益分成、股权奖励、股权出售、股票期权等方式对科学技术人员和经营管理人员进行激励，促进自主创新成果转化与产业化。在赋予科研人员经费自主使用权方面，修订后的《条例》打破了此前《条例》中对人力资源经费占比按照科研项目类别不同所作出的 40% ~ 60% 上限规定，规定"利用本省财政性资金设立的自主创新项目，承担项目人员的人力资源成本费可以从项目经费中支出且比例不受限制"。

（4）《条例》明确实行"科研伦理承诺制"，加强科研诚信及伦理规范。

"科研伦理承诺制"在全国范围内首次被纳入地方立法。《条例》明确规定了"科研伦理承诺制"，即从事特定领域（包括涉及生命科学、医学、人工智能等前沿领域和对社会、环境具有潜在威胁的科研活动）研究的科研项目，应当在立项前签订科研伦理承诺书，否则不予立项。《条例》还规定，从事涉及人的生物医学科研和实验动物生产、使用的单位，应当按照国家相关规定设立伦理委员会开展伦理审查，履行科研伦理管理责任。此外，《条例》强调了科研活动的全流程诚信管理，建立了科研诚信档案及信息共享机制，从多个方面对科研人员和单位作出约束。

（二）广东省与香港特别行政区、澳门特别行政区知识产权协同发展的政策支持

前述两个纲领性文件［《关于强化知识产权保护推动经济高质量发展的行动方案》（粤知〔2018〕153 号）、针对《粤港澳大湾区发展规划纲要》出具的实施意见］中，无一例外地强调了"粤港澳大湾区知识产权协同合作"问

题。"协同合作"作为促进粤港澳大湾区知识产权等方面发展的一项重要手段，已经成为当下一项十分重要的议题。原因在于：一是将粤港澳三地的发展纳入大湾区这个框架之下，如何协同合作自然而然成为大湾区发展的重点问题，《粤港澳大湾区发展规划纲要》明确指出，必须发挥粤港澳综合优势，创新体制机制，促进要素流通，闯出一条新路来；二是粤港澳大湾区是"一个国家、两种制度、三个法域和关税区、流通三种货币"的格局，粤港澳三地在知识产权制度方面存在明显差异，导致大湾区内知识产权交易成本增加，创新要素在大湾区内的自由流动受到限制。

为此，构建和完善粤港澳三地知识产权合作机制、破除粤港澳三地在知识产权合作方面的障碍、将"制度之异"变成"制度之利"，对于广东省和大湾区的知识产权发展意义重大。

对于如何开展协同合作，上述两个文件在宏观层面明确了重点和方向，包括：建立健全粤港澳知识产权跨区域合作机制，强化跨区域执法协作，推动信息服务共建共享，推进知识产权金融和交易运营合作，力争将大湾区建设成为具有国际影响力的区域知识产权交易中心；继续推动中新广州知识城知识产权运用和保护综合改革试验；大力创建国家知识产权国际合作基地，争取世界知识产权组织技术创新支持中心落户广东；打造具有影响力的国际知识产权论坛和巡回研讨活动精品。

在上述政策文件的指导下，广东省在粤港澳知识产权合作的具体操作层面取得诸多成效。主要包括：一是广东省近年来先后成立粤港保护知识产权合作专责小组和粤澳知识产权合作工作小组，积极探索建立粤港澳大湾区知识产权合作新机制。2018 年召开的粤港保护知识产权合作专责小组第十七次会议以及粤澳知识产权合作工作小组第四次会议，共同确定下一阶段粤港合作计划 25 项、粤澳合作计划 16 项。2019 年，粤港澳大湾区知识产权保护协作深入推进，粤港澳三地深入优化"粤港保护知识产权合作专责小组"和"粤澳知识产权合作工作小组"机制，全年累计完成粤港、粤澳合作项目 39 项，粤港澳海关部门组织了 3 次保护知识产权联合执法行动，查获 15.3 万件涉嫌冒牌货物，广东海关向港澳海关通报查处侵权案件 24 起，通报以港澳为贸易目的地的涉嫌侵权案件超过 500 件。粤港澳知识产权部门联合举办了首届粤港澳大湾区知识产权交易博览会，首次实现专利、商标、版权、地理标志等知识产权类别的全覆盖，促成知识产权合作意向金额101.5亿元，实现交易26.2亿元。联合举办"粤港澳大湾区高价值专利培育布局大赛"，吸引内地和港澳参赛项目586项，发现了一批优秀专利项目，并助推在大湾区落地落实。举办"粤港澳大湾区知识产权人才发展大会暨知识产权人才供需对接会"，推动大湾区知识产权人才集聚发展。❶ 二是制定《粤港澳大湾区发展规划纲要知识产权实施方案》。三是举办粤港澳大湾区专利、商标、版权等多项交流活动，筹备成立粤港澳大湾区知识产权服务联盟。

尽管如此，粤港澳三地的协同合作仍是一项长期而艰巨的任务，粤港澳大湾区知识产权的合作与国际交流仍然需要不断深化，粤港澳知识产权跨区域合作机制也需要不断健全和完善。

二、广东省知识产权发展状况

2018—2019年，广东省知识产权取得长足发展，知识产权创新创造能力显著提升，知识产权保护力度不断加强，知识产权对外合作交流进一步拓展。

（一）广东省企业知识产权发展状况

广东省企业知识产权实力持续增强，知识产权大大推动了企业创新能力提升。近两年，广东省高新技术企业数量、广东省国家知识产权优势企业和示范企业数量、广东省获得贯标认证证书的企业数量基本保持平稳。广东省（不含深圳市）高新技术企业在2018年有11431家❷，2019年有10525家❸。2018年，广东省新增国家知识产权优势企业78家，新增示范企业27家。2019年，广东省新增国家知识产权优势企业523家，新增示范企业32家。截

---

❶ 广东省市场监督管理局. 广东召开发布会，重点介绍2019年知识产权保护工作情况［EB/OL］. ［2019－10－06］. http://amr.gd.gov.cn/ztzl/2020zscqbhr/gdxd/content/post_2988911.html.

❷ 广东省科技厅. 关于公布广东省2018年高新技术企业名单的通知［EB/OL］. ［2019－10－06］. http://www.gdhte.cn/a/gaoqirending/shengjichuangxinxingyie/0426/17796.html.

❸ 广东省市场监督管理局. 国家知识产权优势企业和示范企业名单［EB/OL］. ［2019－10－06］. http://amr.gd.gov.cn/zwgk/ygzwpt/zwwgk/fwgk/content/post_2530647.html.

至 2019 年底，广东省国家知识产权优势企业总计 755 家，示范企业总计 115 家。❶ 截至 2018 年，广东省获得贯标认证证书的企业共 6949 家。❷ 截至 2019 年底，广东知识产权贯标认证企业数量达 1.3 万家，❸ 连续三年位居全国第一。2015 年、2016 年广东省获证企业数量均位居全国第二，2017 年、2018 年、2019 年连续三年位居全国第一。

2019 年，广东以标准建设推进知识产权保护，全省企事业单位主导参与修订国际标准 370 项、国家标准 618 项、行业标准 559 项、地方标准 83 项，在全国标准化信息平台上公开团体标准 889 项，自我声明的公开企业标准 44751 项。❹

在知识产权证券化方面，为了使企业的"知产"变资产，广州市成功发行全国首单纯专利资产的证券化产品，开创科技企业应用专利许可在资本市场融资的先河，深圳首单知识产权证券化项目在深交所挂牌。广东省的知识产权证券化取得重大突破，2019 年，全省商标和专利权的质押登记金额达 181.7 亿元，居全国前列。

（二）广东省知识产权取得状况

近两年，广东省知识产权创造实现了量质齐升，专利和商标的申请和授权量均获得大幅度增长。

1. 专利权的取得状况

据统计，2013—2019 年广东专利申请量及授权量高速增长，专利申请量由 26.4 万件攀升至 80.8 万件，专利授权量则由 17 万件增长至 52.7 万件。广东省专利申请量及授权量全国占比保持在 17%~20%，显著高于其他省份。❺

---

❶ 《2019 广东省知识产权统计数据》。

❷ 广东省人民政府 [EB/OL]. [2019 - 10 - 06]. http://www.gd.gov.cn/gdywdt/bmdt/content/post_2284249.html.

❸ 央广网：2019 年广东 PCT 国际专利申请量 24725 件，居全国第一 [EB/OL]. [2019 - 10 - 06]. http://news.cnr.cn/native/city/20200426/t20200426_525068422.shtml.

❹ 广东省市场监督管理局. 广东召开发布会，重点介绍 2019 年知识产权保护工作情况 [EB/OL]. [2019 - 10 - 06]. http://amr.gd.gov.cn/ztzl/2020zscqbhr/gdxd/content/post_2988911.html.

❺ 《广东知识产权证券化蓝皮书》。

2018—2019 年广东省各项专利信息统计数据❶如表 1 - 1 所示。

表 1 - 1　2018—2019 年广东省各项专利信息统计数据　　　单位：件

项目	2018 年		2019 年	
	数量	备注	数量	备注
专利申请量（累计）	4161925	无	4969625	无
专利授权量（累计）	2517748	无	3045137	无
专利申请量	793819	同比增长 26.44%	807700	同比增长 1.75%
专利授权量	478082	同比增长 43.72% 占专利申请总量 60.22%	527389	同比增长 10.31% 占专利申请总量 65.30%
发明专利申请量	216469	同比增长 18.52%	203311	同比减少 6.08%
发明专利授权量	53259	同比增长 16.44% 占发明专利申请量 24.60%	59742	同比增长 12.17% 占发明专利申请量 29.38%
有效发明专利量	248539	同比增长 19.20%	295869	同比增长 19.04%
2018 年 PCT 国际专利申请量	25256	同比下降 5.87% 占全国总量的 48.67% 连续 17 年保持全国第一	24725	同比下降 2.1% 占全国总量的 43.5% 连续 18 年保持全国第一
每万人口拥有发明专利数量	22.25	同比增加 3.29 件	26.08	同比增加 3.83 件
企业专利申请数量	601757	占全省总量的 75.81%	600194	占全省总量的 74.3%
企业发明专利申请数量	171271	占全省总量的 79.12%	166207	占全省总量的 81.8%

由表 1 - 1 可知，其一，广东省的创新能力保持强劲态势。2018 年，广东省在专利以及发明专利的申请量和授权量上均有大幅增长，2019 年保持稳中有增。值得注意的是，与 2018 年相比，2019 年专利授权量在申请量中的占比有较为明显的提升，表明总体的专利质量在逐渐提升。

其二，广东省企业的创新主体地位得以巩固。广东省企业专利和发明专利的申请数量均占全省总量的 80% 左右，这体现了企业在创新主体上的绝对数量优势，企业成为知识产权创造运用的主体力量。同时，根据国家知识产权局发布的专利统计数据，2018 年、2019 年我国发明专利授权量排名前十位

---

❶ 《2018 年广东省知识产权保护状况》《2019 广东省知识产权统计数据》。

的国内（不含港澳台）企业中，4 家广东省企业［华为技术有限公司、OPPO 广东移动通信有限公司、腾讯科技（深圳）有限公司、珠海格力电器股份有限公司］连续两年上榜，其中华为技术有限公司分别以 3369 件、4510 件连续两年排在首位。

其三，广东省海外知识产权布局维持稳定状态。PCT 国际专利申请量是衡量专利实力的重要指标，2019 年广东省 PCT 国际专利申请量略有减少，但是仍接近全国总量的一半，连续 18 年保持全国第一。2018 年，在世界知识产权组织公布的 PCT 国际专利申请公开量全球十强中，华为、中兴 2 家广东企业分别位居第一位和第五位。2019 年，华为、欧珀移动、平安科技 3 家企业入围年度 PCT 国际专利申请前十名，其中，华为连续三年位居全球第一。

其四，广东省专利含金量高，价值分布更合理。《2018 年全国专利实力状况报告》表明，广东省在专利平均维持年限和发明专利权利要求数量方面均在国内领先。广东省 2018 年发明专利估值 240 亿元，高、中价值专利量占半数以上。高、中价值专利的不断涌现，反映出广东省专利价值分布更趋于合理。广东省高、中价值专利量占已授权总数一半以上。

2. 商标权的取得状况

近年来，随着广东省推进商标品牌战略的实施，广东省在商标方面实现了提质增量，在全国范围内依然最活跃。2018—2019 年广东省各项商标信息统计数据如表 1-2 所示。

表 1-2　2018—2019 年广东省各项商标信息统计数据❶　　　　单位：件

项目	2018 年	备注	2019 年	备注
商标申请量	1462435	同比增长 33.55% 位居全国第一	1463989	同比增长 0.11% 位居全国第一
商标注册量	940624	同比增长 82.99% 位居全国第一	1187686	同比增长 26.27% 位居全国第一

❶ 《2018 年广东省知识产权保护状况》《2019 广东省知识产权统计数据》。

续表

项目	2018 年	备注	2019 年	备注
商标有效注册量（累计）	3410021	占全国的 18.89% 同比增长 35.05% 位居全国第一	4477109	同比增长 31.29% 位居全国第一
马德里商标国际注册量	1151	同比增长 23.10%	1413	同比增长 22.76% 位居全国第一
有效地理标志注册商标量	70	同比增长 70.73%	79	同比增长 12.86%

由表 1-2 可知，广东省商标申请量、商标注册量、有效注册量 2018 年出现大幅增长，2019 年稳中有增。此外，广东省在发展特色品牌方面取得了较大进展，2018 年，在第一批保护的 8 种岭南中药材中，新会陈皮等 6 种已成功注册商标。2019 年，广东省报送纳入中欧地理标志合作谈判的两批共 9 个产品的质量技术规范，开展"中泰 3＋3"地理标志产品互认互保试点，组织开展全省地理标志资源普查，被国家知识产权局确定为首批国家地理标志产品专用标志使用核准改革试点。截至 2019 年底，全省累计注册地理标志商标 79 件，获批地理标志保护产品 153 个，获准使用地理标志产品专用标志企业 446 家。❶

（三）广东省知识产权保护状况

在知识产权保护上，广东省致力于构建更趋严格的知识产权保护体系，积极发挥司法保护知识产权的主导作用；同时努力为社会提供便捷、高效、低成本的维权渠道，通过行政执法遏制群体侵权、重复侵权行为，从而为服务广东省创新发展大局、实施创新驱动发展战略、营造优良的营商环境提供了有力的行政司法保障。

1. 广东省知识产权的司法保护状况❷

广东省法院系统围绕"努力让人民群众在每一个司法案件中感受到公平

---

❶ 广东省市场监督管理局. 广东召开发布会，重点介绍 2019 年知识产权保护工作情况［EB/OL］.［2020-05-10］. http://amr.gd.gov.cn/ztzl/2020zscqbhr/gdxd/content/post_2988911.html.
❷ 《2018 年广东法院知识产权司法保护状况》《2019 年广东法院知识产权司法保护状况》。

正义"的总目标，积极发挥司法保护知识产权主导作用，助力广东省实现"四个走在全国前列"。

（1）2018—2019 年广东省知识产权司法案件总体情况。

2018 年，全省知识产权审判收结案情况如下：全省法院共新收各类知识产权案件 101809 件，同比增长 37.42%；审结各类知识产权案件 100012 件，同比增长 40.04%。其中，新收一审案件 84104 件，同比增长 38.53%，占全国案件总量的 27.58%；二审案件 17447 件，同比增长 31.94%；申请再审案件 242 件，同比增长 77.94%；审判监督案件 16 件，同比减少 15.79%。审结涉外知识产权民事一审案件 461 件，同比增长 12.71%；审结涉港澳台一审案件 1514 件（涉台案件 1301 件、涉港案件 209 件、涉澳案件 4 件），同比增长 56.40%。审结涉外知识产权民事二审案件 317 件，同比增长 40.89%；审结涉港澳台二审案件 185 件（其中涉台案件 122 件、涉港案件 60 件、涉澳案件 3 件），同比增长 17.83%。

按案件性质划分，新收知识产权民事、刑事和行政案件分别为 98048 件、3661 件和 100 件，分别占新收案件总量的 96.30%、3.60% 和 0.10%。审结知识产权民事、刑事和行政案件分别为 96512 件、3418 件和 82 件。

2019 年，全省知识产权审判收结案情况如下：全省法院新收各类知识产权案件 157363 件，同比增长 54.57%；审结 152911 件，同比增长 52.89%。其中，新收一审案件 131494 件，同比增长 56.35%；二审案件 25391 件，同比增长 45.53%；申请再审案件 424 件，同比增长 75.21%；再审案件 54 件，同比减少 43.16%。审结涉外知识产权民事一审案件 688 件，同比增长 49.24%；审结涉港澳台一审案件 1881 件（涉台案件 1406 件、涉港案件 472 件、涉澳案件 3 件），同比增长 24.24%。

按照案件性质划分，新收知识产权民事、刑事和行政案件分别为 155576 件、1772 件、15 件。

（2）2018—2019 年广东省知识产权民事案件情况。

2018 年，全省法院新收知识产权民事一审案件 80941 件，同比大幅增长 32.13%。其中，著作权、商标权、专利权、技术合同、反不正当竞争案件分别新收 65304 件、7473 件、5881 件、234 件和 656 件。新收民事二审案件 16853 件，同比增长 32.13%。其中，著作权、商标权、专利权、技术合同、反不正当竞争案件分别新收 12804 件、1560 件、1824 件、74 件和 294 件。全年共审结知识产权民事一审案件 80080 件，同比增长 42.32%；结案率为 87.20%，同比上升 3.41 个百分点。在审结的一审案件中，有 36470 件为调撤结案，调撤率为 45.54%，同比上升 2.30 个百分点。审结知识产权民事二审案件 16175 件，同比增长 36.26%；结案率为 89.06%，同比下降 1.01 个百分点。在审结的二审案件中，有 3012 件为调撤结案，调撤率为 18.62%，同比上升 1.93 个百分点。

2019 年，全省法院新收知识产权民事一审案件 129998 件，同比增长 60.61%。其中，著作权、商标权、专利权案件分别为 109753 件、10523 件、6261 件；技术合同、反不正当竞争案件分别为 229 件、923 件；其他案件 2309 件。新收二审知识产权民事案件 25113 件。其中，著作权、商标权、专利权案件分别为 22072 件、1420 件、1064 件；技术合同、反不正当竞争案件分别为 75 件、166 件；其他案件 316 件。全年共审结一审知识产权民事案件 125694 件，结案率为 88.43%。在审结的一审案件中，有 63733 件为调撤结案。共审结二审知识产权民事案件 25128 件，结案率为 92.83%。在审结的二审案件中，有 4921 件为调撤结案。

（3）2018—2019 年广东省知识产权刑事案件情况。

2018 年，全省法院新收涉知识产权刑事一审案件 3083 件；审结涉知识产权刑事一审案件 2878 件。其中，审结生产、销售伪劣商品罪 918 件 1768 人，非法经营罪 846 件 1528 人，侵犯知识产权罪 1319 件 2326 人。新收涉知识产权刑事二审案件 574 件，审结 535 件。

2019 年，全省法院新收知识产权刑事一审案件 1481 件；审结知识产权刑事一审案件 1450 件。其中，审结假冒注册商标罪，销售假冒注册商标的商品罪，非法制造、销售非法制造的注册商标标识罪，侵犯著作权罪，侵犯商业秘密罪案件，分别为 759 件、568 件、102 件、2 件、19 件。新收知识产权刑事二审案件 278 件，审结 289 件。

（4）2018—2019 年广东省知识产权行政案件情况。

2018 年，全省法院新收知识产权行政一审案件 80 件，审结 61 件。新收知识产权行政二审案件 20 件，审结 21 件。全省法院在有力促进行政执法机关加强知识产权行政保护的同时，强化对行政执法行为合法性的审查，及时明确法律标准，促进行政机关依法行政，切实推动行政执法标准向司法标准看齐。

2019 年，全省法院新收知识产权行政一审案件 46 件，审结 69 件。新收知识产权行政二审案件 15 件，审结 20 件。全省法院注意发挥司法对行政执法行为的监督作用，强化对行政执法行为合法性的审查，及时明确法律标准，严格规范知识产权行政执法行为，切实推动行政执法标准向司法标准看齐。

2. 广东省知识产权的行政保护状况

广东省知识产权主管部门深入实施知识产权战略纲要，加快建设引领型知识产权强省，积极构建知识产权保护体系，取得良好的成效。

（1）广东省知识产权的行政执法情况。

一是专利方面。2018 年，全省市场监管部门共受理各类专利案件 6611 件，结案 6501 件。其中，侵权纠纷案件立案 3974 件，结案 3868 件；其他纠纷案件立案 153 件，结案 149 件；假冒专利案件立案 2484 件，结案 2484 件。广东省知识产权局组织进驻大型展会开展专利保护工作，第 123 届、第 124 届广交会共受理专利投诉案件 551 宗，被投诉企业 756 家，认定涉嫌侵权企业 324 家。开展电子商务领域专利侵权判定咨询工作，处理电商领域各种专利纠纷 1005 件。此外，广东省市场监督管理局（知识产权局）在 2018 年度开展了广东省知识产权执法维权"护航""雷霆"专项行动。

2019 年，全省市场监管部门组织开展"铁拳""蓝天"等专项整治行动，全年共查处各类商标、专利、不正当竞争违法案件 1.1 万件，罚没金额 8326 万元，移送司法机关 63 件。其中，全省市场监管部门共受理各类专利案件 6441 件，结案 6390 件；假冒专利案件立案 381 件，结案 255 件。❶

二是商标方面。2018 年，全省市场监管部门持续深入开展打击商标侵权假冒工作，对商标侵权商品生产、销售、注册商标标识制造等环节开展全链条打击，共查处各类商标违法案件 3550 件，案值 5033.8 万元，罚没款 5021.9 万元，移送司法机关 43 件 15 人。充分运用驰名商标保护手段，加大

---

❶ 广东省市场监督管理局. 广东召开发布会，重点介绍 2019 年知识产权保护工作情况 [EB/OL]. [2020 – 05 – 09]. http：//amr. gd. gov. cn/ztzl/2020zscqbhr/gdxd/content/post_2988911. html.

对知名品牌保护，截至 2018 年底，全省获行政认定与保护的驰名商标累计 768 件，居全国首位。继续完善与香港海关商标执法协作制度，处理香港海关通报的案件信息 24 件。

2019 年，查处各类商标违法案件 3524 件，案值 5981.55 万元，罚没款 5850.24 万元，移送司法机关 63 件 26 人。❶

三是版权方面。2018 年，广东省版权局共查处侵权盗版案件 184 宗，行政处罚 70 余万元。广东省各级版权行政执法部门连续 13 年开展网络版权治理"剑网"专项行动，主动监管网站 309 余家，查办案件 184 宗，收缴侵权盗版出版物达 8976 册；办理国家版权局移转案件 13 宗。完成 305 家企业软件正版化督查工作。文化行政执法部门出动执法人员 62 万人次，检查各类文化市场经营场所 23 万家次，办结案件 1855 件，罚没款 910 万元，责令停业整顿 65 家次，吊销许可证 15 家。❷ 此外，广东省还对版权保护开展了"剑网"行动，集中整治了三个领域，即网络转载版权专项整治、短视频版权专项整治、重点领域版权专项整治。

2019 年，广东省版权局开展电影版权保护，打击网络侵权盗版"净网 2019"等专项行动，共查处网络侵权盗版案件 62 件，关闭网站 61 家，铲除侵权盗版链接 688 条，移送司法机关 15 件。❸

四是海关保护方面。2018 年，广东省内海关共采取知识产权执法措施 3699 次，涉及侵权嫌疑货物 3326.5 万件，货值 4.6 亿元人民币，阻止了侵权货物在中国与 108 个国家或地区之间流通，保护了 660 家（个）权利人的知识产权。省内海关组织开展出口知识产权优势企业知识产权保护专项行动，共针对涉嫌侵犯自主知识产权货物采取执法措施 700 批次，涉及侵权嫌疑货物 67.7 万件，货值 839.6 万元。省内海关组织网络市场监管专项行动，在邮递及跨境电商渠道共采取知识产权保护措施 505 批次，共查获侵权嫌疑案件

❶ 《2019 广东省知识产权统计数据》。

❷ 广东 PCT 国际专利申请量连续 17 年全国第一 ［EB/OL］．［2019－10－06］．http：//news. ycwb. com/2019－04/26/content_30247341. htm？utm_source＝UfqiNews.

❸ 广东省市场监督管理局. 广东召开发布会，重点介绍 2019 年知识产权保护工作情况 ［EB/OL］．［2020－05－03］．http：//amr. gd. gov. cn/ztzl/2020zscqbhr/gdxd/content/post_2988911. html.

186 宗，涉及侵权嫌疑货物 60.9 万件。通报移送案件或线索 40 起。❶ 2018 年，广东海关共查获涉及香港、澳门的侵权货物 342 批次、货物 25.8 万件，案值超 1017 万元。同时，省内海关密切开展与香港、澳门海关的知识产权保护合作，开展情报交流、信息通报和联合执法行动。粤港海关开展保护知识产权联合执法专项行动 3 次，查获侵权嫌疑货物 160 批次，涉及侵权嫌疑货物 60 万件；粤澳海关开展保护知识产权联合执法专项行动 2 次，查获侵权货物 28 批次，涉及侵权嫌疑货物 5 万件。❷

2019 年，广东省海关组织开展"龙腾行动 2019"知识产权保护专项行动，全年共查扣案件数量 2400 万件，案值 5600 万元，分别占全国海关的 50% 和 30%；广州海关与广州知识产权法院签订知识产权保护合作备忘录，联合广州市南沙区人民法院（广东省自由贸易试验区南沙片区人民法院）设立全国首个法院驻口岸知识产权纠纷调处中心；粤港澳三方海关组织了 3 次保护知识产权联合执法行动，共查获 15.3 万件涉嫌冒牌货物。广东省海关全年向港澳海关通报省内海关查处侵权案件 24 次，通报省内海关查扣的以港澳为贸易目的地的涉嫌侵权案件情况逾 500 件。❸

（2）广东省行政保护体系。

2018 年，广东省知识产权保护体系不断完善：机构改革后的广东省市场监督管理局（知识产权局）统一管理全省商标、专利、原产地地理标志等知识产权工作；在全国率先组建广东省知识产权保护中心；全省建成 3 个国家级知识产权保护中心［中国（广东）知识产权保护中心、中国（佛山）知识产权保护中心、中国（深圳）知识产权保护中心］、7 个国家级知识产权快速维权中心和多个省级知识产权维权援助分中心；广州、深圳、珠海等 9 个地市共建立 15 个知识产权调解委员会；在加强版权社会服务方面，全省建立"广东省版权基层工作站" 17 个、"广东省作品登记代办机构" 35 个，基本

❶ 《2018 年广东省知识产权保护状况》。

❷ 广东省市场监督管理局. 省市场监管局发布《2018 年广东省知识产权保护状况》白皮书 粤 PCT 国际专利申请量全国居首［EB/OL］.［2019 – 10 – 06］. http：//www. gd. gov. cn/gdywdt/bmdt/content/post_2284249. html.

❸ 广东省市场监督管理局. 广东召开发布会，重点介绍 2019 年知识产权保护工作情况［EB/OL］.［2020 – 05 – 01］. http：//amr. gd. gov. cn/ztzl/2020zscqbhr/gdxd/content/post_2988911. html.

形成覆盖全省的版权社会服务网络体系。

值得注意的是，"建立知识产权快速维权机制"已经被广东省委全面深化改革领导小组列入第一批基层改革创新经验复制推广清单。特别是中国中山（灯饰）知识产权快速维权中心作为试点，其探索出一套知识产权"快速授权、快速维权、快速协调"服务新机制，得到省委书记李希的充分肯定，并于 2018 年 9 月在瑞士日内瓦世界知识产权组织总部举行的执法咨询委员会第十三届会议上，向其成员介绍中国知识产权快速维权工作经验。

目前，广东省已经建成 7 个国家级知识产权快速维权中心，数量居全国首位，包括中国中山（灯饰）知识产权快速维权中心、中国顺德（家电）知识产权快速维权中心、中国东莞（家具）知识产权快速维权中心、中国广州花都（皮革皮具）知识产权快速维权中心、中国阳江市（五金刀剪）知识产权快速维权中心、中国汕头（玩具）知识产权快速维权中心和中国潮州（餐具炊具）知识产权快速维权中心。2018 年，广东省各知识产权快速维权中心办理加快预先审查的专利申请 7494 件、办理加快预先审查的专利授权 6488 件，办理维权案件 1817 件。❶ 2019 年，省内各中心共办理加快预先审查的专利申请 5874 件、专利授权 4957 件，办理维权案件 5085 件。❷

目前，广东省逐步开始探索出"一主导、三快速、一服务、一创新"的知识产权快速维权"广东模式"：以知识产权行政管理为主导、以外观设计为主要保护对象、以"快审查（授权）、快确权、快维权"为主要保护机制、以知识产权服务促进创新。

2019 年，广东省扎实推进市场监管机构改革，省市场监督管理局加挂省知识产权局的牌子，下设广东省知识产权保护中心，构建知识产权综合管理的体制机制。2019 年 7 月，省政府建立省知识产权战略实施工作联席会议制度，省长马兴瑞担任联席会议召集人，统筹协调广东省知识产权战略实施，加快构建全省知识产权保护网络，为企业提供一站式的快速确权、维权服务平台，全年共办理加快预先审查专利 5874 件、快速维权案件 5085 件，充分

---

❶ 一主导、三快捷、一服务、一创新，知识产权快速维权"广东模式"厉害了［EB/OL］.［2019 - 10 - 06］. http：//www.cneip.org.cn/html/8/35382.html.

❷ 广东省市场监督管理局关于省政协第十二届三次会议第 20200220 号提案会办意见的函［EB/OL］.［2020 - 06 - 25］. http：//amr.gd.gov.cn/gkmlpt/content/2/2965/post_2965384.html#2966.

发挥 35 个知识产权人民调解委员会，还有广州互联网法院、广州知识产权法院诉讼服务中心的作用，成功调解了一大批知识产权纠纷案件，多元化解纠纷解决机制不断完善。❶

（四）广东省知识产权中介机构发展状况

随着广东省知识产权申请量的大幅增加，广东省知识产权中介机构的数量也在急剧增长。目前广东省各类知识产权运营交易平台和服务机构达 57 家，其中国家专利运营试点企业 15 家。

从国家知识产权局公布的数据可知，截至 2018 年 12 月，广东省共有专利代理机构 357 家，分支机构 362 家，执业专利代理人 2249 人。截至 2018 年 5 月，广东省代理行业从业人员达 7000 多人，专利代理机构数量和执业专利代理人数量均位居全国第二位。❷

2019 年 3 月 1 日，新的《专利代理条例》颁布实施，新条例将专利代理人改为专利代理师，并对代理师执业规范重新作了调整。截至 2019 年底，广东省共有专利代理机构 452 家，分支机构 312 家，执业专利代理师 2592 人。❸

（五）广东省知识产权人才培养和引进情况

广东省历来高度重视知识产权人才培养和引进工作。2018 年以来，广东省通过人才建设的顶层设计、重金揽才、创新创业扶持、打造"一站式"贴心配套服务、完善人才评价标准、密切与高校合作等方面的措施，在人才培养和引进方面取得显著实效。广东省人力资源和社会保障厅的数据显示，截至 2019 年 9 月，广东省有专业技术人才 636 万人，其中高层次人才 77 万人。❹

---

❶ 广东召开发布会，重点介绍 2019 年知识产权保护工作情况［EB/OL］.［2020 - 05 - 02］. http：//amr. gd. gov. cn/ztzl/2020zscqbhr/gdxd/content/post_2988911. html.

❷ 2018 年广东专利代理机构高达 357 家［EB/OL］.［2019 - 10 - 06］. http：//www. iprchn. com/Index_NewsContent. aspx？ NewsId = 114951.

❸《2019 广东省知识产权统计数据》。

❹ 2019 年度广东省职称评审工作 8 月启动［N/OL］. 广州日报，2019 - 07 - 20［2019 - 10 - 06］. http：//baijiahao. baidu. com/s？ id = 16395758651465055 46&wfr = spider&for = pc.

1. 实现人才建设的顶层设计

广东省在人才建设的顶层设计方面主要有两大动作：一是将人才建设作为七大任务之一，列入《关于强化知识产权保护推动经济高质量发展的行动方案》；二是发布《广东省人才发展条例》，明确规定县级以上政府应当加强知识产权人才的培养和开发。在此基础上，广东省稳步推进人才建设的各项具体工作。2018 年 8 月 21 日，粤港保护知识产权合作专责小组第十七次会议在广州召开，会议通过了 2018 年下半年至 2019 年上半年粤港知识产权合作计划及项目，其中包括开展粤港澳知识产权人才联合培养项目。

2. 完善人才评价标准

2018 年 4 月 27 日，广东省人力资源和社会保障厅与广东省知识产权局联合发布了《广东省知识产权专利研究人员专业技术资格条件》（以下简称《条件》）。《条件》是全国第一个覆盖专利全行业的知识产权专业技术人员评价标准，对知识产权专利研究人员的职称评审标准、评审范围和申报条件等进行全面细致的阐述，对专业技术人员的学历资历、专业技术工作经历（能力）、业绩成果条件、学术成果条件等提出明确要求。《条件》全面落实中央和广东省委、省政府关于深化职称制度改革的精神，突出考察业绩成果和实际贡献，充分体现了更加灵活、科学和务实的人才评价标准。广东省在全省范围内全面开展知识产权专利研究人员职称评审，将对稳定和壮大知识产权人才队伍、增强知识产权从业者的职业归属感和荣誉感发挥重要的促进作用。

广东省首次专利职称评审会于 2019 年 1 月 28 日至 31 日在广州召开。职称评审工作对团结凝聚广东省知识产权专业技术人才、加强专业技术人才队伍建设具有重要意义。

3. 与高校合作培养知识产权人才

2018 年，广东省通过与高校合作联合培养知识产权人才，为创新型国家建设、广东引领型知识产权强省建设和广州知识产权国际创新城建设提供人才支撑。其中，广东省人民政府、广州市人民政府、暨南大学等多方共建了华南（广州）知识产权人才基地。该基地不仅将全面承担广东知识产权人才培养的重任，而且将放眼全球范围，延揽和培训全科型、复合型、高端型知识产权人才。广东省市场监督管理局（知识产权局）与东莞理工学院成立"专利审查员实践与创新促进基地"。该基地拓宽了知识产权人才的培养途径，为培养具有扎实专利检索理论和技能的理工科知识产权人才奠定了基础。

4. 对知识产权人才实行税收优惠

2019 年 6 月，广东省发布《关于贯彻落实粤港澳大湾区个人所得税优惠政策的通知》，对在粤港澳大湾区工作的境外高端人才和紧缺人才，其个人所得税超过 15% 的部分，由地方政府给予补贴。这一政策的实施明显降低了在粤港澳大湾区工作的境外人才的实际税负水平。

三、建议和展望

随着《粤港澳大湾区发展规划纲要》的出台，广东省经济发展迎来新的机遇与挑战。结合粤港澳大湾区的发展现状与基本定位，未来广东省需在知识产权方面加大与香港特别行政区和澳门特别行政区的协同力度，进一步突破创新发展障碍，打造新型合作平台，建设世界一流湾区。

（一）打造粤港澳大湾区知识产权合作样板区

为加强粤港的多方合作，广东省与香港特别行政区于 1998 年成立粤港联席会议制度，每年由广东省与香港特区政府高层人员组成专员召开会议，就改善两地经济、贸易、基建发展等事务作出协调。自 2009 年开始，粤港合作联席会议涉及的合作领域增多，合作层次也日益加深和提高。粤港澳大湾区可以沿袭联席会议制度，在原有粤港联席会议制度上增加区域。广东省可以通过共同编制湾区的合作规划，就粤港澳大湾区创新发展的核心问题和具体事项进行研究和政策协调，落实大湾区创新发展的实施步骤，统筹知识产权合作进程。

（二）构建粤港澳大湾区知识产权保护环境示范区

知识产权保护关乎现代知识产权治理体系的建设。粤港澳大湾区的知识产权保护联动，需要在依托粤港、粤澳及泛珠三角区域知识产权合作的基础上，强化知识产权保护跨境执法协作，共建知识产权海外维权援助机构和涉外应对机制，实现粤港澳大湾区内区际知识产权保护的有效联动，以一流水平、最高标准打造知识产权保护高地。近年来，粤港澳大湾区在执法协作方面取得良好的实施成效，广东海关与香港海关、澳门海关长期保持密切的知识产权保护合作关系，三方常态化开展情报交流、信息通报和联合执法行动，有效遏制了粤港、粤澳的进出口侵权违法活动。在此基础上，粤港澳海关仍应强化跨境侵权情报交流的合作机制，开展针对重点口岸、重点领域的联合执法行动，加强海关打击邮递快件渠道侵权违法活动的执法合作。同时，在粤港、粤澳知识产权执法和案件协作处理机制下，海关总署广东分署、广东省公安厅、广东省市场监督管理局（知识产权局）等机构应与香港、澳门海关完善情报合作交换机制，建立知识产权边境和刑事保护合作机制，加强知识产权执法及跨境案件协作处理合作。与此同时，粤港澳大湾区应协同开展知识产权纠纷调解、仲裁、公证等方面的深度合作，作为司法保护、行政保护的有益补充，为权利人提供更多、更有效的争议解决途径。

（三）形成粤港澳大湾区创意产业集聚区

构建粤港澳大湾区创新产业集聚机制，核心在于进行产业知识产权布局工程和知识产权质量提升工程。通过区域规划，可以实现大湾区内的优势互补，为培育粤港澳大湾区的高价值专利奠定基础。一方面，广东省可以围绕新一代信息技术、高端装备制造、绿色低碳、生物医药、数字经济、新材料、海洋经济等战略性新兴产业和重点产业，深度开展专利导航工作，构建若干产业知识产权联盟；另一方面，广东省应通过组建产学研高价值知识产权育成中心，支持各类创新中心创造高质量知识产品，建设知识产权导航项目研究与推广（产业）中心。

（四）建设粤港澳大湾区知识产权高端服务中心区

在基础服务方面，广东省要推动粤港澳大湾区知识产权的交易资源共享，优化知识产权信息服务和代理服务。在交易资源共享上，珠三角九市、港澳地区应发挥区位和功能优势，建设大湾区知识产权服务资源共享平台，提供信息数据、人才资源等支持，共建共享知识产权服务支撑资源。同时，应充分发挥既有粤港澳优质知识产权交易机构的作用，建设国家级粤港澳知识产权运营平台和知识产权商用化联盟，提升大湾区科研成果转化水平和效率，打造全球性的知识产权交易中心。在信息服务上，在搭建知识产权大数据体系的基础上，通过建立高校图书馆知识产权信息服务中心实现数据共享。与此同时，通过构筑知识产权信息专题，向湾区内的企业提供知识产权推送服务。在代理服务上，加快推进专利等知识产权代理行业服务规范化建设，建立常态化的知识产权代理人实务技能培训、评价制度，培育一批能服务粤港澳大湾区并具有社会影响力的品牌知识产权代理机构。

粤港澳大湾区要实现其创新湾区的基本定位和历史使命，离不开大湾区的知识产权协调发展。广东省应在知识产权互利互认、执法合作、运营服务等层面，通过创新知识产权协调发展方案，将粤港澳大湾区打造成为知识产权合作的样板区、知识产权保护的示范区、创意产业的集聚区以及知识产权贸易的中心区，以真正实现创新要素的高效便捷流动。

（撰稿人：卢纯昕）

第2章　港澳地区知识产权报告

一、港澳地区知识产权制度和政策

（一）香港：新出台/生效的法律法规

1. 专利

专利注册处处长（以下简称"处长"）根据《2016 年专利（修订）条例》（以下简称《专利条例》）所定的框架，订立了《2019 年专利（一般）（修订）规则》（以下简称《修订规则》），其于 2019 年 12 月 19 日开始实施❶。该规则指明所需的详细常规和程序，以在香港实施原授专利制度及经优化的短期专利制度（以下简称"新专利制度"）。

修改前的专利制度对标准专利的规定如下：一项发明的标准专利申请，必须根据一项已于中国内地、联合王国或欧洲专利局（指定联合王国的专利）提交的相应专利申请，并必须在中国香港依时提交（"再注册"途径）。新实施的原授标准专利制度提供了一条直接在香港寻求标准专利保护的途径。第一，依循原授标准专利途径提交的申请需经专利注册处进行实质审查，以裁定该申请的根本发明是否符合可享专利性的规定。第二，申请者可依据自身的专利保护策略而选择以原授标准专利途径或现行的"再注册"途径提交其标准专利申请。

修改前的专利制度对短期专利的规定如下：一项发明的短期专利申请可

---

❶　香港新专利制度今日正式推行［EB/OL］.［2019－10－06］. https：//sc. isd. gov. hk/TuniS/www. info. gov. hk/gia/general/201912/19/P2019121900235. htm.

直接在香港提交。每项申请只允许一项独立权利要求。两种专利申请均只需经专利注册处进行形式审查。优化现行的短期专利制度每项申请最多可包含两项独立权利要求。一项短期专利获授予后，经其所有人或具合理理由/正当商业利益的第三方请求后，可由专利注册处进行实质审查，以裁定该项专利的有效性。一项短期专利的所有人在展开强制执行的法律程序前，必须先请求专利注册处对该项专利进行实质审查。当一项短期专利的所有人就一项未经实质审查的短期专利向另一人威胁提起侵权法律程序时，前者必须根据指称侵权人的请求向他/她提供充足资料以识别该项涉案专利。

香港知识产权署在《修订规则》的草拟过程中咨询本地的专利从业员的主要专业/代表团体包括亚洲专利代理人协会香港分会、香港大律师公会知识产权委员会、香港中国专利代理师协会、香港专利师协会、香港专利代理人公会、香港商标师公会及香港律师会知识产权委员会。它们普遍支持有关立法建议，并认为建议合理及全面。

特区政府指出，制定《修订规则》对于落实新专利制度的准备工作至关重要。长远而言，新专利制度有助于提升香港的专利保护，也可为香港经济增添活力。

在新制度下，专利申请人可直接在香港提交标准专利申请，不再局限于现在"再注册"制度规定，必须先在香港以外指定专利当局提交相应申请。新专利制度也优化短期专利制度，并禁止在香港使用某些与专利执业有关而具有误导性或令人混淆的名衔或描述。专利分两种即标准专利和短期专利，其最长的保护期分别为20年和8年。

《修订规则》还对与专利从业相关的名衔或描述作出规定，禁止使用具有混淆性或误导性的名衔或描述（如"注册/认可专利代理人"及"注册/认可专利师"）。但为在香港以外的司法管辖区从事专利业务而获得的资格，其有关的名衔或描述只要清楚地指明有关资格是在哪个司法管辖区获得的，则该名衔或描述仍可使用。

《修订规则》最大的亮点在于引进"原授专利制度"，并优化了短期专利制度。新引入的原授专利制度将与现时批予标准专利的"再注册"制度并行，为在香港寻求最长20年的标准专利保护提供另一途径。在原授专利制度下，申请人可在香港直接提交标准专利申请，无须如现时"再注册"制度般需要事先在香港以外的指定专利当局提交相应的专利申请。

在原授专利制度下，香港知识产权署专利注册处处长在收到原授专利申请后需进行形式审查，以确保原授专利申请资料齐备妥当，可在订明期间内予以发表。当原授专利申请予以发表后，处长会应申请人的请求进行实质审查，以决定有关原授专利申请是否符合审查规定而可获批予专利。如有第三方在订明期间内就申请提交论述，处长也会在进行实质审查时予以考虑。如申请未能符合某项审查规定，处长需就该原授专利申请提出反对，而申请人可提交申述或建议修订说明书，以回应处长的反对。

申请人亦可提交复核处长该项反对意见的请求。经实质审查后，处长如认为原授专利申请已符合所有审查规定，便会批予专利和发表该专利批予，否则申请将被拒绝。

相较原授专利，短期专利制度提供了较快捷和便宜的直接申请渠道，为商业寿命较短的发明在香港提供最长 8 年的保护。《修订规则》优化了短期专利制度，以增强其完整性，有关改动包括：推行短期专利"批予后的实质审查"，容许短期专利所有人或对某短期专利的有效性有合理疑虑或怀疑的第三方，请求处长为该专利进行"批予后的实质审查"；就执行未经审查的短期专利，把请求进行上述"批予后的实质审查"作为展开相关法律程序的先决条件；要求任何短期专利所有人在威胁提出侵权诉讼程序时，向所受威胁的人提供有关该短期专利的充分资料，否则有关威胁可被视为无理威胁，因威胁而受屈的人有权申索救济，并放宽短期专利申请中独立权利要求的数目上限（由一项放宽为两项）。

在经优化的短期专利制度下，处长在收到就某短期专利进行实质审查的请求后，会进行实质审查，以决定有关短期专利是否符合审查规定。正如就原授专利申请进行的实质审查，如该短期专利未能符合某项审查规定，处长需就该专利的有效性提出反对，而专利所有人可提交申述或建议修订说明书，以回应处长的反对。专利所有人亦可提交复核处长该项反对意见的请求；经实质审查后，处长如认为该短期专利已符合所有审查规定，便会发出实质审查证明书，作为专利有效的证据，否则该短期专利将被撤销。

原授专利制度为提交专利申请提供便利，对于以香港作为其发明的目标市场而寻求专利保护的本地初创公司、中小型企业及个人提交的申请尤其如此。优化现有的短期专利制度则可避免该制度被滥用。

制定《修订规则》本身不会对财政及公务员编制方面带来额外的负担。香港知识产权署已为实施和运营新专利制度的整体工作增加人手。香港知识产权署的预算亦包括获批核的资源，以在新专利制度下运营专利注册处。香港知识产权署将会在推出新专利制度后留意申请个案的性质和增幅，亦可能在有需要时通过既定机制，提供理据以寻求额外资源。

遵照"用者自付"原则，注册处提供关乎原授专利申请和短期专利"批予后的实质审查"的服务的全部成本，将通过《修订规则》所定的收费收回。经评估，在新专利制度推出后，每年收入的净增长将为 230 万元港元。香港知识产权署将在新专利制度推出后，监察成本的收回率。

总而言之，实施新专利制度有助于香港维持一套与先进经济体相适应的专利制度，以及促进创新产品在本地市场的使用和商品化。新专利制度亦可提升香港的知识产权制度，并且促进香港作为创新与知识产权贸易中心的长远发展。

2. 知识产权争议仲裁

《2017 年仲裁（修订）条例》（以下简称《仲裁修订条例》）对《仲裁条例》（第 609 章）作出修订，修订包括澄清所有知识产权争议均可通过仲裁解决，以及澄清强制执行涉及知识产权的仲裁裁决并不违乎香港公共政策。《仲裁修订条例》在《仲裁条例》的基础上加入第 11A 部，载列有关知识产权争议仲裁的新订条文。新订的第 11A 部已于 2018 年 1 月 1 日开始生效（新订的第 103J 条除外；该条将于《专利条例》第 123 条生效当日起生效），并适用于在生效日期或以后展开的仲裁及其相关程序。仲裁各方亦可同意将第 11A 部适用于在生效日期前展开的仲裁及其相关程序。

仲裁各方可以自由界定将哪些受争议的事宜纳入仲裁的范围。一般来说，如果仲裁在香港进行，仲裁员有权判给香港原讼法庭在民事法律程序中可以命令判给的任何补救或救济，包括金钱损害赔偿、强制履行令（在知识产权仲裁的范畴中，这可以包括命令已注册的知识产权的拥有人放弃该知识产权、修订其适用范围或将其转让给另一方）及强制性救济（例如命令一方不得作出侵权行为）。不过，经修订的《仲裁条例》明确允许知识产权争议各方通过协议规制仲裁员判给补救和救济的权力。如果一方不履行仲裁裁决，另一方可以向香港原讼法庭提出申请，在香港强制执行仲裁裁决（不论该仲裁裁决在香港或其他地区作出），或者利用《纽约公约》执行仲裁裁决的机制（该公约规定所有缔约国都相互执行仲裁裁决）及香港特区分别与内地和澳门特区签订的相互执行仲裁裁决的安排，在有关司法管辖区强制执行在香港作出的仲裁裁决。

仲裁裁决是否可以在某个司法管辖区强制执行，取决于该司法管辖区的法律。例如，某些司法管辖区会拒绝执行涉及已注册知识产权的有效性的仲裁裁决，因为这些司法管辖区只认可其国家机关及/或法院有能力确立知识产权的有效性。

在香港，争议不会仅因涉及知识产权而被认定为不可付诸仲裁。仲裁裁决也不会仅因与知识产权争议有关而被认定为不可强制执行或可被撤销。但是，争议可能因为其他理由而不可付诸仲裁，例如该争议不仅涉及知识产权，而且涉及根据香港法律不可付诸仲裁的事宜（例如刑事罪行）。此外，仲裁裁决可能因某些原因而被视为违反公共政策，例如仲裁裁决是通过欺诈获得，或仲裁裁决是为了施行反竞争协议。一般来说，仲裁裁决只对仲裁各方和透过或借着任何一方提出申索的人具有约束力。该裁决对仲裁当事人以外的人不具约束力，亦不会被香港相关知识产权的注册处处长受理注册或记录。此外，由于仲裁裁决对香港法院或相关知识产权的注册处处长没有约束力，所以不妨碍香港法院或相关知识产权的注册处处长在日后审理第三者向知识产权拥有人提出的诉讼时对任何事项包括已注册的知识产权的有效性持异议。

《仲裁修订条例》对香港独特的专利制度——短期专利的影响值得注意。根据修订后的《专利条例》，短期专利拥有人在法院展开执行专利程序前需获专利注册处处长发出实质审查证明书，或已作出实质审查的通知，或获法院核证该专利的有效性。由于仲裁是一项以当事人同意为基础的程序，除非仲裁各方另有协定，上述在法院展开执行程序的条件不会自动适用于仲裁程序。尽管如此，短期专利的拥有人仍需在仲裁程序中确立短期专利的有效性，例如通过援引其他如专家报告等的证据。

如果一方当事人已经就某知识产权争议在相关知识产权的注册处处长（商标注册处处长、专利注册处处长或外观设计注册处处长）或版权审裁处席前展开法律程序，当事人可以共同申请暂停在相关知识产权的注册处处长或版权审裁处席前展开的法律程序。

一般而言，在香港作出的仲裁裁决属最终裁决，只可根据有限的理由质疑裁决。不过，在香港，仲裁各方可在仲裁协议中订明，可以有严重不当事件为理由而质疑仲裁裁决及/或就法律问题而对仲裁裁决提出上诉。

3. 设立"知识产权特定类别审讯表"

于 2019 年 5 月 6 日实施的《实务指示》第 22. 1 条❶设立了"知识产权特定类别审讯表"（以下简称"审讯表"），将所有与知识产权案件有关的非正审申请及审讯，都排期在主管知识产权审讯表的陆启康法官或其他指定法官席前审理。

在此之前，香港没有专门法庭、专门审讯表或处理知识产权案件的专门法官等方面的设置。相关规则仍参照《专利权注册条例》，有关诉讼必须以一般审讯表的形式提起。即使进行非正审申请，也需要在不同的法官或聆案官席前排期聆讯，审判实践和进程缺乏连续性。案件在交付审讯之前，很可能会出现重大延误和招致讼费的产生；而一般的非正审聆讯也有可能需要耗费大量时间。假如被告人质疑司法管辖权，法庭就有关问题作出裁定，便可能需时超过 1 年，甚至出现过与排期审讯获批的时间相距超过 18 个月❷。相比之下，在其他大多数司法管辖区，类似案件在这一时限内均已交付审讯。

在 2018 年 12 月举行的"亚洲知识产权营商论坛"上，陆启康法官宣布设立该审讯表的计划，并表示其目标是要让所有案件于送交法庭存档后 18 个月内进行审讯。陆启康法官在其演说中，引用英国最高法院 Lord Sumption（在 Oracle America v. M – Tech Data 一案）的评论，承认在强制执行知识产权方面增加的费用及拖延已导致"知识产权的价值因诉讼而下降"。陆启康法官

---

❶ 实务指示 22. 1 [EB/OL]. (2019 – 04 – 04) [2019 – 10 – 06]. https：//legalref. judiciary. hk/lrs/common/pd/pdcontent. jsp？pdn = PD22. 1. htm&lang = CH.

❷ 马锦德. 新知识产权特定类别审讯表香港在知识产权诉讼方面迈进！[EB/OL]. [2019 – 10 – 06]. http：//www. hk – lawyer. org/tc/content/% E6% 96% B0% E7% 9F% A5% E8% AD% 98% E7% 94% A2% E6% AC% 8A% E7% 89% B9% E5% AE% 9A% E9% A1% 9E% E5% 88% A5% E5% AF% A9% E8% A8% 8A% E8% A1% A8% E9% A6% 99% E6% B8% AF% E5% 9C% A8% E7% 9F% A5% E8% AD% 98% E7% 94% A2% E6% AC% 8A% E8% A8% B4% E8% A8% 9F% E6% 96% B9% E9% 9D% A2% E9% 82% 81% E9% 80% B2% EF% BC% 81.

表示，设立审讯表的目标是要确保能高效和相对低成本地处理知识产权案件。对于知识产权，倘若没有实行牢固而有效的执法，很容易导致知识产权拥有人丧失在开发新产品和服务方面所作的投资。另外，法庭须为中小企提供有效保护，以免知识产权拥有人以更严厉的方式强制执行其知识财产权利，从而阻拦其他拥有新理念和新产品的企业进入市场。法院能够迅速有效地裁定某项产品是否侵权，不仅有利于保护原告及被告的利益，也有利于整体经济健康发展。

审讯表的作用是便利法庭处理有关知识产权的法律程序，其中有关于"知识产权法律程序"等的规定。根据该规定，权利拥有人可以在包括高等法院原讼法庭，根据香港法例进行下列活动。（i）根据《商标条例》（第 559 章），就商标所提出的申请、上诉或申索；（ii）就假冒所提出的申索；（iii）根据《版权条例》（第 528 章）所提出的申请、上诉或申索；（iv）根据《注册外观设计条例》（第 522 章）就外观设计所提出的申请、上诉或申索；（v）根据《集成电路的布图设计（拓扑图）条例》（第 445 章）所提出的申请，或就受保护布图设计（拓扑图）所提出的申索；（vi）根据《专利条例》（第 514 章）就专利所提出的申请、上诉或申索；（vii）根据《植物品种保护条例》（第 490 章）所提出的申请、上诉或申索；（viii）就外地知识产权所提出的申请、上诉或申索；（ix）如法律程序在该审讯表内展开或转移至该审讯表会有助其恰当地进行的申索，例如涉及技术性商业秘密、网域名称、有关生命科学、化学成分配方、通信、电脑和互联网事宜的复杂专业知识及牵涉知识产权转移、（发放）许可（证）或限制使用知识产权的交易的申索；（x）由以上任何法律程序所引致的藐视行为法律程序。

需要注意的是，如果原告人或申请人要求法庭把其案件列入该审讯表，就必须在原诉法律程序文件的正页上，清楚标明"知识产权审讯表"的字样。法庭在处理任何法律程序的任何阶段，如果认为有关法律程序应转移至该审讯表，或应从该审讯表上移出，可主动或应诉讼一方的申请，命令把有关法律程序转移至或移除该审讯表。

如诉讼任何一方欲申请案件的移入或移出，申请的一方首先应与其他所有各方进行讨论，看看它们是否同意有关的申请。如果它们同意的话，任何一方均可申请把该案件转移至该审讯表或从该审讯表上移除。该项申请必须以书信形式提出，该申请函件须注明致予专责法官，并由各方律师签署（或如果一方没有法律代表，则由该方签署）及附以理由支持。在呈交予法庭的函件中，必须注明申请是以诉讼各方同意的形式作出。申请如遭到反对，申请的一方必须在切实可行范围内尽早向法庭以书面形式提出申请，并附以理由支持。呈交予法庭的函件（注明致予的专责法官），必须说明哪一方同意该项申请（如有的话）和哪一方反对该项申请。反对的一方应在申请作出后 14 天内（或在法庭指示的其他时限内）致函专责法官，述明反对理由。除非法庭另有指示，否则法庭将以书面形式处理申请，而不会进行口头聆讯。所有向法庭递交的文件须被送予该法律程序的所有其他诉讼方。

可以预见，新审讯表的实施是香港知识产权诉讼的可贵发展，有希望改善案件付审的拖延情况，使中国香港与其他设立审讯表的发达经济体（如英国、日本、新加坡）看齐，并让香港赶上内地的发展。

4. 知识产权行政管理：推出综合电子系统

香港知识产权署于 2019 年 2 月 14 日推出综合电子系统，同时取缔商标注册处、专利注册处及外观设计注册处。所有相关的商标表格、专利表格和外观设计表格均加设了一个专属部分填写代理人资料。商标表格第 T2 和 T10 号，专利表格第 P4、P5、P6 和 P19 号及外观设计表格第 D1 和 D5 号，亦增设了标示申请人/拥有人类别和填写公司成立为法团的所在地部分，让有关申请人、拥有人和承让人的进一步详情得以登记在记录册上，提高该署记录的透明度。

自 2003 年 12 月 31 日至 2019 年 2 月 4 日，所接获电子交易的表格总数量为 1281794 个。截至 2019 年 4 月 30 日，电子提交用户总数量为 451 宗。自 2019 年 1 月 1 日至 2019 年 4 月 30 日，转用电子提交服务比率的统计资料如下：商标注册申请（T2）为 69.66%，标准专利申请（P4）为 88.53%，外观设计注册申请（D1）为 80.19%。

（二）澳门

1. 法律

2018—2019 年，澳门特区知识产权相关法律框架没有重大变化。工业产权申请量较2017年有较大增长，增幅为25.44%。❶ 澳门特别行政区政府经济局（以下简称"澳门经济局"）在《知识产权工作年报2018》❷ 中展望，粤港澳大湾区时代的到来以及内地实施新一轮的改革开放都为澳门特区寻找发展新动力、开拓发展新空间、融入国家发展大局提供了新机遇。

2. 知识产权行政管理：优化行政服务

2018年，澳门经济局持续优化内部工作业务流程管理，建立良好运作机制，提高对外服务水平，进一步提升公共行政的效能。

第一，澳门经济局"服务承诺计划"自2008年首次获"公共服务评审委员会"发出《服务承诺认可证明书》后，通过了4次定期复审，证明书有效期续期至2019年7月11日。2018年，澳门经济局全部11项知识产权服务项目，共计65项服务质量指标全部达标，实际执行率均达到或高于目标比率的要求。调查结果显示，市民对澳门经济局提供的包括知识产权项目在内的各项公共服务的满意度以及整体服务的满意度均在"满意"值区间。

第二，继续优化电子卷宗的管理。因应经不同来源和不同格式产生的纸质和电子记录数量不断增加，为强化电子档案的服务功能，使资料的输入和处理更方便，澳门经济局综合应用人工管理和信息技术管理手段，提升工业产权注册申请、审批流程各个环节的卷宗管理，进一步提高资料处理、储存、检索和存档工作的运作效率和效能，以为工业产权的注册申请及查询服务提供有力的支撑和保障。

第三，持续推行"送服务上门"的便民措施。向澳门中小企业提供更多元化和便捷的服务，支持商会为澳门企业提供内地商标申请咨询及对接服务；与各地区工商联及行业商会合作，上门为中小微企业及青年创业者办理商标注册申请手续；支持推动澳门特色老店品牌传承和创新发展，上门为澳门老

---

❶ 各类工业产权注册申请量 [EB/OL]. (2020-09-02). https：//www. economia. gov. mo/zh_CN/web/public/ln_ip_sd？_refresh = true.

❷ 澳门特别行政区政府经济局. 知识产权工作年报 2018 [EB/OL]. [2019-10-06]. https：//www. economia. gov. mo/public/data/ip/pub/attach/61edeaf29e723d347af1c60c55bdb954cd6d1d16/sc/DPI_2018Report_sc. pdf.

店商号办理商标注册申请手续，指导老店商号加强知识产权管理，鼓励企业除了在澳门开展商标注册外，亦在内地及邻近国家或地区做好相关的知识产权保护工作，提升维权意识。

第四，加强电子化建设。于 2018 年 9 月 27 日推出工业产权网上申请，提供"电子提交声明异议""电子提交答辩""电子提交延期"等服务功能，申请者可通过电子方式为商标申请提交声明异议和答辩，以及为工业产权注册或申请提交延期，继续推广"商标注册申请网上填表与提交备案"服务。

二、港澳地区知识产权发展状况

（一）知识产权的取得

1. 香港

（1）外观设计申请与授权。

2015—2019 年，外观设计在港申请量排名前五位的国家或地区如图 2 - 1 所示。

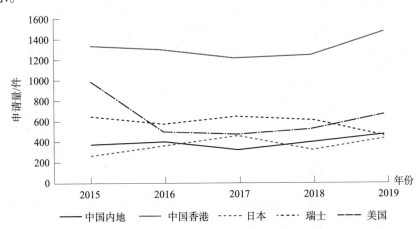

图 2 - 1　2015—2019 年在港外观设计申请量排名前五位的国家或地区

2015—2019 年，在港外观设计授权量排名前五位的国家或地区如图 2 - 2
所示。

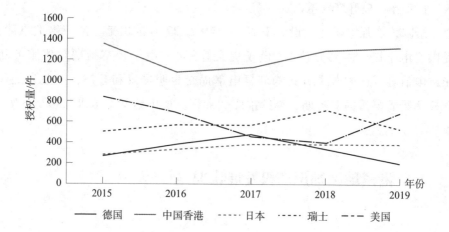

图 2 - 2   2015—2019 年在港外观设计授权量排名前五位的国家或地区

（2）转录标准专利申请与授权。

2015—2019 年，转录标准专利在港申请量排名前五位的国家或地区
如图 2 - 3 所示。

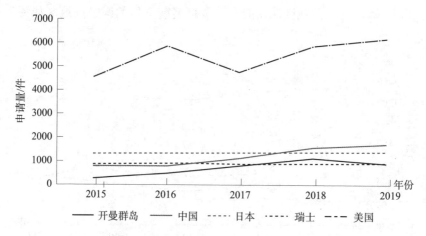

图 2 - 3   2015—2019 年转录标准专利在港申请量排名前五位的国家或地区

2015—2019 年，转录标准专利在港授权量排名前五位的国家如图 2 - 4 所示。

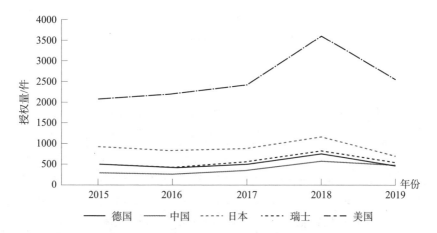

图 2 - 4　2015—2019 年转录标准专利在港授权量排名前五位的国家

（3）商标申请与授权。

2015—2019 年，在港商标申请量排名前五位的国家或地区如图 2 - 5 所示。

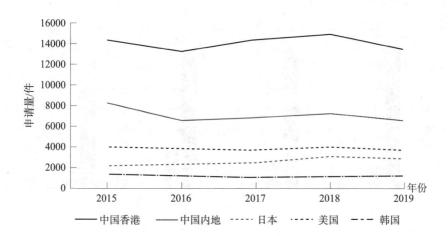

图 2 - 5　2015—2019 年在港商标申请量排名前五位的国家或地区

2015—2019 年，在港商标授权量排名前五位的国家或地区如图 2-6 所示。

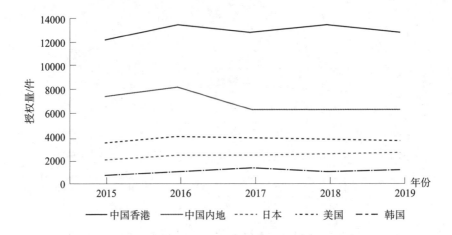

图 2-6 2015—2019 在港商标授权量排名前五位的国家或地区

（4）有效商标、标准专利、短期专利及外观设计的数量。

2016—2019 年，在港注册/获批的有效商标、标准专利、短期专利及外观设计的数量如图 2-7 所示。

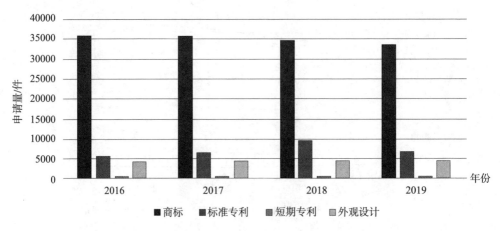

图 2-7 2016—2019 年在港注册/获批的商标、标准专利、短期专利及外观设计的数量

数据显示，申请并获批的知识产权中，商标占绝大多数，其次是标准专利和外观设计。短期专利的数量最少。

专利注册处 2019 年 12 月 19 日开始接受原授标准专利申请。到 2020 年 5

月，有 5 件来自中国香港的申请，4 件来自英国的申请，2 件来自美国的申请，共计 11 件申请。❶

在香港，2018 年注册商标为 34970 件，占总量的 70.01%；获批标准专利为 9651 件，占总量的 19.33%；获批外观设计 4547 件，占总量的 9.11%；获批短期专利 763 件，少于总量的 2%。

值得注意的是，各项知识产权申请并注册的前五名国家和地区有所不同。中国香港在外观设计和商标方面独占鳌头，而美国则是获得标准专利授权的第一名。这反映出在知识产权产业结构上，中国香港的优势更多集中在商标和外观设计上。

2. 澳门❷

（1）商标申请与授权。

2018 年，澳门特区的商标申请量承接 2017 年的升势，创历史新高，全年共受理 16474 件申请，较 2017 年大幅增加 25.42%。2019 年略有回落，商标申请量为 15391 件。在各类工业产权申请量中，商标申请量持续高居榜首，占 2018 年申请总量的比重达 94.73%。2018 年，澳门经济局受理的商标注册申请中，产品商标的申请量为 10281 件，服务商标的申请量为 6193 件，对比 2017 年有明显增长，分别增加 21.84% 和 31.85%。截至 2018 年 12 月 31 日，商标注册的累计申请总量为 163963 件，其中产品商标 111876 件，服务商标 52087 件，各占申请总量的 68.23% 和 31.77%。获批注册的商标共 14424 件。

2018 年，商标注册申请的类别主要集中在第 35 类（广告、实业经营、实业管理、办公事务），第 9 类（科学、航海、测量、摄影、电影、光学、信号、检验、救护和教学用具及仪器，处理或控制电的仪器和器具，录制、通信、重放音像的器具，磁性数据载体，录音盘，自动售货器和投币启动装置的机械结构，现金收入记录机，计算机器，数据处理装置和计算机，灭火器械），第 5 类（药品、医用制剂、医用营养品、婴儿食品、绷敷材料、填塞牙

---

❶ 有关原授标准专利申请的统计资料［EB/OL］.［2019 – 12 – 26］. https：//www. ipd. gov. hk/sc/intellectual_property/ip_statistics/2018/ip_statistics_of_std_patent_o_appl_tc. pdf.

❷ 知识产权统计资料［EB/OL］.（2020 – 06 – 23）［2020 – 10 – 06］. https：//www. ipd. gov. hk/sc/intellectual_property/ip_statistics. htm.

孔和牙模用料、消毒剂、杀菌剂、除莠剂），第 30 类（咖啡、茶、可可、糖、米、食用淀粉、西米、面粉及谷类制品、面包、糕点及糖果、冰制食品、鲜酵母、发酵粉、食盐、芥末、醋、调味品），第 3 类（洗衣用漂白剂及其他物料，清洁、擦亮、去渍及研磨用制剂，肥皂，香料，香精油，化妆品，洗发水，牙膏），第 43 类（提供食物和饮料服务、临时住宿），第 41 类（教育，提供培训、娱乐、文体活动），第 25 类（服装、鞋、帽），第 42 类（科学技术服务和与之相关的研究与设计服务、工业分析与研究、计算机硬件与软件的设计与开发，法律服务）及第 29 类（肉，鱼，家禽及野味，肉汁，腌渍、冷冻、干制及煮熟的水果和蔬菜，果冻，果酱，蜜饯，蛋，奶及奶制品，食用油和油脂）等。这 10 类产品或服务共有 10277 件申请，占 2018 年全年商标注册申请量的 62.38%。

2018 年，来自中国内地的商标申请占据全年申请总量的榜首位置，其次是中国澳门、美国、中国香港、日本、英属维尔京群岛、法国、韩国、中国台湾和英国，这 10 个国家或地区的申请量共占 2018 年全年申请量的 82.66%。

（2）专利申请与授权。

2018 年，在澳门特区提交的发明专利申请共有 55 件，较 2017 年减少 19.12%。2018 年的申请主要集中在 A63F 类（纸牌、棋盘或轮盘赌游戏；利用小型运动物体的室内游戏；其他类目不包含的游戏）及 G07F 类（投币式设备或类似设备），这两个类别的申请分别占全年申请量的 41.43% 和 32.86%。此外，2018 年获授权的发明专利共计 29 件。

2018 年，在澳门特区提出发明专利申请的国家或地区共有 9 个，包括日本、中国台湾、美国、中国香港、中国澳门、英国、马来西亚、澳大利亚和罗马尼亚。其中，日本的申请占全年申请量的 52.73%。此外，2018 年送往国家知识产权局作实质审查的发明专利申请共 20 件，较 2017 年减少 67.21%。截至 2018 年 12 月 31 日，发明专利的累计申请总量为 1595 件。

2018 年，申请延伸至澳门生效的内地发明专利共有 611 件，较 2017 年增加 38.55%。此外，2018 年获准延伸至澳门生效的内地发明专利共 486 件。2019 年的延伸专利申请量为 470 件。2018 年的申请包含多个类别，主要集中在 A61K 类（医用、牙科用或梳妆用的配制品）、A61P 类（化合物或药物制剂的治疗活性）及 C07D 类（杂环化合物），这 3 个类别占所有类别全年申请量的 52.64%。

内地发明专利延伸至澳门生效的申请来自 33 个国家或地区，包括中国内地、美国、日本、中国香港、瑞士、荷兰、新加坡、德国及瑞典等。其中，中国内地、美国及日本的申请分别占全年申请量的 40.92%、24.88% 及 10.97%。截至 2018 年 12 月 31 日，内地发明专利延伸至澳门的累计申请总量为 3510 件。

2018 年，全年实用专利的申请共有 28 件，较 2017 年增加 55.56%。此外，2018 年获得授权的实用专利共 1 件。2019 年的实用专利申请量为 32 件。2018 年的实用专利申请以 B60L 类（电动车辆动力装置）较多，占申请总量的 10.71%。申请来自中国、英国、马耳他和卢森堡。其中，来自中国内地、中国澳门及中国香港的申请分别占全年申请量的 46.43%、25.00% 及 14.29%。截至 2018 年 12 月 31 日，实用专利的累计申请量为 249 件。

（3）设计/新型申请与授权。

2018 年，全年设计/新型的申请共有 208 件，较 2017 年增加 7.77%。2019 年的申请量为 234 件。

申请主要集中在第 9 类（用于商品运输或装卸的包装和容器），第 11 类（装饰品），第 10 类（钟、表和其他计量仪器、检测和信号仪器），第 3 类（其他类未列入的旅行用品、箱子、遮阳伞和个人用品），第 21 类（游戏器具、玩具、帐篷和体育用品），第 14 类（录音、通信或信息再现设备），这 6 个类别的申请占全年申请量的 69.23%。此外，2018 年获授权的设计/新型共 247 件。

提出设计/新型申请的国家或地区共有 5 个，包括中国澳门、中国内地、法国、瑞士及中国香港等，来自这 5 个国家或地区的申请占全年申请量的 73.56%。

（4）其他工业产权的申请与登记。

其他工业产权的申请与登记数据如下。

营业场所名称/标志的申请与登记：2018 年营业场所名称/标志的申请量为 12 件，较 2017 年增加 71.43%；获准登记共 11 件。截至 2018 年 12 月 31 日，营业场所名称/标志的累计申请量为 276 件，申请类别主要集中在餐饮业及零售贸易，这两个服务类别共有 161 件申请，占申请总量的 58.33%。2019

年营业场所名称/标志的申请量为 13 件。

发出药品及植物药剂产品保护补充证明书：受理 1 件请求发出药品及植物药剂产品保护补充证明书的申请。

原产地名称/地理标记的申请与登记：共受理 2 件有关原产地名称/地理标记的申请。

（二）多方位加强交流合作

1. 香港

首先，根据《粤港澳大湾区发展规划纲要》❶，香港位于粤港澳大湾区的中心地带，是大湾区最开放的国际城市，为国际金融、运输、贸易中心和航空枢纽，服务业专业化程度高。香港享有"一国两制"的优势，在大湾区发展中扮演重要角色，是提供创新基础设施和人才的重要基地。

香港政府出台了一系列进一步将香港转化为知识型经济体的政策。行政长官林郑月娥在 2018 年 10 月发表的《行政长官 2018 年施政报告》中，建议向大学教育资助委员会辖下研究资助局（以下简称"研资局"）的研究基金拨款 25 亿美元，加强本地大学的研究实力，并用 3.82 亿美元成立"研究配对补助金计划"以增加研究拨款。研资局是一个非法定咨询机构，就各高等教育院校的需要向香港特区政府提供意见。世界知名机构以香港为基地，推动其创新发展的成功故事，以及香港在国际发明展览会上展示的创新项目，展示特区政府的投资和措施有更远大的目标。❷

2019 年 1 月 23 日，律政司发言人表示，律政司与司法部已就内地法律服务方面的新开放措施取得共识。司法部部长傅政华早前率领代表团到访律政司，并与律政司司长郑若骅资深大律师会面，商讨共同关注的事项，包括进一步深化两地法律服务的交流合作。会后双方签署会谈纪要，主要内容包括

---

❶ 粤港澳大湾区发展规划纲要 [EB/OL]. [2020 - 05 - 10]. https：//www. bayarea. gov. hk/file-manager/sc/share/pdf/Outline_Development_Plan. pdf.

❷ 香港在日内瓦国际发明展览会展示创新实力 [EB/OL]. (2019 - 04 - 16) [2020 - 05 - 10]. https：//sc. isd. gov. hk/TuniS/www. info. gov. hk/gia/general/201904/16/P2019041600917. htm.

法律服务方面新开放措施的共识：①将《国务院关于印发进一步深化中国（广东）自由贸易试验区改革开放方案的通知》适用于中国（广东）自由贸易试验区内的内地与香港合伙联营律师事务所的开放措施，扩展至全广东省；②取消内地与香港合伙联营律师事务所港方出资比例不得低于30%的限制；③允许香港法律执业者可同时受聘于1～3个内地律师事务所担任法律顾问。发言人表示，理解司法部将争取与相关部门一道落实相关措施，而律政司会继续与司法部及相关部门保持紧密联系，留意最新发展。

中国香港知识产权署一直加强与香港以外的知识产权机构的合作，推广知识产权贸易及知识产权商品化。合作包括以下三方面。

一是与其他经济体的双边合作。2019年3月26日，中国香港知识产权署与澳大利亚知识产权局签订谅解备忘录，以加强双方在知识产权领域的合作，包括就知识产权保护及商品化、提升专利审查的能力、推行国际商标注册制度、宣传解决知识产权争议的方法，以及建立管理知识产权审查及批予的资讯科技系统等方面交流经验和分享资讯。中国香港与澳大利亚皆是亚太经合组织知识产权专家小组的成员，中国香港知识产权署与澳大利亚知识产权局在专利和商标方面长期以来均有合作。此备忘录巩固了两地良好的合作基础，并推动了双方的合作更上一层楼。

二是亚太经合组织层面的合作。香港作为亚太经合组织知识产权专家小组的一员，与组织内的其他经济体也有合作。2018年6月，中国香港知识产权署联同墨西哥及韩国的知识产权部门，在中国香港合办题为"探讨经营创意产业的中小企进行知识产权授权的最佳实践方法"的工作坊，为组织内各经济体的中小企业（尤其是从事创意产业的中小企业）所举办的一项活动。工作坊邀25位来自中国内地、中国香港、墨西哥、韩国及美国在知识产权授权领域的专家出席，借以推广知识产权授权和商品化的最佳实践方法和策略，有250多位来自亚太经合组织不同经济体的中小企业代表、专业从业人员和政府官员参加。

三是与内地知识产权团体的合作。在"一带一路"倡议和粤港澳大湾区建设的背景下，香港知识产权署与广东省知识产权部门在"粤港保护知识产权合作专责小组"框架下，推出多项活动，例如在2018年11月，香港知识产权署与广东省知识产权部门联合制作一系列短片，介绍位于大湾区的香港企业把知识产权（专利和版权）商品化的成功故事，以推广大湾区内的知识产权贸易及提高有关人员对商机的认识。

2. 澳门

第一，加强与内地合作开展专利保护工作。自 2003 年 1 月 24 日签署《国家知识产权局与澳门特别行政区经济局关于在知识产权领域合作的协议》至 2018 年 12 月 31 日止，澳门经济局寄送至国家知识产权局作实质审查的发明专利申请 1035 件，实用专利申请 159 件。

此外，按照协议的规定，已向国家知识产权局提出发明专利申请的申请人以及已获得国家知识产权局授予发明专利的权利人，为获得澳门特区的保护，可根据澳门特区工业产权法律制度的规定，向澳门经济局办理相关延伸手续。此项快捷方便取得保护的申请方式，吸引了更多企业将其内地发明专利延伸至澳门生效。截至 2018 年 12 月 31 日，澳门经济局共接获 3510 件内地发明专利要求延伸至澳门特区生效的申请，其中已获准在澳门生效的达 3044 件，占申请总量的 86.72%。

第二，加强与内地的沟通交流。澳门经济局于 2018 年 11 月 1 日与国家知识产权局业务代表会面，就《内地与澳门特区关于知识产权领域合作安排》的内容进行交流磋商。加强与泛珠三角区域知识产权合作与交流，参加 2018 年 11 月 7 日在广州市举行的"第十三届泛珠三角区域知识产权联席会议"暨"2018 广东知识产权交易博览会"。为了加强粤港澳大湾区的合作与交流，2018 年 4 月 20 日澳门经济局联同澳门大学协同创新研究所创新中心代表出席了在横琴举办的"粤港澳大湾区知识产权与科技创新合作——技术转移中的知识产权合作"交流活动，并参与了由深圳市知识产权局主办的"粤港澳大湾区知识产权保护论坛"、广州的"粤港澳大湾区特色老店/老字号品牌发展"交流活动、"粤港澳大湾区知识产权法律联盟成立仪式暨粤港澳大湾区知识产权法高峰论坛"、粤港澳高端知识产权服务支持青年创业交流活动，在澳门举行了"粤港澳大湾区知识产权推进工作会议"。2018 年 9 月 13 日至 14 日，由国家知识产权局、香港知识产权署和澳门经济局联合主办的"2018 年内地与香港、澳门特别行政区知识产权研讨会"在甘肃省敦煌市举行。2018 年 10 月 8 日，粤澳知识产权工作小组第四次会议在广州举行。澳门考生也可以参加在广东省举行的全国专利代理师资格考试。

(三) 知识产权发展新趋势

1. 域名与商标的重合

由于域名是以先到先得的方式分配，不少知名公司的商标被他人注册为域名。[1] 这种将其他公司的商标注册为域名的行为通常被称为"域名抢注"，此行为往往通过以高价向该公司或其竞争对手出售已注册的域名，企图从该公司的商誉中获利。公司的商标亦可能会被竞争对手注册为域名，以图扰乱该公司的业务。

不论其商标是否已在香港或其他地方注册，香港为商标拥有人提供的域名争议解决机制都可保护商标拥有人的权利，防止域名抢注者的恶意注册。在香港的知识产权法框架下，将他人的商标注册为域名可能构成假冒行为及侵犯商标权。商标拥有人可向法院申请禁止此种注册的命令，并就因知识产权被侵犯而遭受的损失要求赔偿。

不过，法院诉讼所涉及的费用不菲，时间亦相当长。对于域名争议而言，仲裁是一种更具成本效益的解决方法。所有地区顶级域名".hk"或".香港"的注册人都须受《统一域名争议解决政策》（以下简称《争议解决政策》）约束。在每一份使用及注册香港域名的协议中，均包含《争议解决政策》，要求注册人接受强制仲裁程序。换言之，任何人如要注册任何香港域名，首先必须同意遵守《争议解决政策》，并接受通过强制仲裁程序解决与该香港域名有关的潜在争议。目前，香港国际仲裁中心是香港唯一认可的就香港域名提供域名强制仲裁程序的服务机构。

根据《争议解决政策》，若申诉人基于下述理由就某个香港域名的注册提出申诉，则该香港域名的注册人必须接受强制仲裁程序：注册人的香港域名和申诉人于香港具有权利的商标或服务商标完全相同或容易造成混淆；注册人对于香港域名不具有使用权利或不应享有相关的合法利益；注册人的香港

---

[1] 域名抢注：如何取回你的域名 [EB/OL]. [2019 – 10 – 26]. http：//www.onc.hk/zh_CN/cybersquatting – reclaim – domain – names/.

域名已注册且被恶意使用。

以下情况可成为恶意注册的证据：注册人蓄意注册域名，旨在以高于域名注册的直接成本的价格将之出售、出租或以其他方式转让域名予有关商标的拥有人或其竞争对手；注册人注册域名以阻碍有关商标拥有人注册包含有关商标的域名，而且注册人已有类似行为的前科；注册人注册域名旨在干扰竞争对手的业务；蓄意通过使用与申诉人拥有的商标相似的域名，企图误导互联网使用者前往某个网上位置，从而获得商业利益。

虽然商标拥有人不必事先在香港或其他地方注册其商标就可展开仲裁程序，但注册商标始终是首要可行的方法。若商标拥有人已注册商标，除了以假冒商标为理由外，还可以侵犯商标权为理由针对域名抢注者提出申诉。

若申诉成功，即可更改、取消或转让该香港域名。根据《争议解决政策》，一旦香港国际仲裁中心的仲裁小组就申诉作出裁决，该香港域名的注册服务商或香港互联网注册管理有限公司（以下简称"香港互联网公司"）（由香港政府指定管理香港域名注册的机构）将会执行该裁决。

根据《争议解决政策》及相关仲裁程序规则，申诉人如要展开仲裁程序，应向香港国际仲裁中心提出申诉。根据申诉人要求一位还是三位仲裁小组成员，申诉人就展开仲裁程序应支付给香港国际仲裁中心的总费用为 10000 港元或 20000 港元。

若香港国际仲裁中心信纳申诉人的申请符合规定，会在收到申请的 3 个营业日内把申诉转寄给标的香港域名的注册人，转寄日期即为进入仲裁程序的日期。在大多情况下，注册人要在 15 个工作日内提交答辩书，若未如期提交，仲裁庭将按申诉人提交的证据对争议作出裁决。

仲裁小组的委任需于香港域名的注册人提交答辩书后 5 个营业日内或提交答辩书期满后尽早完成。一般情况下，仲裁小组需于接受委任后 15 个营业日内将其裁决通知香港国际仲裁中心，香港国际仲裁中心须在收到裁决后 3 个营业日内把裁决转寄给申诉人、注册人及香港互联网公司。

仲裁小组作出的所有裁决均为最终裁决，并具法律约束力。若仲裁小组裁定标的香港域名的注册应被取消或转让，于该域名的注册服务商及香港互联网公司均获得裁决通知 10 个营业日后，注册服务商将执行该裁决。

根据《争议解决政策》及相关仲裁程序规则中列明的时间表，一项香港域名争议一般能在提出申诉后约 2 个月解决。与在法院提出诉讼相比，仲裁程序为解决域名争议提供了一个更快速的机制。

除了香港域名外，香港国际仲裁中心亦是经认可的处理涉及若干其他顶级域名争议的合法仲裁服务机构，包括 ".com"".net"".org" 及 ".cn"。不同的顶级域名可能受不同的争议解决政策及仲裁规则约束。对于涉及如 ".com"".net"".org" 的顶级域名的争议，其仲裁政策及规则与适用于香港域名争议的仲裁政策及规则基本相似。

2. 公司名称与商标的重合

某些公司以非常近似于已注册的商标在公司注册处注册为公司名称，冒充有关商标拥有人的代表，并与内地制造商签订合同，生产带有该商标的伪冒产品。❶ 假如侵权活动是在香港特区进行的，注册商标拥有人可对侵权者采取下述法律行动。

根据《商标条例》（第 559 章），注册商标拥有人在香港可就有关注册的货品和/或服务享有该商标的专有使用权利。如有人在营商过程或业务运作中，就相同或相类似的其他货品或服务而使用与该注册商标相同或相类似的标志，注册商标拥有人可向该人提起反侵犯法律程序。在反侵犯法律程序中，注册商标拥有人可获法院判给属损害赔偿、强制令或交出所得利润等形式的救济，可向法院申请交付侵犯性货品、侵犯性物料或侵犯性物品的命令，处置已交付的侵犯性货品、侵犯性物料或侵犯性物品的命令。

即使某商标未在香港注册，商标拥有人也可提出假冒诉讼，就与货品和/或服务来源有关的失实陈述，根据普通法向法院提出民事诉讼。假冒诉讼必须具备三项要素：第一，原告人使用商标的货品和/或服务在市场上已取得商誉或声誉；第二，被告人的失实陈述，导致或相当可能导致公众相信被告人提供的货品和/或服务是原告人的货品和/或服务；第三，原告人因被告人的失实陈述而已经或相当可能蒙受损害。如法院信纳假冒诉讼成立，可颁布禁制令以禁止诉讼针对的作为，也可要求被告人须就原告人所蒙受的损失或损

---

❶ 香港特别行政区政府知识产权署. 背景资料［EB/OL］.（2020 - 02 - 28）［2020 - 05 - 10］. https：//www.ipd.gov.hk/sc/background.htm.

害向原告人支付损害赔偿。

香港特区政府推行多项措施处理公司名称的问题，包括公司注册处在部门网页公布未有遵从公司注册处处长（以下简称"处长"）发出指示更改名称的公司名单。根据《公司条例》（第622章）第108（1）条，如公司名称在注册时与出现于处长备存的《公司名称索引》内的另一名称相同，或处长认为该名称与另一名称太过相似，则处长可指示该公司更改公司名称。

公司注册处已在部门刊物、网页常见问题、公司注册证明书和公司更改名称证明书加入警告声明，指出公司名称获公司注册处注册并不表示获授予该公司名称的商标权或任何其他知识产权。公司注册处于2007年7月修订《公司名称注册指引》，提醒公司筹办人，公司名称获注册并不表示获授予该公司名称的任何知识产权，而侵犯他人的知识产权可招致民事或刑事制裁［注：该指引已根据《公司条例》（第622章）作出修订及重新命名为《香港公司名称注册指引》，并于2014年3月3日起生效］。

3. 知识产权上市融资途径增多

香港知识产权交易所于2018年底完成交易平台的更新和数字化交易的改造，做好符合香港监管的各项准备工作，并于2019年4月出版《2018年中国上市公司知识产权新价值排行榜》。

2018年4月30日起，未能符合上市财政准则内盈利测试、市值/收入测试或市值/收入/现金流量测试的生物科技公司，仍可申请于香港交易所主板上市。尚未有收入的生物科技公司可按照香港交易所全资附属公司香港联交所于2018年4月推出新的"主板上市规则"第18A章上市。以下是未有收入生物科技公司上市的主要要求：①上市时的市值至少达15亿港元；②申请人最少有一项核心产品已通过概念开发流程，产品类型包括药剂（小分子药物）、生物制剂、医疗器材（包括诊断器材）以及其他生物科技产品，该产品须由欧洲药品管理局（EMA）、美国食品和药品管理局（FDA）或中国国家药品监督管理局（NMPA）等主管当局认可管理；③上市前最少12个月一直主要从事核心产品的研发；④上市集资主要用于研发，以将核心产品推向市场；⑤申请人应在首次公开招股至少6个月前，已得到至少一名资深投资者相当数额的投资；⑥上市前最少两个会计年度一直从事现有业务；⑦申请人应确保有充足的运营资金，以应付上市文件刊发之日起至少12个月开支的125%。

礼来亚洲基金风险合伙人苏岭表示："一个地区发展生物科技，必须拥有扎实的科研能力以及商业转化能力、良好的知识产权保护、科学高效的审核审批体系、资金支持等各项要素。很多生物科研临床试验耗时长、风险高，粤港澳大湾区拥有7000万人口，香港有先进的医疗卫生体系、很多有经验的临床专家，因此希望临床试验相关的政策可以进一步优化，包括样本、物流、信息流等可以优先安排，这对生物科技公司将有很大的吸引力。"❶

自2018年4月30日推出新上市制度以来，截至2019年8月底，共有15家生物科技公司在香港交易所主板上市，共筹集486亿港元，其中包括8家根据主板上市规则第18A章上市的未有收入的生物科技公司，筹集资金235亿港元。医疗器械公司也在通过新的主板上市规则第18A章寻求香港上市，发行人越来越多元化，港股医疗大健康行业日益壮大。除通过主板上市规则第18A章上市的公司外，还有一些来自医药研发合同外包服务机构和医疗服务领域的IPO，拟上市公司储备强劲。Dealogic数据显示，2019年至今香港继续保持全球第二大生物科技融资中心的优势。

（四）人力资源和人才培养

1. 人力资源

2018年，香港知识产权署进行的《知识产权贸易及管理的人力统计调查》❷结果显示，直至统计时，涵盖在选定知识产权相关行业的机构中约有26%曾从事一类或以上的知识产权贸易/管理活动。相关比例在不同行业之间各有差别，在"大学及专科院校的知识转移处及选定机构"及"知识产权及相类非金融无形资产的租赁"行业组别中，比例达到100%。至于其他的13个行业组别，参与比例较高的行业组别是"电视节目编制及广播"（72%）、

---

❶ 朱丽娜. 11家生物科技公司排队赴港上市 破局"同质化"打造生态系统［EB/OL］. (2019 – 05 – 29)［2019 – 06 – 10］. https：//m. 21jingji. com/article/20190529/b517405e49865c6f7e6ca4a4ca8910 4f. html.

❷ 香港特别行政区政府知识产权署. 知识产权贸易及管理的人力统计调查［EB/OL］. (2019 – 02 – 11)［2019 – 06 – 10］. https：//www. ipd. gov. hk/sc/promotion_edu/survey. htm.

"多媒体、视觉及平面设计"（54%）及"录音及音乐出版"（51%）。

这些知识产权相关行业的机构普遍从事的知识产权活动是"知识产权注册"，其次是"购买知识产权"及"取得/赋予知识产权授权/再授权"。至于机构从事不同知识产权贸易/管理活动类别的幅度，在各不同行业组别之间明显有别。例如，就从事"购买知识产权"的机构而言，以"多媒体、视觉及平面设计""电视节目编制及广播""电影、录像及电视节目制作及发行""电脑程式编写及软件出版""书籍、工商名录及邮寄名册出版"及"广告"所占的比例相对于其他行业组别较高。

就知识产权的类别而言，最普遍涉及的知识产权是商标。在曾从事知识产权贸易/管理活动的机构当中，过半数（57%）有从事涉及商标的活动。除商标外，知识产权相关行业最普遍涉及的其他两个知识产权类别是"电脑软件/系统版权"及"电脑软件/系统版权以外的其他版权作品"。具体而言，上述机构中有25%曾从事"电脑软件/系统版权"相关的工作，21%从事"电脑软件/系统版权以外的其他版权作品"相关的活动。

从事知识产权贸易/管理活动的机构中，约有1/3在2016年7月1日至2017年6月30日期间（该统计调查前一年）曾委聘其他机构或人员（以下简称"委聘代理"）处理一类或以上的知识产权相关活动。委聘代理普遍承办的知识产权贸易/管理活动包括"知识产权注册""购买知识产权"及"取得知识产权授权/再授权"。具体而言，在该统计调查前一年曾委聘有关代理承办处理知识产权贸易/管理活动的机构中，有55%的委聘代理是处理"知识产权注册"工作，而处理"购买知识产权"及"取得知识产权授权/再授权"的相关百分比分别是32%及26%。其中，有66%委聘香港的机构/人员，而被委聘的代理处于中国内地的百分比为41%。被问到在该统计调查前一年委聘代理处理知识产权贸易/管理活动时曾否遇到困难，约85%的机构表示它们在委聘工作上没有遇到困难。

不同职级的知识产权贸易/管理员工在不同行业的分布各有差异，由于不同行业组别聚焦于不同的业务，他们的人力组合亦有分别。以"服装、皮革或类似材料制作的行李箱/手袋及同类物品、珠宝首饰及贵金属装饰物零售店"行业来说，"经理及行政级人员"占的比例最高（69%），其次是"知识产权及相类非金融无形资产的租赁"（60%）及"工业设计服务"（53%）。

而"专业人员"所占比例最高的行业组别是"多媒体、视觉及平面设计"（55%）。而"大学及专科院校的知识转移处及选定机构"行业组别有相当高比例的"专业人员"（38%）及"辅助专业人员"（24%）。"文书/其他支援人员"则占不同行业组别中知识产权贸易/管理员工的主要部分，尤其在"家居用品进出口贸易、批发""书籍、工商名录及邮寄名册出版""电影、录像及电视节目制作及发行"及"广告"行业组别中，员工组合占比超过50%。

不同职级的知识产权贸易/管理员工平均年龄、相关基本工作经验年资要求以及基本教育程度要求，在知识产权相关行业中都各有不同。"文书/其他支援人员"平均年龄的中位数范围在 30 岁以下，而"经理及行政级人员"的中位数范围则较高（40 ~ 49 岁）。"文书/其他支援人员"相关基本工作经验年资要求的中位数范围是"少于 3 年"，"经理及行政级人员""专业人员"及"辅助专业人员"则是"3 ~ 6 年"。"文书/其他支援人员"最普遍需要的基本教育程度要求是中学或以下；"辅助专业人员"是副学位课程/文凭/证书；"经理及行政级人员"及"专业人员"是具有学士学位。

不同行业的知识产权贸易/管理员工用于知识产权贸易/管理工作的时间比例对比其他非知识产权相关的工作亦有分别。在该统计调查前一年，"大学及专科院校的知识转移处及选定机构"行业组别的知识产权贸易/管理员工用于相关工作的时间所占比例最高，为88%；另外，"服装、皮革或类似材料制作的行李箱/手袋及同类物品、珠宝首饰及贵金属装饰物零售店"的知识产权贸易/管理员工大约用 20% 的工作时间在知识产权贸易/管理工作上。

关于短期内（直至 2019 年中期）香港的人才供应是否足够满足与不同知识产权类别相关的各种知识产权贸易/管理活动的需求，受访机构亦被邀表达意见。从回应有关问题的受访机构中所得出的意见是，他们大部分认为短期内应有足够的人才供应应付不同的知识产权贸易/管理活动。但其中亦有少数行业的被访者认为在"购买/销售知识产权"及"取得/赋予知识产权授权/再授权"方面，人才供应或会不足。

2. 人才培养

香港知识产权署举办了一系列活动促进业内人士交流和为从业人员提供培训。如 2019 年 6 月 17 日至 18 日举办的第九期知识产权管理人员培训课程；

2019 年 4 月 17 日举办的"国际争议解决研讨会 2019——全球协作新纪元"；2018 年 12 月 12 日举办的"电子零售及网站网络安全"讲座；2018 年 10 月 10 日举办的"香港知识产权的申请注册程序"工作坊等。

除了日常培训，支援中小型企业也是香港知识产权署的重要工作之一。中小型企业是香港经济的主要支柱。为协助中小企业发挥在知识产权商品化和知识产权贸易方面的潜力，以及作出更佳准备以把握由此带来的庞大机遇，香港知识产权署与香港律师会（律师会）合作，为中小企业提供有关知识产权保护、管理及商品化的免费知识产权咨询服务。自 2014 年 12 月推出试行计划，截至 2018 年 12 月底，已进行逾 320 次咨询面谈。计划所提供的服务广受参与的中小企欢迎，根据香港知识产权署进行的调查显示，98% 的使用者对服务感到满意。

香港知识产权署在 2015 年 5 月推出知识产权管理人员计划，协助中小企业建立知识产权方面的人力资源，以及通过知识产权管理和商品化提升竞争力。截至 2018 年 12 月底，逾 860 家中小企业已参加计划，超过 1500 人参加香港知识产权署在计划下举办的知识产权管理人员培训课程。香港知识产权署也在 2016 年 4 月推出知识产权管理人员实务工作坊，对象为已参加上述培训课程的人士。截至 2018 年 12 月底，该署已为 400 多名参加者举办 12 个工作坊。这些培训课程和工作坊均获得参与者非常正面的回应。根据香港知识产权署在 2018 年进行的使用者调查显示，逾 70% 曾参加知识产权管理人员培训课程的受访者认为培训课程办得极佳或出色。至于知识产权管理人员实务工作坊，超过 84% 曾参加的受访者认为工作坊非常实用。

香港知识产权署从 2015 年 10 月至今一直为专业团体和学术及商业机构提供资助，就知识产权相关课题举办培训课程。此举旨在向学员传授知识产权专门范畴的知识及实务技能。截至 2018 年 12 月底，共有 492 名参加者向有关专业团体和学术及商业机构，包括香港生产力促进局、香港城市大学知识转移处、皇家特许测量师学会及香港工业总会报名。课程所涵盖的课题包括专利检索、有关"使用权检索"（right－to－use search）的进阶专利系列、知识产权估值、技术转移、专利及授权程序以及全国专利代理师资格考试应考准备。香港知识产权署会继续资助有关课程，以协助企业提升知识产权方面的人力资源。

香港贸易发展局自 2015 年 3 月已扩大其中小企服务中心的咨询服务范围，涵盖知识产权的专门相关事宜，以协助香港公司更加善用自身拥有的知识产权。

（五）交易平台

由香港贸易发展局举办的第十六届授权展于 2019 年 1 月 7 日至 9 日举行，汇聚来自 14 个国家或地区代表超过 1000 个品牌及授权项目的 400 多家参展商，并吸引了逾 23000 名来自 100 多个国家或地区的参加者进场。这项为期 3 天的活动已成为全球第二大及亚洲最大的同类展览会。授权展为企业提供有效的市场推广平台，以便把握亚洲授权市场急速发展所带来的商机。授权展共安排 680 场商业配对环节，让参展商和买家与授权展联系接洽。

2019 年的授权展除吸引到香港备受欢迎的知识产权项目参展外，还引入以下三项新元素。

一是香港设计授权香港馆。馆内汇聚 40 家拥有新进本地原创知识产权项目的香港公司，是"香港设计授权支援计划"的主要措施。该计划由商务及经济发展局辖下创意香港所推行的"创意智优计划"资助。

二是原创设计授权项目巡礼及洽谈会。该活动展示 20 家来自不同界别的本地参展商的品牌故事，以便进行商业配对。

三是艺术及博物馆专区。专区展出来自世界各地 13 家博物馆的知识产权项目，以丰富授权展内展出的艺术及文化知识产权项目。

第八届亚洲授权业会议于 2019 年 1 月 7 至 8 日与授权展同步举行，邀得来自世界各地逾 30 位知名演讲者，并吸引了逾 1300 名来自 25 个国家或地区的业界人士出席。会议为授权业界人士提供专门平台，以扩展业务网络，并开拓区内新的跨界合作空间。会议涵盖的题目包括亚洲授权业市场的最新动态、中国内地授权业市场的潜力以及由电子竞技作为授权业界新亮点所引发的机遇。

截至 2019 年 1 月，香港贸易发展局开发和管理的免费网上平台——亚洲知识产权交易平台（以下简称"交易平台"）已与多家机构建立战略伙伴关系，包括逾 35 家本地研发中心及本地大学的技术转移处，以及来自世界各地的机构。交易平台现时提供超过 28000 个可供交易的知识产权项目，较 3 年前增加 12%。香港贸易发展局会继续通过不同方法如出版电子通讯、刊登广告及进行户外宣传推广，以宣传交易平台及鼓励用户登记。

（六）公民权利意识

1. 香港

根据 2018 年香港知识产权署进行的《香港市民保护知识产权意识调查》，两个倾向值得关注：第一，市民尊重和保护知识产权的意识总体有所提高；第二，侵权物品的出售地从实体商店转向电子商务，增加了执法的难度。

受访者中，44.3% 的人会付款在获正式授权的网站线上收听歌曲、观看影片或下载歌曲/影片/电脑软件/游戏/电子书，这个比例自 2008 年持续上升（由 2008 年的 21.0% 至这轮的 44.3%）。表示"绝对会/可能会"的前三个原因是"为了得到更佳质素"（33.0%）、"尊重知识产权"（29.3%）及"支持创意工业"（23.4%），表示"未必会/绝对不会"的前三个原因是"没有听歌/观看电影/玩电子游戏/阅读的习惯"（21.8%）、"很少/从不下载任何档案"（17.6%）及"有其他途径可以网上收听/观看"（17.6%）。

在有上网习惯的受访者中，大部分（80.8%）同意"在明知侵犯知识产权的情况下，仍然在网上社群/未经授权网站下载音乐/电影/电视节目是不道德的行为"，这个比例较 2016 年的 77.3% 略高。与此同时，另一大比例的受访者（70.2%）同意"在网络上收听或观看明知是盗版的音乐/电影/电视节目是不道德的行为"，较 2016 年的 64.5% 有所上升。

有上网购物习惯的受访者中，67.1% 的人表示在购买有卡通人物或品牌标志的物品时，有留意货品是正版、盗版或冒牌，而 16.2% 则表示不会留意，其余 16.7% 表示他们不会上网购买有卡通人物/品牌标志的物品。关于购买盗版或冒牌货品的习惯，18.5% 的受访者表示他们经常/间中/很少购买盗版或冒牌货品，是自 1999 年以来最低的比例。另外，多数受访者（75.8%）表示他们从来没有买过。

曾购买盗版或冒牌货品的受访者当中，前三类购买得最多的盗版或冒牌货品与 2016 年的相同。较多受访者表示他们购买最多的盗版或冒牌货品为"衣服/首饰"（43.1%，较 2004 年的 7.7% 有所增加），其次是"声音/影片光碟"（27.9%，较 2004 年的 63.0% 有所减少）及"玩具/文具/精品"（17.2%，较 2004 年的 1.7% 有所增加）。购买盗版或冒牌货品最常用的渠道是实体"商铺"（39.7%，较 2016 年的 47.3% 有所减少），其次是"街上摊档"（31.4%）及"网络商店"（21.0%，较 2016 年的 9.4% 有所增加）。

大约六成的受访者（60.3%）曾听过"正版正货承诺"计划，是自 2008 年以来录得最高的比例。在认知该计划的受访者当中，大部分（87.9%）认为该计划对增加消费者及游客在香港购物的信心或巩固香港购物天堂的美誉是非常有帮助/颇有帮助的，这个比例较上次调查的 84.0% 稍微上升。

在公众对保护知识产权长远发展的态度方面，多数受访者认为保护知识产权对本地创意产业发展（79.9%，较 2016 年的 75.4% 略高）及香港的整体经济发展（69.1%）非常有帮助/颇有帮助。对于政府应该投放更多资源在哪方面以保护知识产权，较多受访者建议"加强在媒体上的宣传"（37.8%），其次是"加强巡查和扫荡"（30.4%）及"加强在学校的宣传（包括大、中、小学）"（27.8%）。这三方面均与上次调查的结果一致。

2. 澳门

澳门经济局和海关等部门积极宣传知识产权，提升公民意识。2018 年，澳门经济局与海关携手合作，在市政署（前民政总署）举行的"2018 圣诞市集摊位竞投"及"2018 农历年宵市场摊位竞投"活动上，向各竞投者讲解知识产权相关法律，并提醒各档主谨慎入货，切勿售卖侵权物品。在年宵市场举行期间，澳门经济局、海关及消费者委员会亦在现场进行联合巡查，提醒档主遵守知识产权相关法律规定。另外，澳门经济局亦于年宵市场内设置宣传摊位及派发宣传品，宣扬知识产权信息。

为加强新生代尊重知识产权的意识，自 2017 年 2 月 21 日起，澳门海关与澳门经济局联合携手合作，在全澳学校开展校园巡回宣传活动，于各校园巡回放置展览板，以漫画形式，通过图文并茂的方式向学生宣传保护知识产权的重要性。2018 年，活动进入第二阶段的"保护知识产权学校宣传计划"，两部门持续到澳门各校进行巡回宣传及举办讲座，向学校师生讲解知识产权的相关知识，让尊重和运用知识产权的理念在校园内广泛传播。有关活动宣导效果良好且很受学校欢迎，自校园巡回宣传活动开展以来，截至 2018 年 12 月 31 日，共走访了 30 多所学校。此外，2018 年澳门经济局亦分别应澳门大学及澳门理工学院邀请，派员为大学生讲解澳门特区的知识产权法律制度，以增强学生的知识产权意识，营造一个尊重及保护知识产权的学术环境。2018 年 4 月 21 日，澳门经济局应作曲家、作家及出版社协会邀请，参与协办在氹仔花城公园旁举行的庆祝"世界知识产权日"宣传活动。

2018 年 5 月 6 日，澳门经济局派员出席由教青局、经济局及青年创业创新培育筹备委员会合办的"青年创业创新培育计划"，与青年创业人士交流分享保护知识产权的重要性、企业商标策略以及知识产权对业务保障的作用等内容。

2018 年 9 月 8 日，澳门海关为落实执行"保护知识产权的社区宣传推广工作"，于氹仔花城公园旁举办了"社区打假联络机制两周年"宣传活动。活动现场设有摊位游戏和海报，向公众宣扬知识产权的重要性。

三、建议和展望

随着香港推行原授专利制度及实施《马德里议定书》等商标国际注册制度，香港的知识产权制度将为香港推广知识产权贸易的工作增添新动力。与此同时，"一带一路"倡议和大湾区建设会为港澳众多行业带来无限机遇，加强香港作为亚太区知识产权贸易中心的角色。香港和澳门可在下列方面继续努力，以期推动知识产权产业、知识产权相关行业以及社会经济的发展。

（1）优化金融财税政策支持。

一方面，继续加强银行的融资功能，完善现有的知识产权估值指引，给律师、会计、银行工作人员切实可行的指导，让知识产权能够发挥质押、证券化等融资功能。跟踪调查研究自 2019 年实施的生物科技公司在香港证券交易市场上市新规，检讨新规是否有利于提升以生物科技为代表的高科技公司的融资能力，为投资者提供多元选择。另一方面，在现有法律规定的基础上，继续推出和改进与知识产权交易相关的减税扣税政策。从全球和国内贸易实践来看，关检的互联互通是经贸融合的重要手段。大湾区涉及三个关税地区，三种不同的海关治理制度，协调大湾区内监管制度、创新边境合作模式将是重要举措。研究公司之间，以及母公司与子公司之间的知识产权交易，尤其是跨境交易时可以进一步推出的减税扣税政策，以鼓励知识产权贸易。

（2）加强区域合作，共建粤港澳合作发展平台。

首先，随着电子商务的普及，侵权物品的生产地、流通地难以确定，加强跨区行政知识产权保护很有必要。2018 年，海关总署、香港海关、澳门海关在珠海签署了《开展港珠澳大桥口岸合作互助项目备忘录》，建立了对知识产权等共同领域的查缉合作等机制。香港、澳门应充分利用大湾区和"一带一路"的政策优势，提升深圳前海深港现代服务业合作区功能，联动香港构建开放型、创新型产业体系，加强法律事务合作，加强深港司法交流，强化知识产权行政保护。

其次，三地的高校和科研机构应继续深化合作。2018 年 5 月，科技部与财政部发布关于香港的大学和科研机构可直接申请"中央财政科技计划"的规定，资金可拨付到香港使用。在此基础上，三地可在资金、设备、人员互通方面加强合作，建立以企业为主体、市场为导向、产学研深度融合的技术创新体系，实施粤港澳科技创新合作发展计划和粤港联合创新资助计划，完善利益分享机制。

最后，推进珠海横琴粤港澳深度合作，建设粤澳信息港、粤澳合作中医药科技产业园，加强区域科技创新合作。推进"广州—深圳—香港—澳门"科技创新走廊建设；支持粤港澳在创业孵化、科技金融、成果转化、国际技术转让、科技服务业等领域开展深度合作，将香港发展成为大湾区高新技术产业融资中心；强化知识产权行政执法和司法保护，支持香港成为区域知识产权贸易中心。

（3）进行高端产业再工业化。

本章第二部分关于知识产权的申请和授权数据显示，中国香港在外观设计和商标保护方面独占鳌头，而美国和日本的强项则是获得标准专利授权。这反映出在知识产权产业结构方面，香港的优势更多在于商标和外观设计。

为了充分发挥香港的科技创新研发优势，发展更全面平衡的产业结构，避免对低附加值的知识产权业过度依赖，政府可引导高校和科研机构加强对科研成果的应用，将知识产权密集型的成果推向产业化，进行商业化运作，打造示范效应。

香港的一大优势在于能够吸引国际人才，并吸引内地企业与香港合作。例如，人工智能产业的应用范围包括视觉感知、语音识别、决策制定、机器翻译及自动驾驶等。目前人工智能科技的发展非常迅速，而技术的进步有赖于人才培育、问题解决方案、数据收集和运用。2019 年 3 月 5 日，香港中文大学工程学院与商汤科技签订合作协议，共同推动本地人工智能的教育发展。微信－香港科技大学人工智能联合实验室则专注研究人工智能科技相关的范畴，探索人工智能尚未开拓且影响深远的领域。2019 年 3 月 20 日，香港科技大学和创新工场宣布成立计算机感知与智能控制联合实验室（Computer Perception and Intelligent Control Lab），并签署合作备忘录。

在过去 30 多年里，在改革开放的助推下，粤港澳大湾区在产业融合方面已经十分成功，未来打造成为生物科技中心方面大有可为，可以参考波士顿、旧金山湾区、圣地亚哥等全球知名生物科技中心的发展路径。全世界最畅销的 10 种生物药大部分都不是传统的小分子化学药，虽然这 10 种生物药都是跨国公司在销售，但却都是小的生物科技公司开发的，到一定阶段被大公司收购，后者具有强大的市场功能。

生物科技的产业化十分重要，大湾区在其他行业的产业化很成功，发展生物科技可谓水到渠成。然而，目前在香港上市的生物科技公司已经出现同质化的现象，很多生物科技公司都在做肿瘤免疫、抗体药物。其实生物科技的面非常广，有精准医学、干细胞、基因编辑等领域。大湾区的发展应该更为多元化。同时大湾区内的很多不同城市都在积极发展生物制药，作为城市的支柱产业，各个城市之间应进行适当的协调。对此，有专家指出："香港市场应该配备整个产业链，而并非只是一个上市地"。❶

---

❶ 朱丽娜. 11 家生物科技公司排队赴港上市破局"同质化"打造生态系统［EB/OL］.（2019 - 05 - 29）［2019 - 06 - 10］. https：//m. 21jingji. com/article/20190529/b517405e49865c6f7e6ca4a4ca89 104f. html.

（4）澳门应有意识保持葡语优势。

近来有研究表明，澳门居民中说葡语的比例显著降低。❶ 适当保留葡语优势和法律传统，有助于中国澳门保持其与葡语系国家的联系，在国际贸易中继续起到桥梁作用。对此，政府可出台政策鼓励年轻人学习葡语，熟悉葡语系国家的文化和法律体系。

（5）优化区域创新环境，促进粤港澳大湾区出入境、工作、居住、物流等更加便利化的政策措施，鼓励科技和学术人才交往交流。

总之，两地应加强知识产权保护，积极应对数字科技对知识产权保护带来的挑战，继续探索对知识产权产业进行金融财税方面的支持，强化容错试错机制以提升整体创新环境。同时，抓住"一带一路"和大湾区建设等机遇，积极发展区域协同与产业协作，扩大辐射作用并带动周边发展。

（撰稿人：王佳、常廷彬）

---

❶ 说葡语的人口从 2016 年的 2.3% 下降到 2018 年的 0.6%，参阅澳门特区政府统计暨普查局. 2016 中期人口统计详细结果 [EB/OL]. [2019－05－10]. https：//www.dsec.gov.mo/getAttachment/bfa0112a－eaf3－49a9－9168－b5add46e9d65/C_ICEN_PUB_2016_Y. aspx. 大湾区媒体集团. 粤港澳大湾区核心城市定位探析 [EB/OL]. [2019－05－10]. https：//gba－media.com/macao. html.

第3章 广州市知识产权报告

一、广州市知识产权制度和政策

（一）广州市知识产权制度

广州是广东省省会、国家中心城市、国家历史文化名城，地处中国南部，濒临南海、珠江三角洲北缘，是中国通往世界的南大门，也是粤港澳大湾区、泛珠江三角洲经济区的中心城市以及"一带一路"的枢纽城市。在国家实施建设知识产权强国的战略下，广东省人民政府明确提出要将广州市建设成为"具有国际影响力的国家创新中心、知识产权枢纽城市、国际科技创新枢纽"。为实现这一目标，广州市实施知识产权战略，推进知识产权领域改革创新，以创新驱动发展。

知识产权制度是广州市实施创新驱动发展战略的重要保障。广州市人民政府发布了一系列规范性文件，贯彻落实国家创新驱动发展战略、鼓励自主创新。2017年发布的《广州市知识产权事业发展第十三个五年规划》（以下简称《"十三五"规划》）作为全面规划广州市在"十三五"期间知识产权发展的纲领性文件，以专利、商标、版权为主，遵循创新、协调、绿色、开放、共享五大发展理念，以激励创造、强化运用、严格保护为重点，通过市场推动和政府引导，全面实施知识产权战略，着力培育高价值知识产权，发展知识产权密集型产业，优化创新发展法治环境，提升知识产权管理水平，做优做强知识产权服务业，建设知识产权人才高地，强化知识产权交流合作，促进知识产权与广州产业、科技、金融发展深度融合，以创新驱动广州经济、社会发展，将广州建设成为知识产权强市和具有集聚、引领、辐射作用的知识产权枢纽城市和国际创新城市。《广州市创建国家知识产权强市行动计划（2017—2020 年）》（以下简称《强市计划》）对《"十三五"规划》的目标和任务进行了细化分工，统筹协调全市各有关单位和部门参与创强工作，推进重要任务落地实施，提出到 2020 年底按照"对标国际、领跑全国、支撑区域"的知识产权强市建设总要求，围绕创建严格高效的知识产权综合管理体系、知识产权保护法规制度和工作体系、知识产权产业发展体系、知识产权服务体系的建设目标制定具体措施。

以《"十三五"规划》和《强市计划》为指导，广州市相继出台知识产权在各领域的实施办法和配套细则措施，各区在广州市的政策体系基础上，根据各自的实际情况，制定符合本区的知识产权制度。科技创新政策鼓励社会组织、企业、高等院校等多主体进行社会科学、创新创业、科技项目等领域的创新，突出新一代信息产业、互联网＋先进制造业、工业和信息化产业、文化产业、新能源产业等新兴产业和重点领域的知识产权工作，政府以资金扶持和引进民间资本投入、进行改革试点和示范区建设、运用大数据技术建设信息平台等措施应用于专利创造、质押融资、管理体制、科技成果转化运用、运营服务、知识产权联合保护、人才培养与引进、普法宣传等方面。

2018 年，广州市知识产权工作紧紧围绕市委、市政府决策部署，紧抓粤港澳大湾区建设机遇，大力推进国家知识产权强市和知识产权枢纽城市建设，深入实施《强市计划》，由市知识产权局牵头，将创建国家知识产权强市，开展知识产权运用和保护综合改革试验，推进中国（广东）知识产权保护中心建设作为 2018 年工作重点之一，在中新广州知识城范围内实现专利、商标、版权行政管理职能"三合一"，有效提高管理和服务效能。

2019 年，广州市继续强化知识产权创造、运用和保护，提升公共服务水平，知识产权塑造良好创新环境的作用更加凸显，取得了新的成效，广州市在省科技奖中获奖数量居全省第一，在全球创新集群百强榜中的排名从 2017 年的第 63 位跃升至第 21 位，高新技术企业突破 1.2 万家，新认定国家级科技企业孵化器达到 10 家，居全国第一。❶ 广州市将继续围绕增强广州粤港澳大湾区区域发展核心引擎功能，着力打造高质量发展典范，全面布局 5G 网络，着力发展贸易代理、法律、会计、精算、人力资源、知识产权等高端专业服务业，开展碳排放权抵质押融资试点，推荐更多创新企业到科创板上市。

（二）广州市知识产权促进政策

1. 知识产权管理

在知识产权管理方面，广州市努力创建集中高效、链条完整、职责健全的知识产权综合管理体系，开展知识产权综合管理改革试点，探索建立有效可行的知识产权管理体制机制；重点推动规模以上工业企业、高新技术企业知识产权管理规范化，促进科技创新创业，建立重大经济科技活动知识产权评议制度。

（1）完善知识产权政策体系。

广州市以《"十三五"规划》和《强市计划》为指导，调整优化现有知识产权法规、规章和政策文件，提高知识产权政策措施的科学化、规范化、法治化水平。在创新主体上更注重激发社会组织和企业的研发，促进社会科学领域创新，关注科研项目资金绩效和监督，提升知识产权管理水平和质量；研究制定促进知识产权服务业发展，加强新一代信息产业、工业和信息化产业、文化产业、新能源产业等新业态科技成果转化、知识产权保护、运营和服务政策，吸引国内外优秀人才，完善知识产权政策体系建设。为全面落实《粤港澳大湾区发展规划纲要》，建立粤港澳大湾区知识产权合作新机制，黄埔区、广州开发区推进粤港澳大湾区建设领导小组出台《广州市黄埔区广州开发区推进粤港澳大湾区建设三年行动计划（2018—2020 年）》，促进本区与港澳地区在知识产权方面的互融互通，并且作为全国唯一经国务院批准的知识产权运用和保护综合改革试验的区域，率先探索开展粤港澳知识产权互认

---

❶ 董柳，张璐瑶. 广州在全球创新集群百强榜中的排名跃至第 21 位［N/OL］. 羊城晚报，2019 －03－29［2019－10－06］. https：//ycpai. ycwb. com/amucsite/pad/index. html？from = timeline#/detail/727838？site2.

试点工作，黄埔区配套制定的《广州市黄埔区广州开发区推进粤港澳知识产权互认互通办法（试行）》（以下简称"粤港澳知识产权互认10条"）主要从机构落户、从业鼓励、仲裁调解、维权保护、金融支持、行业互动等方面给予政策扶持，以汇聚港澳知识产权优势资源，加强黄埔区与港澳在知识产权运用和保护方面的合作。

（2）推进知识产权管理体制机制改革。

广州市逐步推进知识产权综合管理改革，建立权界清晰、分工合理、权责一致、运转高效的综合行政管理机制；加快推进中新广州知识城国家知识产权运用和保护综合改革试验，在广州开发区形成知识产权局统一管理专利、商标、版权的管理模式。

广州市进一步完善工作机制，加强各区知识产权管理机构建设和工作队伍建设，打通创造、运用、保护和服务等关键环节，提升知识产权管理效能。市知识产权工作领导小组统筹领导知识产权强市工作，加强部门间沟通协调、联动，共同推进行动计划实施；各区、各部门根据本区行动计划重点工作内容，建立领导负责制和工作责任制，制定年度推进计划和配套政策并贯彻落实。广州开发区管委会、越秀区政府、南沙区政府根据实际工作需要制定与本区行动计划相衔接的行动计划，推动知识产权强市建设有关重点任务的落实。广州市知识产权局持续开展区域知识产权试点示范工作，支持各区开展"国家知识产权强县（区）工程"试点示范创建工作；推进企业知识产权优势示范工作和学校知识产权试点示范工作，加强对试点示范单位的培育、指导和跟踪服务；支持行业协会建立知识产权工作部，开展行业协会知识产权试点示范培育；建立健全行业协会知识产权管理制度，加强行业知识产权管理培训，推动建立行业知识产权联盟、行业知识产权纠纷调解机制。

（3）完善重大经济和科技活动知识产权评议制度。

广州市加强统计考核工作的落实，将知识产权工作纳入市、区经济发展的考核指标体系，建立知识产权创造运用绩效统计、运营监测和分析体系，引导、规范重大科技经济活动知识产权评议行为，定期公布重大工程和重点任务的进展情况；支持建立广州市知识产权评议专家库，培育一批知识产权评议机构；引导、支持企事业单位自主开展对重大科技经济活动的知识产权评议；加强对专项资金支持的重大科技专项、重大产业化、重大技术改造、重大企业并购、重要人才引进等项目开展绩效评估。

广州市各区在知识产权管理上，加强示范引导。各区每年认定一批区知识产权优势和示范企业并给予资助，对当年参与知识产权"贯标"评审并验收合格的企业给予补贴，用于支持企业建立一套完整的知识产权管理制度和工作体系，规范企业生产经营过程中的各项知识产权活动。奖励专利联盟，每年都评选并奖励一批企事业单位、专利联盟的优秀知识产权管理团队或个人。颁布《广州市黄埔区广州开发区重大经济和科技活动知识产权评议办法》，成立广州开发区知识产权运用和保护综合改革领导小组，深化知识产权运用和保护综合改革试验，在全国开发区率先实现专利、商标、版权统一行政管理体制。

（4）加大知识产权工作资金投入。

广州市为加强知识产权管理，专门安排了工作经费用于支持创建国家知识产权强市的政策研究、专家咨询、宣传推动、绩效评估等工作；不断加大政府知识产权工作的资金投入力度，逐年增加专利工作专项资金、商标品牌建设资金、作品著作权登记政府资助、标准化建设资金等方面的投入。此外，引导和激励各类市场主体增加对知识产权的投入，形成政府引领、各方积极参与的多渠道投入体系；遵循公平公正、规范管理、专款专用、突出绩效的原则，优化财政资金使用机制；重点扶持知识产权体制机制创新、专利导航产业发展、知识产权运用、知识产权金融、知识产权保护、知识产权服务业发展等方面的重大工程和试点示范项目。

为鼓励发明创造，激励自主创新，广州市设立了广州市专利奖、广州市科学技术奖、广州市市长质量奖、保护知识产权市长奖，设立"广州市首台（套）重点技术装备推广奖励""先进制造业创新成果产业化"等专题奖励方向，将自主知识产权作为项目安排重点条件之一。各区也在产业载体运营、创新研发、科技成果、风险投资、产业人才方面设置奖励、补助和其他生活优惠政策，支持科技创新载体建设、产学研联动、科技成果转化、创新资本促进产融结合、鼓励产业人才创新创业。

（5）建立知识产权促进创新创业服务机制。

广州市积极构建企业、高校、科研院所、创客多方协同的创新创业机制。建立知识产权对接各种交易、展览、大赛等活动的服务机制；打造知识产权特色集聚区域，加强专利导航、专利挖掘、专利投融资等实务培训，推广利用专利信息分析成果；支持科技园区、孵化器、众创空间建立知识产权服务平台，打造专利创业孵化链，支持科技中介服务机构发展和科技创新平台建设，完善科技金融服务体系，促进知识产权运营服务新业态发展。

《广州市鼓励创业投资促进创新创业发展若干政策规定》鼓励社会资本进入创新创业领域，建设具有国际影响力的风投创投中心，加快建设珠三角国家自主创新示范区（广州），打造国家科技产业创新中心龙头。对境内外创业投资类管理企业按照投资额标准给予奖励，并鼓励它们与产学研协同创新联盟、新型研发机构共同设立创业投资基金，对纳入广州市科技型中小企业信贷风险补偿资金池备案企业库的创业投资类企业和科技型中小企业发放科技信贷资金。为落实《粤港澳大湾区发展规划纲要》，黄埔区、广州开发区和南沙区为港澳青年在黄埔区、广州开发区的实习就业、办公、生活保障、合作交流提供补贴，南沙区在生活保障方面提供更优越的条件，给予就医、子女义务教育、医疗保险经办、商业保险理赔服务、居住证申办、共有产权住房申办的优先服务或协助，对其创业项目提供创业资金和贷款贴息补贴，支持港澳青年初创项目、创新创业孵化载体、专利转让、核心技术发明专利在本区实现转化。海珠区对以促进创业带动就业为导向的创新创业（孵化）示范基地（以下简称"基地"）制定认定标准，并给予资金支持。

2. 知识产权保护

广州市知识产权保护制度日趋完善，除了《强市计划》《广州市加强知识产权运用和保护促进创新驱动发展的实施方案》，2019 年 7 月，广州市还制定了《广州市进一步优化营商环境的若干措施》，修订《广州市知识产权局规范专利行政执法自由裁量权规定》《广州市行政处罚听证程序规定》等规范性文件，进一步加大对知识产权创造、保护和运用的保护力度，健全知识产权行政执法和司法保护体系，推进实施最严格的知识产权保护工程；建立覆盖确权、用权、维权全链条的知识产权保护格局，形成多元知识产权纠纷解决机制，支持建立以行业协会为主导的知识产权联盟和维权援助机制，协助企业、高等学校和科研机构等单位维护合法权益。

（1）拓展知识产权纠纷多元解决渠道。

2018—2019 年度，广州市进一步构建相互衔接、相互支撑的知识产权多元化保护机制。加强广州知识产权法院建设，将司法保护、行政保护作为知识产权保护主渠道，健全行政执法和刑事司法相衔接及跨部门、跨地区知识产权保护协作；倡导运用仲裁方式保护知识产权，成立粤港澳大湾区仲裁联盟，市知识产权仲裁院推动广州市第十五届人大常委会第十七次会议表决通过了《广州市人民代表大会常务委员会关于促进广州仲裁事业发展的决定》，高度重视知识产权专业仲裁领域的发展，进一步强化与有关部门的联系和协作，完善知识产权仲裁院管理机制，推动知识产权纠纷多元化解决机制的建设；创新使用网络仲裁方式解决知识产权纠纷，降低纠纷解决成本，提高纠纷处理效率；广州市市场监管局、深圳海关、广州海关、黄埔海关签署知识产权合作协议，建立知识产权信息共享和案件线索通报移送机制；沟通仲裁保护、海关保护、行政调解和人民调解保护等多种渠道，加强知识产权纠纷人民调解委员会建设；推动建立知识产权失信主体联合惩戒机制，广州市 39 个部门签署《关于对知识产权领域严重失信主体及其有关人员开展联合惩戒的合作备忘录》；推进知识产权公共信用体系建设，公开企事业单位侵权假冒违法信息，依法将行政处罚案件相关信息以及不配合调查取证行为、不执行行政决定行为等纳入诚信体系。

（2）完善知识产权行政执法。

加强行政执法队伍建设，加大侵权假冒案件高发地的知识产权执法监管和巡查力度，及时调处知识产权纠纷，严厉打击侵权假冒行为，增强专利、商标、版权等知识产权行政执法能力，统一执法标准和执法程序，不断提高办案水平与效率。建立高效的市、区知识产权行政执法体系，探索开展知识产权综合行政执法；加强行政、司法、仲裁维权联动，积极开展跨部门、跨地区联合执法和协作，加快维权保护长效机制建设。

白云区立法打击制售假冒伪劣商品违法行为，成立了区委主要领导任组长的打假专项工作领导小组，领导小组下设打假专项行动工作专班，实行集中办公、统一行动，明确了责任分工、执法能力建设、执法联动、约束激励机制等方面的要求，计划用 3 年时间开展打假专项整治，严厉打击制售假冒伪劣商品违法行为，重塑白云品牌良好形象。白云区积极推进社会共治，一方面，出台打假举报奖励办法，充分调动广大群众参与打假治劣的积极性，形成共治共建的良好局面；另一方面，发挥行业组织的自律约束作用，建立行业组织与行政部门有效的沟通协调机制。番禺区也以奖励发动人民群众举报制售假冒伪劣商品的线索。黄埔海关规范了知识产权保护的工作，明确办案权限职责，规范证据收集程序，辅助海关风险防控决策，整合知识产权海关保护与打击假冒伪劣商品执法手段，形成海关保护出口知识产权优势企业的合力。

（3）加强知识产权的司法保护。

在对知识产权的司法保护方面，广州市根据《关于依法推动创新驱动发展战略实施、为我省科技创新强省建设提供有力司法保障的实施意见》和《关于进一步加大专利案件审判工作力度，全面提升服务保障科技创新水平的实施细则》等文件，进一步加大专利案件审判力度，妥善解决审判中存在的"举证难""赔偿低""周期长"等问题，拓宽思路、借鉴先进经验，对证据及时采取保全措施，规范举证责任分配、证据披露、举证妨碍等司法手段，依法核查证据，法院依职权调查取证、颁发律师调查令及适用举证妨碍规则等，全方位解决"举证难"的问题；统一裁判标准方面的作用，细化专利案件赔偿标准，尤其加大对发明、实用新型专利的保护力度，依法从高确定侵权赔偿数额，建立惩罚性赔偿机制，解决"赔偿低"的问题；全面分析研究影响案件周期长的主要因素，找准症结，对症施策，对外观设计专利侵权的简单案件探索试行速裁制度，提高审判效率，建立对长期未结案件的分级督办制度，清理长期未结案，严格审批审限的扣减、延长，确保案件在法定期限内审结，破解审判"周期长"的问题。改进裁判方式，提升审判效率，提高知识产权法院工作水平。

强化知识产权诉讼保全查证措施，对知识产权侵权诉讼依法适用行为保全、财产保全、证据保全等措施，坚决维护当事人的合法权益；完善多元化技术事实查明机制，进一步优化由技术调查官、专家辅助人、技术鉴定、专家咨询等组成的多元化技术事实查明机制，提升技术类案件审理质量效率。广东省高级人民法院、广州知识产权法院与国家知识产权局专利局专利审查协作广东中心（以下简称"审协广东中心"）达成技术咨询服务协议，有力助推了技术类案件的审判工作。广州知识产权法院建立起了以技术调查官为主体，以审协广东中心、高等院校、科研机构有关专家为顾问的技术调查体系。

加强知识产权审判队伍建设，切实提升知识产权审判队伍专业素质。针对新形势对知识产权法官审判能力和水平提出的新要求，强化知识产权审判队伍服务大局的理念和能力，完善知识产权审判队伍学习培训制度。

加强知识产权纠纷人民调解委员会建设，市司法局加强对广东知识产权纠纷人民调解委员会（以下简称"调委会"）的业务指导，调委会与审协广东中心、广州知识产权法院、黄埔区法院、黄埔区司法局、黄埔区市场和质量监管局、广州开发区知识产权局共同签署《广州市黄埔区广州开发区知识产权纠纷调解对接合作协议》，建立知识产权信息共享和案件线索通报移送机制，优化知识产权案件诉讼和执法办理流程，全国首创司法案件诉前、诉中调解合作机制，建立知识产权纠纷调解的司法确认制度和技术专家咨询制度。黄埔区的"粤港澳知识产权互认10条"鼓励仲裁调解，结合港澳知识产权维权需求和原有政策执行情况，对港澳知识产权维权资助情形进行拓展和延伸，将仲裁维权纳入资助范围；本区企业在港澳地区进行仲裁的知识产权案件，或本区企业在广州知识产权仲裁院进行仲裁的涉港澳知识产权案件，按照仲裁费用的50%给予补贴；本区企业在港澳地区提起知识产权仲裁并获支持的，将按照案件实际发生律师费的30%予以资助；对担任广州知识产权法院、广州知识产权仲裁院、黄埔区人民法院的陪审员、仲裁员、调解员的港澳籍居民给予奖励，并对成功调解涉港澳及涉外案件的人员给予额外奖励；帮助有需求的企业对接港澳调解机构，对粤港澳知识产权纠纷调解组织给予资金扶持。

（4）建设知识产权维权援助机制。

配合国家和广东省知识产权局在广州开发区建设中国（广东）知识产权保护中心，尤其注重对高端制造、生物医药等行业和展会、专业市场、电子商务、跨境电商、旅游购物等领域提供知识产权保护，进一步完善以"两书五制"为核心的商标监管长效机制。在市知识产权信息中心的基础上成立市知识产权维权援助中心；加强中国广州花都（皮革皮具）知识产权快速维权中心、广东知识产权维权援助中心南沙分中心建设，探索建立快速维权与行政、司法衔接机制。组织开展维权援助培训班，提升企业知识产权维权能力。

建立和完善知识产权维权援助网络和涉外维权预警机制，鼓励企业、行业建立专利保护联盟和维权诉讼联盟，加强对重大项目、招商引资和外资兼并的维权工作，引导企业重视开展知识产权海外维权，建立知识产权海外维权联盟，切实维护和保障企业和权利人的合法权益。专利权人赢得国内外专利维权行动或购买专利保险后，可以申请广州市专利发展资金。

广州市各区都提供专利维权补贴，对本区内企业的合法专利权受到侵害而发生的调查费用、诉讼费用进行资助。建立知识产权维权援助中心，组织协调有关知识产权职能部门、中介机构、研究机构、社会团体与专家，开展知识产权维权援助工作。白云区不仅对企事业单位提供维权补贴，还资助个人开展知识产权维权，但只有企事业单位和个人积极维权并获得成功的，才对其实际支付的维权费用给予补贴。南沙区还对区内经国家、省、市批准挂牌的专利维权援助运营机构，每年给予维权援助服务费用资助。黄埔区在粤港澳大湾区知识产权互认互通方面，将按照案件实际发生律师费的30%对在港澳地区提起知识产权诉讼并胜诉的本区企业予以资助。

（5）注重知识产权的会展保护和电商知识产权保护。

广州市调整《广州市展会知识产权保护办法》，对涉嫌侵权的纠纷，知识产权权利人或者利害关系人可以就被投诉人的涉嫌侵权行为向展会主办单位投诉，展会主办单位应当按照规定处理投诉和提取证据，负责知识产权行政管理的部门依法确立是否受理和现场调查取证，选择在现场办公室用简易程序或调解解决纠纷，对投诉人提供虚假证据材料作出警告或处罚，形成了展会知识产权执法维权的模式；修订《广州市亚洲运动会知识产权保护规定》，保护亚运会有关的商标、特殊标志、专利、商业秘密、作品和其他创作成果，列出具体的侵权行为，规定调查取证、行政处罚措施，提供协商解决、行政保护、司法诉讼的解决途径。广州市还加强对全市电商平台、跨境电商以及电子商务领域大数据等新业态知识产权保护的研究，探索破解管辖、取证、侵权认定等保护难题，建立健全保护机制。完善广州展会知识产权、电商知识产权，不断提升新业态、新领域的知识产权保护水平。

3. 知识产权运用

（1）促进知识产权成果的转化运用。

广州市各区为落实《广州市促进科技成果转移转化行动方案（2018—

2020 年)》，均出台促进科技创新的具体政策措施，开展技术攻关和服务，开展高新技术企业培育和认定工作，推动科技型企业和科技企业孵化器建设，做强做优科技创新主体，加快推进华南（广州）技术转移中心建设；推进产业领军人才工程，根据市场导向，支持高校、科研院所知识产权转化机构建设，鼓励广州市产学研结合的知识产权成果在广州实施转化；推动重点领域建立技术创新联盟，培育一批专利密集型产业和高价值专利，形成一批国家知识产权优势企业和示范企业，围绕科技成果转移转化，强化知识产权运用，推动构建科技成果转化服务体系，创建开放创新、集聚融合、健康持续的知识产权产业发展体系。

（2）推动专利导航产业化发展。

支持专利技术产业化，大力推动专利标准化，把专利标准化与专利布局有效衔接，开展国家知识产权区域布局试点工作，通过专利区域布局促进创新链、产业链、资金链、政策链深度融合，逐步建立以专利引导产业布局的创新决策机制，提高创新的宏观管理能力和资源配置效率。

广州市修订了《广州市专利工作专项资金管理办法》及其实施细则，支持专利技术产业化、培育高价值专利和专利密集型产业，促进知识产权交易、质押融资、评估、保险和投融资等运营业态发展，开展专利预警和产业导航，将项目实施的直接费用和间接费用都纳入前补助项目经费使用范围，扩大项目申报主体，明确各方的权利义务，提高专项资金的使用效率。

（3）提高知识产权运营服务水平。

广州市大力支持知识产权服务业发展，培育优质知识产权服务机构，创建服务多元、优质高效、资源共享的知识产权运营服务体系和知识产权国际运营平台，支持知识产权交易、评估、咨询、托管等公共服务机构发展，加强知识产权服务人才队伍建设，提升知识产权服务能力。构建集商标注册、版权交易、专利代理及知识产权交易、质押融资、评估、担保、维权等于一体的全生命周期服务产业链，把广州市建成知识产权资源集聚地。

一是完善知识产权公共服务平台。支持知识产权服务机构利用"互联网＋"、大数据、物联网拓展和创新服务空间，搭建集知识产权创造、运用、保护、管理和服务于一体的知识产权大数据应用服务平台；制定专利资源数据采集标准，规范本市专利行政管理部门采集、管理、公开和使用被征信人

（包括公民、法人以及其他组织）专利公共信用信息活动，推进社会诚信体系建设，保障公民、法人和其他组织依法获取相关信用信息；建设和完善一批广州市级专利信息基础数据库和重点产业专利数据库，积极推进专利数据与经济、科技、产业等数据的关联分析和融合利用，面向全社会免费提供基础数据，面向中小微企业开展精准化的知识产权信息推送服务；借助商标大数据，研发适合广州市商标发展的商标预警监控系统，为公共资源、重点领域、重点企业提供商标注册监测及恶意抢注预警服务，帮助企业及时掌握国内外市场商标权的动态；强化广州市各知识产权信息平台间的信息共享协作，探索建设专利、商标、版权、标准、科技文献等知识产权信息的大数据融合应用服务系统。

在广州开发区创建国家知识产权服务业集聚发展试验区，在越秀区、天河区创建省级知识产权服务业集聚发展示范区、试验区；在中新广州知识城、越秀区建设知识产权服务中心，集聚知识产权综合服务机构。优化政务服务平台；加大服务力度，优化办事程序、政策指导等，为企业提供法律、工商、会计、税收、知识产权、信息、立项、用地、报建、工商登记、租赁合同备案等业务的一站式政务服务。

二是构建知识产权运营服务体系。支持现代服务业发展，建设广州市知识产权服务试点园区，促进科技园区、产业园区、科技企业孵化器的知识产权服务能力建设，支持众创空间开展全方位一站式的创新创业服务。发挥财政资金引导作用，引导民间资本共同设立重点产业知识产权运营基金；支持建设全产业链知识产权服务业，引进国内外高水平知识产权服务机构，打造知识产权服务品牌机构，形成具有广州特色的高端服务产业集群，支持知识产权服务行业制定知识产权服务标准规范。

广州市制定并印发了《广州市人民政府办公厅关于加快发展高端专业服务业的意见》，鼓励支持广州市法律、会计、知识产权等十大类型的服务业加快发展，其中对符合条件的知识产权企业和行业协会给予资金支持；推广建立商标品牌指导站，推进国家商标品牌创新创业（广州）基地建设与运营，引入专业的商标代理和法律服务机构，为企业提供从注册、运用、管理、保护到培育的全方位商标品牌服务；制定《广州市知识产权运营服务体系建设中央专项资金管理办法》《广州市知识产权运营服务体系建设中央专项资金

2019—2020 年项目资金安排计划》，将中央专项资金用于促进本市知识产权运营服务体系建设的项目分为 15 类，涵盖知识产权的运用转化、维权保护、运营和公共服务平台、人才引进、知识产权普及方面。《广州市促进人力资源服务机构创新发展办法》提出，实施人力资源服务机构创新发展"三个十"工程，每年评选出"广州市创新人力资源服务机构""广州市人力资源服务业领军人才""广州市人力资源服务业创新项目"各 10 个并给予奖励，对人力资源服务机构自主创新、对知识产权服务人才的引进、培养及评价和服务信息化水平给予支持。

越秀区将知识产权服务业企业纳入区总量控制类入户指标引进人才的申报企业范围。天河区积极创建广东省知识产权服务集聚试点区和粤港澳大湾区知识产权服务业核心区，运用各种优惠政策措施，加速知识产权服务机构和优秀人才集聚。南沙区调整《广州南沙新区（自贸片区）促进科技创新产业发展扶持办法》，进一步优化各项知识产权资助、运营服务、质押融资、产业化等政策措施，培育高质量高价值知识产权。黄埔区鼓励港澳籍知识产权从业者在本区设立知识产权服务机构，奖励标准参照《区知识产权专项资金管理办法》关于专利代理机构的落户奖励以及知识产权"美玉 10 条"关于知识产权服务机构的落户奖励。考虑到港澳知识产权从业者大多不具有内地专利代理资质且营业规模较小的情况，将专利代理业务量的申报要求调整为包括知识产权代理、维权、预警分析、交易转化等相关业务，同时降低主营业务收入标准。

三是加强知识产权投融资服务。广州市建立市场化的知识产权投融资服务体系，支持开展知识产权证券化交易试点，与广州市打造"一城三区多点"金融产业空间布局相结合；同时设立知识产权质押融资风险补偿基金，鼓励金融机构开展专利、商标、版权等知识产权质押融资业务，支持知识产权入股，培育多元化的知识产权金融服务市场，拓宽战略性新兴产业、中小微高新技术企业融资渠道；努力培育一批服务机构开展与质押融资相关的评估、担保、保险、交易服务，促进知识产权质押融资工作实现规模化、常态化发展；加快培育和规范专利保险市场，完善知识产权信用担保机制，在广州开发区和增城开发区加快推进国家知识产权投融资试点工作，探索投贷联动、投保联动、投债联动新模式，努力在融资创新、专利权质押、技术风险投资等方面取得新的突破，以金融创新打通企业资金链条。广州市政府鼓励中介服务机构为中小微企业开展专利代理和专利托管等服务，提高中小微企业自主创新水平和市场抗风险能力；积极引导国内外风险投资基金采取投资持股、并购等形式促进知识产权成果转化。

广州市制定《广州市企业研发经费后补助实施方案》，大幅简化企业申报程序，出台《广州市科技型中小企业信贷风险损失补偿资金池管理办法》，引导商业银行加大对科技信贷支持力度，还设立科技成果产业化引导基金，引导投资资金进入科技创新领域。

广州市各辖区也建立和完善知识产权投融资政策，奖励后备企业上市，提供科技信贷支持，区政府安排财政资金设立科技信贷风险资金池，与有关银行合作共担风险，降低科技型中小企业贷款门槛，给予贷款贴息补助，对取得商业银行机构贷款的科技型中小企业给予贴息补助等。黄埔区根据"粤港澳知识产权互认10条"，设立IP金融超市，提供一站式知识产权金融服务，区政府每年按照其实际运营费用的50%给予资金扶持；通过向指定的国有担保公司申请提供保证担保的方式，开展港澳知识产权的质押融资。同时，港澳知识产权可以享受区知识产权质押融资风险补偿资金池的风险补偿。"粤港澳知识产权互认10条"中第8条鼓励本区企业以港澳知识产权为载体开展知识产权证券化，对形成一定示范效应的产品发行团队和公司按实际发行金额进行一次性奖励，且其中10%可用于奖励团队个人，对参与证券融资的企业给予补贴。

4. 知识产权质量

（1）提升知识产权的数量和质量。

广州市充分发挥企业的主体作用，优化专利资助政策，注重质量导向，提高广州市发明专利、国际专利拥有量和质量水平；持续推进工业化和信息化融合，将知识产权要素纳入技术改造项目和重大工业项目验收评价指标体系中，强化工业基础，提升制造业核心竞争力，注重"互联网＋"应用，促进制造业转型升级，持续提升广州制造水平。广州市修订《广州市市长质量奖评审管理办法》，进一步优化政府质量奖励。各区也对专利创造严格按照国家标准和行业标准进行评定，均提出质量强区建设，并对符合条件的项目或企业给予奖励。

（2）实施专利、商标和版权标准化战略。

广州市鼓励企事业单位加强专利与标准的融合，形成一批具有自主知识产权的技术标准，发挥龙头制造业企业、科研院所及行业组织在标准制定中的作用，积极参与国家和行业标准的制定和修订；积极进行国家工商总局商标审查协作广州中心建设工作，开通商标国际注册和地理标志申请、审查业务；深入推进国家商标品牌创新创业（广州）基地建设，开展标准化示范（试点）建设、建立商标品牌运营服务线上平台和金融服务平台，为广州市企业办理商标业务提供便捷途径，助力企业商标品牌培育和创新驱动，不断提升广州市商标、驰名商标、著名商标的市场影响力和价值与品牌带动效应。海珠区和天河区完善标准化战略资助管理办法，对辖区内企事业单位或其他组织主导标准制修订、承担标准化研究项目和专业标准化技术委员会秘书处工作、开展标准化示范（试点）建设、采用国际标准或国外先进标准、开展标准化良好行为企业创建等工作，根据不同认定标准给予不同程度的资助，鼓励先进标准与产业发展、城市管理的融合；与广东省、广州市标准化战略资助资金互为补充，构建多层级、广覆盖的标准化政策扶持体系，激发企业参与标准化工作的积极性，提升辖区标准化工作综合水平。

广州市加强制造业、文化产业、农业商标品牌建设，认真贯彻落实《关于深入推进商标品牌培育指导站建设工作意见》，各区也配合制定商标品牌政策，培育一批驰（著）名商标、地理标志和集体商标，面向全市大型园区、行业协会深入推广建立商标品牌指导站；分类指导和支持大型园区、行业协会和广大企业实施商标品牌战略，以产业优质品牌运营支撑产业价值提升；重点推动建设一批软件、影视、图书出版产业的版权兴业基地，强化精品版权的产业化开发、运用；全面推进先进制造业、战略性新兴产业、现代服务业、都市农业的标准化建设，科研、标准与产业同步，自主创新技术与标准结合，研究专利与标准融合，加强具有高附加值和高技术含量、可形成产业集群或增强产业竞争力的标准的研制和实施，形成具有自主知识产权的先进标准体系，加速知识产权成果转化。

（3）推进企事业单位知识产权"贯标"。

广州市支持企事业单位贯彻实施知识产权管理规范国家标准，全面推进规模以上工业企业、高新技术企业贯标；适时启动事业单位贯标。加强人才培养，壮大企事业单位知识产权管理队伍，培育知识产权贯标服务机构，提升企事业单位知识产权标准化管理水平。

广州市对创新主体的知识产权贯标认证择优奖励或对实际费用给予补助，但贯标辅导、咨询等服务费用不予列入奖补范围。各区对贯彻《企业知识产权管理规范》国家标准并通过评审、验收合格的企业也给予不同程度的奖励，个别区对奖励条件有更多要求，荔湾区、增城区、花都区的奖励条件除通过国家标准《企业知识产权管理规范》认证外，还要求企业拥有一定数量的专利。

（4）建设知识产权强企和示范单位。

广州市支持企事业单位贯彻实施知识产权管理规范国家标准，实施知识产权培优工程，推进企业知识产权优势示范工作，支持国家、省知识产权优势（示范）企业建设知识产权强企，培育一批具有引领支撑作用的市级知识产权强企和示范单位，加强对试点示范单位的培育、指导和跟踪服务；鼓励企业在关键技术、核心领域、新兴产业方面进行专利布局，以知识产权优势增强国内外市场竞争力；支持有条件的企业探索推进知识产权跨国并购。

白云区制定了《广州市白云区龙头骨干企业培优三年行动计划（2018—2020 年)》，推动资源向优质企业集中，对经本区认定的在先进制造业、现代服务业、战略性新兴产业、现代农业领域的大型骨干企业、行业领先企业给予重点扶持，鼓励企业增加研发投入、建设创新平台、进行智能化改造及应用、实施"企业上云"计划、专利创造及运用、实施名牌战略，给予人才补贴和金融服务支持。

（5）发展知识产权密集型产业。

培育知识产权密集型产业，带动产业结构升级。为促进企业的创新，广州市对创新型企业加大创新投入、开展产学研合作、培养创新人才等，按照企业研究开发投入占销售总收入的比例，对地方经济社会发展的贡献，企业盈利状况和拥有知识产权的质量、数量状况等标准给予补助。设立科技型中小企业技术创新资金，扶持科技型中小企业开展技术创新，引导中小企业与行业龙头企业建立创新战略合作关系。对以企业为主体联合高等学校、科研机构申报本市具有明确市场应用前景的科技计划项目优先立项。

加大专利技术产业化扶持力度，打造专利密集型产业，形成产业竞争新优势。结合广州市产业特点，支持企业、服务机构引进国内外关键核心技术、创新领先技术、高价值知识产权成果在广州市实施转化。在新一代信息技术、生物与健康、新材料与高端制造、新能源与节能环保、文化创新产业等战略性新兴产业及广州制造 2025 战略规划重点领域加强专利创造和运用能力，形成一批核心专利和高价值专利，以知识产权创造助推大众创业、万众创新。设立广州市重点产业知识产权运营基金，以政府财政资金为引导，吸纳产业龙头企业、科研机构等社会资金共同组建成立的有限合伙制运营基金。创新标杆企业、高新技术企业、科技创新小巨人企业、专利技术产业化企业等优先选拔入库。

各区重点扶持新一代信息技术产业、工业互联网产业、纳米产业、生物医药产业、区块链产业、文化创意产业、绿色和新能源产业领域的高新技术产业。黄埔区对各项领域均有单独政策，尤其对新一代信息技术产业中的人工智能产业、5G 产业、新型显示产业单独立法，形成比较完备的高新科技产业政策体系，以招大引强增量、培育壮大存量为原则，吸引新企业落户，鼓励存量企业增资扩产，奖励上市企业，为优质企业提供优质配套服务，改善企业服务环境和融资环境，激发企业创业创新活力，增强经济持续发展内生动力。

5. 知识产权文化环境

大力推动知识产权文化建设与人才培养；加强普及宣传，提升公众知识产权意识；定期举办知识产权论坛、讲座，发布《广州知识产权发展与保护状况》白皮书。同时，依托各大专院校，建立知识产权人才培养基地，引进、培养、集聚一批高素质知识产权专业人才，实现知识产权专业职称评定工作常态化、规范化。

（1）健全知识产权人才支撑体系。

广州市和各区政府继续推进实施人才强市战略，大力集聚优质人才。在留学人员来穗、引进人才落户和人才公寓管理上完善政策体系；在人才培养、继续教育、人才引进和招考、干部选拔等方面，实施专利实务人才培训计划，培养知识产权运营型、管理型人才开展知识产权专业技术资格评审，实现知识产权专业职称评定工作常态化、规范化。凡被认定为区高层次人才的，可依规享受经费资助、住房保障、落户待遇、医疗保健、子女入学等多方面的政策奖励。

支持高校、科研院所建设人才培训基地，推动成立中新知识产权商学院，打造知识产权智库，培育聚集高层次知识产权人才；支持企业、科技园区积极引进高层次复合型知识产权专业人才；支持企业、行业协会、产业联盟自主开展知识产权研究、交流、培训等工作。加强领导干部队伍的知识产权法律法规和基础知识培训，提升领导干部队伍的知识产权意识。

在培训工作上，健全科技培训平台。发动全区职能部门并发挥企业的积极性和主动性，创新培训形式，丰富培训内容，通过集中培训、分类培训、专题培训、参观考察等形式，为企业提供政策解读、经营管理、技术革新、人才培育与引进等方面的培训。

（2）营造知识产权文化氛围。

创新知识产权文化载体，增强全社会知识产权意识。利用传统媒体、新媒体平台，以及全国知识产权宣传周、中国专利周和中国国际商标品牌节等活动宣传普及知识产权政策法规。

将知识产权知识纳入科普活动，开展学校知识产权教育试点，引导和鼓励全市高等院校、职业院校、中小学普遍开设知识产权普及课程。开展科技宣传，利用互联网、多媒体手段，借助科创产品展示、科技进社区、科技下乡、科技交流会、国际科技合作等开展各类主题宣传。广州知识产权法院组织法官进高新园区、进校园、进企业，通过实地开庭、以案说法等形式开展法制宣传，营造尊重创新、保护知识产权的社会氛围，提升全社会知识产权保护意识。

开展青少年科技创新大赛、知识产权知识竞赛和发明创新大赛。鼓励企事业单位开展以知识产权为核心的创新、创业大赛等活动，营造良好的知识产权氛围。支持举办"知识产权珠江论坛""中国科技金融高峰论坛""汇桔杯南粤知识产权创新创业大赛"等有影响力的知识产权活动。开展青少年创新创业大赛和职工发明创新大赛等科技创新大赛、知识产权知识竞赛和发明创新大赛，加强文化创意、科技创新领域项目的挖掘、培育。鼓励支持企事业单位参与"中国专利奖""广东专利奖""广州市科学技术奖""中国商标金奖"评选等活动，提高机关、企事业单位、群众对科技工作的认知度与参与度。

加大知识产权前瞻性研究，为知识产权事业加快发展提供决策参考。定期发布《广州知识产权发展与保护状况》白皮书，全面提升社会公众的知识产权意识，培育崇尚创新、保护创造、拒绝假冒的知识产权文化氛围。

（3）开展知识产权交流与合作。

为更好地推动粤港澳大湾区知识产权工作开展，2019年广州市政府召开了推进大湾区建设知识产权专项小组第一次全体会议，研究推进大湾区知识产权运用和保护工作，草拟《广州市推进粤港澳大湾区建设2019年知识产权工作要点》。促成广州知识产权交易中心与香港知识产权交易所签订《知识产权战略合作协议》，促进两地知识产权的转移转化和粤港澳大湾区知识产权贸易的便利化、自由化。❶

广州海关在《中荷海关2018—2022年合作计划》以及与荷兰海关关际合作框架下，强化与荷兰权利人在情报交流、宣传培训以及执法协助等方面的联系配合。黄埔区、广州开发区和南沙区为本区主办的全国、粤港澳大湾区青年创新创业论坛、专业研讨会、技术成果交易会、文化交流、大型项目路演等各类港澳青年活动提供经费补助，促进知识产权的区域合作与交流。

二、广州市知识产权发展状况

（一）广州市知识产权发展取得的成绩

广州作为"活力全球城市"，建设知识产权强市具有得天独厚的优势，2018—2019年广州知识产权工作紧紧围绕市委、市政府决策部署，紧抓粤港澳大湾区建设大机遇，聚焦创新、直面挑战、破解难题、奋发有为，各项工

---

❶ 广州市人民政府. 2019 年重点工作落实情况任务 ［EB/OL］. ［2019 - 09 - 04］. http：// www. gz. gov. cn/gzgov/qmshggkf/201908/fb168303e62b4400ad8b77efbbb8a79c. shtml.

作取得了显著成就。知识产权示范、优势企业发展迅猛，知识产权的申请授权数量稳步增长，知识产权中介机构竞争优势明显提升。

1. 知识产权示范、优势企业发展状况

近年来，广州市科技创新工作按照"科学发现、技术发明、产业发展、生态优化、人才支撑"的全链条创新发展路径，着力赋能"老城市新活力"，对高质量发展的支撑作用日益凸显。

（1）取得国家知识产权示范企业、优势企业状况。

2018—2019 年，广州市知识产权局积极发挥市知识产权工作领导小组统筹协调作用，推动企业贯彻《企业知识产权管理规范》国家标准，截至 2018 年底全广州市通过企业知识产权管理规范贯标认证的企业达到 3037 家，居全国城市首位，其中高新技术企业占比达到 54.1%。❶

自 2013 年启动国家示范、优势企业认定以来，广州市已有 22 家企业被认定为国家知识产权示范企业，152 家企业被认定为国家知识产权优势企业。根据国家知识产权局公布的 2018 年度与 2019 年度国家知识产权优势示范企业评审结果公示情况，广州市新入选国家知识产权示范企业 12 家（见表 3 - 1）、优秀企业 126 家（详见表 3 - 2），高新技术企业占比高达 95.65%，其中境外上市企业 3 家，境内上市企业 34 家。

表 3 - 1　2018—2019 年度广州市新增国家知识产权示范企业

序号	企业名称	实用新型/件	发明专利/件	外观设计/件	股票代码	高新技术企业
1	广州达意隆包装机械股份有限公司	545	424	2	002209	是
2	广州视源电子科技股份有限公司	2047	2749	1146	002841	是
3	广州白云山医药集团股份有限公司白云山制药总厂	2	25	5	600332	否
4	广州华多网络科技有限公司	4	1241	87	NASDAQ：（YY）	是

---

❶ 广州发布知识产权发展与保护状况白皮书（2018）［EB/OL］.［2020 - 03 - 20］. https：//baijiahao. baidu. com/s? id = 1631943923493204725&wfr = spider&for = pc.

续表

序号	企业名称	实用新型/件	发明专利/件	外观设计/件	股票代码	高新技术企业
5	广州金域医学检验中心有限公司	93	186	0	—	是
6	广东丸美生物技术股份有限公司	3	91	53	603983	是
7	广州视睿电子科技有限公司	1083	1164	503	—	是
8	广州市浩洋电子股份有限公司	137	54	58		是
9	广州市昊志机电股份有限公司	398	239	13	300503	是
10	广州兴森快捷电路科技有限公司	305	427	1	—	是
11	广东乐心医疗电子股份有限公司	60	121	98	300562	是
12	广州市雅江光电设备有限公司	348	84	111		是

表3－2　2018—2019年度广州市新增国家知识产权优势企业

序号	企业名称	入选年份	序号	企业名称	入选年份
1	益善生物科技股份有限公司	2018	19	广州极飞科技有限公司	2019
2	广州迈普再生医学科技有限公司		20	广州市久邦数码科技有限公司	
3	广州市昊志机电股份有限公司		21	广州白云山敬修堂药业股份有限公司	
4	广州视睿电子科技有限公司		22	广州海格通信集团股份有限公司	
5	广州市高士实业有限公司		23	广州洁特生物过滤股份有限公司	
6	广州阳普医疗科技股份有限公司		24	广东联塑科技实业有限公司	
7	广州王老吉药业股份有限公司		25	广州康普顿至高建材有限公司	
8	广州润虹医药科技有限公司		26	广州吉必盛科技实业有限公司	
9	广州嘉德乐生化科技有限公司		27	广州市兴世机械制造有限公司	
10	广东天普生化医药股份有限公司		28	广州亿航智能技术有限公司	
11	广东丸美生物技术股份有限公司		29	广州枫叶管业有限公司	
12	广州赛莱拉干细胞科技股份有限公司		30	广东科玮生物技术股份有限公司	
13	广州大华德盛热管理科技股份有限公司		31	佳都新太科技股份有限公司	
14	广州飞达音响股份有限公司	2019	32	广州珠江恺撒堡钢琴有限公司	
15	广州立白企业集团有限公司		33	广州飒特红外股份有限公司	
16	广东合一新材料研究院有限公司		34	广州朗圣药业有限公司	
17	广东纽恩泰新能源科技发展有限公司		35	广东粤微食用菌技术有限公司	
18	广州龙之杰科技有限公司		36	广州标际包装设备有限公司	

续表

序号	企业名称	入选年份	序号	企业名称	入选年份
37	广州鹿山新材料股份有限公司		65	万力轮胎股份有限公司	
38	广东福利龙复合肥有限公司		66	广州瑞丰生物科技有限公司	
39	广东达志环保科技股份有限公司		67	赛业（广州）生物科技有限公司	
40	广东劳卡家具有限公司		68	粤水电轨道交通建设有限公司	
41	广州和实生物技术有限公司		69	广州沧恒自动控制科技有限公司	
42	泰斗微电子科技有限公司		70	广州亦盛环保科技有限公司	
43	广东奥迪威传感科技股份有限公司		71	广州中科建禹环保有限公司	
44	广州柏诚智能科技有限公司		72	广州酒家集团利口福食品有限公司	
45	广州市万世德智能装备科技有限公司		73	广州超邦化工有限公司	
46	广州市优百特饲料科技有限公司		74	广州南方卫星导航仪器有限公司	
47	广州市中崎商业机器股份有限公司		75	广州珠江黄埔大桥建设有限公司	
48	广州市明道文化科技集团股份有限公司		76	花安堂生物科技集团有限公司	
49	高新兴科技集团股份有限公司		77	广州天赐高新材料股份有限公司	
50	广州叁立机械设备有限公司		78	广州方邦电子股份有限公司	
51	广州市万表科技股份有限公司	2019	79	广州诗尼曼家居股份有限公司	2019
52	广州白云山天心制药股份有限公司		80	广州双鱼体育用品集团有限公司	
53	达尔嘉（广州）标识设备有限公司		81	广东智媒云图科技股份有限公司	
54	广州白云山汉方现代药业有限公司		82	广州博士信息技术研究院有限公司	
55	广州彩熠灯光股份有限公司		83	广州明珞汽车装备有限公司	
56	日立楼宇技术（广州）有限公司		84	广州西麦科技股份有限公司	
57	广州格拉姆生物科技有限公司		85	中国能源建设集团广东省电力设计研究院有限公司	
58	广州中智融通金融科技有限公司		86	广州市母贝儿妇幼用品有限公司	
59	广州众诺电子技术有限公司		87	广州白云山光华制药股份有限公司	
60	广州番禺电缆集团有限公司		88	广州市番禺区协运来化工用品有限公司	
61	广州资源环保科技股份有限公司		89	广州广电运通信息科技有限公司	
62	广州华大生物科技有限公司		90	广州市儒兴科技开发有限公司	
63	广州普邦园林股份有限公司		91	广州艾捷斯医疗器械有限公司	
64	广州新莱福磁电有限公司		92	广州华工环源绿色包装技术股份有限公司	

续表

序号	企业名称	入选年份	序号	企业名称	入选年份
93	广州白云山星群（药业）股份有限公司	2019	110	广州市迪拓信息科技有限公司	2019
94	广州高澜节能技术股份有限公司		111	广州精陶机电设备有限公司	
95	广州毅昌牛模王科技有限公司		112	广州晶优电子科技有限公司	
96	广州环峰能源科技股份有限公司		113	广州市科能化妆品科研有限公司	
97	广州广电银通金融电子科技有限公司		114	广东利世康低碳科技有限公司	
98	广东隽诺环保科技股份有限公司		115	广州市绿化公司	
99	招商华软信息有限公司		116	广州华研精密机械股份有限公司	
100	广州暨南生物医药研究开发基地有限公司		117	广州华创化工材料科技开发有限公司	
101	广州暨南大学医药生物技术研究开发中心		118	广州卓腾科技有限公司	
102	广州市白云泵业集团有限公司		119	广州鸿力复合材料有限公司	
103	广东灿腾智能设备有限公司		120	广东易美图影像科技股份有限公司	
104	广州擎天材料科技有限公司		121	广州三晶电气股份有限公司	
105	广东盛瑞科技股份有限公司		122	广州三雅摩托车有限公司	
106	立高食品股份有限公司		123	广州爱奇实业有限公司	
107	广州珠江艾茉森数码乐器股份有限公司		124	广州市心德实业有限公司	
108	广州凡而芳香日用品有限公司		125	广州市百果园网络科技有限公司	
109	广州机施建设集团有限公司		126	广州多益网络股份有限公司	

（2）取得广东省知识产权示范企业、优势企业状况。

广州市知识产权局与广州市科技创新委员会联合出台《关于加强高新技术企业专利工作的实施意见》，联合广州市国资委印发《关于新形势下进一步加强市属国有企业专利工作的若干意见》，推动《企业知识产权管理规范》的贯彻实施，加强知识产权示范企业、优势企业的培育。截至 2019 年底，广州市累计培育省级知识产权示范企业 140 家，优势企业 117 家。2018—2019 年

度新增的广东省知识产权示范企业、优势企业如表3-3所示。❶

表3-3 2018—2019年度广州市新增广东省知识产权示范企业、优秀企业

类别	序号	企业名称	入选年份
示范企业	1	广州视睿电子科技有限公司	2018
	2	广州市昊志机电股份有限公司	
	3	日立楼宇技术（广州）有限公司	
	4	中国能源建设集团广东省电力设计研究院有限公司	
	5	广州地铁设计研究院股份有限公司	2019
	6	广州飞达音响股份有限公司	
	7	广州卓腾科技有限公司	
	8	达尔嘉（广州）标识设备有限公司	
	9	广州南方卫星导航仪器有限公司	
	10	广州市白云泵业集团有限公司	
	11	广州飒特红外股份有限公司	
	12	广州亿航智能技术有限公司	
	13	广东奥迪威传感科技股份有限公司	
	14	广州市万表科技股份有限公司	
	15	广州珠江艾茉森数码乐器股份有限公司	
	16	广州龙之杰科技有限公司	
	17	广州市中崎商业机器股份有限公司	
	18	广州中智融通金融科技有限公司	
	19	广东灿腾智能设备有限公司	
	20	广州精陶机电设备有限公司	
	21	广州柏诚智能科技有限公司	
	22	广州三雅摩托车有限公司	
	23	广州标际包装设备有限公司	
	24	广州三晶电气股份有限公司	
	25	广州叁立机械设备有限公司	
	26	广州艾捷斯医疗器械有限公司	

❶ 广东省知识产权保护协会. 2018年度广东省知识产权示范企业名单, 2018年度广东省知识产权优势企业名单 [EB/OL]. [2019-09-17]. http://www.gdippa.com/news/detail.aspx? ChannelId=020202&ID=150566.

续表

类别	序号	企业名称	入选年份
示范企业	27	广州市心德实业有限公司	2019
	28	广州华研精密机械股份有限公司	
	29	广州明珞汽车装备有限公司	
	30	广州番禺电缆集团有限公司	
	31	广州方邦电子股份有限公司	
	32	招商华软信息有限公司	
	33	佳都新太科技股份有限公司	
	34	广州广电运通信息科技有限公司	
	35	广州博士信息技术研究院有限公司	
	36	广州市久邦数码科技有限公司	
	37	广州众诺电子技术有限公司	
	38	广东易美图影像科技股份有限公司	
	39	广州市迪拓信息科技有限公司	
	40	高新兴科技集团股份有限公司	
	41	泰斗微电子科技有限公司	
	42	广州市番禺区协运来化工用品有限公司	
	43	广州市儒兴科技开发有限公司	
	44	广州鸿力复合材料有限公司	
	45	广东合一新材料研究院有限公司	
	46	广州鹿山新材料股份有限公司	
	47	广州超邦化工有限公司	
	48	广州晶优电子科技有限公司	
	49	广州枫叶管业有限公司	
	50	广东盛瑞科技股份有限公司	
	51	广州沧恒自动控制科技有限公司	
	52	广州华创化工材料科技开发有限公司	
	53	广州天赐高新材料股份有限公司	
	54	广州朗圣药业有限公司	
	55	广州白云山星群（药业）股份有限公司	
	56	广州白云山汉方现代药业有限公司	
	57	赛业（广州）生物科技有限公司	
	58	广州和实生物技术有限公司	

续表

类别	序号	企业名称	入选年份
示范企业	59	花安堂生物科技集团有限公司	2019
	60	广州洁特生物过滤股份有限公司	
	61	广州白云山光华制药股份有限公司	
	62	广州白云山敬修堂药业股份有限公司	
	63	广东科玮生物技术股份有限公司	
	64	广东粤微食用菌技术有限公司	
	65	广州华大生物科技有限公司	
	66	广州瑞丰生物科技有限公司	
	67	广州暨南大学医药生物技术研究开发中心	
	68	广州市科能化妆品科研有限公司	
	69	广州普邦园林股份有限公司	
	70	广州白云山天心制药股份有限公司	
	71	广州西麦科技股份有限公司	
	72	广东智媒云图科技股份有限公司	
	73	广州广电银通金融电子科技有限公司	
	74	广州格拉姆生物科技有限公司	
	75	广州格拉姆生物科技有限公司	
	76	广州极飞科技有限公司	
	77	广州市优百特饲料科技有限公司	
	78	广州资源环保科技股份有限公司	
	79	广州亦盛环保科技有限公司	
	80	广东利世康低碳科技有限公司	
	81	广州华工环源绿色包装技术股份有限公司	
	82	广州中科建禹环保有限公司	
	83	广东纽恩泰新能源科技发展有限公司	
	84	广州环峰能源科技股份有限公司	
	85	广东达志环保科技股份有限公司	
	86	广州彩熠灯光股份有限公司	
	87	广东隽诺环保科技股份有限公司	
	88	广东劳卡家具有限公司	
	89	广州市明道灯光科技股份有限公司	
	90	广州珠江恺撒堡钢琴有限公司	

续表

类别	序号	企业名称	入选年份
示范企业	91	广州新莱福磁电有限公司	2019
	92	广州市母贝儿妇幼用品有限公司	
	93	万力轮胎股份有限公司	
	94	广州酒家集团利口福食品有限公司	
	95	广州毅昌牛模王科技有限公司	
	96	广州珠江黄埔大桥建设有限公司	
	97	粤水电轨道交通建设有限公司	
	98	广州康普顿至高建材有限公司	
	99	广州市万世德智能装备科技有限公司	
优势企业	100	京信通信系统（中国）有限公司	2018
	101	广州灵动创想文化科技有限公司	
	102	广州润虹医药科技股份有限公司	
	103	广东芬尼克兹节能设备有限公司	
	104	广州地铁设计研究院有限公司	
	105	广州迈普再生医学科技股份有限公司	
	106	广州极飞科技有限公司	
	107	广州中智融通金融科技有限公司	

2. 知识产权取得状况

2018—2019 年，广州市专利、商标、版权等知识产权创造均稳步增长，知识产权质量有较大提升。

（1）专利。

2018 年 7 月至 2019 年 12 月，广州市专利申请量共计 268575 件。其中，发明专利申请量 73340 件，占比约 27%；实用新型专利申请量 122128 件，占比约 46%；外观设计专利申请量 73107 件，占比约 27%，如图 3 - 1 所示。❶

---

❶ 广州市知识产权局. 2018 年广州市专利申请情况表 ［EB/OL］. ［2020 - 03 - 20］. http：// gzamr. gzaic. gov. cn/gzscjgj/szlsqyb/201906/f9e19ba6991e46469c5e118c4e6454fa. shtml；广州市知识产权局. 2019 年广州市专利申请情况表 ［EB/OL］. ［2020 - 03 - 20］. http：// scjgj. gz. gov. cn/ztzl/zscqxx-tj/zltj/gzslsqsqzknb/content/post_5667967. html.

2018 年 7 月至 2019 年 12 月，广州市专利授权量共计 154681 件。其中，发明专利授权量 17603 件，占比约 12%；实用新型专利授权量 83962 件，占比约 54%；外观设计专利授权量 53116 件，占比约 34%，如图 3－2 所示。❶

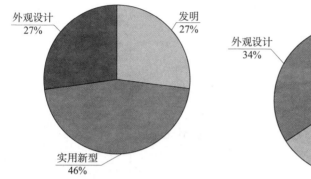

图 3－1　2018 年 7 月至 2019 年
12 月广州市专利申请类型占比

图 3－2　2018 年 7 月至 2019 年 12 月
广州市专利授权类型占比

截至 2019 年底，广州市有效发明专利 5.8 万件，每万人发明专利拥有量 39.2 件。❷ 根据国家知识产权局在 2019 年 12 月的业务工作及综合管理统计月报，广州市国内有效发明专利 5 年以上维持率为 71.3%，略低于全国 74.2% 的总体水平。❸

2018—2019 年，广州市在中国专利奖评选活动中取得出色成绩，共获金奖 2 项，银奖 6 项，如表 3－4 所示。由刘培涛、苏国生、薛锋章、陈礼涛、卜斌龙共同发明的腔体式微波器件获得第二十届中国专利奖金奖；由广州汽车集团股份有限公司张帆、王泽晨、黄家焕、沈传全、贺传熙、于歌、刘芬平、陈辰 8 人共同设计的汽车获得第二十一届中国外观设计金奖。❹

　❶　广州市知识产权局. 2018 年广州市专利授权情况表［EB/OL］.［2020－03－20］. http：//scjgj. gz. gov. cn/ztzl/zscqxxtj/zltj/gzszlsqsqzknb/content/post_3317852. html；广州市知识产权局. 2019 年广州市专利授权情况表. http：//scjgj. gz. gov. cn/ztzl/zscqxxtj/zltj/gzszlsqsqzknb/content/post_5667967. html.

　❷　广州市市场监管局 2019 年工作总结［EB/OL］.［2020－03－20］. http：//scjgj. gz. gov. cn/gkmlpt/content/5/5676/post_5676282. html#770.

·❸　国家知识产权局. 2019 年 12 月业务工作及综合管理统计月报［EB/OL］.［2020－03－20］. http：//www. sipo. gov. cn/docs/2020－02/20200211154926912363. pdf.

　❹　国家知识产权局. 第二十届中国专利奖评审结果公示［EB/OL］.［2020－03－20］. http：//www. sipo. gov. cn/tcwj/1133842. htm.

表 3 - 4　2018—2019 年广州市中国专利奖金奖、银奖项目

序号	专利号	专利名称	专利权人	发明人	获奖级别
1	ZL201410225678.X	腔体式微波器件	京信通信系统（中国）有限公司，京信通信技术（广州）有限公司，京信通信系统（广州）有限公司，天津京信通信系统有限公司	刘培涛，苏国生，薛锋章，陈礼涛，卜斌龙	金奖
2	ZL201630638203.3	汽车	广州汽车集团股份有限公司	张　帆，王泽晨，黄家焕，沈传全，贺传熙，于　歌，刘芬平，陈　辰	
3	ZL201110135706.5	一种化肥废水处理工艺优化方法	华南理工大学，湖北宜化集团有限责任公司	周少奇，彭华平，张战利	银奖
4	ZL201210065460.3	一种电纺机	广州迈普再生医学科技有限公司，深圳迈普再生医学科技有限公司	王国帅，徐　羧，袁玉宇	
5	ZL201310200740.5	适用于多直流馈入电网的动态无功补偿装置的控制方法	华南理工大学，南方电网科学研究院有限责任公司	汪娟娟，傅　闯	
6	ZL201410207371.7	一种艉滑道式水上浮体收放装置	广州船舶及海洋工程设计研究院	卢孝武，黎理胜，朱小楠，李光天，陈万宏	
7	ZL201410245064.8	一种利于肠道修复的营养膳及其制备方法	广东省农业科学院蚕业与农产品加工研究所	张名位，邓媛元，张　雁，张瑞芬，魏振承，邃慧慧，刘　磊，唐小俊，马永轩	
8	ZL201410538633.8	一种铁基生物炭材料、其制备工艺以及其在土壤污染治理中的应用	广东省生态环境与土壤研究所（广东省土壤科学博物馆）	李芳柏，崔江虎，刘传平，刘承帅	

广州市在第五届广东省专利奖评奖活动中获金奖 4 项、优秀奖 14 项、发明人奖 5 项❶；在第六届广东省专利奖评奖活动中获金奖 5 项、银奖 12 项、优秀奖 19 项、发明人奖 4 项❷。在 2019 年，首届粤港澳大湾区高价值专利培育布局大赛中，华南农业大学的一种新型杀虫稠合杂环化合物、广州华睿光电材料有限公司的印刷 OLED 显示材料产业化示范项目和广州众诺电子技术有限公司的安全加密芯片的开发及应用项目入围决赛并获优秀奖，10 个项目跻身五十强，23 个项目跻身百强。❸

（2）商标。

2019 年全广州市注册商标 33.7 万件，马德里商标国际注册 1521 件，累计有效注册商标总量 125 万件，占全省商标总数的 28%。广州市拥有中国驰名商标 143 件，地理标志保护产品 11 件。❹ 广州市建立了知名品牌重点保护名录，将驰名商标、老字号商标、知名品牌等列为重点保护对象，从商标注册审查环节就予以重点保护，防止"傍名牌""搭便车"。❺

3. 知识产权保护状况

2018—2019 年，广州市知识产权工作领导小组各成员单位多项并举构建多元化知识产权保护机制，知识产权运营服务体系不断完善，知识产权保护更加严格。广州市借助社会组织力量，在 42 家行业协会建立知识产权工作部，成立医药产业、皮革皮具产业知识产权联盟。推动建立知识产权严保护、大保护、快保护、同保护格局。

（1）知识产权的行政保护。

一是知识产权专利执法。广州市逐步建立起以"信用＋监管"为核心的

❶ 广州市知识产权工作领导小组办公室. 广州知识产权发展与保护状况（2018 年）[EB/OL]. [2020－03－19]. http：//scjgj. gz. gov. cn/zwgk1sjfb1sjfx/com－tent/post_5313515. html.

❷ 广东省市场监督管理局第六届广东专利奖评选结果公示 [EB/OL]. [2020－03－20]. http：//amr. gd. cn/zwgk/tzgg/content/post_2699614. html.

❸ 广东省知识产权局关于公布 2019 年粤港澳大湾区高价值专利培育布局大赛获奖结果的通知 [EB/OL]. [2019－09－03]. http：//amr. gd. cn/zwdt/tzgg/content/post_2578675. html.

❹ 广州市市场监管局. 2019 年工作总结 [EB/OL]. [2020－03－20]. http：//scjgj. gz. gov. cn/gkmlpt/content/5/5676/post_5676282. html#770.

❺ 广州市人民政府. 广州市政府重点工作落实情况 23 [EB/OL]. [2020－03－24]. http：//www. gz. gov. cn/zwgk/zdgzlsqk/2019nzdgz/yqmshggkf/content/post_2868288. html.

新型市场监管体系，形成联合奖惩长效机制，进一步缩短行政案件办案期限，2019 年广州市假冒专利案件、专利侵权案件行政受理办理期限已分别压减至 3～4 个工作日。❶

2019 年深入推进"双打"工作和"铁拳""蓝天"行动，广州市市场监管局办理商标案件 1089 宗，罚没 2852.33 万元，处理专利侵权纠纷案件 2162 宗；年度两届广交会处理知识产权投诉 872 宗。❷ 持续加强电商领域侵权线索排查，截至 2019 年 9 月，广州市共接收中国电子商务领域专利执法维权协作调度（浙江）中心移送的电商领域专利侵权案件包 14 个，出具专利侵权判定咨询意见 38 份，涉及链接数 649 条。❸ 2018—2019 年，广州市市场监管局强化知识产权行政保护，先后开展了"闪电""秋风""霜雪""护航""雷霆"专项行动，办理了"阿迪达斯 2018 俄罗斯世界杯用球"等系列侵权案件。2018 年，出动执法人员 1837 人次，检查店铺 1523 家，检查商品 28755 件，处理专利侵权纠纷 1481 件，查处假冒专利案件 1734 件，查处无资质专利代理案件 7 件❹；2019 年上半年共出动执法人员 1740 人次，检查生产经营场所 891 家，检查商品 9777 件，专利案件立案 571 宗❺。

二是知识产权快速维权。2019 年，广州市持续推进知识产权"快保护"，建设"三中心＋三联盟"，中国广州花都（皮革皮具）知识产权快速维权中心、广州市知识产权维权援助中心、中国（广东）知识产权保护中心先后建成，广东省知识产权维权援助中心南沙分中心、中国广州花都（皮革皮具）知识产权快速维权中心、广州琶洲展会知识产权保护中心、市民营企业知识

---

❶ 广州市人民政府. 广州市政府重点工作落实情况：任务 23 ［EB/OL］. ［2019 - 09 - 05］. http：//www. gz. gov. cn/zwgk/zdgzlsqk/2019nzdgz/yqmshggkf/content/post_2868288. html.

❷ 广州市市场监督管理局. 广州市场监管局 2019 年工作总结 ［EB/OL］. ［2020 - 03 - 20］. http：//scjgj. gz. gov. cn/gkmlpt/content/5/5676/post_5676282. html#770.

❸ 广州市人民政府. 广州市政府重点工作落实情况：任务 23 ［EB/OL］. ［2020 - 03 - 24］. http：//www. gz. gov. cn/zwgk/zdgzlsqk/2019nzdgz/yqmshggkf/content/post_2868288. html.

❹ 广州市人民政府. 广州市政府重点工作落实情况：任务 23 ［EB/OL］. ［2020 - 03 - 24］. http：//www. gz. gov. cn/zwgk/zdgzlsqk/2019nzdgz/yqmshggkf/content/post_2868288. html.

❺ 国家知识产权局商标局. 商标数据 ［EB/OL］. ［2019 - 09 - 05］. http：//sbj. cnipa. gov. cn/sbtj/.

产权保护指导服务中心发挥作用明显。❶ 广州地区行业协会知识产权边境保护联盟、医药产业知识产权联盟和皮革皮具产业知识产权联盟先后成立，为知识产权协同保护提供支持。与此同时，加强知识产权诚信体系建设，开展联合惩戒，对重复专利侵权行为、专利代理严重违法行为等六类严重失信行为进行惩戒，让失信者"一处失信、处处受限"，推动形成知识产权保护合力。❷

中国广州花都（皮革皮具）知识产权快速维权中心于 2015 年 9 月落户广州市花都区，通过国家知识产权局快速授权通道，花都皮革皮具企业外观设计专利授权时间已由原来的半年缩短至 10 个工作日，最快的甚至只需 3～5个工作日，专利授权时间与皮具产品的研发上市周期实现了高度吻合，使企业新产品一上市即可启动维权程序。外观设计专利侵权纠纷案件的结案时间也由原来的半年大幅缩短至 1 个月左右，极大地降低了企业的维权成本。2018 年，该快维中心处理快速维权案件 139 件，快速授权和维权使企业在将产品推向市场的同时即披上坚实的知识产权保护"铠甲"，有效增强企业创新产品占领市场的话语权和竞争力；同时，依托快速维权中心，还可以为企业提供全方位的知识产权服务，实现知识产权价值的最大化，推进创新成果迅速转化为现实生产力和产业竞争力。❸

三是知识产权专利工作专项资金。广州市专利工作专项资金包括资助资金与发展资金两部分，其中资助资金主要用于资助广州市行政区域内获得国内外发明专利权和进行 PCT 专利申请的单位和个人以及为其提供代理服务的专利代理机构，发展资金适用范围包括专利运用、专利保护、专利管理和知识产权服务。2018 年 7 月至 2019 年底，广州市发放专利工作资助资金 5 批，资助专利数量多达 10939 件。

（2）知识产权的会展保护。

广州市会展业高度发达，做好知识产权的会展保护一直是广州知识产权保护工作的重要内容和抓手。2018—2019 年度，广州市知识产权相关部门进一步强化

❶ 广州市市场监督管理局. 广州市市场监管局 2019 年工作总结［EB/OL］.［2020－03－24］. http：//scjgj. gz. gov. cn/gkmlpt/content/5/5676/post_5676282. html#770.

❷ 2019 年广州市市场监管领域重点工作开展情况［EB/OL］.［2019－10－24］. http：//gd. zhonghongwang. com/show－143－489－1. html.

❸ 知夫子研究院政策解读［EB/OL］.［2019－09－03］. https：//www. zhifuzi. com/news/100735. html.

知识产权会展保护机制和措施，为广州市打造全国知识产权中心提供了有力支持。

中国进出口商品交易会（广交会）创办于1957年春，是中国企业开拓国际市场的优质平台，也是中国目前历史最长、层次最高、规模最大、商品种类最全、到会采购商最多且分布国别地区最广、成交效果最好的综合性国际贸易盛会。在省知识产权局的组织指导下，广州市、区两级知识产权主管部门积极参与广交会知识产权保护工作。为妥善处理广交会期间在广交会展馆范围内发生的有关知识产权、合同纠纷等投诉案件，维护广交会的良好形象和信誉，广交会专门设立了知识产权、产品质量和贸易纠纷接待站负责受理参加广交会的境外采购商和国内参展商的投诉。当届当期广交会展出展品有关的知识产权方面的投诉都在受理范围内，该投诉接待站受广交会业务办直接领导。第125届广交会知识产权执法工作处理专利案件292件，商标案件64宗❶；第126届广交会知识产权维权执法工作共处理专利投诉341件，立案622件；受理商标投诉122件，立案122宗，案件涉及美国、日本、法国等12个国家的知识产权权利人❷。

广东省首个会展知识产权保护部门——广州琶洲会展知识产权保护中心于2018年4月在广州市海珠区成立，旨在实现琶洲会展区除广交会之外展会的知识产权保护工作的全覆盖。该保护中心就进一步满足琶洲地区展会知识产权保护的需求、引导展会主办方和广大参展商自觉增强知识产权保护意识，以及促进展会经济发展、营造良好营商环境等方面在广州知识产权保护领域全面形成良好的辐射带动作用。广州琶洲会展知识产权保护中心与广州市知识产权局、海珠区知识产权局、各会展企业逐步建立起以"知识产权管理部门＋主办方＋专家/律师"为主体的完善的快速维权保护机制，开展知识产权信用度评估，严格准入标准，2018年进驻会展20场次，处理会展专利侵权纠纷案件314宗。❸该保护中心在广州市商务委员会、广州市和海珠区知识产权

---

❶ 广州市人民政府. 广州市政府重点工作落实情况：任务23［EB/OL］.［2020 - 03 - 24］. http：//www. gz. gov. cn/zwgk/zdgzlsqk/2019nzdgz/yqmshggkf/content/post_2868288. html.

❷ 广州市人民政府. 广州市政府重点工作落实情况：任务23［EB/OL］.［2020 - 03 - 24］. http：//www. gz. gov. cn/zwgk/zdgzlsqk/2019nzdgz/yqmshggkf/content/post_2868288. html.

❸ 国家知识产权局. 2019年12月业务工作及综合管理统计月报［EB/OL］.［2019 - 09 - 03］. http：//www. sipo. gov. cn/docs/2020 - 02/20200211154926912363. pdf.

管理部门指导下，密切配合会展主办方做好参展商、参展品、参展合同全方位信息审查，有效保护展会知识产权，确保侵权投诉快速受理。2019 年，琶洲会展与数字经济知识产权保护中心成立，指导会展行业协会建立会展知识产权保护工作站、牵头成立会展知识产权保护联盟，为快速有效化解会展知识产权纠纷提供更加专业的服务，共开展 50 多个大型展会知识产权执法维权，进一步加强和规范展会知识产权保护工作。❶

2018 年 11 月 7 日至 8 日，广东知识产权交易博览会在广州举行，博览会设有展会维权窗口，提供专门的维权服务。2018 年，广东知识产权交易博览会涉及专利 31.17 万件，商标 78.81 万件，促成知识产权投资意向 90 亿元，知识产权交易金额 10.42 亿元，拍卖项目成交率达 62.5%，专利拍卖溢价率最高达 166%，商标拍卖平均溢价率为 25%。❷ 2019 年，粤港澳大湾区知识产权交易博览会特意安排两个展会维权途径，一是广东省知识产权维权援助应用系统，二是位于南丰国际会展中心二楼的知识产权服务投诉中心，旨在有效保护参展企业的合法权益，保护展会知识产权，确保侵权投诉快速处理、侵权纠纷得到有效解决。

（3）知识产权的司法保护。

广州知识产权法院是审理知识产权纠纷的专门机关，在"司法主导、严格保护、分类施策、比例协调"的知识产权司法保护政策指导下，该院于实践中积极发挥司法保护知识产权主导作用，依法履行审判职能，公正高效地审理各类知识产权案件，不断加大知识产权司法保护力度，深入推进知识产权审判体制机制改革创新。

一是依法履行审判职责。广州市检察院梳理历年经办侵犯知识产权犯罪案件，总结知识产权易受侵害企业特征，将易受侵害企业作为保护重点采取特殊保护机制。2018 年，广州市两级法院全年共受理各类侵犯知识产权和制售假冒伪劣商品犯罪分别为 810 件 1473 人和 791 件 1425 人；从审结案件具体涉及的主要罪名分析，假冒注册商标罪 310 件 631 人，销售假冒注册商标的

❶　广州市人民政府. 广州市政府重点工作落实情况：任务 23 [EB/OL]. [2020 – 03 – 24]. http：//www.gz.gov.cn/zwgk/zdgzlsqk/2019nzdgz/yqmshggkf/content/post_2868288. html.

❷　2018 广东知识产权交易博览会 [EB/OL]. [2019 – 09 – 03]. https：//www.gdipexpo.com/about/newsdetail/45.

商品罪294件444人，非法制造、销售非法制造的注册商标标志罪41件43人，侵犯著作权罪9件39人，生产、销售伪劣产品罪42件87人。❶ 2019年上半年，广州市两级法院新收知识产权合同纠纷案件和知识产权权属、侵权案件分别为59件和34881件，结案量分别为62件和17271件。❷

广州知识产权法院在2018年新收案件10086件；办结8202件，法官人均结案328件。一审服判息诉率59.94%，上诉案件的改判、发回重审率仅为4.43%，诉讼标的总额增长到27.06亿元。❸ 2019年，广州知识产权法院受理案件标的金额达到30.4亿元，新收案件12896件，办结13488件，新收案件中专利权纠纷案件3822件，著作权纠纷案件7826件，商标权纠纷案件429件，不正当竞争纠纷案件100件，其他纠纷案件719件，分别占比29.64%、60.69%、3.33%、0.78%和5.56%。❹

广州知识产权法院自成立以来收案数量逐年增加，2018年和2019年法官人均结案数分别为376件和499件❺；广州知识产权法院受理的案件中，有70%的当事人来自广州市，涉外案件境外当事人覆盖美国、欧盟、韩国、日本等世界主要发达国家与地区，审判效率优势明显，广州知识产权法院已成为涉外知识产权争端解决的"优选地"；技术调查官参与审理的案件主要集中在专利、计算机软件方面，著作权纠纷案件总量自立院以来呈倍数级增长❻；知识产权市场价值得到了有效维护；当事人申请诉前保全、诉中保全的案件不断增多，广州知识产权法院在我国三家知识产权法院中作出首个诉前禁令裁定❼；针对"周期长"的问题，广州知识产权法院继续健全二审速裁制度，

---

❶ 国家知识产权局. 2019年12月业务工作及综合管理统计月报［EB/OL］.［2019-09-03］. http：//www. sipo. gov. cn/docs/2020-02/20200211154926912363. pdf.

❷ 知识产权纠纷案件统计表（2019年上半年）［EB/OL］.［2020-03-27］. http：// www. gzcourt. gov. cn/sftj/ck515/2019/10/17172908586. html.

❸ 广州知识产权法院今天满五岁啦！这份成绩单请审阅［N/OL］. 广州日报，2019-12-16 ［2020-03-24］. https：//baijiahao. baidu. com/s？id=1653079317260798509&wfr=spider&for=pc.

❹❺ 广州知识产权法院. 广州知识产权法院知识产权司法保护状况［EB/OL］.（2020-04-21） ［2020-04-25］. http：//www. gipc. gov. cn/front/content. action？id=eqa04cac0aba497fqfdcd70ef3bq061c.

❻ 广州知识产权法院今天满五岁啦！这份成绩单请审阅［N/OL］. 广州日报，2019-12-16 ［2020-03-24］. https：//baijiahao. baidu. com/s？id=1653079317260798509&wfr=spider&for=pc.

❼ 广州知识产权法院发布2018年度白皮书、数据分析报告及案例［EB/OL］.［2019-09-03］. http：//www. ccpit. org/Contents/Channel_3586/2019/0425/1157407/content_1157407. htm.

建立一审速裁制度，严格落实"简案快审、难案精审"的要求，大大提高审判效率并给予权利人最及时有效的保护，平均结案用时 55 天，比法定审限减少 35 天。广州知识产权法院 2018—2019 年二审速裁案件统计如图 3 - 3 所示。

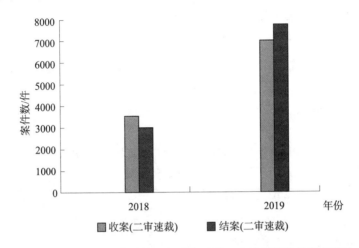

图 3 - 3　2018—2019 年广州知识产权法院二审速裁案件收结案统计

二是强化管理提高效率。广州知识产权法院大力推进现代诉讼服务机制建设，推动诉讼服务中心功能转化升级，融入掌上法院和智慧法院系统，实现诉讼服务中心从"一站式"到"一键式"提升。健全诉讼服务设施，完善诉讼服务机制，确保做到来访有人接、材料有人收、疑问有人答、参观有人领。

广州知识产权法院实行最严格的知识产权保护政策，加强证据保全、证据调查和颁发律师调查令，破解"举证难"的问题，深化"繁简分流"改革，破解"周期长"的问题；开展"服务和保障科技创新十大案例"评选工作；主办了第二届广东知识产权司法保护论坛，为大湾区建设提供"司法智慧"。在审判方式上，广州知识产权法院推进改革创新，在案件审理过程中依法及时颁布诉讼临时禁令，坚决避免权利人"赢了官司、输了市场"，譬如在"子弹口红案""魔兽世界案"和"西瓜视频案"等案件中，先后作出国内首例专利权诉前禁令、首份网游纠纷诉中禁令、首份游戏直播诉中禁令，不断引领我国知识产权诉讼禁令领域裁判规则；针对企业在跨区域知识产权侵权案件中面临异地维权与诉讼成本高、效率低的困境，广州知识产权法院以"异地诉讼服务＋巡回审判＋远程审判"模式，探索设立知识产权远程异地诉讼服务体系，在数字法庭的基础上加配远程视讯系统，突破诉讼维权地域限制。2019 年，广州知识产权法院各地巡回审判法庭和诉讼服务处共接受并移送立案 229 件，巡回开庭 37 场，接受法律咨询 749 人次，开展法制宣传 46 场，接受委托调解 289 件，深受企业和群众的好评。❶

广州互联网法院于 2018 年 9 月 28 日正式挂牌成立，管辖全广州市辖区内应由基层人民法院受理的 11 类互联网案件，其中包括互联网著作权权属和侵权纠纷案件、互联网域名纠纷等案件，具体收结案数据如表 3 - 5 所示。❷

表 3 - 5 2018 年 9 月至 2019 年 12 月广州互联网法院审理案件统计 单位：件

年份	案件类型	新收	结案	未结	调撤	判决	驳回起诉
2019 年	网络著作权、邻接权权属纠纷	6	3	3	3	0	0
	网络著作权、邻接权侵权纠纷	25307	22084	3846	20841	1236	7
	网络域名权属、侵权及合同纠纷	6	3	3	1	2	0
2018 年 9 ~ 12 月	侵害作品信息网络传播权纠纷	974	376	598	373	3	0
	著作权权属、侵权纠纷	8	1	7	1	0	0
	侵害作品发表权纠纷	20	2	18	2	0	0

（4）知识产权中介机构发展状况。

知识产权代理服务是自主创新成果知识产权化的桥梁和纽带，它促进创新成果知识产权化的转化实施，帮助市场主体维护自身合法权益、制定营销策略谋求更好发展。知识产权代理服务业主要包括专利代理和商标代理。此外，还有著作权、软件登记，集成电路、条码申请、域名申请以及海关备案等代理申请授权服务。截至 2019 年 10 月 30 日，广州市共有专利代理机构 114 家，如表 3 - 6 所示。❸

---

❶ 广州知产法院"建立跨区域的知产远程诉讼平台"获全国推广 [N/OL]. 人民法院报，2020 - 03 - 10 [2020 - 03 - 24]. http：//rmfyb. chinacourt. org/paper/html/2020 - 03/10/content_165905. htm.

❷ 广州互联网法院司法数据 [EB/OL]. [2020 - 03 - 24]. https：//www. gzinternetcourt. gov. cn/article - list - 68. html.

❸ 专利代理机构名录信息（知识产权）[EB/OL]. [2020 - 03 - 24]. http：//gddata. gd. gov. cn/data/dataSet/toDataDetails/29000_02600044.

表3-6 2019年广州市专利代理机构及代理人统计

序号	机构名称	机构代码	设立日期	执业代理师人数/人
1	广州科粤专利商标代理有限公司	44001	2001年7月25日	15
2	广州新诺专利商标事务所有限公司	44100	2001年12月25日	23
3	广州粤高专利商标代理有限公司	44102	2001年8月31日	50
4	广州知友专利商标代理有限公司	44104	1991年12月8日	12
5	广州三环专利商标代理有限公司	44202	1992年10月16日	126
6	广州嘉权专利商标事务所有限公司	44205	1993年11月1日	74
7	广州市华创源专利事务所有限公司	44210	2001年7月5日	4
8	广州市红荔专利代理有限公司	44214	1997年12月25日	13
9	广东世纪专利事务所有限公司	44216	1997年9月25日	8
10	广州市一新专利商标事务所有限公司	44220	2001年3月19日	15
11	广州华进联合专利商标代理有限公司	44224	2002年10月21日	111
12	广州三辰专利事务所（普通合伙）	44227	2002年10月31日	4
13	广州市南锋专利事务所有限公司	44228	2002年9月25日	23
14	广州市深研专利事务所	44229	2002年12月18日	11
15	广州弘邦专利商标事务所有限公司	44236	2003年4月24日	5
16	广州中瀚专利商标事务所	44239	2003年7月18日	5
17	广州市天河庐阳专利事务所（普通合伙）	44244	2003年7月21日	3
18	广州市华学知识产权代理有限公司	44245	2003年11月4日	57
19	广州致信伟盛知识产权代理有限公司	44253	2004年7月14日	10
20	广州中浚雄杰知识产权代理有限责任公司	44254	2005年4月29日	11
21	广州凯东知识产权代理有限公司	44259	2005年8月31日	10
22	广州广信知识产权代理有限公司	44261	2005年8月31日	5
23	广州市越秀区哲力专利商标事务所（普通合伙）	44288	2008年9月24日	22
24	广州天河互易知识产权代理事务所（普通合伙）	44294	2011年5月6日	2
25	广州海心联合专利代理事务所（普通合伙）	44295	2011年4月7日	12
26	广州恒华智信知识产权代理事务所（普通合伙）	44299	2011年6月1日	8
27	广州圣理华知识产权代理有限公司	44302	2008年12月29日	17
28	广东安国律师事务所	44317	2013年1月24日	5
29	广东祁增颢律师事务所	44318	2013年2月21日	3
30	广州容大专利代理事务所（普通合伙）	44326	2013年10月21日	4
31	广东广信君达律师事务所	44329	2013年12月17日	11

序号	机构名称	机构代码	设立日期	执业代理师人数/人
32	广州文冠倪律知识产权代理事务所（普通合伙）	44348	2015 年 1 月 12 日	4
33	广州广典知识产权代理事务所（普通合伙）	44365	2015 年 12 月 10 日	5
34	广州一锐专利代理有限公司	44369	2016 年 2 月 2 日	4
35	广州高炬知识产权代理有限公司	44376	2016 年 3 月 11 日	13
36	广州德科知识产权代理有限公司	44381	2016 年 6 月 1 日	5
37	广州海藻专利代理事务所（普通合伙）	44386	2016 年 7 月 22 日	2
38	广州微斗专利代理有限公司	44390	2016 年 8 月 11 日	5
39	广州知顺知识产权代理事务所（普通合伙）	44401	2016 年 9 月 28 日	2
40	广州京远智库知识产权代理有限公司	44406	2016 年 10 月 31 日	4
41	广州京诺知识产权代理有限公司	44407	2016 年 10 月 31 日	10
42	广东金桥百信律师事务所	44413	2016 年 10 月 31 日	5
43	广州科沃园专利代理有限公司	44416	2016 年 12 月 12 日	9
44	广州天河万研知识产权代理事务所（普通合伙）	44418	2016 年 12 月 20 日	2
45	广东品安律师事务所	44420	2016 年 12 月 29 日	4
46	广州市合本知识产权代理事务所（普通合伙）	44421	2017 年 1 月 6 日	3
47	广州骏思知识产权代理有限公司	44425	2017 年 2 月 14 日	8
48	广州睿金泽专利代理事务所（普通合伙）	44430	2017 年 3 月 13 日	3
49	广州慧宇中诚知识产权代理事务所（普通合伙）	44433	2017 年 4 月 10 日	2
50	广州德伟专利代理事务所（普通合伙）	44436	2017 年 5 月 3 日	3
51	广州君咨知识产权代理有限公司	44437	2017 年 5 月 18 日	7
52	广州市时代知识产权代理事务所（普通合伙）	44438	2017 年 5 月 18 日	3
53	广州云领专利代理事务所（普通合伙）	44441	2017 年 5 月 22 日	2
54	广东翰锐律师事务所	44442	2017 年 5 月 31 日	7
55	广州科峻专利代理事务所（普通合伙）	44445	2017 年 6 月 2 日	2
56	广州润禾知识产权代理事务所（普通合伙）	44446	2017 年 6 月 6 日	8
57	广州维智林专利代理事务所（普通合伙）	44448	2017 年 6 月 9 日	2
58	广州蓝晟专利代理事务所（普通合伙）	44452	2017 年 6 月 26 日	10
59	广州市专注鱼专利代理有限公司	44456	2017 年 7 月 12 日	4
60	广州予文知识产权代理事务所（普通合伙）	44464	2017 年 9 月 11 日	3
61	广州市科丰知识产权代理事务所（普通合伙）	44467	2017 年 9 月 28 日	3

续表

序号	机构名称	机构代码	设立日期	执业代理师人数/人
62	广州文智专利代理事务所（特殊普通合伙）	44469	2017 年 10 月 10 日	4
63	广州浩泰知识产权代理有限公司	44476	2017 年 11 月 23 日	4
64	广州永华专利代理有限公司	44478	2017 年 12 月 11 日	2
65	广州川墨知识产权代理事务所（普通合伙）	44485	2018 年 1 月 4 日	5
66	广州粤弘专利代理事务所（普通合伙）	44492	2018 年 2 月 27 日	2
67	广州专理知识产权代理事务所（普通合伙）	44493	2018 年 3 月 8 日	3
68	广州哲力智享知识产权代理有限公司	44494	2018 年 3 月 29 日	5
69	广州市百拓共享专利代理事务所（特殊普通合伙）	44497	2018 年 4 月 20 日	2
70	广州世超知识产权代理事务所（普通合伙）	44498	2018 年 4 月 23 日	3
71	广州鼎贤知识产权代理有限公司	44502	2018 年 5 月 18 日	3
72	广州汉文专利代理事务所（特殊普通合伙）	44508	2018 年 5 月 28 日	4
73	广州国鹏知识产权代理事务所（普通合伙）	44511	2018 年 6 月 11 日	2
74	广州辰联知识产权代理有限公司	44513	2018 年 7 月 2 日	4
75	广州瑞之凡知识产权代理事务所（普通合伙）	44514	2018 年 7 月 4 日	2
76	广州中坚知识产权代理事务所（特殊普通合伙）	44515	2018 年 7 月 5 日	2
77	广州渣津专利代理事务所（特殊普通合伙）	44516	2018 年 7 月 10 日	2
78	广州越华专利代理事务所（普通合伙）	44523	2018 年 7 月 25 日	2
79	广州金鹏律师事务所	44529	2018 年 8 月 15 日	4
80	广州文衡知识产权代理事务所（普通合伙）	44535	2018 年 8 月 30 日	2
81	广州正驰知识产权代理事务所（普通合伙）	44536	2018 年 9 月 3 日	2
82	广州汇航专利代理事务所（普通合伙）	44537	2018 年 9 月 3 日	2
83	广州沃正知识产权代理事务所（普通合伙）	44538	2018 年 9 月 6 日	2
84	广东大篆律师事务所	44550	2018 年 10 月 31 日	4
85	广州赤信知识产权代理事务所（普通合伙）	44552	2018 年 11 月 8 日	2
86	广州科捷知识产权代理事务所（普通合伙）	44560	2018 年 12 月 4 日	2
87	广州立凡知识产权代理有限公司	44563	2018 年 12 月 13 日	4
88	广州必信知识产权代理有限公司	44568	2019 年 1 月 8 日	3
89	广州正明知识产权代理事务所（普通合伙）	44572	2019 年 1 月 28 日	4
90	广州本诺知识产权代理事务所（普通合伙）	44574	2019 年 1 月 29 日	2
91	广州恒成智道知识产权代理有限公司	44575	2019 年 1 月 29 日	4
92	广州华享智信知识产权代理事务所（普通合伙）	44576	2019 年 1 月 31 日	3

续表

序号	机构名称	机构代码	设立日期	执业代理师人数/人
93	广州独角熊知识产权代理事务所（特殊普通合伙）	44580	2019 年 3 月 11 日	3
94	广州速正专利代理事务所（普通合伙）	44584	2019 年 3 月 28 日	3
95	广州文义知识产权代理事务所（普通合伙）	44587	2019 年 3 月 29 日	2
96	广州微巨知识产权代理有限公司	44594	2019 年 4 月 23 日	4
97	广东踔厉律师事务所	44598	2019 年 5 月 10 日	2
98	广州汇盈知识产权代理事务所（普通合伙）	44603	2019 年 5 月 28 日	2
99	广州海石专利代理事务所（普通合伙）	44606	2019 年 6 月 12 日	2
100	广东勰思律师事务所	44609	2019 年 6 月 17 日	5
101	广州佳睿知识产权代理事务所（普通合伙）	44610	2019 年 6 月 18 日	3
102	广州市律帆知识产权代理事务所（普通合伙）	44614	2019 年 7 月 10 日	2
103	广东合拓律师事务所	44617	2019 年 7 月 16 日	2
104	广州市智远创达专利代理有限公司	44619	2019 年 7 月 18 日	7
105	广东顺行律师事务所	44622	2019 年 7 月 22 日	3
106	广东省畅欣知识产权代理事务所（普通合伙）	44631	2019 年 8 月 14 日	2
107	广东连越律师事务所	44633	2019 年 8 月 22 日	1
108	广东纬韬律师事务所	44638	2019 年 9 月 9 日	2
109	广东君厚律师事务所	44639	2019 年 9 月 11 日	3
110	广州积特知识产权代理事务所（普通合伙）	44640	2019 年 9 月 19 日	2
111	广州智斧知识产权代理事务所（普通合伙）	44649	2019 年 10 月 15 日	2
112	广州市知易知识产权代理事务所（普通合伙）	44654	2019 年 10 月 24 日	2
113	广州智丰知识产权代理事务所（普通合伙）	44655	2019 年 10 月 25 日	2
114	广东洛亚律师事务所	44657	2019 年 10 月 30 日	2

　　根据知识产权产业媒体 IPRdaily 与 IncoPat 创新指数研究中心联合发布的 2019 年全国专利代理机构发明授权排行榜，广州市有广州三环专利商标代理有限公司（第 6 名）、广州华进联合专利商标代理有限公司（第 11 名）、广州市华学知识产权代理有限公司（第 38 名）、广州粤高专利商标代理有限公司（第 42 名）、广州嘉权专利商标事务所有限公司（第 50 名）五家机构上榜。❶

---

　　❶ 2019 年全国专利代理机构发明授权专利代理量排行榜［EB/OL］.［2020-03-24］. http://www.iprdaily.cn/article1_23620_20200107.html.

　　根据 2019 年专利代理机构企业客户量排行榜，广州嘉权专利商标事务所有限公司、广州三环专利商标代理有限公司分别以 4714 件和 3922 件跻身排行榜前十，另有广州华进联合专利商标代理有限公司、广州粤高专利商标代理有限公司和广州市越秀区哲力专利商标事务所位列第 13 名、第 33 名和第 40 名。❶

　　（5）知识产权人才培养和引进情况。

　　广州市政府高度重视知识产权人才培养和引进。截至 2019 年底，广州市专利代理机构（不含分支机构）共有专利代理人 972 名，其中广州三环专利商标代理有限公司和广州华进联合专利商标代理有限公司的专利代理人分别达到 126 名和 111 名，这两家机构的专利代理人数量占到了广州市所有专利代理机构中专利代理人数量的 24.4%❷，如表 3 - 7 所示。2019 年全国专利代理师资格考试广州考点共有 6607 名考生取得考试资格，同比增长 21.7%，其中港澳台考生 41 人。❸

　　一是知识产权人才培养。2018—2019 年，广州市市场监管局继续推进广州知识产权人才基地建设。在暨南大学建设的"知识产权大楼"开展知识产权的人才培养、学术研究、学科建设、公共服务、技术孵化等活动，努力打造国内一流、国际知名的知识产权人才培养基地。该人才基地集知识产权高端教育、高端研究、高端培训、社会服务和孵化于一体，培养和培训全科型、复合型、高端型知识产权人才；同时集成专利、商标和著作权创造、运营、管理、保护的全面知识体系，为企业和社会提供全方位、多层次、一站式知识产权研发、应用、社会服务，为国家和政府提供知识产权智库的理论研究和政策支持。第三届广州市大学生知识产权知识竞赛共有超过 70 所高校 3 万多名大学生参加，通过组织专家报告会、知识产权培训会、科技讲座、发明知识讲座、研讨展示活动，交流经验，提供专业指导，调动学生参与活动的

---

　　❶　2019 年专利代理机构企业客户量排行榜 ［EB/OL］. ［2020 - 03 - 24］. http: //3g. k. sohu. com/t/n422447645.

　　❷　广州知产法院"建立跨区域的知产远程诉讼平台"获全国推广 ［N/OL］. 人民法院报，2020 - 03 - 10 ［2020 - 03 - 24］. http: //rmfyb. chinacourt. org/paper/html/2020 - 03/10/content_165905. htm.

　　❸　广东专利代理协会. 2019 年全国专利代理师资格考试广州考点考务圆满成功 ［EB/OL］. ［2020 - 03 - 24］. http: //www. gdpaa. cn/News_info. asp? Id = 709.

积极性，增强学生的科技创新意识。❶

2018 年，广州知识产权法院与浙江大学、兰州大学等多家高校建立合作机制，开展年度全员轮训；健全学习制度，每月组织一次高层学习讲坛，邀请全国知名专家学者来院授课，不断提升队伍审判专业水平；认真办好《知产法苑》院刊，积极开展法官沙龙、司辅沙龙、学习论坛、全员读书等活动；深入推进法官"六个一"工程建设，不断提升队伍综合素质。

广州市科技创新委员会实施产业领军人才工程，2018 年，40 个创新创业领军团队取得新产品、新材料、新工艺、新装备 155 项，PCT 申请 37 件，申请国内专利 171 件，其中发明专利 137 件，获得授权专利 54 件，其中发明专利 29 件，获得临床批文 9 项，累计获得省部级科技成果奖励 3 项，牵头或参与国家重点研发计划项目 15 项。广州市荔湾区大力实施人才强区战略，实施为期一年的"荔湾区科技企业人才培训计划"，汇聚区域内 60 多名知名企业、高新技术企业负责人，举办系列培训活动；黄埔区、广州开发区与北京大学法学院共建北京大学粤港澳大湾区知识产权发展研究院，谋划设立知识产权学院；实施知识产权人才培养计划，举办企业技术人员知识产权提升班、企业知识产权管理实务高级研修班，为 220 名学员颁发了结业证书。❷ 为将华南（广州）技术转移中心打造成为粤港澳科技成果转化基地，广州市制定了"星火燎原"计划工作方案，并获得广东省科技厅的大力支持，该计划的第一期"广东省技术经理人"培训活动已经由广州市南沙区科技工业和信息化局顺利主办。❸

二是知识产权人才引进。广州市政府在政策上认真研究国家、省、市人才引进政策，了解各区、企业及高校引进人才的具体做法；在设立站点上，提出了采取"建设""合并""委托"并行的方式，将广州市驻海外办事处与海外人才工作站建设同步考虑、同时推进。2019 年，在广州市"广聚英才计

---

❶ 广州市知识产权工作领导小组办公室. 广州知识产权发展与保护状况（2018 年）［EB/OL］.［2020－09－05］. http：//scjgj. qz. gov. cn/zwgk/sjFb/sjfx/content/post－5313515. html.

❷ 广州市知识产权工作领导小组办公室. 广州知识产权发展与保护状况［EB/OL］.［2019－09－03］. http：//gzamr. gzaic. gov. cn/gzscjgj/zwdt_tt/201904/f9b0544bb281421dabec56c21931c21c. shtml.

❸ 广州市人民政府. 2019 年重点工作：任务 6［EB/OL］.［2019－09－05］. http：//www. gz. gov. cn/zwgk/zdgzlsqk/2019nzdgz/yqmshggkf/contnet/post_2868300. html.

划"框架下,市政府外办主动对接市人才办、人力资源社会保障局、科技局等部门,通过座谈、走访等形式充分开展海外人才工作站的顶层设计研讨,建立海外人才引进工作联系联动机制。❶

为更好地完善人才培养、评价和激励机制,探索实施顶尖人才"全权负责制",培养一批为企业提供智力支持与服务的科研人才团队,广州市政府启动实施人才绿卡申领指南修订工作,并将人才绿卡审核作为公共服务下放事项上报市政府。截至 2019 年 12 月 24 日,广州市 2019 年共发放人才绿卡 1367 张,依托项目集聚高精尖缺科技产业人才,推荐申报国家级项目 12 个、省级项目 413 个,下达产业领军人才、红棉计划等重点项目经费 1.55 亿元。❷

4. 知识产权交流合作情况

2018—2019 年,广州市各有关部门大力加强知识产权交流合作力度,扩大广州知识产权工作的国内外影响力。2019 年 12 月,广州市科技局举办了海外人才交流大会暨第 21 届中国留学人员广州科技交流会,通过开幕活动、高端论坛、展示推介、项目和人才交流、实地考察、海外分会场六大板块活动,共吸引国内 126 个政府代表团,116 家高校、科研院所及企业机构到会;会期内整体参会近 3 万人次,集聚美国、英国等近 30 个国家的近 2000 名海外人才参会,吸引包括来自北美、欧洲、大洋洲、亚洲等地区的 1000 多个项目,组织了 300 多个科技项目路演。❸

广州市知识产权局贯彻落实广东省《广深科技创新走廊规划》,开展广深科技创新走廊知识产权保护合作;引导穗莞深三市共同签署《广深科技创新走廊知识产权保护合作备忘录》,通过信息共享、优势互补、资源整合等方式,共同加强展会、电商等重点领域知识产权保护,积极探索开展海外知识产权保护和维权援助等相关工作;组团赴香港参加第八届亚洲知识产权营商

---

❶ 广州市人民政府. 2019 年重点工作:任务 73 [EB/OL]. [2019 - 09 - 05]. http://www. gz. gov. cn/zwgk/zdgzlsqk/2019nzdgz/sjkjskjcxqs/content/post_2868347. html.

❷ 广州市人民政府. 2019 年重点工作:任务 74 [EB/OL]. [2020 - 03 - 27]. http://www. gz. gov. cn/zwgk/zdgzlsqk/2019nzdgz/sjkjskjcxqs/content/post_2868341. html.

❸ 广州市人民政府. 2019 年重点工作:任务 72 [EB/OL]. [2020 - 03 - 27]. http://www. gz. gov. cn/zwgk/zdgzlsqk/2019nzdgz/sjkjskjcxqs/content/post_2868339. html.

论坛。

广州知识产权法院与惠州市共同建成了仲恺巡回审判法庭，已逐步成为审理粤东地区案件的知识产权审判中心。与此同时，积极与佛山、东莞两市沟通，共同建设两地巡回审判法庭；全面推进中山、汕头、江门等地的诉讼服务处建设；建立知识产权纠纷多元化解机制，充分发挥特邀律师的调解作用，与省知识产权人民调解委员会合作积极开展移送、委托调解试点工作。

广州知识产权仲裁院与韩国知识产权团队保持友好联系与交流，韩国国际私法学会石光现会长率韩国代表团8人到访广州知识产权仲裁院，促进中韩知识产权文化的交流；与广东省版权保护联合会达成初步合作，为高新技术企业相关从业人员提供高水平知识产权法律理论及实务服务，引导企业通过选择仲裁的方式解决知识产权纠纷。

广州海关在《中荷海关2018—2022年合作计划》以及与荷兰海关关际合作框架下，强化与荷兰权利人在情报交流、宣传培训以及执法协助等方面的联系配合；组织参加大韩民国驻广州总领事馆举办的"2018韩国品牌知识产权培训会"，并讲授海关知识产权保护规定和措施；与韩国首尔民生司法警察团一行围绕"网络平台销售，快件渠道出入境"侵权商品监管等方面交流经验；强化粤港海关在开展知识产权联合执法、情报信息交换、互派交流培训等方面的合作。

黄埔海关派员赴上海参加中欧海关知识产权工作组第八次会议，与欧盟海关代表讨论双方知识产权执法互助与信息交换事宜；派员出席驻华海关专员俱乐部在北京加拿大驻华使馆举办的"海关调查"专题研讨会，并作了题为"知识产权海关保护执法实践"的主题发言；接访日本辩理士会京畿支部，就专利保护、知识产权海关保护合作及培训等主题进行交流。率代表团访问日本名古屋海关，双方签订互助合作备忘录；派员参加广东分署牵头的粤港海关知识产权保护交流活动，访问香港海关版权及商标调查科；派员出席国际（东莞）智能终端产业知识产权保护论坛，并作题为"知识产权海关保护"的主题演讲，向参会的广大高新企业宣讲知识产权海关保护政策。❶

---

❶ 广州市知识产权工作领导小组办公室. 广州知识产权发展与保护状况（2018年）［EB/OL］.
［2019 – 09 – 05］. http://scjgj. gz. gov. cn/zwgk/sjfb/sjfx/content/post_5313515. html.

黄埔区、广州开发区与新加坡知识产权局智权增值所、中新广州知识城投资开发有限公司签署《中新国际知识产权创新合作项目合作备忘录》，共建国际知识产权创新服务中心；承办中欧知识产权工作组第二十一次会议广州分场活动，组织企业与欧盟委员会贸易总司、欧盟驻华代表团成员围绕线下知识产权保护进行面对面交流，与日本经济产业省和国际知识产权保护论坛官民代表团围绕知识产权保护领域相关问题进行研讨交流；举办粤港澳大湾区知识产权合作暨知识产权运用和保护综合改革试验推进工作会、2018 年粤港澳大湾区知识产权金融高峰论坛，与香港贸易发展局合办第八届亚洲知识产权营商论坛"粤港澳大湾区知识产权合作及机遇"分论坛。❶

（二）广州市知识产权发展面临的挑战

近年来，广州市知识产权发展取得的成绩有目共睹，科创能量呈现爆发式增长，科技创新企业超过 20 万家，国家科技型中小企业备案入库数居全国城市第一；涌现出微信、网易、万孚生物、蓝盾信息和视源电子等标志性高新技术企业，知识产权拥有量已连续多年位居国内各城市前列。但是广州市知识产权发展依然面临诸多制约着广州市经济社会发展的挑战，知识产权的整体质量、运用效益、保护水平和管理效能等还存在较大的改善空间，尚无法满足我国创新驱动发展战略实施和经济发展方式转变的需要。广州知识产权发展必须紧紧抓住机遇、化解矛盾、积极作为、砥砺前行，着力应对以下几方面的挑战。

第一，要破解知识产权领域深化改革与知识产权政策体系完善的问题，改变行政管理部门间知识产权政策配套不足、知识产权综合管理改革推进较慢的状况。

第二，要破解知识产权创造潜力未能充分发挥与创造质量不高的问题，改变广州市企业创造活力未能充分释放、缺少创新创造龙头企业、高价值知识产权明显不足的状况。

第三，要化解知识产权人才供需不合理的结构性难题，改变广州市知识

---

❶ 广州市人民政府. 2019 年重点工作落实情况：任务 23 ［EB/OL］. ［2019 – 09 – 04］. http：//www. gz. gov. cn/zwgk/zdgzlsqk/2019nzdgz/yqmshggkf/content/post_2868288. html.

产权人才结构不合理导致知识产权缺少创新性和效率性、制约战略性新兴产业发展的状况。

第四，要有效解决制约知识产权全面从严保护的短板问题，改变侵权假冒行为违法成本低、对侵犯知识产权行为的打击力度偏弱、新业态及新领域侵权假冒行为多发的状况；要解决广州市级知识产权行政执法力量严重不足，市区两级案件移送、办理机制不顺，影响办案时效的执法问题。

第五，要切实解决知识产权服务能力不足与管理效能不高的问题，改变广州市知识产权服务业发展规模较小、高端服务能力不足以及知识产权价值评估难的状况和广州市规模以上工业科技型企业、高新技术企业知识产权管理能力较弱的状况。

第六，要突破全面提升知识产权运用能力的关键瓶颈问题，改善高校和科研单位专利运用水平较低的情形，改变广州市知识产权综合运用成效低、存量知识产权闲置率高、知识产权商业价值难以实现等状况。

三、建议和展望

知识产权不仅是驱动发展的战略资源、增强自主创新的重要支撑，而且是提高我国经济竞争力的最大激励、掌握发展主动权的关键因素。面对日趋激烈的经济竞争、科技竞争，广州市要实现成为具有国际影响力的国家创新中心、知识产权枢纽城市、国际科技创新枢纽的目标，必须深入推进知识产权制度在广州市经济发展、产业规划、综合治理以及公共服务等领域的全面运用，持续推进供给侧结构性改革和创新驱动发展，更好地发挥知识产权在率先构建以创新为引领的经济体系和发展模式中的龙头骨干作用，把广州建设成为富有创新活力与可持续发展能力的知识产权强市。

（一）进一步完善知识产权管理

1. 推进知识产权管理体制机制改革

为进一步完善知识产权管理，广州市应强化制度约束，确立知识产权严保护的政策导向；继续探索推进知识产权综合管理改革，建立权界清晰、分工合理、权责一致、运转高效的综合行政管理机制；进一步健全知识产权工作领导小组工作机制，发挥其统筹协调作用，提高政府知识产权综合管理效能；加强知识产权行政管理部门间的协作，加大推进专利、商标、版权、标准化战略实施的投入力度；继续完善广州市展会知识产权、电商知识产权、涉外知识产权保护机制，不断提升新业态、新领域的知识产权保护水平；持续加强各区知识产权管理机构建设和工作队伍建设，打通创造、运用、保护和服务等关键环节，提升知识产权管理效能，持续开展区域知识产权试点示范工作；充分发挥广州开发区、南沙自贸试验区在推进实施知识产权战略方面的先行先试作用，重点推动广州战略性新兴产业、创新型企业、科技园区、高校、科研院所、"双创"载体贯彻实施知识产权战略。

2. 继续优化知识产权政策体系

围绕全市知识产权工作目标和重点任务，广州市应继续推进知识产权政策体系的规划建设，整合、完善全市现有知识产权政策体系，促进重点产业和新兴产业领域科技型企业的知识产权立法，推动社会科学、基础科学研究以及传统行业的创新激励办法，以专利导航产业的规范化驱动全行业的知识创新；继续发挥市场在配置知识产权要素中的决定作用，强化企业在知识产权创造、运用、保护、管理、服务中的主体地位，鼓励社会组织在知识产权创新中积极发挥作用，注重发挥政府知识产权政策的引领、推动、激励作用，加大财政资金投入，不断优化知识产权运营服务体系，提高知识产权市场监管水平，加强粤港澳大湾区的知识产权合作，营造开放、公正、公平的知识产权发展环境；促进知识产权要素的高效合理配置，继续深入推进知识产权运用和保护综合改革试验，不断健全知识产权运用和保护机制，提高知识产权政策措施的科学化、规范化、法治化水平。

3. 健全知识产权促进创新创业服务机制

建立健全知识产权对接各种交易、展览、大赛等活动的服务机制；编制发布企业知识产权保护指南，制定合同范本、维权流程等操作指引，鼓励企业加强风险防范机制建设，持续优化大众创业万众创新保护环境；打造知识产权特色集聚区域，加强专利导航、专利挖掘、专利投融资等实务培训，推广利用专利信息分析成果；支持依法依规开展互联网知识产权众创、众筹项目；支持科技园区、孵化器、众创空间建立知识产权服务平台，打造专利创业孵化链，支持科技中介服务机构发展和科技创新平台建设，完善科技金融服务体系，促进知识产权运营服务新业态发展。

（二）进一步加强知识产权保护

1. 完善知识产权多元化保护机制

完善知识产权多元化保护机制，建立起相互衔接、相互支撑的知识产权保护网络，进一步推动知识产权行政执法和司法装备现代化、智能化建设；发挥知识产权司法保护、行政保护的主渠道作用，加强知识产权刑事案件的侦查、起诉、审判等工作，顺畅知识产权行政执法与刑事司法的工作衔接机制，严格规范证据标准，完善案情通报、信息共享、案件移送制度，严厉打击知识产权侵权违法犯罪行为；加强科技研发，通过源头溯源、实时监测和在线识别等技术手段强化知识产权保护，探索加强知识产权侵权鉴定能力建设，进一步加强司法鉴定机构专业化、程序规范化建设；加强知识产权纠纷行政调解、人民调解，畅通行政调解、人民调解获得司法确认的渠道；广州知识产权法院、广州知识产权仲裁院继续创新使用网络仲裁方式解决知识产权纠纷，降低纠纷解决成本，提高纠纷处理效率；培育和发展仲裁机构、调解组织和公证机构，鼓励行业协会、商会建立知识产权保护自律和信息沟通机制；推进专利公共信用体系建设，定期公示企事业单位侵权假冒违法信息，并列入专利行政信用信息系统；加强事中事后监管和信用监管，建立健全知识产权纠纷调解协议司法确认机制，不断完善市场主体诚信档案"黑名单"制度，健全失信联合惩戒机制。

2. 加强知识产权行政执法保护

进一步增强专利、商标、版权等知识产权行政执法能力，不断充实一线行政执法力量，统一执法标准、完善执法程序，提高执法专业化、信息化、规范化水平和执法效率；参照湖北模式，在市级建立专门的知识产权行政保护队伍；发挥最高人民法院知识产权司法保护与市场价值（广东）基地的作用，健全审判权运行机制和技术专家咨询机制，为创新主体尤其是中小微企业提供便利化服务；强化全市知识产权行政执法信息的分类与综合统计分析，更大范围、更大力度公开执法办案信息，接受社会和舆论的监督，提高执法监管效能；加强全市专利、商标、版权等行政执法机构间的组织协调，积极开展联合执法、专项执法，不断提高执法效能；建立集防范、监控、预警与打击惩处为一体的监管长效机制，加强工商行政执法与刑事司法的衔接配合，构建运转畅通的知识产权保护联动协作机制；引导和支持创新主体对专利实施全流程保护；进一步完善广州展会知识产权、电商知识产权、涉外知识产权保护机制，不断提升新业态、新领域的知识产权保护水平；加大对产品制造集中地、商品集散地及其他侵权案件高发地的知识产权执法监管和巡查力度；强化对高端制造、生物医药等行业和展会、专业市场、电子商务、跨境电商、旅游购物等领域的行政执法，重点查办跨地区（国境）、职业化、团伙化、规模化和社会反映强烈的侵权假冒违法案件；加强海外知识产权维权援助，支持企业开展知识产权海外布局和维权，引导行业协会、中介组织等第三方机构参与解决海外知识产权纠纷，建立涉外知识产权争端联合应对机制。

3. 健全知识产权维权援助机制

加快建设知识产权涉外应对和维权援助平台，对广州市支柱产业和战略性新兴产业中的重点进出口产品进行专利预警分析，指导产品进行海外专利布局，规避市场风险；推动企业分领域建立知识产权涉外事务合作机制；积极为外贸企业提供知识产权咨询服务，推进应对技术性贸易措施；探索建立重点产业外观设计、版权快速维权机制；鼓励企业加大资金投入，并通过市场化方式设立知识产权保护维权互助基金，提升自我维权能力和水平；充分发挥中国广州花都（皮革皮具）知识产权快速维权中心作用，健全行政确权、公证存证、仲裁、调解、行政执法和司法保护之间的衔接机制，加强信息沟通和共享，形成各渠道有机衔接、优势互补的运行机制，切实提高维权效率；推广利用调解方式快速解决纠纷，高效对接行政执法、司法保护、仲裁等保护渠道和环节。

（三）进一步促进知识产权运用

深入贯彻落实国家、省有关加强知识产权运用的文件精神，积极落实《广州市开展知识产权运营服务体系建设实施方案（2018—2020年)》，加快推进运营服务体系建设，提升知识产权运用水平。

1. 提升知识产权产业化运用水平

贯彻落实国家、省、市促进知识产权转化运用的政策，逐步建立促进知识产权运用的利益分配、风险承担、人才流动制度，建立健全知识产权转化运用的政策体系，完善企业主体、市场导向、产学研结合的知识产权产业化运用机制；支持组建产业知识产权联盟，推动知识产权产业化，打造产业核心竞争力；支持高校、科研院所知识产权转化机构建设，鼓励广州市高校和科研院所的知识产权成果就地实施转化；加大财政引导资金投入，充分利用社会资金，围绕构建高端高质高新现代产业新体系，在新一代信息技术、新能源汽车、生物医药和健康、新材料与精细化工、轨道交通、能源及环保等领域，重点培育和扶持一批优秀核心专利技术的转化实施；探索建立军民融合专利技术试验区；支持重点产业、企业等建立专利收储基金，收储关键专利，引导支持国内外高价值专利来广州转化实施；推动企业组建产业专利联盟，通过联合授权、交叉许可、运营合作等方式实现知识产权商业化运用，获得具有行业核心竞争力的专利资产池；建立健全专利技术产业化评估考核机制和配套奖励措施。

2. 继续完善专利导航产业发展工作体系

实施专利技术产业化项目，重点支持一批核心关键技术、创新领先技术、高价值专利的产业化项目实施；引导扶持传统优势制造业专利技术的引进和转化，推动产业转型升级；大力推进广州开发区国家专利导航产业发展实验区建设，对卫星通信（北斗）导航、智能装备、生物医药等区域优势产业进行专利导航分析，为重点企业提供专利导航、分析、挖掘、预警服务；大力推进自主创新技术与标准结合，研究专利与标准融合，加强具有高附加值和高技术含量、可形成产业集群或增强产业竞争力的标准的研制与实施，形成具有自主知识产权的先进标准体系，加速知识产权成果转化；结合广州市产业特点，培育知识产权密集型产业，带动产业结构升级。

3. 积极完善知识产权运营服务体系

积极开展国家重点产业知识产权运营服务试点工作，发挥财政资金引导作用，带动社会资本共同设立重点产业知识产权运营基金；支持建立多层次的知识产权交易市场，重点推动广州知识产权交易中心等服务机构开展知识产权运营服务，建立南沙自贸试验区和中新广州知识城知识产权运营集聚服务中心；继续支持广州知识产权交易中心、汇桔网、高航网等市场化、网络化知识产权运营服务机构发展，引导民间资本进入知识产权运营市场，加快知识产权成果的转化运用；培育若干产业特色突出、运营模式领先的知识产权运营机构，鼓励建立知识产权联盟；推动高等院校、科研院所建立知识产权运营服务机构，促进技术创新与市场需求有效对接；加大专利技术产业化扶持力度，支持企业、服务机构引进国内外高价值知识产权在我市转化实施；加强军民融合专利技术转化应用；推广建立商标品牌指导站，充分发挥专业商标代理和法律服务机构作用，为企业提供从注册、运用、管理、保护到培育的全方位商标品牌服务，加快构建知识产权运营服务体系和建设知识产权国际运营平台。

4. 完善知识产权投融资服务体系

逐步完善市场化的知识产权投融资服务体系，通过知识产权质押融资服务平台引导银行、服务机构加强合作，支持开展知识产权证券化交易试点，共同为企业开展专利质押融资提供服务；大力发展产业金融新业态，推动广州科技型中小微企业知识产权金融服务快速发展；鼓励金融机构创新知识产权金融产品，引导企业积极通过市场机制解决融资需求；发挥知识产权质押融资风险补偿基金作用，支持银行、评估、保险等机构广泛参与知识产权金融服务，促进知识产权质押融资工作实现规模化、常态化发展；加快培育和规范专利保险市场，着力推广专利申请险、侵权险、维权险以及代理人责任险等险种；加快推进国家知识产权投融资试点工作，探索投贷联动、投保联动、投债联动新模式；积极引导国内外风险投资基金采取投资持股、并购等形式促进知识产权成果转化。

（四）进一步提升知识产权质量

1. 促进知识产权创造提质增量

优化专利资助政策，秉持价值引领、数量布局、质量取胜的原则，全面推动企业知识产权增量、提质，充分发挥企业的主体作用，全面提高优质专利、驰名商标、精品版权的产出与供给；明确质量导向，进一步提高全市发明专利、国际专利拥有量；重点支持高新技术企业、科技创新小巨人企业的专利创造工作，开展"专利灭零倍增"和大户培育工作；加大全市社会研发投入强度，进一步完善科技创新工作考核体系，强化知识产权指标考核比重，加大知识产权要素在各类科技项目中的权重；高度重视知识产权培优工作，进一步增强全市知识产权优势、示范企业的创造能力，在支柱产业、战略性新兴产业培育一批创新水平高、市场价值大的专利、商标和版权。

2. 培育知识产权强企和示范单位

支持企事业单位贯彻实施知识产权管理规范国家标准；支持广电运通、广药集团、广汽集团等一批国家、省知识产权优势（示范）企业建设知识产权强企；鼓励企业在关键技术、核心领域、新兴产业方面进行专利布局，以知识产权优势增强国内外市场竞争力；对于广州市经济发展之重要力量的国有企业，要着力提升其知识产权创造数量和质量；支持有条件的企业探索推进知识产权跨国并购。

3. 培育知识产权密集型产业

支持新一代信息技术、人工智能、生物与健康、新材料与高端装备制造、新能源与节能环保等战略性新兴产业的专利创造和运用，形成一批核心专利和高价值专利，打造专利密集型产业，形成产业竞争新优势；加强制造业、文化产业、农业商标品牌建设，培育一批驰名商标、地理标志和集体商标，以产业优质品牌运营支撑产业价值提升；鼓励企事业单位加强专利与标准的融合，形成一批具有自主知识产权的技术标准，发挥龙头制造业企业、科研院所及行业组织在标准制定中的作用，积极参与国家和行业标准的制定和修订；强化技术性贸易壁垒应对。

4. 推动知识产权集聚核心区的建设

鼓励和支持全市重点科技园区逐步建成知识产权创造核心区、知识产权产出特色区；重点支持广州高新区、中新广州知识城、科学城、民营科技园、智慧城、琶洲互联网创新集聚区、生物岛、大学城、国际创新城、南沙明珠科技城、番禺节能科技园等科技园区建设知识产权创造、运用、服务集聚核心区，推进国家商标品牌创新创业（广州）基地建设，发挥知识产权创造运用的集聚辐射效应，打造广州园区知识产权创造长廊。

（五）进一步加强知识产权人才培养与交流

1. 加强知识产权人才培养

加快"广州知识产权人才基地"建设，引导各政府部门、教育机构、行业协会等加大对知识产权专业人才培训力度，加强知识产权保护专业人才岗位锻炼，充分发挥各类人才在维权实践中的作用；充分利用各大高校、研究机构、中介服务机构、企业等平台载体，支持知识产权高端人才培养和引进；鼓励社会化的知识产权培训机构发展，加大对开展知识产权教育培训、宣传推广、人才培养、文化培育及软课题研究等人文基础建设进行的资助力度；进一步推进知识产权专业技术资格评定工作；建设知识产权智库，加强知识产权行政执法和司法队伍人员配备和职业化专业化建设，建立有效激励机制，确保队伍稳定和有序交流；推动知识产权刑事案件办理专业化建设，提高侦查、审查逮捕、审查起诉、审判工作效率和办案质量；建立健全知识产权仲裁、调解、公正、社会监督等人才的选聘、管理和激励制度。

2. 提升知识产权交流合作水平

继续深化与泛珠三角区域城市和副省级城市间的知识产权交流合作，促进区域知识产权信息共享、区域重大创新平台共用、区域知识产权执法协作；建立广深科技创新走廊知识产权保护合作机制，推进粤港澳大湾区知识产权合作，推动区域内知识产权资源的流动和配置，促进区域知识产权创造、转化、运营；构建国际化开放创新体系，重视加强与国际知识产权相关组织以及欧美日韩等发达国家和地区的知识产权交流合作，促进国际创新资源与广州产业需求的对接；加强海外信息服务平台建设，开展海外知识产权纠纷应对指导，构建海外纠纷协调解决机制，完善海外知识产权纠纷预警防范机制，加强重大案件跟踪研究；支持各类社会组织开展知识产权涉外风险防控体系建设，鼓励保险机构开展知识产权海外侵权责任险、专利执行险、专利被侵权损失险等保险业务；加强对"一带一路"沿线国家知识产权制度、发展动向的研判，利用广州进出口商品交易会等平台提升与沿线国家的知识产权交流合作层次；建立广州与东盟、欧美英日及"一带一路"沿线国家和地区的知识产权交流合作长效机制，以互访交流、会议研讨等形式打造国际化知识产权交流合作平台；深化知识产权保护的国际合作和区域协作，特别是加强与"一带一路"沿线国家和地区间的知识产权保护合作；建立跨区域商标权保护协作和交流合作机制，打击跨区域商标侵权行为；加强与世界知识产权组织中国办事处、涉外贸易组织等机构的交流合作；加强对台商、侨商和跨区域企业的知识产权服务和保护。

（撰稿人：朱晔）

第4章　深圳市知识产权报告

一、深圳市知识产权制度和政策

2018—2019 年，为了全面实施创新驱动发展战略，推动知识产权的创造、保护和运用，深圳市先后出台了一系列政策意见，制定颁布一系列地方性法规、规章，形成了较为完善的知识产权政策法规体系。

（一）加强知识产权保护立法

为了加强知识产权保护工作，激发创新活力，建设现代化国际化创新型城市，打造具有世界影响力的创新创意之都，深圳市制定了《深圳经济特区知识产权保护条例》（以下简称《保护条例》）。该条例于 2018 年 12 月 27 日经深圳市第六届人大常委会第二十九次会议表决通过，自 2019 年 3 月 1 日起正式施行。该条例对特区知识产权保护工作机制、行政执法、公共服务、自律管理、信用监管等作出规定。

1. 完善知识产权保护工作协调机制

《保护条例》第 9 条规定："市人民政府设立市知识产权联席会议，建立知识产权保护工作协调机制，推动解决知识产权保护工作中的重大问题。联席会议由市人民政府负责人或者其委托的市主管部门主要负责人召集，每年至少召开一次。联席会议的日常工作由市主管部门承担。联席会议成员单位由市人民政府确定。"

2. 完善知识产权工作情况通报制度

《保护条例》第 10 条规定："完善知识产权工作情况通报制度。联席会议成员单位发现属于其他部门管辖的知识产权案件线索时，应当及时书面通报有管辖权的部门。有管辖权的部门接到通报后，应当依法及时查处。"

3. 建立知识产权评议制度

《保护条例》第 11 条规定："建立知识产权评议制度。市、区人民政府可以对重大产业规划、政府投资项目、重大经济科技活动进行知识产权评议，提高创新效率，防范知识产权风险。"

4. 建立知识产权保护工作考核机制

《保护条例》第 12 条规定："市人民政府应当建立知识产权保护工作考核机制，对区人民政府、市主管部门以及其他管理部门依法履行知识产权保护工作职责的情况进行考核。"

5. 强化知识产权行政保护

《保护条例》第 13 条规定："市主管部门以及其他管理部门应当根据知识产权保护工作的需要，开展知识产权保护专项行动，加大宽带移动互联网、云计算、物联网、大数据、高性能计算、移动智能终端等新领域新业态知识产权保护力度。"《保护条例》第 14 条规定："公安机关应当依法履行知识产权保护工作职责，加大对知识产权犯罪行为打击力度，并协同市主管部门以及其他管理部门开展相关行政执法工作。"《保护条例》第 15 条规定："公安机关对于移送的涉嫌知识产权犯罪案件，应当在规定时限内决定是否受理，并书面告知移送案件的部门。经审查不属于其管辖的，应当转送有管辖权的部门，并书面告知移送案件的部门。公安机关受理的涉嫌知识产权犯罪案件，涉案物品在提取证据依法封存后，具备条件的可以交市公物仓保管。"《保护条例》第 16 条规定："公证机构对符合法律、法规规定的知识产权证据保全公证申请，应当自受理公证申请之日起五个工作日内向当事人出具公证书。但是，因不可抗力、需要补充证明材料或者核实有关情况的，所需时间不计算在期限内。公证机构违反前款规定的，由市司法行政部门予以警告；情节严重的，处以二万元以上五万元以下罚款。"《保护条例》第 17 条规定："除涉嫌知识产权犯罪的案件外，市主管部门以及其他管理部门在知识产权案件立案前或者立案后，可以自行或者委托相关组织进行调解。权利人提出给予损失数额五倍以内赔偿的，可以予以支持。立案前达成调解协议并履行完毕的，可以不予立案。立案后达成调解协议并履行完毕的，可以依法从轻、减轻处罚；没有损害第三人合法权益和公共利益的，可以免除处罚。"

6. 建立知识产权保护中心

《保护条例》第 18 条规定："市人民政府设立的知识产权保护中心履行下列职责：（一）承担国家知识产权主管部门委托的专利申请受理、专利快速审查和快速确权工作；（二）宣传推广知识产权相关知识，促进企业知识产权自主创新；（三）承担知识产权保护协作、业务咨询、监测预警、维权指引、快速维权等公益性服务；（四）对市、区人民政府的知识产权保护工作提出意见和建议；（五）市人民政府规定的其他职责。区人民政府可以根据知识产权保护工作的实际需要，设立区知识产权保护中心。"

7. 明确职责部门职权

《保护条例》第 19 条规定："市主管部门以及其他管理部门查处知识产权案件时，可以采取下列措施：（一）现场检查；（二）查阅、复制、暂扣或者封存当事人的经营记录、网络销售记录、票据、财务账册、合同等资料；（三）要求当事人在规定期限内对案件事实进行说明并提交相应材料；（四）查封、扣押、登记、保存涉嫌侵权的产品、物品；（五）采用测量、拍照、摄像等方式进行现场勘查；（六）涉嫌侵犯他人方法专利权的，要求当事人进行现场演示，但是应当采取保护措施，防止泄密，并固定相关证据。"

《保护条例》第 20 条规定："市主管部门可以配备技术调查官，为知识产权行政执法提供专业技术支持，履行下列职责：（一）对技术事实调查范围、顺序、方法提出意见；（二）参与调查取证，并对其方法、步骤等提出意见；（三）提出技术审查意见，作为市主管部门办理案件的技术事实依据；（四）市主管部门指派的其他技术调查工作。技术调查官在执行职务过程中，遇有可能影响公正履行职责的情形需要回避的，应当回避。当事人有权提出回避申请。"

8. 明确违法经营额计算标准

《保护条例》第 22 条规定："知识产权侵权行为违法经营额按照下列方法计算：（一）侵权产品已全部销售的，价值按照实际销售价格计算；（二）侵权产品已部分销售、部分未销售（含制造、储存、运输中）的，已销售的侵权产品价值按照实际销售价格计算，未销售的侵权产品价值按照已销售的侵权产品的实际销售平均价格计算；（三）侵权产品未销售（含制造、储存、运输中）的，价值按照标价计算；没有标价或者标价明显与产品价值不符的，按照被侵权产品的市场中间价格计算；（四）侵权产品无实际销售价格或者无法查清实际销售价格的，按照被侵权产品的市场中间价格计算。前款所称违法经营额是指侵权人在实施侵犯他人知识产权行为过程中，制造、储存、运输、销售侵权产品的价值；前款第三项所称标价包含已经签订的供货合同、销售合同中确定的供货价格和销售价格，但是单纯收取加工费的来料加工合同中的合同价格除外。"

《保护条例》第 23 条规定："被侵权产品属于不进行市场单独销售的配件或者产品组成部分的，可以按照权利人生产、制造、加工的成本价格计算违法经营额；无法确定成本价格的，可以按照更换、维修价格计算违法经营额。被侵权产品只在境外销售的，按照离岸价格计算违法经营额；无法查明离岸价格的，可以参考同类合格产品的国际市场中间价格或者国内市场中间价格计算违法经营额。侵权人在不同时间多次实施侵权行为，未经行政处理的，其违法经营额应当累计计算。"

《保护条例》第 24 条规定："被侵权产品的市场中间价格按照被侵权人已公布的同种产品官方指导零售价格确定，没有公布官方指导零售价格的，按照下列方法确定：（一）同一市场有多个商家销售同种被侵权产品的，抽样调取其中若干商家的零售价，取其平均值确定市场中间价格；只有一个商家销售的，按该商家的零售价确定市场中间价格；（二）市场没有同种被侵权产品销售的，按照此前市场同种被侵权产品销售的中间价格确定，或者按照市场有销售的与侵权产品在功能、用途、主要用料、设计、配置等方面相同或相似的同类被侵权产品的市场中间价格确定；（三）以许可方式分销的，按照许可费确定；分销给多个被许可人的，按照许可费的平均值确定。取得许可的权利人未再许可他人使用的，按照其取得许可的许可费确定，或者参照其他权利人的同一或者同类分销产品的许可费平均值确定。按照前款规定难以确定市场中间价格的，可以由价格鉴定机构鉴定后确定，也可以由市主管部门或者其他管理部门结合前款规定，按照有利于权利人的原则予以确定。"

9. 加强保护力度

《保护条例》第 25 条规定："市主管部门以及其他管理部门在查处知识产权侵权案件时，涉嫌侵权人无正当理由拒不提供或者逾期未提供相关证明材料的，根据查明的事实认定构成侵权后，可以对侵权人从重处罚。"

《保护条例》第 26 条规定："权利人或者利害关系人投诉知识产权侵权行为，市主管部门或者其他管理部门对有证据证明存在侵权事实的，可以先行发布禁令，责令涉嫌侵权人立即停止涉嫌侵权行为，并依法处理。发布禁令前，可以要求权利人或者利害关系人提供适当担保。经调查，侵权行为不成立的，应当及时解除禁令。涉嫌侵权人拒不执行禁令停止涉嫌侵权行为，经认定构成侵权的，按照自禁令发布之日起的违法经营额的两倍处以罚款。违法经营额无法计算或者违法经营额五万元以下的，处以三万元以上十万元以下罚款。"

《保护条例》第 27 条规定："侵权人因侵犯他人知识产权受到罚款处罚后，自行政处罚决定书生效之日起五年内再次侵犯同一知识产权，或者五年内三次以上侵犯他人知识产权的，市主管部门以及其他管理部门可以按照有关法律、法规规定的相应罚款数额予以双倍处罚。"

（二）进一步规范知识产权资助

为规范深圳市市场监督管理局专项资金的管理，提高财政专项资金的使用效益，2019 年 4 月 29 日，深圳市市场监督管理局和深圳市财政局联合印发《深圳市市场监督管理局专项资金管理办法》（深市监规〔2019〕2 号）。根据该办法第 8 条的规定，深圳市市场监管局根据国家、省、市相关产业政策措施，结合部门职责分工，确定专项资金重点使用范围，包括：知识产权领域、深圳标准领域、农产品质量安全领域和质量品牌领域。其中，知识产权领域的具体规定如下。

第一，坚持质量导向，鼓励企业的知识产权创造，支持高价值知识产权的培育，推进知识产权管理规范的实施，开展知识产权强企建设，加强高价值专利、商标品牌、精品版权的培育和奖励；

第二，促进知识产权运营，加强知识产权投融资、知识产权保险等金融创新工作，加强知识产权示范园（区）、知识产权示范基地和知识产权联盟建设；

第三，加强知识产权信息分析利用，推动知识产权分析评议和产业导航工作，建立知识产权区域布局长效机制；

第四，加强知识产权宣传推广工作，开展中长期系统性知识产权培训，构建深圳市知识产权人才梯队；

第五，培育知识产权高端服务机构，提升专业服务能力，引导知识产权行业协会发展，完善知识产权服务产业链；

第六，支持知识产权保护活动，支持企业开展知识产权维权和风险防控，支持开展知识产权区域合作和国际合作，支持开展知识产权保护宣传教育活动；

第七，支持社会力量参与知识产权保护，支持社会组织、专业服务机构等开展知识产权维权援助服务，为企业或行业的知识产权保护提供法律查明、风险预警、保护指引、技术支持、纠纷协商调解等公共服务，不断完善知识产权保护体系，支持社会力量研究分析国内外知识产权保护最新状况，开展新技术、新业态、新领域知识产权保护规则研究；

第八，落实市委市政府在知识产权领域的重点工作任务和其他按照国家、省上级部门明确要求由地方安排的项目。

（三）进一步加强知识产权运营工作

2018 年 9 月 26 日，深圳市人民政府办公厅印发《深圳市知识产权运营服务体系建设实施方案（2018—2020 年）》（以下简称《实施方案》），提出到2020 年基本建立起要素完备、体系健全、运行顺畅的知识产权运营服务体系，知识产权创造质量、保护效果、运用效益、管理能力和服务水平显著提升，知识产权对经济、社会发展的支撑作用进一步凸显。

为规范深圳市知识产权运营服务体系建设专项资金的使用，切实加强中央财政资金管理和实施，提高资金使用效益，推动国家知识产权运营服务体系建设，根据《实施方案》，深圳市市场监督管理局于 2019 年 8 月 22 日印发了《深圳市知识产权运营服务体系建设专项资金操作规程》（以下简称《操作规程》）。该《操作规程》适用于在深圳市行政区域内（含深汕特别合作区）依法登记注册的企业、科研机构、知识产权研究机构、知识产权服务机构、法律服务机构、行业协会以及产业园区、知识产权孵化基地、产业知识产权联盟等主体申请专项资金有关资助、奖励和政府购买服务项目等活动。《操作规程》所称的专项资金，是指财政部拨付的用于支持深圳市知识产权运营服务体系建设的专项资金。专项资金主要用于提升知识产权运营服务能力，提升知识产权创造质量，实施知识产权保护，加强知识产权人才培养，以及国家知识产权局等上级部门要求深圳市开展的其他重大知识产权运营服务能力提升工作。

1. 知识产权质押融资资助

《操作规程》第 5 条规定："支持知识产权质押融资，深圳市企业开展知识产权质押融资且还清贷款本息的，给予一定的贴息贴补。同一申请人同一年度，申请以上贴息贴补总额不超过 50 万元（含 50 万元）。以组合贷款方式进行融资的，只计算知识产权质押融资贷款部分；组合贷款中无法计算知识产权质押融资金额的，不予资助。

"申请人通过质押知识产权（专利、商标、版权等）获得商业银行贷款的，按实际支出贷款利息的 50% 给予资助。

"对于申请人发生的单笔知识产权质押融资，不超过 500 万元的银行贷款，按照实际发生担保、评估费用的 80% 给予补贴；超过 500 万元但不超过 1000 万元的银行贷款，按照实际发生担保、评估费用的 50% 给予资助；超过 1000 万元的银行贷款，按照实际发生担保、评估费用的 30% 给予资助。

"申请人必须同时满足以下条件：（一）是在深圳市依法登记注册的企业；（二）用于质押登记的知识产权合法有效、权属清晰、法律状态明确；

（三）获得银行知识产权质押贷款，申请时贷款合同已按约定履行完毕，并已还清本息；（四）同一项目未在其他政府部门申请过银行贷款贴息贴补。"

2. 专利保险资助

《操作规程》第6条规定："支持专利保险，深圳市企业向保险公司投保专利保险且该专利保险险种已向市知识产权主管部门备案的，给予实际支付保费金额的60%资助，同一家企业专利保险保费资助总额最多不超过20万元。

"申请人必须同时满足以下条件：（一）是在深圳市依法登记注册的企业；（二）应具有良好的信誉，拥有并实际运营的自主专利权，专利权应取得1年以上；（三）投保的专利保险应为本年度投保。"

3. 知识产权证券化资助

《操作规程》第7条规定："推进知识产权证券化，扶持深圳市从事知识产权运营服务或者知识产权数据分析评议的知识产权服务机构开展知识产权证券化试点工作，资助不超过2家，每家资助金额不超过100万元。

"申请人必须同时满足以下条件：（一）是在深圳市依法登记注册的知识产权服务机构；（二）具备知识产权数据分析能力、知识产权分析评议能力，承担过政府或企业知识产权分析、评议项目；（三）与证券交易所、基金公司、证券公司等金融机构开展过知识产权证券化应用相关合作；（四）承担过国家或省一级知识产权金融或知识产权证券化等研究项目。"

4. 知识产权服务机构培训资助

《操作规程》第8条规定："加强知识产权服务机构培育，扶持知识产权服务机构做大做强，对符合条件的知识产权服务机构给予一次性不超过10万元的奖励。

"申请人必须同时满足以下条件：（一）是在深圳市依法登记注册的知识产权服务机构；（二）获得国家级知识产权服务品牌（培育）机构称号；或获得中华商标协会评出的优秀商标代理机构称号；或属于年度专利代理量在600件以上，且发明专利申请量达到100件以上的新设代理服务机构。同时符合本项规定的 2 个以上条件的服务机构，只奖励一次，不重复奖励。"

5. 知识产权大数据平台建设资助

《操作规程》第 9 条规定："推进知识产权大数据平台建设，扶持深圳市企事业单位建设知识产权大数据平台。被确认为本项目承办单位的，与市知识产权主管部门签订两年资助合同，资助不超过 4 家，每个项目资助金额 400 万元。

"申请人必须同时满足以下条件：（一）是在深圳市依法登记注册的从事专利、商标、版权大数据平台开发建设的企事业单位；支持事业单位与数据企业联合申请；（二）开展过知识产权数据服务业务，具备知识产权数据分析服务能力，有完整的 IT 技术和知识产权分析融合型技术团队，承担过政府或企业知识产权数据分析项目；（三）已建设知识产权大数据平台，具备提供高校、战略性新兴产业、重点发展产业及知识产权区域布局工作等领域的数据服务的能力；（四）知识产权大数据平台的数据库设置于标准化机房（自建或委托管理），知识产权数据量不少于 2000 万条；知识产权大数据平台已建设完成数据平台接口，具备向深圳市提供知识产权数据接口的技术条件。"

6. 小微企业知识产权托管服务资助

《操作规程》第 10 条规定："支持开展小微企业知识产权托管服务，托管拥有自主知识产权的小微企业数量达到 20 家以上的，给予不超过 10 万元的资助；达到 30 家以上的，给予不超过 20 万元的资助；达到 50 家以上的，给予不超过 30 万元的资助。

"申请人必须同时满足以下条件：（一）是在深圳市依法登记注册的专利代理机构；（二）与小微企业签订 2 年以上知识产权托管服务合同，至少拥有 1 名以上专职人员负责小微企业知识产权托管业务；（三）提供包括但不限于以下知识产权托管服务：知识产权咨询、知识产权基础代理、知识产权管理、知识产权维权、知识产权规划等；（四）托管的小微企业在深圳市依法登记注册，且拥有至少 1 件以上专利。"

7. 商标品牌培育工作资助

《操作规程》第 11 条规定："支持行业协会和产业园区开展深圳市重点产

业的商标品牌培育工作，促进商标品牌创造和运用，优化商标品牌融资和资产运营，加强商标品牌培训和专业人才队伍建设，提升商标品牌风险防范和维权保护能力等相关工作。资助不超过 8 家，每家资助 50 万元。

"申请人必须同时满足以下条件：（一）是在深圳市依法登记注册，具有独立法人资格，能独立承担法律责任的机构；（二）重视商标品牌工作，有专门的商标品牌管理部门，配备 1 名以上专职商标品牌工作人员（不含兼职人员）；（三）组织或参加 3 次以上的国家、省、市商标品牌推广活动，组织开展 3 次以上的商标品牌业务培训活动；（四）建立知识产权维权援助机制，近 2 年开展商标品牌维权 10 次以上；（五）行业协会申请的，其协会会员单位中有 5 家以上拥有注册商标超过 50 件，10 家以上拥有注册商标超过 20 件；（六）产业园区（含产业品牌集聚区建设的机构）申请的，园区内企业中有 5 家以上拥有注册商标超过 50 件，10 家以上拥有注册商标超过 20 件。"

8. 高价值专利资助

《操作规程》第 12 条规定："推动高价值专利的创造、培育、转化、运营，开展高价值专利组合的培育和运营。

"一类资助：每个培育项目资助金额不超过 20 万元，申请人必须同时满足以下条件：（一）是在深圳市依法登记注册的企业；（二）拥有 1 件核心基础专利，该核心基础专利获得中国专利奖、广东省专利奖或深圳市专利奖，且该专利维持有效；（三）围绕上述核心基础专利，拥有有效发明专利 5 件以上，且与核心基础专利的 IPC 主分类号小类相同；（四）围绕上述核心基础专利，近三年申请并公开 50 件以上发明专利，且与核心基础专利的 IPC 主分类号小类相同；（五）围绕上述核心基础专利，近三年申请并公开 10 件以上 PCT 专利，且与核心基础专利的 IPC 主分类号小类相同；（六）围绕上述核心基础专利，制定高价值专利培育的工作方案。

"二类资助：每个培育项目资助金额不超过 20 万元，申请人必须同时满足以下条件：（一）是在深圳市依法设立的高等院校、科研机构；（二）拥有 1 件核心基础专利，该核心基础专利为获得授权并维持有效的国内发明专利，通过 PCT 途径或巴黎公约向美国、日本和欧洲中的至少两个国家或地区提交了同族境外发明专利申请且已公开；（三）围绕上述核心基础专利，拥有 5 件以上有效发明专利，且与核心基础专利的 IPC 主分类号小类相同；（四）围绕上述核心基础专利，近三年申请并公开 50 件以上发明专利，且与核心基础专利的 IPC 主分类号小类相同；（五）围绕上述核心基础专利，近三年申请并公开 10 件以上 PCT 国际专利，且与核心基础专利的主 IPC 分类号小类相同；（六）围绕上述核心基础技术，制定高价值专利培育的工作方案。

"三类资助：每个培育项目资助金额不超过 50 万元，申请人必须同时满足以下条件：（一）是在深圳市依法登记注册的企业；（二）拥有 1 件核心基础专利，该核心基础专利获得中国专利金奖或广东省专利金奖，且该专利维持有效；（三）围绕上述核心基础专利，拥有 20 件以上有效发明专利，且与核心基础专利的 IPC 主分类号小类相同；（四）围绕上述核心基础专利，近三年申请并公开 100 件以上发明专利，且与核心基础专利的 IPC 主分类号小类相同；（五）围绕上述核心基础专利，近三年申请并公开 15 件以上 PCT 专利，且与核心基础专利的 IPC 主分类号小类相同；（六）围绕上述核心基础专利，制定高价值专利培育的工作方案。

"对于以上项目，同一专利组合不能重复申请，同一申请人每年度申请不超过 2 个资助项目，且同一资助项目对同一申请人仅能资助一个专利组合。"

9. 专利导航培育工作资助

《操作规程》第 13 条规定："开展专利导航培育工作，设立专利导航培育项目。经评审，被确认为本项目承办单位的，与市知识产权主管部门签订两年资助合同，资助不超过 3 家，每个项目资助金额 200 万元。

"申请人必须同时满足以下条件：（一）是在深圳市依法登记注册的产业知识产权联盟、科研院所、行业协会和企事业单位，申请人可与具有专利导航能力的深圳市外机构联合申请；（二）具有从事专利导航、产业规划的专业人才和团队，行业技术专家不少于 5 人，知识产权及法律专家不少于 5 人；（三）具有专利导航项目的研究分析基础和继续研究分析的能力；（四）开展过相关产业的发展规划研究、行业技术发展态势研究；（五）与政府行业主管部门、高校院所、金融机构、重点企业、行业联盟或知识产权机构等开展战略合作，为产业相关单位发展提供支撑。"

10. 重大经济科技活动知识产权评议资助

《操作规程》第 14 条规定："支持符合条件的机构积极开展重大经济科技活动知识产权评议，对我市重大经济科技活动涉及的知识产权竞争态势进行综合分析，对知识产权风险、知识产权价值及处置方式进行评议，形成重大经济科技活动知识产权分析评议报告，为政府和企事业单位提供决策参考，资助不超过 9 家，每个项目给予不超过 100 万元的资助。

"申请人必须同时满足以下条件：（一）是在深圳市依法登记注册的企事业单位及其他组织，申请人可与具备开展知识产权分析评议能力的深圳市外机构联合申请项目；（二）具备开展知识产权相关领域评议经验；（三）了解相关产业细分领域分类以及关键技术。"

11. 知识产权优势、示范企业资助

《操作规程》第 15 条规定："鼓励和引导企业提升知识产权创造、运用、保护能力，培育一批国家级知识产权优势、示范企业，对符合条件的国家级知识产权优势企业给予一次性不超过 25 万元的奖励，对国家级知识产权示范企业给予一次性不超过 50 万元的奖励。

"申请人必须同时满足以下条件：（一）是在深圳市依法登记注册的企业；（二）2018—2020 年度间被国家知识产权局认定为国家知识产权优势、示范企业。"

12. 贯标认证资助

《操作规程》第 16 条规定："实施《企业知识产权管理规范》贯标认证资助。对于通过《企业知识产权管理规范》（国家标准 GB/T 29490—2013）认证的企业，每家给予一次性 5 万元的资助。

"申请人必须同时满足以下条件：（一）是在深圳市依法登记注册的企业；（二）已通过《企业知识产权管理规范》认证，证书应为有效状态，认证地址应包括深圳地区地址；（三）之前未获得过市级《企业知识产权管理规范》认证资助；（四）在提交资助申请前 12 个月内，发明专利授权达到 2 件以上，或实用新型专利和外观专利授权达到 10 件以上，或软件企业计算机软件著作

权登记量达到 50 件以上；（五）已在广东知识产权贯标信息统计系统备案贯标认证信息。"

13. 行政执法和专项行动资助

《操作规程》第 17 条规定："支持知识产权行政执法和专项行动，以政府购买服务等方式提供知识产权执法辅助支撑，包括电子固证、数据化模块支撑、侵权鉴定、专家咨询、协助执法取证等，给予每个项目实际支出不超过 500 万元的资助。

"申请人必须同时满足以下条件：（一）是在深圳市依法登记注册的企业，具有独立法人资格；（二）已注册为深圳市政府采购中心的供应商；（三）不接收多家企业联合投标。除必须满足以上条件外，其中电子固证、数据化模块支撑项目还必须满足以下条件：（一）具有全网数据（包括社交网络、公众号等数据）的采集分析能力，能对侵权行为影响用户规模精准评估量化，能对侵权链接实施屏蔽，能对网络侵权行为进行追踪溯源；（二）具有三个以上知识产权侵权案件线索发现、团伙追踪、案件打击的实践经验。"

14. 知识产权保护工作站资助

《操作规程》第 18 条规定："支持各区政府（含新区管委会、深汕合作区管委会）、自贸试验区和高新区等重点产业集群依托行业协会或知识产权服务机构建立知识产权保护工作站，建立健全相应的行业知识产权制度和自律机制，为企业提供知识产权信息检索、法律咨询、争议解决、宣传培训等综合性维权服务。知识产权保护工作站开展综合性服务，其实际运作机构可申请专项资金资助，每个项目资助金额不超过 50 万元。

"申请人必须同时满足以下条件：（一）位于深圳市各区政府（含新区管委会、深汕合作区管委会）辖区、自贸试验区或高新区等区域，有固定的办公场所，有稳定的管理团队，在所在行业中具有一定规模，具备知识产权保护相关管理经验；（二）知识产权保护工作站成立运作一年以上，配备专门工作人员并形成比较完备的知识产权保护制度，在推动本行业知识产权创造、保护、运用方面取得一定成效；（三）守法守规，财务状况良好，无不良信用记录。"

15. 知识产权专业人才培养资助

《操作规程》第 19 条规定："持续加强深圳市知识产权专业人才的培养，培养一批知识产权复合型人才；遴选一批适应市场需求、专注知识产权专业人才培训的机构，壮大我市知识产权人才队伍。

"一类资助：知识产权服务机构人才奖励

"（一）在深圳市依法登记注册的知识产权服务机构工作人员在 2018—2020 年期间取得专利代理人资格证书、执业资格证书且服务一年以上的，对所在机构按照 1 万元/人的标准予以奖励；在 2018—2020 年期间取得知识产权专业中级、高级技术职称的，对所在机构按照中级职称 1 万元/人、高级职称 2 万元/人的标准予以奖励；

"（二）代理人在同一家机构连续服务 7 年以上的，对所在机构按照不超过 2 万元/人的标准予以奖励；

"（三）对服务机构内获得国家级知识产权领军人才称号或入选国家知识产权专家委员会、国家商标评审委员会，且在目前任职机构任职达 2 年以上的专业服务人才，给予所在机构一次性不超过 10 万元的奖励。

"申请人必须是在深圳市依法登记注册的知识产权服务机构。

"二类资助：知识产权培训课程资助

"（一）鼓励知识产权服务机构开展中小学知识产权教育课程。在中小学开设知识产权课达到 5 课时/学年，累计培训学生达 200 人以上的服务机构，按照实际成本支出，给予不超过 10 万元的资助；

"（二）鼓励知识产权服务机构开展知识产权基础培训、从业培训或代理人考前培训等；鼓励知识产权服务机构与高等院校合作（不限深圳辖区）开展知识产权高端人才培养。培训课程达到 20 课时以上（每课时按照 45 分钟计算），每期培训人数 30 人以上的，按照实际成本支出，给予培训机构不超过 10 万元的资助。

"申请人必须同时满足以下条件：

"（一）在深圳市依法登记注册的知识产权服务机构；

"（二）有固定的培训场地，有专门的知识产权培训师资力量，具有丰富的培训工作经验；

"（三）开展知识产权基础培训、从业培训或代理人考前培训、知识产权高端人才培养等课程的授课教师是国家级、广东省、深圳市知识产权专家库成员、国家知识产权领军人才、百千万知识产权人才等。"

（四）规范知识产权专家库建设

为规范知识产权专家库（以下简称"专家库"）管理，充分发挥知识产权专家（以下简称"专家"）对深圳创新发展和营商环境优化的智库资源优势，提高科学决策水平，根据深圳知识产权工作实际，深圳市市场监督管理局于 2019 年 6 月 5 日印发《深圳市知识产权专家库管理办法（试行）》（以下简称《专家库管理办法》）。《专家库管理办法》对专家出入库、专家的权利与义务、专家库使用、监督管理等作出了规定。关于专家库的使用，《专家库管理办法》第 12 条规定，专家库长期开放，供市知识产权主管部门内部各相关部门使用。第 13 条规定，市知识产权主管部门制定政策以及开展立法、项目评审、咨询、论证、鉴定、培训、研讨等有关活动，需要专家参与的，优先从专家库中选用专家。第 16 条规定，市知识产权主管部门定期组织或委托有关机构组织召开专家工作会议。根据需要，针对特定专业问题或重大议事事项，可临时召开专家专门工作会议。第 17 条规定，专家承担工作项目，可采取会面或书面工作的方式。根据工作实际，可采取召开专家论证会或电话、电子邮件咨询等工作方式，但应做好记录等工作。采取书面方式开展工作的，市知识产权主管部门应自收到相关单位申请之日起 5 日内，在专家库内抽取相关专家，并将有关材料送达有关专家，使之了解工作内容及要求，并与有关专家商定完成工作的期限。有关专家应对工作内容及要求进行认真研究，制作书面答复意见或建议，并签字确认。

二、深圳市知识产权发展状况

（一）知识产权优势企业发展状况

1. 国家级知识产权优势企业和示范企业

截至 2019 年底，深圳市共有金蝶软件（中国）有限公司、深圳市同洲电子股份有限公司、深圳市比克电池有限公司等多家公司获评国家级知识产权优势企业称号。华为技术有限公司、中兴通讯股份有限公司、深圳市朗科科技有限公司等公司获评国家级知识产权示范企业称号。

2. 广东省知识产权优势企业和示范企业

截至 2019 年底，深圳市共有腾讯科技（深圳）有限公司、方大集团股份有限公司、深圳迈瑞生物医疗公司等 84 家公司获评广东省知识产权优势企业称号；共有华为技术有限公司、中兴通讯股份有限公司、比亚迪股份有限公司等 41 家公司获评广东省知识产权示范企业称号。

（二）知识产权取得状况

1. 专利申请量和授权量

2018 年，深圳国内专利申请量为 228608 件，其中发明专利申请 69969件。国内专利授权量为 140202 件，其中发明专利授权 21309 件。

2019 年，深圳市知识产权创造数量及质量均取得突破，全市专利申请量、授权量、授权量增速、有效发明专利五年以上维持率、PCT 国际专利申请量五项核心指标居全国第一，创新环境进一步优化。2019 年，深圳国内专利申请量达 261502 件，同比增长 14.39%；其中发明专利申请 82852 件，同比增长 18.41%。国内专利授权量为 166609 件，同比增长 18.83%；其中发明专利授权 26051 件，同比增长 22.25%。

截至 2019 年底，深圳累计有效发明专利量达 138534 件，同比增长16.54%。每万人口发明专利拥有量达 106.3 件，为全国平均水平（13.3 件）的 8 倍。有效发明专利五年以上维持率达 85.22%，居全国大中城市首位（不含港澳台地区）。PCT 国际专利申请量 17459 件，同比下降 3.44%，降幅较去年大幅收窄 8.17%，约占全国申请总量（56796 件）的 30.74%（不含国外企业和个人在中国的申请），约占全省总量的 70.61%，连续 16 年居全国大中城

市首位。❶

2. 商标申请量和注册量

2018 年，深圳商标申请量为 481816 件，在全国主要城市中居第二名。深圳商标注册核准量为 326915 件，在全国主要城市中居第三名。截至 2018 年底，深圳累计有效注册商标 1026193 件，在全国主要城市中居第三名。深圳累计拥有中国驰名商标 183 件，广东省著名商标 549 件。

2019 年，深圳市商标申请量和注册量保持增长趋势，全市商标申请量为 500905 件，同比增长 3.96%；商标注册量为 395243 件，同比增长 20.90%。截至 2019 年底，深圳累计有效注册商标量为 1396734 件，同比增长 36.11%，有效注册商标量在全国大中城市中居第三名。❷

（三）知识产权保护状况

深圳市一直高度重视知识产权保护工作，把实施最严格知识产权保护作为营造优良营商环境的重要保障，倡导建立以司法保护为主导、行政保护为支撑，以仲裁调解、行业自律、社会监督为补充的知识产权大保护体系。

1. 知识产权司法保护情况

2019 年，深圳法院继续深入推进知识产权审判"三合一"，依法公正审理知识产权民事、刑事、行政案件，不断提升知识产权保护的整体效能，助力构建知识产权"大保护"工作格局。深圳全市法院新收案件 42660 件，同比增长 53.9%，收案数再创新高，约占全省收案数的 1/3；审结 41031 件，同比增长 49%，其中民事、刑事和行政案件分别为 40557 件、467 件和 7 件，结收案比达到 97.3%。深圳中院与深圳市检察院、市公安局、市司法局、市发改委联合发布《关于办理侵犯知识产权刑事案件侵权产品价格认定相关问题的意见（试行）》，与市检察院、市公安局联合发布《办理侵犯知识产权刑事案件若干问题的会议纪要》，有力推动司法保护与行政执法、刑事司法的有序

---

❶《深圳市 2019 年知识产权发展状况白皮书》（深圳市市场监督管理局发布）。

❷《深圳市 2019 年知识产权发展状况白皮书》（深圳市市场监督管理局发布）。

衔接及标准统一。❶

2019 年，深圳市公安机关开展"飓风 2019""粤鹰""云枭二号"等专项行动，共受理各类侵犯知识产权案件 607 件，其中立案 590 件（同比增长 5.36%），破案 518 件，刑事拘留 1131 人，取保候审 372 人，执行逮捕 895 人，移送审查起诉 683 人。深圳市检察机关受理审查逮捕案件 433 件 830 人，受理移送审查起诉案件 394 件 739 人；南山区检察院办理的胡小宝侵犯著作权案，入选 2018 年度广东省检察机关保护知识产权十大典型案例。❷

2. 知识产权行政保护情况

2019 年，深圳市知识产权行政部门严格执法，加大知识产权保护力度，为创新发展营造良好氛围。深圳市市场监督管理局深化市、区、所三级联动执法体系改革，设立知识产权稽查处统筹大要案办理和新领域执法，组织"护航""雷霆""剑网"等系列专项行动，全年查处侵权案件 1787 件（同比增长 46%），结案 1734 件（增长 60.26%），罚没款 5183.78 万元，移送公安机关涉嫌犯罪案件 49 件，其中商标案件 718 件，专利案件 1051 件，版权案件 18 件；依托全国专利管理部门与电商平台执法协作机制，处理电商领域案件 765 件，实现 24 小时内出具专利侵权判定；联合市公安局开展打击侵犯华为等创新型企业知识产权的"有为行动"，提请国家有关部门统一部署，在全国范围联合开展多部门、跨区域集中行动，累计检查目标点 59 个，查获假冒手机配件 12 万余个，刑事拘留 35 人，涉案总额达 3.12 亿元；新丽手袋商标侵权案获评 2018 年度国家商标行政保护十大典型案例，1 宗"空调冷凝器"外观设计专利侵权纠纷案入选全国"2018 年度专利行政保护十大典型案例"。深圳市"打黄扫非"办（市委宣传部）组织开展"扫黄打非·秋风 2019"专项行动，查获各类非法报刊 2.92 万余份、盗版音像制品 1.6 万余张，立案 11 件。市"扫黄打非"办和文化广电旅游体育局严打出版物市场违法行为，收缴各类非法出版物 15.2 万件，立案 183 件。深圳海关开展"龙腾行动 2019"、粤港海关保护知识产权联合执法行动等，采取知识产权保护措施 7473 批次，

---

❶ 《深圳法院知识产权司法保护状况（2019 年)》（深圳市中级人民法院发布）。
❷ 《深圳市 2019 年知识产权发展状况白皮书》（深圳市市场监督管理局发布）。

查扣涉嫌侵权货物 6104 批次、1398.3 万件，案值 3353.9 万元，在全国海关排名前列，查获的出口侵犯空心对管轴键盘专利权货物案入选 2018 年中国海关知识产权保护十大典型案例；蛇口海关法规科荣获国家版权局打击侵权盗版有功单位三等奖。❶

3. 知识产权行业保护

行业自律和企业自我保护是知识产权保护体系的重要组成部分。深圳市一直鼓励有知识产权保护需求和能力的行业协会成立知识产权保护工作站，以充分发挥行业协会的集体优势，通过建立相应的行业知识产权制度和自律机制，为协会成员提供知识产权宣传培训、信息检索、法律咨询、争议解决等综合性维权服务，提升相关产业应对国际国内竞争的能力，培养良好的创新文化。

2018 年，深圳市市场和质量监管委印发《关于鼓励深圳市行业协会建立知识产权保护工作站的通知》（深市质〔2018〕337 号），鼓励更多的行业协会建立知识产权保护工作站，并在政策上给予必要的倾斜和支持。2018 年 3 月，深圳市钟表与智能穿戴产业知识产权境外保护工作站在光明新区"时间谷"揭牌成立，迈出了深圳市知识产权保护工作站走向国际的第一步。2018 年 11 月，深圳市半导体照明行业成立了知识产权保护工作站，该保护站成为深圳市高端制造业成立的第一个知识产权保护工作站。截至 2018 年底，在深圳市市场监督管理局的推动下，共有 27 家行业协会成立了知识产权保护工作站，为 2 万多家企业提供科技创新和知识产权保护服务，所涵盖的行业领域既有 IT、电子、新能源、通信、生物制药等新兴产业，也有服装、钟表、珠宝、家具等传统产业，还有金融、电子商务、物流供应链、文化创意等现代服务业。

2019 年 8 月，深圳市品牌保护与发展促进会知识产权保护工作站成立。该保护站作为深圳市知识产权行业协会首个保护工作站，将积极打造"一站四平台"——进一步完善宣传培训、业务指导、维权援助、孵化运营四个业务平台；专注会员企业需求，着力于知识产权保护链、运营链、转化链、协

---

❶ 《深圳市 2019 年知识产权发展状况白皮书》（深圳市市场监督管理局发布）。

同链、支撑链"五大链条建设"。

（四）知识产权中介机构发展状况

1. 中国（南方）知识产权运营中心正式运营

2018 年 12 月 26 日，中国（南方）知识产权运营中心经国家知识产权局批复成立，2019 年开始正式运营。该中心承担国家知识产权运营公共服务平台金融创新试点平台建设任务，积极探索知识产权金融新产品新服务新模式，按要求与国家平台建立标准化、一体化的业务体系，形成资源共享和业务协作机制，避免重复建设；承担知识产权强企建设任务，要加大政策集成创新和扶持力度，集聚知识产权优势企业，建立跟踪服务、共生发展机制；承担高价值专利培育运营任务，要强化质量导向，建立评价机制，促进高质量知识产权创造。

2. 中国（深圳）知识产权保护中心正式运营

2018 年底，中国（深圳）知识产权保护中心挂牌投入使用，2019 年开始正式运营。该中心构建的知识产权快速保护维权体系如下文所述。一是建立全类别快速授权机制。凡在中心备案的企业或者个人通过中心办理的重要专利申请，都参照已运行快速维权机制，发明专利审核确权时间将缩减为 1 年，实用新型专利授权时间将缩减为 1 个月，外观专利将缩减为 15 天，极大地方便社会公众办理专利事务、提高工作效率。以深圳战略性新兴产业中集聚优势突出的新能源与互联网产业率先覆盖，逐渐将快速审查授权机制拓展到相关战略性新兴产业领域。二是建立快速确权机制。对专利无效和复审案件，建立快速立案、快速审查机制，并定期开展侵权判定培训和咨询。在保护中心开设专利评价报告快速通道，快速出具专利评价报告。三是建立快速维权机制。通过简化知识产权侵权假冒案件办理流程，利用互联网大数据提升执法精确度和办案效率，争取假冒专利案件和外观设计侵权案件在 10 日内办结、发明及实用新型案件在 1 个月内办结。四是建立新能源及互联网知识产权保护综合服务平台。运用政策扶持、购买服务等模式，为新能源和互联网企业解决知识产权保护过程中存在的侵权发现难、取证难、维权难、授权/确权慢等问题，为企业提供知识产权监测预警、快速维权、纠纷调解、专业指导等公共服务。

3. 知识产权代理服务机构设立情况

深圳市知识产权服务机构和人才队伍建设不断加强，截至2019年底，深圳市专利代理机构（不含分支机构）达228家，执业专利代理师1203人，外地代理机构在深分支机构达49家。深圳市经国家知识产权局登记备案的商标代理机构有3299家。经广东省版权局批准的作品著作权登记代办机构有3家。

三、建议和展望

创新是引领发展的第一动力，是建设现代化经济体系的战略支撑。深圳市经济发展之所以会取得今日的成绩，与始终强调科技创新、坚持创新发展战略密不可分。近年来，深圳市知识产权工作虽然取得了优异的成绩，各项指标均居于国内前列。但必须指出的是，科技创新的竞争从来都不是局限于一个国家和地区的内部竞争，而是面向全球的外部竞争。深圳市作为我国科技创新和知识产权工作的"领跑者"，作为粤港澳大湾区的中心城市之一，作为中国特色社会主义先行示范区，应当以国际上顶级的科创中心为目标，在科技创新和知识产权创造、保护和运用方面取得优势。

（一）充分发挥政策优势，全面推动知识产权创造和运用工作

对于深圳市而言，2019年是一个具有重要意义的年份。2月18日，中共中央、国务院印发《粤港澳大湾区发展规划纲要》，该纲要将深圳市定位为粤港澳大湾区的四大中心城市之一，要求和期望深圳市"发挥作为经济特区、全国性经济中心城市和国家创新型城市的引领作用，加快建成现代化国际化城市，努力成为具有世界影响力的创新创意之都"。

8月9日，中共中央、国务院印发《关于支持深圳建设中国特色社会主

先行示范区的意见》（以下简称《意见》），《意见》明确提出："……（四）加快实施创新驱动发展战略。支持深圳强化产学研深度融合的创新优势，以深圳为主阵地建设综合性国家科学中心，在粤港澳大湾区国际科技创新中心建设中发挥关键作用。支持深圳建设5G、人工智能、网络空间科学与技术、生命信息与生物医药实验室等重大创新载体，探索建设国际科技信息中心和全新机制的医学科学院。加强基础研究和应用基础研究，实施关键核心技术攻坚行动，夯实产业安全基础。探索知识产权证券化，规范有序建设知识产权和科技成果产权交易中心。支持深圳具备条件的各类单位、机构和企业在境外设立科研机构，推动建立全球创新领先城市科技合作组织和平台。支持深圳实行更加开放便利的境外人才引进和出入境管理制度，允许取得永久居留资格的国际人才在深圳创办科技型企业、担任科研机构法人代表。"

今后一段时期，深圳市应当充分运用国家赋予的各项政策福利，进一步增强知识产权创造和运用能效，重点做好以下两个方面的工作。

一是坚持创新发展战略，推动知识产权创造从数量到质量的转变。积极实施专利质量提升工程，以专利质量提升促进产业转型升级，大力发展知识产权密集型产业。推进知识产权孵化基地、知识产权服务平台建设，指导企业、产业不断提升知识产权质量水平。

二是完善法律制度，为推动知识产权工作发展提供制度保障。近年来，深圳市先后出台了许多推动知识产权工作的政策措施。对于其中的许多具体政策措施，亟须通过立法的方式，以地方性法律、地方性规章的形式规范和固定下来，以确保相应政策措施落到实处。以知识产权资助政策为例，现行有关知识产权资助制度的立法层次过低，难以充分发挥知识产权资助制度的效力和效用。

（二）严格执行《深圳经济特区知识产权保护条例》，进一步强化知识产权保护工作

知识产权保护则是激励创新的基本手段，是创新原动力的基本保障。在经济全球化的今天，世界各国在不断强化知识产权创造和应用的同时，日益重视知识产权的保护工作，一个国家或地区的知识产权保护水平和力度，已

经成为营造良好营商环境、吸引外资的关键一环。作为改革开放的排头兵和创新发展的领跑者，深圳市制定颁布了被称为"史上最严知识产权保护条例"的《深圳经济特区知识产权保护条例》（2018 年 12 月 27 日深圳市第六届人民代表大会常务委员会第二十九次会议通过，自 2019 年 3 月 1 日起施行）。

法律的生命力在于实施，法律的权威也在于实施。严格执行《深圳经济特区知识产权保护条例》，将《深圳经济特区知识产权保护条例》规定的各项知识产权保护制度落到实处，是深圳市不断强化知识产权保护能力、提升知识产权保护水平，进而推动知识产权创造和运用工作的重要保证。

（撰稿人：赵盛和）

第5章　东莞市知识产权报告

广东省是我国经济最为发达的省份，其经济总量 30 年来一直居全国首位，占全国的 1/8。2019 年，广东省经济运行总体保持平稳，延续了稳中向好的态势。广东省地区生产总值 10.5 万亿元，同比增长 6.3%，增幅同比回落 0.8 个百分点。广东其他城市均公布了 2019 年度 GDP 相关经济数据，深圳以 26927.09 亿元生产总值排名第一，占比 24.9%，GDP 总量同比增长 6.7%；广州以 23628.60 亿元的生产总值排名第二，GDP 总量同比增长 6.8%；佛山排名第三，其生产总值达 10751.02 亿元，GDP 总量同比增长 6.9%。东莞是我国改革开放的前沿地区之一，充分抓住了改革开放的宝贵时机，大力发展经济。在 2019 年度，其生产总值为 9482.59 亿元，GDP 总量同比增长 7.4%，成为全国经济高速发展的代表性城市。《2020 年东莞市政府工作报告》指出，2019 年，全市实现生产总值 9482.59 亿元，同比增长 7.4%，快于全国全省平均水平，在全省排列第二位，珠三角排列第一位；出口总额增长 7.2%，在全省排列第七位，在珠三角排列第二位；在市内各镇街方面，东坑镇、茶山镇、石排镇、企石镇、道滘镇，地区生产总值增速排在全市前五位。东莞市在 2019 年能够在经济上取得上述成就，知识产权的创造、转化和运用在其中发挥了重要作用，前三季度，（东莞）先进制造业完成工业增加值 1732.54 亿元，增长 10.9%；高技术制造业完成工业增加值 1340.60 亿元，增长 17.9%；先进制造业和高技术制造业比重分别达到 53.7% 和 41.5%，比重分别比上年同期提高 1.3 和 2.6 个百分点。

2019 年，东莞市积极出台了多项促进知识产权发展的制度和政策，并且在知识产权企业发展，专利的申请和授权，商标的申请和注册，知识产权的司法、行政和会展保护，知识产权代理机构以及知识产权人才培养等方面颇有建树。该报告就 2018—2019 年东莞市知识产权上述各方面的状况作详细的描述和分析,并对东莞市未来的知识产权事业发展提出一些展望和建议。
2019 年 1—4 季度广东省各市 GDP 排行榜如表 5 - 1 所示。

表 5 - 1　2019 年 1—4 季度广东省各市 GDP 排行榜❶

排名	地区	GDP/亿元	增速/%
1	深圳	26927.09	6.7
2	广州	23628.60	6.8
3	佛山	10751.02	6.9
4	东莞	9482.50	7.4
5	惠州	4177.41	4.2
6	茂名	3252.34	4.3
7	江门	3146.64	4.3
8	中山	3101.10	1.2
9	湛江	3064.72	4.0

一、东莞市知识产权制度和政策

2017 年 1 月,广东省发布了《广东省知识产权事业发展"十三五"规划》,提出了"十三五"阶段的知识产权事业发展目标:到 2020 年,知识产权重要领域和关键环节改革取得决定性成果,知识产权保护体系进一步完善,知识产权创造、运用、保护、管理和服务能力大幅提升,形成适应我省创新驱动发展要求的知识产权制度环境和政策法律体系,成为具有世界影响力的知识产权创造中心和知识产权保护高地,基本建成制度完善、创造领先、转化高效、环境优良的引领型知识产权强省。《广东省知识产权事业发展"十三五"规划》为广东省未来知识产权事业的发展指明了方向。

2018 年 9 月,经广东省政府同意印发的《关于强化知识产权保护推动经济高质量发展的行动方案》,对"强化知识产权海外布局和维权"作了重点部

---

❶　2018 年广东各市 GDP 排名及增长率 21 个市经济排行〔EB/OL〕. (2018 - 10 - 26) 〔2019 - 10 - 26〕. https://www.360kuai.com/detail? url = 9d6e91e7d030bb34a&cota = 4&sign = 360_57c3bbd1&refer_scene = so_1.

署，提出"支持外向型企业、行业协会和服务机构联合建立知识产权海外纠纷应对机制，组建企业海外知识产权维权联盟"等内容，为开展企业知识产权海外维权工作、解决企业海外知识产权维权问题提供了政策指引。

为贯彻落实《广东省知识产权事业发展"十三五"规划》，促进本市知识产权事业更进一步的发展，东莞市在2019年相继配套出台了一系列促进知识产权发展的制度和政策，主要包括以下几个方面。

（一）出台《东莞市推动规模以上工业企业研发机构建设行动计划（2017—2019）》

为推动市内工业企业研发机构的创新研发能力进一步提升，促进东莞市企业的知识产权更进一步发展。2018年6月26日，东莞市出台了《东莞市推动规模以上工业企业研发机构建设行动计划（2017—2019）》，提出了八方面扶持措施，包括加强建设扶持，加强外商企业研发落户，加强管理服务和产学研合作，加强研发、金融、用地、人才扶持等。其中有关知识产权的内容主要有以下两个方面。

一是加强产学研合作。鼓励规模以上工业企业与高校、科研院所和新型研发机构整合创新资源，联合开展技术攻关、制定技术标准、转化科技成果、共享知识产权、共担市场风险，促进创新要素与生产要素在产业层面的有机衔接。

二是加强知识产权保护。落实对专利申请的有关资助，鼓励企业研发机构申请发明专利，加强知识产权行政执法队伍建设，加大对侵权假冒行为的打击力度，支持行业和企业建立知识产权联盟，鼓励企业研发机构的专利技术在东莞市进行产业化、市场化运用，对贯彻《企业知识产权管理规范》国家标准达标的企业予以资助，对获得国家、省、市专利奖的企业予以奖励。

《东莞市推动规模以上工业企业研发机构建设行动计划（2017—2019）》有利于促进规模以上工业企业建设研发机构，加大研发投入，研制先进适用工艺装备，开发适销对路新产品，提升技术创新能力和市场竞争能力，推动东莞市企业知识产权创新和产业转型升级以实现更高水平的发展。

（二）制定《关于打造创新驱动发展升级版的行动计划 (2017—2020 年)》

提出力争用三年时间，将东莞打造成为粤港澳大湾区的创新高地和具有全国影响力的科技产业名城，力争 2020 年前入选全国创新型城市，为全国创新驱动发展提供支撑、作出更大贡献。2017 年 9 月，东莞市委、市政府联合出台《关于打造创新驱动发展升级版的行动计划（2017—2020 年)》，其中有关知识产权的内容主要如下。

1. 建设莞深高速知识型创新走廊

在创新布局方面，东莞作为广州和深圳之间的重要枢纽，将重点推进广深科技创新走廊东莞段建设，加强与广州、深圳的合作，以全面深化改革为契机，打破跨区域跨领域的制度障碍，推动创新走廊产业提质增量，推动创新走廊沿线环境提升，这被称为"一廊"。东莞还将突出建设"两核"，依托莞深高速，北接中新广州知识城，南联深圳龙华区，重点建设松山湖国家自主创新示范区、中子科学城等主要节点，加快建设松山湖大学创新城、东莞台湾高科技园海峡两岸青年创业基地、"901 两岸青创联盟"海峡两岸青年就业创业示范点、松湖智谷科技产业园等一批创新载体（园区），注重发展科技研发、创新服务和总部基地等知识型经济。其中，"两核"分别指打造松山湖创新核心和滨海湾创新核心，前者以综合性国家科学中心为目标，后者则以东莞开放型经济引领区为目标，打造一条知识型产业创新带。

2. 实施"十大行动计划"

"十大行动计划"具体包括实施创新型城市"提速计划"、重大科学基础设施"鲲鹏计划"、科技创新平台"支撑计划"、核心技术攻关"攀登计划"、龙头科技企业"倍增计划"、新兴产业"引领计划"、创新人才"领航计划"、国际科技交流合作"联网计划"、知识产权"护航计划"国际化营商环境"法治计划"等 10 项。

3. 实施知识产权"护航计划"

（1）申报国家知识产权强市，积极争取国家知识产权局支持，全面提升知识产权各项工作，争取三年内获准创建国家知识产权强市。

（2）要构建知识产权大保护格局，建立创新成果保护机制，试点开展专利、商标、版权管理体制改革，完善和提升广州知识产权法院东莞诉讼服务处职能，进一步强化东莞市知识产权维权援助中心和中国东莞（家具）知识产权快速维权援助中心的功能，争取设立智能手机知识产权保护平台，加大保护力度。

（3）要建设知识产权大厦，强化知识产权交易服务中心功能，吸引一批优秀知识产权服务机构入驻，打造区域知识产权服务综合体；要提升知识产权创造运用水平，大力推动专利产业化，进一步活跃专利运营市场，培育发明专利大户，打造知识产权强企。

《关于打造创新驱动发展升级版的行动计划（2017—2020 年)》的出台有利于东莞市在知识产权技术创新和建设知识产权强市方面取得更大的进步和突破。

（三）出台《东莞市科技成果双转化行动计划（2018—2020 年)》

为加快促进科技成果转化为先进生产力，有效推动科技成果供需之间相互转化，2018 年 3 月，东莞市制定了《东莞市科技成果双转化行动计划(2018—2020 年)》，对促进东莞市科技成果的转化作出了若干规定：

（1）明确双转化行动计划的目标任务。《东莞市科技成果双转化行动计划(2018—2020 年)》明确本次双转化行动计划的目标任务为搭建双转化平台、提升双转化效率、举办双转化活动、引培双转化人才和健全双转化体系，并且对每个目标任务都提出了比较具体的要求。

（2）详细制定双转化行动计划的配套措施。具体包括制定双转化政策法规、强化双转化供给需求、搭建双转化线上平台、开展双转化线下登记、建设双转化实施载体、完善双转化市场机制、实施双转化科技项目、开展双转化各项活动、培养双转化人才队伍、加强双转化资金扶持共十项配套措施，在政策制度、平台、活动、市场和人才等方面予以全面支持。其中，"搭建双转化线上平台"的具体要求为支持东莞市知识产权交易服务中心和科技众包平台的建设和发展，强化服务功能，积极推动与国家和省有关知识产权交易平台如国家技术转移中心、广州知识产权交易中心等的对接，支持东莞市各类市场主体和个人在科技众包平台上发布技术需求，并按照有关政策给予配套支持。

《东莞市科技成果双转化行动计划（2018—2020 年)》的制定有利于搭建科技成果供需双方相互转化的渠道网络，有效整合国内外优势科技资源，建立健全以市场需求为导向的科技成果双转化机制，推动东莞市知识产权成果转化和全市产业转型升级。

（四）制定《东莞市培养高层次人才特殊支持计划》和《东莞市新时代创新人才引进培养实施方案》

为了深入实施人才强市战略，加强本土创新创业人才队伍建设，加快形成外有吸引力、内有凝聚力、更有竞争力的人才集聚机制，培养造就一批本土高层次人才队伍，2018 年 11 月，东莞市出台了《东莞市培养高层次人才特殊支持计划》。此计划集中遴选约 60 名市内高层次人才进行培养支持，培养对象包括科技领军人才、企业经营管理领军人才、金融领军人才、社会建设领军人才共四类人才，对入选该计划的高层次人才实行优先推荐、经费支持、人才入户、医疗保障和子女教育保障等支持政策与培养措施。

为了深入实施人才强市战略，集聚一大批新时代创新人才，为东莞市深化创新驱动、推进高质量发展提供强有力的人才支撑，2018 年 11 月，东莞市制定了《东莞市新时代创新人才引进培养实施方案》。该方案提出实施新时代创新人才引进项目、实施新时代创新人才提升项目、实施新时代博士人才培养项目、打造招才引智工作平台、打造市内人才交流提升平台、打造专业人才服务平台等六大主要任务。2019 年 6 月 19 日，东莞市人力资源和社会保障局发布《2019 年东莞市培养高层次人才特殊支持计划申报公告》（以下简称《公告》）。《公告》称，2019 年将针对四类人才开展高层次人才培养计划，培育名额共 60 名。

《东莞市培养高层次人才特殊支持计划》和《东莞市新时代创新人才引进培养实施方案》的制定有利于营造激发人才创新创造活力的良好环境，加快引进培养创新人才，形成一支与东莞创新驱动发展相匹配的新时代创新人才队伍。

（五）发布《东莞市知识产权局专利行政处罚自由裁量权适用标准表》

在专利行政执法方面，东莞市知识产权局于 2017 年 5 月发布《东莞市知识产权局专利行政处罚自由裁量权适用标准表》，从法律依据、违法程度、违法情节、处罚裁量标准等六个方面对假冒专利行为、为侵犯专利权提供便利条件行为、重复侵犯同一专利权行为、滥用专利权行为、滥用专利权行为、违法从事专利服务行为等专利违法行为作统一规制。其中，处罚裁量标准具体内容如下。

第一，假冒专利行为共有轻微、一般、较重、严重和特别严重五种违法程度。其中，轻微违法程度的处罚裁量标准为"责令改正并予以公告，没收违法所得"；特别严重的处罚裁量标准为"责令改正并予公告，没收违法所得，并处违法所得 3 倍以上 4 倍以下的罚款；没有违法所得的，处 15 万元以上 20 万元以下的罚款"。

第二，为侵犯专利权提供便利条件行为，其处罚裁量标准为责令停止违法行为。

第三，重复侵犯同一专利权行为共有一般、较重和严重三种违法程度。其中，一般违法程度的处罚裁量标准为"没收违法所得，并处违法所得 3 倍以下罚款；没有违法所得的，处以 1 万元以上 5 万元以下罚款"；严重违法程度的处罚裁量标准为"没收违法所得，并处违法所得 4 倍以上 5 倍以下罚款；没有违法所得的，处以 8 万元以上 10 万元以下罚款"。

第四，滥用专利权行为共有轻微、一般和严重三种违法程度，其裁量标准相应地从"警告，责令改正"到"责令改正，处以 5 万元以上 10 万元以下罚款"。

《东莞市知识产权局专利行政处罚自由裁量权适用标准表》的出台为全市相关部门提供了专利行政处罚自由裁量权的统一适用标准，有利于专利行政执法机关科学执法、高效执法和公平执法，有利于提高专利行政执法机关的专利行政执法水平。

（六）制定《东莞市知识产权局行政执法责任制度》

2017 年 9 月，东莞市知识产权局向各个科室下发了《东莞市知识产权局行政执法责任制度》，对全局知识产权行政执法人员采取了以下若干制度。

第一，实行行政执法人员持证上岗、亮证执法制度。规定行政执法人员必须经执法培训，考试考核合格，取得相应的执法资格，方可从事行政执法活动。

第二，实行行政执法公开制度。规定行政执法所依据的法律、法规及规章、行政执法机关的职能和权限、案件处理结果等八项内容应予以公开。

第三，实行行政执法回避制度。规定了执法人员与被执法人员可以申请回避的情形。

第四，严格执行限时办结制度。要求专利侵权纠纷案件在立案之日起 3 个月内结案，假冒专利案件在立案之日起 1 个月结案。

第五，严格执行"收支两条线"、罚款决定与罚款收缴分离制度和认真落实执法案卷归档制度。

第六，全面规定了局长、分管执法工作副局长以及相关科室的岗位责任。

《东莞市知识产权局行政执法责任制度》全面明确了知识产权行政执法人员的执法要求和执法责任，推动行政执法机关及其执法人员依法行政，提高了执法机关及其执法人员的行政执法水平。

综上所述，通过政府牵头、其他有关单位具体落实的方式，东莞市出台了上述一系列政策和制度，推动了专利行政执法和保护环境不断优化，推进了以企业为主的知识产权建设，增强了企业掌握和运用知识产权技术的能力，提高了自主技术的数量和质量，加快了知识产权技术资本化、市场化和产业化步伐，全面提高了东莞市知识产权技术创造、申请、保护、管理和运用的整体水平，有利于在整体、全局的高度上引导、促进有关企业、单位和个人进行知识产权创新。

（七）制定《东莞市专利促进项目实施办法》

为了提高东莞市专利促进项目专项资金使用效益，规范专利促进项目管理，推动东莞市专利事业发展，东莞市司法局于 2019 年 11 月 21 日发布《东莞市人民政府办公室关于印发〈东莞市专利促进项目实施办法〉的通知》。

第一，专利促进项目专项资金是指市政府每年从"科技东莞"工程专项资金中安排用于加强市专利事业发展的专项资金。专利促进项目包括发明专利资助项目、知识产权强企培育项目、专利运营资助项目、专利金融资助项目、专利奖配套奖励项目、高价值专利培育项目、专利公共服务项目和专利保护项目等。

第二，市市场监管局（知识产权局）按分工负责专项资金的具体管理工作；负责专项资金具体管理办法的制定修订，专项资金设立申请、预算申报，编制专项资金分配使用计划、办理专项资金拨付，组织项目申报、资料审查、组织项目验收，项目评审等工作。

第三，按"谁使用、谁负责"的原则负责专项资金使用安全、专项资金监督检查、专项资金绩效评价、专项资金信息公开等。

第四，市财政局负责制定财政专项资金的预算管理、组织专项资金预算编制及执行、审核、下达专项资金使用计划；组织实施专项资金财政监督检查和重点绩效评价等。

第五，规定了专利资助项目的范围：包括发明专利资助项目、知识产权强企培育项目、专利运营资助项目、专利金融资助项目、专利奖配套奖励项目、高价值专利培育项目、专利公共服务项目、专利保护项目等八项。

第六，对于申报的主体、申请的条件和资助资金的额度等加以明确规定。

第七，对发明专利资助、知识产权管理规范贯标资助、专利运营资助、专利金融资助、专利保护等后补助项目的申报和审批进行明确的规定。

第八，对专项资金的监督管理、绩效评价、信息公开及责任追究等按照市政府出台的关于市级财政的规定加以监督。

二、东莞市知识产权发展状况

为实现省知识产权事业发展"十三五"规划提出的到 2020 年"建成制度完善、创造领先、转化高效、环境优良的引领型知识产权强省"的目标，东莞市贯彻省知识产权事业发展"十三五"规划的指示精神，出台了一系列推动本市单位、企业和个人进行知识产权创新的制度和政策。在这些制度和政策的支持下，2017—2018 年，东莞市知识产权事业得到了长足进步，在促进知识产权企业发展、专利的申请和授权、知识产权行政保护、会展和司法保护、中介机构、人才培养等方面均有突出的成绩。

（一）知识产权企业发展状况

1. 东莞市高新技术企业数量不断增长

（1）广东省高新技术企业数量。

2018 年，广东省（不含深圳）共有 33356 家企业被认定为广东省高新技术企业，同比增长接近 100%，其中东莞被认定为广东省高新技术企业的共5789 家，数量仅次于广州，排名第二，如表 5 - 2 所示。

表 5 - 2　2018 年部分地市广东省高新技术企业数量❶

地市	数量/家	地市	数量/家	地市	数量/家
深圳	14400	广州	11000	东莞	5789
佛山	3900	中山	2300	珠海	2041
江门	1241	惠州	1105	汕头	300

（2）东莞市高新技术企业创制的经济效益。

截至 2018 年底，东莞高新企业数量为 5798 家，排名仅次于北京、深圳、广州、上海，位列第五，超过了苏州的 5416 家和天津的 5038 家。

在以深圳市为核心的深莞惠城市圈内，东莞市曾经是承接深圳产业升级后迁移的来料加工、电子等劳动密集型工厂的目的地。而在深圳市土地日益紧张和企业运行成本高涨的情况下，一部分高新技术企业也开始从深圳市向东莞市输出人才和资本，促进了东莞市生产效率的提高和产业升级。

2008 年国际金融危机后，外贸依存度很高的东莞市遭受较大冲击，东莞市开始积极谋划产业突破，先后发布了推动产业转型升级的"21 条"和"新

---

❶ 2019 全国高新技术企业数量排行榜［EB/OL］.（2019 - 09 - 22）［2019 - 10 - 06］. https：//www. 809030. com/news/14068. html.

21 条"，指导东莞市产业结构调整，加快由市场调节的"无为而治"向"市场政府双管齐下"转变。在这一阶段，东莞市一批企业开始探索转变，东莞市的智能手机产业逐步凸显，并不断做大做强。华为、OPPO、vivo 等一批东莞制造和东莞品牌崭露头角，并逐渐发展为龙头企业，带动东莞市工业经济的发展。如今，东莞市重点布局新一代信息技术、高端设备制造、新材料、新能源、生物技术等产业，加快形成新的产业集群。

根据最新统计数据，2019 年，东莞市高新技术企业数量预计超 6200 家，位居全国前列；而 2018 年，东莞市高新技术企业数量为 5789 家，居全国第五位、全国地级市第一位；为 2016 年认定的高新技术企业数量的近 4 倍、2015 年认定的 6 倍多，三年内高新技术企业数量翻了两番，增长速度迅猛。

东莞市科技局相关负责人列出一组数据：2018 年全市高新技术企业数量超 6200 家，当年申报 2231 家，拟认定通过 1720 家，认定通过率 77%，高新技术企业数量稳居全省地级市第一；科技型中小企业已通过评价并入库 1957 家，同样位居全省前列。在人民大学、社科院等权威机构发布的相关报告中，东莞市政商关系健康指数、"互联网＋"指数、综合经济竞争力分别排名全国第一位、第八位和第十三位，民生发展数排名全国地级市第三位。与此同时，东莞市多个镇街 GDP 等数据也陆续公布。虎门、松山湖、长安都跨入了"600 亿元俱乐部"。其中，虎门以 635.8 亿元继续排名全市第一位，松山湖则以 630 亿元跃居全市第二位。根据已经公布数据的镇区经济总值和高科技创新的增长率，2019 年东莞镇街经济上半年 GDP 排名如表 5－3 所示。

表 5－3　2019 年东莞镇街经济上半年 GDP 排名

	镇街	GDP/亿元	增率/%		镇街	GDP/亿元	增率/%
1	长安	337.29	7.5	5	厚街	198.98	4.5
2	虎门	317.54	6.3	6	塘厦	189.41	5.1
3	东城	256.89	5.4	7	常平	171.78	4.3
4	南城	251.46	7.1	8	寮步	161.66	5.5

2019 年上半年，长安实现生产总值 337.3 亿元，增长 7.5%；全镇实现工业总产值 1185.3 亿元，增长 9.8%；上半年长安镇企业进出口总额 1290.3 亿元，增长 17.2%（其中，出口总额 573.7 亿元，增长 29.6%，位居东莞镇街

经济规模榜首）。长安全镇实现规模以上电子信息产业产值 888.6 亿元，增长 10.2%。其中，OPPO、vivo 手机最近五年异军突起，成为拉动长安经济的主力军，并连续多年为长安经济发展保持两位数增长作出了突出贡献。虽然最近两年长安经济增速有所放缓，但依然高于全省全市增速。2018 年，长安拥有国家高新技术企业愈 500 家，超过松山湖遥遥领先全市。

2019 年，长安镇预计实现生产总值超过 700 亿元，同比增长 7.8%。虎门全镇 GDP 660.54 亿元，同比增长 6.3%。2019 年，完成虎门高铁站 TOD 综合开发核心区范围 186 亩土地收储。科技创新成效显现，专利申请量、授权量增长均超过 30%，高企总数达 253 家，增长 48.8%；51 家市、镇倍增计划试点企业主营业务收入达 246 亿元，增长 28%。2019 年，南城实现 GDP 为 612.84 亿元，跃居东莞第三名，南城比东城高出了 26.28 亿元，正式超越东城。2019 年，东城 GDP 为 586.56 亿元；塘厦镇实现 GDP 470.25 亿元，大幅超越厚街的 412.8 亿元，塘厦跻身第五，厚街下降一名，排名第六位。2019 年，常平实现 GDP 369.17 亿元，排名第七名；2019 年，寮步的 GDP 大幅增长至 334.28 亿元，超过凤岗的 303 亿元，排名第八；清溪实现 GDP 为 312 亿元，高于凤岗的 303.9 亿元；清溪跻身全市镇街前十名；而凤岗则跌至第 11 名。

松山湖高新区 2019 年度工作总结大会披露，松山湖科学城携手深圳光明科学城共建综合性国家科学中心先行启动区的发展态势基本形成；散裂中子源向全球用户开放，顺利承接 124 项用户课题研究；南方先进光源研究测试平台与松山湖材料实验室（一期）动工建设等。一大批重大平台的建设为松山湖创新发展提供了有力支撑。松山湖创新资源加速集聚，在全国高新区综合排名预计将上升至第 21 名，高企存量达 311 家，新增国家级孵化器 6 家、省级新型研发机构 2 家，各类人才总数突破 9.9 万名。在强势的产业基础与创新资源带动下，松山湖的对外辐射能力明显提升。尤其是 2019 年启动功能区统筹优化市直管镇体制改革后，"一园九镇"协同发展格局进一步明晰，在发展规划、区域开发、招商引资、重大项目建设和政务服务效能提升等方面步调更加统一。2019 年，东莞市 33 镇街/园区 GPD 情况如表 5-4 所示。

表5-4　2019年东莞市33镇街/园区GDP情况❶　　　　单位：亿元

序号	镇街	2019年（上半年）	2018年	2017年
1	虎门	317.54	635.8	563.1
2	松山湖	—	630	386.08
3	长安	337.29	613	550.36
4	东城	256.89	506	471.2
5	南城	251.46	480	435.6
6	厚街	198.98	416.9	96.56
7	塘厦	189.41	401	377.63
8	常平	171.78	355.4	330.59
9	大朗	149.99	303	273.9
10	凤岗	144.99	289.8	273.2
11	寮步	161.66	285	264.3
12	清溪	125.63	280.4	260.88
13	大岭山	123.87	225	220.7
14	麻涌	107.54	258	220
15	莞城	98.63	185.1	117.3
16	黄江	96.6	192.9	170
17	石碣	96.67	184	167.7
18	桥头	79.34	157.3	143.2
19	高埗	74.02	150.2	139.72
20	沙田	76.31	150	133.8
21	万江	73.64	137.6	128
22	东坑	71.32	141	126
23	横沥	64.73	139.87	127.4
24	茶山	68.93	135	121.3
25	樟木头	55.87	114	106
26	中堂	56.95	114.1	102.3
27	道滘	52.97	108	104

---

❶ 2019出炉！东莞镇街上半年GDP，大岭山排名第几？［EB/OL］．（2019-08-23）［2019-10-06］．https：//www.sohu.com/a/335962782_356092.

续表

序号	镇街	2019 年（上半年）	2018 年	2017 年
28	石排	61. 81	114. 55	98. 09
29	石龙	56. 55	107	100. 16
30	谢岗	42. 23	90	83. 5
31	望牛墩	42. 24	75	71. 8
32	企石	42. 47	82. 68	70. 2
33	洪梅	43. 63	73	67. 95

2. 东莞市知识产权优势企业和示范企业均有增长

（1）东莞市的国家知识产权优势企业新增 11 家。

2016 年，东莞市被认定为国家知识产权优势企业的共有 6 家。2017 年，东莞市被认定为国家知识产权优势企业的共有 8 家，分别为广东欧珀移动通信有限公司、广东楚天龙智能卡有限公司、东莞劲胜精密组件股份有限公司、维沃移动通信有限公司、东莞兆舜有机硅科技股份有限公司、佳禾智能科技股份有限公司、东华机械有限公司、广东正业科技股份有限公司，数量居全省地市之首，比 2016 年有所增长；2018 年，东莞市被认定为国家知识产权优势企业的共有 3 家，分别为东莞铭普光磁股份有限公司、三友联众集团股份有限公司、广东贝克洛幕墙门窗系统有限公司，数量居于佛山、广州、中山、深圳之后，较 2017 年有所下降，如表 5 - 5 所示。

表 5 - 5　2018—2019 年广东省部分城市的国家知识产权优势企业数量 单位：家

年份	城市	数量	城市	数量	城市	数量
2018 年	东莞	8	广州	8	深圳	6
	佛山	7	珠海	2	中山	6
2019 年	东莞	1	广州	7	深圳	3
	佛山	8	珠海	4	中山	0

（2）东莞市的国家知识产权示范企业不断增长。

2018 年，仅有东莞市迈科科技有限公司 1 家被认定为国家知识产权示范企业，获评数量较 2017 年有所下降。2019 年，国家知识产权局公布国家知识产权优势示范企业名单，广东欧珀移动通信有限公司、维沃移动通信有限公司、广东正业科技股份有限公司、东莞铭普光磁股份有限公司 4 家东莞企业被认定为国家知识产权示范企业。从上述可知，2019 年东莞市被认定为国家知识产权优势企业和示范企业的数量相较于 2018 年有所提高，凸显东莞市企业的知识产权创造能力、知识产权运用能力、知识产权保护力度、知识产权管理力度等方面不断地提高。截至 2019 年，东莞市被认定为国家知识产权示范企业的有 12 家，被认定为国家知识产权优势企业的有 101 家。

（3）东莞市的广东省知识产权优势企业和广东省知识产权示范企业数量有所增长。

2017 年，东莞市被认定为广东省知识产权优势企业的共有 6 家（广东小天才科技有限公司、广东长盈精密技术有限公司、广东众生药业股份有限公司、佳禾智能科技股份有限公司、东莞市三友联众电器有限公司、东莞市纳利光学材料有限公司）；被认定为广东省知识产权示范企业数量为 0 家。2018 年，东莞市被认定为广东省知识产权优势企业的共有 10 家（分别为维沃移动通信有限公司、东莞东阳光科研发有限公司、东莞市升微机电设备科技有限公司、东莞市海新金属科技有限公司、中控智慧科技股份有限公司、明门（中国）幼童用品有限公司、东莞铭普光磁股份有限公司、玖龙纸业（东莞）有限公司、东莞市闻誉实业有限公司、广东亨通光电科技有限公司）；被认定为广东省知识产权示范企业的有 3 家（广东欧珀移动通信有限公司、广东小天才科技有限公司、广东长盈精密技术有限公司），与 2017 年相比较有所增长。2019 年东莞被认定为广东省知识产权优势示范企业的有 150 家；东莞市知识产权优势企业累计达到 156 家。

3. 贯标认证企业数量有所增长且位居全省前列

截至 2019 年底，广东省共有 6124 家贯标认证企业，其中东莞的贯标认证企业数量为 942 家，比 2018 年度增长 25 家，贯标认证企业数量全省排名第三，位于广州、深圳之后，如表 5 – 6 所示。

表5-6　2019年广东省部分城市贯标认证企业数量❶　　　　　　单位：家

城市	数量	城市	数量	城市	数量
广州	2648	深圳	1373	东莞	942
珠海	410	佛山	293	中山	161

（二）知识产权取得状况

1. 专利申请量有所下降

2016年，东莞市共向国家知识产权局申请专利56653件。其中，发明专利17024件，实用新型专利28096件，外观设计专利11533件。2017年，东莞市向国家知识产权局申请专利81275件。其中，发明专利20402件（同比增长47.86%），实用新型专利48255件，外观设计专利12618件。2017年，东莞市专利申请量位列广东省前三名，仅次于深圳和广州。截至2018年8月的数据显示，东莞市共向国家知识产权局申请专利70252件。其中，发明专利17761件，实用新型专利41866件，外观设计专利10625件。

2019年，东莞市向国家知识产权局申请专利37716件，均位居全省第3位，仅次于深圳、广州。其中，发明专利申请量为9283件。

2. 专利授权量快速增长

2018年8月的数据显示，2018年东莞市共获得授权专利43351件。其中，发明专利4675件，实用新型专利30272件，外观设计专利8404件。2019年上半年，东莞市专利授权情况为31109件，均位居全省第3位，仅次于深圳、广州。东莞每万人发明专利拥有量为32.09件。其中，发明专利授权量为4307件。2019年1—9月，广东省部分城市专利授权情况如表5-7所示。

---

❶　数据来源于广东省知识产权局官网。

表5-7 2019年1—9月广东省部分城市专利授权情况❶   单位：件

城市	发明	实用新型	外观设计	合计
深圳	19699	63695	38257	121651
广州	9276	40283	25186	74745
东莞	6240	28428	10716	45384
佛山	3646	26614	13379	43639
中山	1226	11559	12199	24984
珠海	2450	9670	1931	14051
惠州	1281	6976	2628	10884
汕头	275	2117	8020	10412
江门	539	5340	3751	9630
潮州	66	504	3900	4470
揭阳	54	904	3193	4151
肇庆	253	2180	734	3167
韶关	128	1719	844	2691
湛江	181	1398	1091	2670
清远	170	1642	523	2335
河源	68	1642	565	2275
阳江	26	623	1465	2114
汕尾	73	1074	686	1833
梅州	53	1104	12199	13356

3. 东莞市各镇街专利申请量和授权量总体有所下降

东莞市各镇街在国家、省、市各项制度和各项政策的指导下，大力推动以专利为核心的知识产权事业向前发展。2019年1—10月专利申请量排名中，长安排名首位，继续保持专利优势；松山湖、塘厦、东城和厚街紧随其后，分列第二位到第五位，保持竞争态势；排名前五的镇街，专利申请量占全市的43.41%，其中长安的发明申请量更是占全市的18.74%、松山湖的发明申请量占全市的8.00%，这些镇街的专利创新优势显著；虎门、常平、寮步、

❶ 2019年1—9月各市专利授权情况［EB/OL］．（2019-09-16）［2019-10-16］．http：//amr. gd. gov. cn/zwgk/sjfb/tjsj/content/post_2711187. html.

清溪和大朗分列第 6~10 位，排名基本保持不变。其中排名前五的镇街长安、松山湖、塘厦镇、东城、厚街的专利申请量分别为 12587 件、5375 件、4043件、3880 件、3269 件，分别占东莞知识产权申请总量的 18.74%、8.00%、6.02%、5.78%、4.87%。❶

2019 年上半年，东莞市各镇街的专利申请、授权数据、专利申请总量虽仍保持全省第三位置，但数量普遍下降。另外，长安、松山湖继续保持前两名（如表 5-8 所示），与当地的产业特色及龙头企业的特点分不开。

表 5-8　2019 年上半年东莞专利申请及授权情况（前三名）❷

街镇	专利申请总量	同比增长率/%	专利授权总量	同比增长率/%	发明专利申请量	同比增长率/%	发明专利授权量	同比增长率/%
长安	5912	-38.21	5553	9.92	3835	-37.46	2152	20.43
松山湖	3288	-31.49	2422	-0.82	1664	-37.47	861	36.88
塘厦	2351	-36.20	2038	-5.21	—	—	—	—
东城	—	—	—	—	379	-21.69	177	36.15

（三）知识产权保护状况

1. 司法保护

司法是解决社会矛盾最后的、终局的手段，同样也是知识产权保护的最后一道防线。习近平总书记说过："努力让人民群众在每一个司法案件中感受到公平正义。"东莞市两级人民法院能否在审判活动中依法妥善处理知识产权相关的民商事纠纷，将是整个东莞市创新产业继续向前迈进的重要保证，也是东莞市打造国家知识产权强市战略的有力保障。

（1）东莞法院知识产权案件收结整体情况。

统计显示，近年来，知识产权案件数量迅猛增长，新类型案件、重大疑

---

❶ 2019 年 10 月东莞专利统计分析［EB/OL］.［2019-10-16］. http://www.dgysxx.com/zxzx/242.html.

❷ 上半年东莞专利申请量全省第三［EB/OL］.（2019-08-23）［2019-10-16］. https://new.qq.com/omn/20190823/20190823A02T3N00.html.

难案件不断涌现，案件审理难度日益加大。面对新形势，东莞市两级法院充分发挥审判职能作用，公正高效审理各类知识产权案件，进一步树立司法在本市知识产权保护中的主导作用，为加快建设"湾区都市、品质东莞"、推动构建粤港澳大湾区国际化、法制化营商环境提供了强有力的知识产权司法保障。

2019 年，东莞市两级法院共受理知识产权案件 14175 件；新收知识产权案件 13424 件；结案 13227 件，结案率 93.31%。

2019 年，两级法院新收知产刑事案件 348 件，主要涉及非法经营罪，假冒注册商标罪，销售非法制造的注册商标标识罪，生产、销售伪劣产品罪，非法制造、销售非法制造的注册商标标识罪。与 2018 年相比，非法制造、销售非法制造的注册商标标识罪，生产、销售伪劣产品罪犯罪案件倍增。

2019 年，两级法院审理的知识产权民事案件中，著作权案件 11448 件，商标权案件 1473 件，不正当竞争及其他类型案件 155 件。案件类型仍较为集中，以著作权、商标权为主的知识产权民事侵权案件呈高发态势。

（2）东莞市中级人民法院知识产权司法保护状况。

① 东莞市中级人民法院 2019 年知识产权保护状况。

为深入贯彻落实习近平总书记关于加强知识产权保护的系列重要讲话精神，落实国务院《优化营商环境条例》及中共中央办公厅、国务院办公厅《关于强化知识产权保护的意见》，坚持人民法院"知识产权审判激励和保护创新、促进经济社会发展"的主要任务，切实发挥知识产权司法保护主导作用，积极打造知识产权司法保护高地，推进粤港澳大湾区国际科技创新中心和科技创新强省及"湾区都市、品质东莞"建设，制定《东莞市中级人民法院关于加强知识产权司法保护优化营商环境助力粤港澳大湾区建设的意见》，主要包含以下几方面内容。

第一，完善诉讼机制，提升知识产权审判质效。

一是"三审合一"审判机制，加强综合保护力度。全面推进知识产权民事、行政和刑事案件"三审合一"，公正高效审理各类知识产权案件；进一步推动知识产权刑事案件定罪准则和量刑规范化，精准打击侵犯知识产权犯罪；依法严厉制裁涉及口罩、护目镜、防护服、消毒液等防疫物品以及食品、药品等与疫情防控相关的各类侵犯知识产权违法犯罪行为。

二是着力构建多元纠纷解决机制，提升司法救济实效。进一步构筑多元化、立体化的知识产权纠纷化解体系，探索"诉源治理"更多途径，把非诉讼纠纷解决方式摆在前面，广泛发动人民调解、行业调解、律师调解等各类调解主体参与调解，积极搭建和完善诉调对接平台，形成行政、司法、仲裁、调解、行业自律等多元解决机制；依托智慧法院建设平台，积极运用"移动微法院"等开展远程在线调解、网上庭审，低成本、高效率化解纠纷。

三是积极推进繁简分流机制改革，提高审判效率。完善知识产权案件"简案快审、繁案精审"审判机制，推动案件繁简分流，进一步探索知识产权案件速裁和简易程序审理，扩大一审知识产权案件简易程序适用范围，尝试以争议诉讼标的金额作为划分主要标准，同时参考案件数量并赋予当事人程序选择权；继续深化要素式等简式裁判文书和庭审方式改革，快速有效化解纠纷；加强重大、疑难复杂、新类型案件的说理，注重打造精品案件。

第二，强化审判职能，破解知识产权"维权难"困境。

一是显著提高知识产权侵权损害赔偿金额，扭转"赔偿低"的局面。坚持知识产权损害赔偿的市场价值导向，充分发挥法定赔偿制度全面补偿权利人损失和惩罚侵权行为的双重功能，综合考虑侵权事实和情节、因侵权行为导致的价格侵蚀、知识产权市场价值和合理开支等多方面因素，全面覆盖权利人的全部损失和维权成本，同时兼顾维护市场竞争公平、行业发展稳定的大局，注重均衡社会利益和个体利益；有证据证明因侵权行为导致的权利人损失或者侵权人获利已经超过法定赔偿额最高限额的，根据当事人请求及现有证据，在法定赔偿额上限以上合理确定赔偿数额；对恶意侵权、情节严重的，积极适用惩罚性赔偿。加大对知名品牌的保护力度和对与疫情防控相关侵权行为的惩戒力度。通过显著提高侵权违法成本，切实改善维权成本高、侵权代价低的现状，有效遏制侵权行为，维护公平竞争的市场秩序。

二是积极运用诉讼证据规则，解决"举证难"的问题。健全有利于侵权事实查明的证据审查机制，积极引导当事人举证和充分运用证据披露规则，对权利人确因客观原因不能自行收集的证据，及时依申请出具调查令，必要时可以依申请调查取证；加大对妨碍事实查明行为的惩治力度，依法制裁毁损、隐匿和伪造证据、阻碍和抗拒保全等举证妨碍行为。

三是创新送达机制，化解"周期长"的难题。充分采取电子送达、集中送达、直接送达等送达方式，有效缩短送达周期；针对小商户、电商、KTV经营者等侵权主体送达难的情况，积极借助场所提供者、电商平台、行业协会、社区物业等提供有效送达方式，提高送达成功率，保障知识产权案件诉讼进程。

第三，健全配套制度，确保知识产权司法保护效能。

一是提高审判组织专业水平，保证知识产权案件质量。加强与知识产权理论界、实务界的交流，加强知识产权审判团队的专业化建设，着力提升知识产权法官业务能力，紧紧围绕知识产权保护发展的新情况和知识产权法律更新步伐，优质高效审理各类知识产权案件，不断满足社会对加强知识产权司法保护的新需求和新期待。

二是发挥业务指导功能和加强沟通，确保裁判标准统一。积极发挥审判业务指导功能，加强东莞两级法院知识产权审判态势调研、二审改判分析和典型案例推送工作，定期举办知识产权审判业务研讨会、工作座谈会，针对审判中存在的问题进行沟通交流，及时发现问题、总结经验，确保裁判标准统一；加强与上级法院的交流，进一步统一类型化案件裁判标准。

三是建立知识产权协同保护机制，推动多方位立体保护。完善法院与公安机关、检察机关以及知识产权行政执法机关的沟通联络机制，积极推动建立由行政机关、公安机关、检察机关、法院等相关部门共同参与的知识产权司法保护协调机制，探索粤港澳大湾区知识产权保护跨区域合作机制。

四是加强宣传和交流，提升知识产权司法保护影响力。定期发布东莞法院知识产权审判白皮书、知识产权保护状况和典型案件，做好"4·26世界知识产权日"系列宣传活动，推进庭审网络直播和裁判文书上网，增进社会公众对东莞法院知识产权司法保护的了解和信任；加强对高新园区、品牌企业、高等院校的调研和交流。

② 东莞市中级人民法院公布知识产权典型案例。❶

案例一：尊重他人智力成果，提高知识产权审查意识。

2013 年，原告奥飞娱乐股份有限公司（以下简称"奥飞

---

❶ 东莞中院发布知识产权著作权类典型案例［EB/OL］.（2020 – 04 – 27）［2020 – 10 – 16］. http：//www. dgcourt. gov. cn/News/Show. asp？id ＝1855.

级飞侠》中的形象进行著作权登记，其著作权依法受到法律保护。

经调查，位于东莞市南城区的某童装店未经许可，擅自销售印有《超级飞侠》形象的童装。奥飞公司为维护著作权，将该童装店诉至东莞市第一人民法院，要求该童装店立即停止销售相关商品以及赔偿经济损失1万元。

被告童装店经营者辩称，货物的进货价为10多元，销售单价为20多元，认为奥飞公司诉请的经济赔偿过高。

东莞市第一人民法院经审理查明，奥飞公司于2013年9月完成版权局的著作权登记，据此可认定奥飞公司是上述美术作品的著作权人，其著作财产权应当受到法律保护。

经对比构成实质相似，侵犯著作复制权与发行权，两者构成实质相似。故东莞市第一人民法院认定，涉案童装店未经许可，在其销售的商品上使用卡通形象，侵犯了奥飞公司对涉案美术作品享有的复制权、发行权。由于奥飞公司没有提供证据证明所遭受的损失，故东莞市第一人民法院综合考量各方面因素，酌定被告赔偿奥飞公司经济损失4200元。

动漫人物形象是经过他人创作的智力成果，属于美术作品。现实中确实存在一些便利店、小商铺未经许可，低价出售印有热门动漫人物形象的各类儿童生活、学习用品的行为。该类商家进货时，没有相关的知识产权审查意识，进货来源无法证明，将直接导致对侵权责任的负担。

案例二：购买者对产品来源负有审核义务：Q版孔子雕像著作权。

2016年4月，为增加入园率，东莞某某园公司在其旅游景区的入口处，放置10个与《HelloKongzi》相似度极高的Q版孔子雕像，并在其官方微信公众号发布文章宣传推广。

深圳博林文创股份有限公司（以下简称"博林文创"）合法拥有涉案美术作品《HelloKongzi》的著作权，如今见自己的作品被"改头换脚"放置在景区，为维护著作权诉至东莞市第一人民法院。

东莞市第一人民法院经审理查明，博林文创于2016年2月24日向国家版权局进行了著作权登记，故博林文创依法享有该美术作品的著作权。

经对比主要特征基本相同构成实质性侵权，两者构成实质性相似。东莞市第一人民法院认为，某某园公司未经许可，以营利为目的公开展览被控侵权作品，并通过信息网络进行传播，侵犯了博林文创对涉案美术作品享有的展览权和信息网络传播权，判决某某园公司赔偿博林文创经济损失人民币16万元，并销毁侵权作品。

该案承办法官表示，由于涉案侵权作品并非由被告制作生产，某某园公司并不构成对涉案美术作品复制权和保护作品完整权的侵犯，但侵犯了博林文创对涉案美术作品享有的展览权和信息网络传播权。在网上购买的展览品虽然能够提供产品来源，但购买者对产品来源是否合法仍负有审核义务，否则也要承担相应的侵权责任。

案例三：苏菲长颈鹿专利权失效，其著作权依然受保护。

东莞市某兴公司大批生产加工梅花鹿玩具，但该玩具与"苏菲长颈鹿"极为相似。苏菲公司将某兴公司诉至东莞市第三人民法院。

第三人民法院审理查明，苏菲公司拥有国家版权局出具的作品登记证书，故认定苏菲公司是"苏菲长颈鹿"的著作权人。

第三人民法院认为，外观设计专利权与著作权两种不同种类的知识产权各自独立存在，故苏菲公司可以对失效的涉案外观设计专利权项下的美术作品主张著作权。

经对比，涉案的两款玩具形象构成实质性相似，某兴公司擅自将"苏菲长颈鹿"应用于商品进行生产的行为严重侵害了原告的著作财产权，依法判决某兴公司向苏菲公司赔偿经济损失4.5万元。

当产品上同时承载外观设计专利权与著作权两种不同种类的知识产权时，该两种权利各自独立存在。但一种权利的消灭并不必然导致另一种权利的消灭，一个领域进入公有状态下并不代表在其他领域也必须同时都进入公有状态。外观设计专利权终止后，它的著作权依然不受限制地存在并得到法律的保护，才能充分保障著作权人的权利。

（3）东莞市基层人民法院知识产权司法保护状况。

东莞市基层人民法院（第一人民法院、第三人民法院）在审判活动中，努力探索完善审判机制，深化审判方式改革。在案件量逐年上升、司法辅助人员严重不足的情况下，实施案件繁简分流，整合办案资源。在探索庭审方式改革的过程中，积极推进法官助理参与办案，推动庭审方式和裁判文书改革，提高审判效率。对具备调解可能的案件，及时启动调解程序。自2015年以来，东莞市第一人民法院受理的知识产权民事纠纷案件的数量总体上呈较快增长趋势，案件收结数量均稳步上升。

截至 2020 年 3 月底，东莞第一法院共受理知识产权类一审案件 15255 件，其中民事案件 14955 件、刑事案件 296 件、行政案件 4 件；共计结案 14562 件，结案标的达 5.43 亿元。案件涉及民生各个领域，权利主体日益多元化，关联案件增长迅猛，维权方式日趋专业化、规模化，而侵权方式则逐渐隐蔽化、复杂化。

侵权对象日益多元化，犯罪地域相对集中。在著作权案件中，除传统的文章、音乐、小说、摄影、图片、平面美术、影视等常见的作品形式外，还出现了网络游戏、动漫形象、产品说明书等作品类型，由于这类案件权利作品与被诉侵权作品之间的实质性相似，比对难度较大。其中，中国音像著作权集体管理协会等电视音乐歌曲权利人起诉有关 KTV 业主，动漫设计衍生作品以及图片、文字作品等的商业化使用而产生的纠纷占了主要部分，特别是知名动画形象的著作权侵权纠纷，包括"喜羊羊""熊大""巴拉拉小魔仙""大嘴猴""铠甲勇士"等。

而侵犯知识产权犯罪案件涉及品牌多、知名度高，跨烟酒、服饰、硒鼓、油类、鞋类、手袋、手机配件、食品等十余种商品类别和数十种国内外知名商标，如中国驰名商标"茅台""小天鹅""步步高""张小泉"，国际知名品牌"LOUIS VUITTON""惠普""Canon"等都曾遭知识产权侵权。

与此同时，知识产权犯罪地域相对集中，被告人文化水平较低，也出现了外国人犯罪。犯罪地点在万江、寮步、东城、茶山、石排、南城的知识产权刑事案件约占 68%，多集中在城中村等租赁场所。被告人受教育程度普遍较低，高中以下学历占 82%，法律意识薄弱。绝大部分被告人属于初犯、偶犯，认罪态度较好。其中，仅有不到 1% 的被告人是东莞户籍，外国人罪犯案件涉及越南、叙利亚等国籍。

纠纷主体类型复杂。在商标侵权案件中，被控侵权主体 80% 为个体工商户或个人等终端零售商，此外也涉及大型商城、同行业公司及生产厂家等。涉诉主体地域分布广，经营地遍布辖区各个镇街，经营规模普遍较小，以临街商铺为主。

而在侵犯著作权案件中，既有著作权人起诉，如文学、摄影作品等享有著作权的个人或法人对其他公司、网站未经许可使用其作品提出侵权诉讼；

也有文化公司作为继受权利人起诉其他公司、网站等。例如，其基于自身继受取得的信息网络传播权针对视频盗链、栏目抄袭、文章转载等行为提起诉讼。

① 东莞市基层民法院公布知识产权典型案例。❶

案例一：公司法人未经著作权人许可复制发行他人美术作品被判3年。

2016年8月，东莞滔海塑胶公司法定代表人吴某国，未获希赛恩博有限责任公司（CCA and B，LLC）授权，在东莞市凤岗镇生产、销售圣诞精灵玩偶。2017年3月，东莞市第三人民法院受理案件并认为，吴某国以营利为目的，未经著作权人许可，复制发行他人的美术作品达2930个，属于有其他特别严重情节，判决吴某国犯侵犯著作权罪，判处有期徒刑3年1个月并处罚金人民币20000元。吴某国不服一审判决提起上诉。东莞市中级人民法院经审理认为一审处理合法，遂裁定维持原判。

自然人或企业在投资创业、从事生产经营时往往忽视著作权问题，导致容易侵犯他人著作权的行为发生。自然人或企业要有守法意识，不要为营利目的故意去从事侵犯著作权的活动，生产经营的产品一定要有自主知识产权或有合法的知识产权来源，生产经营者要对知识产权来源尽到合理注意义务。

案例二：离职员工违反保密义务被判赔偿。

曾某杰是东莞雨枫林公司业务员，并签署了保密协议，对雨枫林公司商业秘密承担保密义务。2017年12月20日，离职不到1个月，曾某杰就与雨枫林公司的客户产生交易。雨枫林公司认为曾某杰离职后没有遵守保密协议的约定，遂提起诉讼。

东莞市第二人民法院认为，企业在经营过程中累积的客户名称、地址、联系方式、产品需求、产品内容、产品价格、交易习惯、汇款方式等特殊信息，具有秘密性和价值性。企业和员工签订保密协议并采取有效的保密措施。故该客户信息满足秘密性、价值性和保密性，构成商业秘密。员工应遵守保密协议，不能侵犯企业的商业秘密，否则应承担相应的法律责任。曾某杰利用的客户信息是雨枫林公司经过多次交易经营积累而来的客户资源，是能给

---

❶ 东莞法院发布典型知识产权侵权案例［EB/OL］.（2019-04-25）［2019-10-16］. http：//news. sun0769. com/dg/headnews/201904/t20190425_8088883. shtml.

雨枫林公司带来经济利益的客户信息，具有价值性。从雨枫林公司与曾某杰签订的协议来看，协议约定了客户信息属于商业秘密范围，曾某杰有保密义务，雨枫林公司采取了有效的保密措施，该客户信息具有保密性。曾某杰在离职后违反保密协议使用雨枫林公司的客户信息，曾某杰的行为构成侵犯雨枫林公司的商业秘密，应停止侵权，并承担相应的赔偿责任。

案例三：及时封存证据，权利人获胜诉。

叶某明是天勤公司的工程师，双方约定如叶某明掌握天勤公司的商业秘密，叶某明有义务保守商业秘密。后叶某明离开天勤公司入职龙天公司。天勤公司认为，龙天公司和叶某明侵害天勤公司的商业秘密，遂提起诉讼。

东莞市第一人民法院受理了该案件，经司法鉴定，天勤公司涉案技术是不为公众所知悉的技术信息；龙天公司的涉案测量仪所涉及的相应技术与天勤公司的技术信息比对，秘点中有16项构造相同、8项构造实质相同、1项构造不相同。东莞市第一人民法院确认龙天公司、叶某明存在侵害天勤公司商业秘密的行为，商业秘密是企业的财产权利，对企业的发展极其重要。员工在负有保守企业商业秘密义务的前提下，应依约定保护企业的商业秘密。该案中龙天公司与叶某明通过不正当手段侵害了天勤公司的商业秘密，依法需承担相应的后果。遂判决两被告立即停止侵犯行为，并赔偿天勤公司300000元。两被告不服一审判决，提起上诉。东莞市中级人民法院经审理后判决驳回上诉、维持原判。

② 东莞市第三人民法院积极开展普法活动。

东莞市基层人民法院以各种各样的方式积极开展普法活动，强化社会公众的知识产权保护意识。首先，通过向媒体发布知识产权典型案例等，比如"OPPO"等知名商标被侵权系列案，"好太太""真太太"不正当竞争案件等的宣传，既普及相关法律知识，也提醒广大消费者注意区分正品与"山寨"产品；对企业作出发布相关知识产权典型案例的提醒，如职工的保密义务、委托他人生产侵权产品也要担责、未经许可在同一种商品上使用与注册商标相同的商标的行为构成犯罪等增强企业的知识产权保护意识。其次，派出专门审理知识产权案件的法官走进辖区镇街开展知识产权知识宣讲，吸引了众多知名企业参与。最后，积极开展庭审公开活动，主动邀请辖区人大代表、政协委员等旁听观摩非法制造注册商标标识案件的庭审，增进社会各界对知识产权案件审判工作的了解。

（4）广州知识产权法院东莞巡回审判法庭成立。

2019 年 12 月 26 日，广州知识产权法院东莞巡回审判法庭、东莞市中级人民法院巡回审判法庭在东莞松山湖知识产权综合服务中心揭牌成立。广州知识产权法院东莞巡回审判法庭是继惠州、佛山后，全省设立的第三个知识产权巡回审判法庭，将集中审理东莞及周边地区属广州知识产权法院管辖的各类知识产权民事案件，为当事人就近提供案件受理、开庭审判、查询咨询、诉调对接、来访接待、法制宣传等服务。成立东莞巡回审判法庭，是开展知识产权司法、行政多层次多领域协作模式，强化知识产权保护力度，提升知识产权服务水平，保护知识产权权利人的合法权益，更好地落实《粤港澳大湾区发展规划纲要》的重要举措，支持东莞建立知识产权司法、行政双层保护机制。广州知识产权法院东莞巡回审判法庭的成立，充实了东莞市知识产权保护的司法力量，是完善东莞市知识产权保护体系建设的重要一环。

2. 行政保护

东莞市知识产权局在"十二五"期间严厉打击专利侵权行为，建立知识产权保护直通车制度，加强会展知识产权保护，加强执法协作和交流培训，建立市知识产权维权援助中心工作站，推进知识产权强市建设。

知识产权行政执法保护是不可替代的重要部分，行政执法能够主动、快捷地制止知识产权的侵权行为。行政执法部门既可以依权利人的申请，及时制止有关侵权行为，也可以依自身职权主动搜集证据、展开调查，并对侵权纠纷进行处理。同时配合上门查处、扣押等执法措施，以及没收、罚款等行政处罚手段，保障知识产权权利人的合法权益。在本市知识产权局的统筹指导下，东莞市各级知识产权行政执法部门加大了知识产权的执法、普法工作，初步建立了知识产权执法协作机制。一方面，东莞市知识产权局积极组织开展全市重大经济活动知识产权特别审查，并负责知识产权预警机制的建立和研究分析工作；开展专利行政执法及市场监督管理工作，处理和调解专利纠纷案件，查处假冒专利行为；承办专利行政复议、行政诉讼应诉工作；负责知识产权维权援助工作，保障知识产权行政执法的效益。2019 年 1—11 月，东莞市市场监督局受理专利侵权纠纷案件 111 宗，结案 22 宗。另一方面，东莞市知识产权局联合科学技术局组织协调全市知识产权的有关工作，在重大涉外知识产权纠纷与争端上协调有关机构研究合理的解决方案，并负责维权援助中心有关工作，推动东莞市知识产权保护体系的建设。

（1）形成知识产权保护体系。

东莞市设立了中国（东莞）知识产权维权援助中心、中国东莞（家具）知识产权快速维权援助中心、广州知识产权法院东莞诉讼服务处 3 个知识产权保护机构，并建立 6 个知识产权维权援助中心工作站，进一步延伸知识产权便民服务，形成了知识产权保护体系。

（2）政策支撑体系不断完善。

制定出台《东莞市知识产权工作"十三五"规划》《东莞市知识产权强市创建工作方案（2017—2019 年)》等系列政策文件；建立专利指标考核体系和商标品牌战略联席会议制度，支持镇街（园区）建立工作领导小组和商标品牌指导站；实现镇街（园区）商标品牌指导站覆盖率已达 76%，接下来将全力争取全覆盖；加大政府财政投入，市财政 3 年间累计投入 2.7 亿元专项资金，从专利申请授权资助、优势企业认定、企业贯标、专利信息分析利用、专利权质押融资、公共服务体系等方面全力支持知识产权事业发展。

（3）知识产权建设体系的不断完善。

截至 2019 年 10 月，全市专利申请量 6.7 万件、专利授权量 5.0 万件、发明专利申请量 1.6 万件、国内有效发明专利量 2.9 万件，均居全省地级市第一位；PCT 国际专利申请量居全省第二位。

东莞市强企队伍也在不断壮大，国家、省、市知识产权优势企业和示范企业达到 419 家，培育了广东欧珀移动通信、维沃移动通信、东阳光药业、生益科技等一批知识产权强企。获得第二十一届中国专利奖 22 项、第六届广东省专利奖 5 项；通过知识产权贯标认证企业 1419 家，居全省地级市第一位。市知识产权交易活跃，建设金融科技产业融合创新综合试验区，是全省唯一齐备港澳台资银行的地级市。截至 2019 年 10 月，东莞市专利权质押融资登记金额达到 279945 万元，位居全省第二。

随着知识产权建设体系的不断完善，东莞市区域品牌正逐步形成。依托区域产业特色，东莞打造大朗毛织、道滘食品、东莞莞香、大岭山家具等一批区域知名品牌，不断提升区域品牌价值，为区域经济产业发展"加持"。如

"大朗毛织"区域品牌成功引领大朗镇产业转型升级，成为全国最大的毛织生产基地和毛织原料集散地。

（4）建设知识产权服务集聚区域，不断完善全市知识产权公共服务体系。

以建设知识产权服务集聚区域为抓手，东莞不断完善全市知识产权公共服务体系，逐步提升全市整体知识产权服务水平，充分激发创新创业活力，为推动东莞经济高质量发展提供了新的强劲动能。依托东莞市深化商事制度改革综合试验基地，搭建知识产权综合服务平台和商标品牌服务平台，设立东莞商标品牌研究院，全力打造市级知识产权服务业聚集发展区。此外，东莞市还推动松山湖高新区获批建设广东省知识产权服务业集聚发展示范区。目前国家知识产权局专利局广州代办处已批复同意于松山湖知识产权综合服务中心设立东莞服务站。

（5）推动知识产权保护规范化建设。

东莞市不断提升知识产权保护能力和执法协作水平。在加强执法方面，2019年市镇联动开展"护航""雷霆"专项行动，每季度对重点行业、重点地区开展打击假冒专利整治。"西门子案""荣华月饼案"商标执法案件分别被评为全国和全省十大知识产权案例。近年来，全市专利办案量年均增长20%以上，查处假冒专利案件结案率达到95%以上，专利行政执法绩效考核位于全国同类城市前列。

在打造高效维权平台方面，东莞市建立重点企业知识产权保护及维权援助直通车服务机制，全面提升中国东莞（家具）知识产权快速维权援助中心服务能力。上线运行5年来，快速维权中心累计调解438宗家具领域专利侵权纠纷。

（6）加强国内和国际知识产权合作。

国内深耕与国际推广相结合，与海外国家、中国港澳台地区深入开展知识产权交流合作，引导企业加强商标海外布局，主动参与国际品牌经济的竞争，积极增创开放竞争新优势。

一方面，东莞市加快商标品牌国际化布局。与世界知识产权组织中国办事处建立知识产权品牌战略合作关系，就知识产权保护服务、国际合作开发、学习培训交流、信息互联互通等方面开展合作。东莞市还设立东莞商品南非展销中心和东莞品牌迪拜展销中心，面向非洲、中东等新兴市场重点推广东莞名优产品，打造"东莞制造"的集体品牌，更好地为东莞产品"走出去"提供服务和支持。

另一方面，东莞市积极参与知识产权国际合作，先后成功举办国际（东莞）智能终端产业知识产权保护论坛、粤港知识产权与中小企业发展（东莞）研讨会等重大知识产权交流活动，进一步深化粤港澳大湾区及"一带一路""海上丝绸之路"的区域知识产权交流合作，加快优质莞企"走出去"步伐。

（7）建立知识产权专家库。

依托高校院所、新型研发机构、创新型企业集聚发展优势，积极培养和引进从事知识产权研究、管理、运用、法务的高端人才和紧缺人才，夯实知识产权发展基础。

东莞市建立知识产权专家库，依托东莞理工学院知识产权学院累计培养457 名以理工科背景为主的知识产权应用型人才；举办专利质押融资宣讲、WIPO 巡回研讨论坛、知识产权总裁班、知识产权保护维权、品牌宣传等培训24 场，服务企业参加人数达到 3700 多人次，为知识产权事业发展提供强有力的人才支撑。

（四）知识产权中介机构发展状况

国家知识产权局制定了《专利代理行业发展规划（2009 年—2015 年）》。2008—2012 年，全国专利代理机构以平均每年 50 家左右的数量平缓增长。从2013 年开始，全国代理机构数量突破 1000 家，专利代理机构数量开始呈现大幅增长趋势，之后的几年，每年新增代理机构均在 100 家以上。2017 年，增长最为迅速，较 2016 年增加 313 家，增长率为 20.71%。截至 2019 年底，专利代理机构总量达到 1824 家，与 2008 年相比增加了 159.09%。知识产权代理主要是指专利、商标、版权、商业秘密、植物新品种、特定领域等各类知识产权。

"获权－用权－维权"等相关服务及衍生服务的集合使知识产权代理能够更好地促进智力成果权利化、商用化、产业化。知识产权代理等相关服务已是现代服务业和生产性服务业的重要内容、高技术服务业发展的重点领域。知识产权代理服务作为"催化剂""助推器"，有利于充分发挥知识产权创造、运用、保护和管理的作用，提高创新效益，推动经济高质量发展。

1. 东莞市专利代理机构数量较多

一个地区专利代理机构数量的多少是该区域专利保护意识、专利市场活跃度的直接体现。专利代理机构越多，表明该区域在专利申请、专利技术交易市场上表现得也越突出、越活跃，同时也表明当地在知识产权保护意识上较为重视，专利保护知识普及工作开展做得比较出色。

根据国家知识产权局（专利代理管理系统）的网站显示，目前广东省仅有350家机构享有专利代机构资格。而持有双证的广东省内律所目前仅有31家，其中东莞市有10家，数量位居全省第二，如表5-9所示。

表5-9　广东省双证律所分布

城市	数量/家	城市	数量/家	城市	数量/家
深圳	14	东莞	10	广州	8
佛山	2	中山	2	珠海	1

东莞市作为一个以打造知识产权强市为目标的城市，近年来，格外注重知识产权产业的发展。东莞市科学技术局于2018年8月20日发布了东莞市专利代理机构名录。根据统计数据显示，截至发布日，东莞市全市登记在东莞市科学技术局下的知识产权专利代理机构（含分支机构）共有63家。

2. 东莞市知识产权代理机构知识产权代理授权数量较大

在专利代理方面，根据广东省知识产权公共信息综合服务平台，2017年1月1日至2019年10月31日，东莞市专利代理机构共获专利授权106694件。其中，发明专利32040件，实用新型专利57759件，外观设计专利16895件。根据广东省知识产权局公布的数据，截至2018年5月7日，东莞市共有16家专利代理机构专利授权情况获公布。2017年，上述16家专利代理机构专利授权数量共计19080件。其中，发明专利1029件，实用新型专利8847件，外观设计专利9222件。

（五）2019 年东莞市成为国家知识产权运营服务体系建设重点城市

东莞市成功获批为 2019 年度国家知识产权运营服务体系建设重点城市，成为广东省唯一入选的城市。全国知识产权运营服务体系建设重点城市（东莞）启动仪式暨 2019 年东莞市市场监管发展战略论坛——知识产权专场活动于 9 月在东莞市举行。

1. 977 家企业通过知识产权贯标认证

至 2018 年，东莞市专利申请量和授权量、发明专利授权量、国内有效发明专利量均居广东省地级市第一；商标注册量居全省地级市第二，PCT 国际专利申请量居全省第二；通过《企业知识产权管理规范》国家标准认证企业 977 家，通过知识产权贯标认证企业 977 家，居全省地级市第一。广东省市场监管局党组副书记马宪民表示，东莞市成功获批国家知识产权运营服务体系建设重点城市，将更有利于广深港澳科技创新走廊城市知识产权运营体系建设全覆盖格局的形成，对广东省建设国际科技创新中心有重大的意义。

2.《东莞市知识产权运营服务体系建设实施方案（2019—2021 年)》

东莞市政府办公室日前印发了《东莞市知识产权运营服务体系建设实施方案（2019—2021 年)》（以下简称《方案》），明确了未来 3 年东莞知识产权事业发展的行动纲领。《方案》提出，到 2021 年，建成政策完善、要素完备、体系健全、运行顺畅、特色鲜明的知识产权运营服务体系，"一体八翼十六项工程"全部完成，基本实现知识产权创造高质、运用高效、保护严格、管理科学、服务优良、人才集聚，知识产权与产业、科技、金融发展深度融合，知识产权对创新驱动发展的作用充分显现，对推进营商环境改革、深化供给侧结构性改革、构建开放型经济新体制的作用凸显。

按照广深港澳科技创新走廊东莞段"两核三带多节点"的规划布局，构建以东莞为中心、辐射粤港澳大湾区的具有东莞特色的知识产权国际运营中心。推进"2 核 + 2 特色主题"运营及创新平台工程建设，在东城黄旗南打造高端服务业集聚区知识产权运营平台，在松山湖高新区打造集交易、管理、运用、维权、服务于一体的运营平台，为企业提供"全链条"知识产权运营公共服务。

东莞市还将重点围绕家具、模具等产业集群，促进传统产业与知识产权深度融合，培育知识产权密集型产业，支持知识产权强企建设；积极探索与高等院校合作打造知识产权运营智库，培育一批知识产权强校、强所。

3. 构建完善的知识产权运营服务体系

推进高价值专利培育，引导企业打造知名商标品牌。构建完善的知识产权运营服务体系，质量品牌也是重要环节。东莞在未来 3 年将会强化制造业实体经济主体地位，利用产学研优势推进高价值专利培育，建立东莞市商标品牌发展研究机构，为企业创建自主品牌提供指导服务，设立商标品牌战略专项资金，引导企业打造知名商标品牌，加快促进产业提质增效升级。

实施知识产权金融普惠工程，引导社会资本共同设立知识产权运营基金，探索知识产权证券化，推动知识产权金融服务创新，实现专利、商标质押融资金额、质押次数和知识产权保险金额大幅增加，促进知识产权与金融深度融合，增强创新驱动发展新活力。

此外，东莞市将建设高端智库报告发布机制，编制发布东莞市知识产权运营白皮书、专利创新企业排行榜、品牌企业排行榜等，助推东莞市企业提升国际影响力和竞争力。

三、建议和展望

（一）建立知识产权管理体制

东莞市的国家示范企业从 2018 年的 1 家上升为 2019 年的 4 家，国家示范企业数量的上升体现了东莞市在知识产权建设中，慎重考虑 2018 年国家级示范企业下降的原因，在 2019 年着重进行知识产权的建设。2019 年，东莞市被认定为广东省知识产权优势示范企业的有 150 家；东莞市知识产权优势企业累计达到 156 家。

东莞市根据国家精神，发布《方案》，建立知识产权综合管理改革，建立行政、司法相辅相成的执法模式，建立知识产权纠纷调解机构，使其权界清晰、分工合理、权责一致、运转高效的综合管理机制；建立健全行业协会知识产权管理制度，加强企业知识产权战略规划，重视行业知识产权管理培训，推动建立行业知识产权联盟、加强企业的知识产权建设。要促进东莞市企业的知识产权创新、转化和应用，促进企业知识产权成果效益更进一步提升，东莞市必须加强企业的知识产权建设，建立健全企业知识产权管理体系，制定和完善企业中长期发展规划与知识产权战略。

（二）加强知识产权成果转化

2018—2019 年，东莞市以专利为核心的知识产权成果显著，专利的申请量和授权量均居全省第三位，为广东省地级市之首，且专利申请量和授权量的增长率高于全省平均水平。

但是，东莞市以专利为核心的知识产权成果数量和质量仍然存有不足。一方面，与排在前面的深圳市、广州市相比，东莞市的专利申请和授权在数量和质量上还是存在不小的差距。另一方面，东莞市在发明、实用新型和外观设计上的申请量和授权量的分布特征也体现了以专利为核心的知识产权成果数量和质量存在不足。数据显示，科技对东莞市经济增长的贡献率超过55%，彰显了东莞市知识产权技术成果转化和应用能力相对较强。但是，东莞市在知识产权成果转化方面仍然存在不足。

从东莞市的实际情况来看，东莞市高等院校及其相关科研机构是知识产权创造的主要力量，也是科研项目的主要承担者。《关于〈东莞市科技成果双转化行动计划（2018—2020 年）〉的政策解读》中指出，《东莞市科技成果双转化行动计划（2018—2020 年）》是解决我市高校院所在科技成果转化中所面临问题的需要，据不完全统计，大部分高校院所的科技成果转化率不足20%，有的甚至不足10%。可见，东莞市高校院所的科技成果转化率较低的问题亟待解决。

出现科技成果转化率较低问题的原因是：首先，由于高等院校及其相关科研机构并非完全的市场主体，并非处于市场的中心，往往会缺乏专利成果转化实施的经验和能力，不足以承担起知识产权成果转化和应用的任务。其次，承担科研项目的高校和企业之间沟通和交流存在不足，并未建立一个信息畅通的技术交流平台，两者在知识产权的转让和实施方面也没有一个行之有效的制度建设。最后，大部分产学研合作都仅仅立足于某个项目，合作目标比较单一，没有深化到高校科研方向以及企业生产制度的合作当中，合作始于项目也终于项目，难以保证知识产权成果的进一步深入研究和持续发展。评价一个地区的知识产权发展实力，除了要看知识成果创造总量，更要重视知识产权成果的转化和应用。因此，未来东莞市要促进知识产权事业的进一步发展，就必须加强知识产权成果转化，构建完善的转化运用体系，开展知识产权成果转化的各项活动，贯彻落实知识产权成果转化制度和政策。

（三）各镇街的知识产权高速发展

1.2019 年各镇经济发展状况

2019 年，东莞市各镇街以创新引领，以执行力建设护航，着力拓展产业空间，提升城市品质，社会经济实现平稳发展。其中，松山湖、长安等为第一梯队；茶山、企石、道滘等一批中小镇街则成为第二梯队。

2019 年，松山湖全年实现地区生产总值同比增长 11%，快于全省全市；实现税收约 163 亿元，在全市镇街、园区中排名第一；规模以上工业总产值突破 5400 亿元，总量在全市排名第一，先进制造业、高技术制造业占比均超过 90%；全年累计实现进出口总额 2300 亿元，总量排名全市第二位。2018—2019 年，松山湖科学城携手深圳光明科学城共建综合性国家科学中心先行启动区的发展态势基本形成；散裂中子源向全球用户开放，顺利承接 124 项用户课题研究；南方先进光源研究测试平台与松山湖材料实验室（一期）动工建设。松山湖创新资源加速集聚，在全国高新区综合排名预计将上升至第 21 名，高企存量达 311 家，新增国家级孵化器 6 家，省级新型研发机构 2 家，各类人才总数突破 9.9 万名。吸引赵忠贤、王恩哥、汪卫华等顶尖科学家来园区创新创业。方忠、汤超、邵新宇等 3 名科学家新当选为两院院士，园区院士数量达 30 名，顶尖科技人才集聚的趋势更加明显。在强势产业基础与创新资源带动下，松山湖的对外辐射能力明显提升，尤其是 2019 年启动功能区统筹优化市直管镇体制改革后，"一园九镇"协同发展格局进一步明晰，在发展规划、区域开发、招商引资、重大项目建设和政务服务效能提升等方面步调更加统一。

2019 年，大岭山党代会报告显示，该地经济在经历 2018 年短暂"失速"后，2019 年迎来明显反弹。要持续深化与松山湖的对接协调，特别要全力支持和配合松山湖科学城建设；同时，充分利用毗邻松山湖、深圳的利好条件，引导和推动龙头企业主动对接华为，聚焦 5G、人工智能等领域，强化技术研发和产品生产，提升支柱产业的竞争力。企石在 2019 年则积极融入松山湖功能区"1＋9"统筹组团发展，"把东部工业园企石辖区统筹开发作为头等大事"，完成了园区 6200 多亩土地的用地统筹工作，困扰企石镇发展 10 多年的用地"瓶颈"问题得到化解。横沥镇主动融入松山湖统筹发展功能区，全力构建以模具产业为核心，做强电子信息、电气机械及设备制造业等优势行业的现代化产业体系。茶山于 2019 年首次入选全国百强镇，排第 89 位，提升至第 71 位。2020 年，茶山提出要紧紧依托松山湖科学城的辐射带动作用，加强政策扶持，不断强化创新主体培育、金融要素供给和创新人才支撑，争取规模以上工业企业研发机构同比增加 10%。

2020 年 1 月 16 日长安召开党代会，相关报告透露，2019 年，全镇生产总值首次突破 700 亿元大关。长安紧抓智造这一核心，促进步步高系企业的研发回归；依托长安相对雄厚的产业基础和鲜明的产业特点，抢抓 5G、人工智能、数字经济等产业风口，积极拓展优化产业发展空间，补齐补强产业链条，加快构建现代产业体系，把自身打造成为粤港澳大湾区先进制造业中心的重要支点。

松山湖、长安、虎门三地已经成为东莞镇域经济发展的"领头羊"与"风向标"，在过去一年复杂多变的内外环境下，能取得这样的成绩显示出东莞市经济具有强大的韧性以及新动能培育的突出成效。

2. 大项目牵引中小镇街持续发力

长安大力推进科技创新，抓紧谋划制定 5G 产业发展行动计划，统筹整合全镇智能手机产业链，瞄准广深等地高端产业转移，进一步补链、强链、壮链，并且要加快构建现代产业体系，顺应湾区时代发展要求，布局发展新材料、新能源、生物医药等新兴产业，培育更多的经济增长点。松山湖则提出，力争在建设大湾区国际科技创新中心上取得更大进展。把综合性国家科学中心先行启动区建设作为参与打造大湾区国际科技创新中心的关键抓手，充分发挥园区大装置大平台集聚、产业基础雄厚的优势，用好国家自主创新示范区政策红利，加快构建"源头创新 – 产业创新 – 生产应用"科技成果转化全链条，不断增强松山湖的核心竞争力。

2019 年，黄江镇成功跻身"200 亿俱乐部"，企石镇则有望迈过百亿元大关，沙田镇、沙田、道滘镇、茶山镇等生产总值同比总体大幅增长。

（四）完善知识产权执法维权机制

2018—2019 年，东莞市知识产权的执法保护和司法保护成果显著，知识产权执法部门和司法部门在知识产权纠纷收案和结案数量上都增长较快。但是，东莞市知识产权的执法保护和司法保护仍然存在一些问题。

一是知识产权保护环境有待进一步优化。一方面，东莞市知识产权行政保护与司法保护的协同机制有待完善，执法机关与司法机关在处理知识产权案件时具有不同的事实认定标准、证据认定标准、裁量标准等，容易造成保护方式的混乱，不利于形成协调统一的知识产权保护环境；另一方面，司法机关应对新型案件的解决机制有待完善，东莞市知识产权案件呈现出侵权对象日益多元化、纠纷主体类型复杂化、利用信息网络侵害知识产权案件高发、商业维权和批量维权的比例较大等新特点，新型案件层出不穷，法院面对这些新特点、新类型的案件有时缺乏完善的应对机制，不利于纠纷的高效解决。

二是知识产权执法和司法力量有待充实。一方面，执法人员队伍建设有待加强，东莞市知识产权行政执法队伍力量不足，且由于知识产权专业性较强，对于执法人员的素质要求较高，现有的执法队伍总体上还不能满足知识产权行政执法的要求。另一方面，审判队伍建设有待加强，面对数量日益增长、类型层出不穷的知识产权纠纷，东莞市知识产权审判队伍的业务能力、专业素养、知识结构、审判作风等方面的建设有待进一步加强。有资料显示，东莞市司法机关专业人才在近几年流失较多，加上司法辅助人员严重不足，聘员流动快，案多人少矛盾突出，专业审判受到影响。因此，为了构建健全的知识产权行政和司法保障体系，促进东莞市知识产权事业健康快速发展，必须加强知识产权的行政保护和司法保护，优化知识产权保护环境，打造专业的知识产权执法和司法队伍。

（五）加强知识产权展会保护

以中国加工贸易产品博览会和广东 21 世纪海上丝绸之路国际博览会为代表的展会取得丰硕成果，加强了东莞市企业与国内外企业在高新技术和知识产权方面的交流，东莞市在知识产权会展保护方面也取得了一定的成果，在展会期间受理并快速处理若干数量的专利侵权纠纷投诉案件。但是，东莞市在知识产权会展保护方面依然存在一些问题。

一方面，利用展会实施恶意竞争的情况时有发生。例如，部分参展商参加展会时存在打探行业内其他竞争者的最新产品和技术进而进行模仿或假冒的行为；部分参展商故意登记与权利人相同或近似的字号，生产相同的产品进行销售，以达到市场混淆的目的；部分参展商在参加展会期间通过虚假宣传、商业诋毁等行为，恶意排挤、诋毁竞争对手，以获得不正当的竞争优势。

另一方面，展会主办方对于展会期间的知识产权保护缺乏积极性和主动性。在行业竞争日益激烈的背景下，有的主办方将主要精力用于展览更多参展商，为了有更多的参展商参加，对于某些侵犯知识产权的行为睁一只眼闭一只眼，对知识产权保护重视不足。另外，由于要对庞大的展会产品和技术进行管理，某些主办方可能在管理方面捉襟见肘，在知识产权保护方面缺乏人力、物力资源支持，难以对展会期间的知识产权保护进行全面有效管理。展会是加强知识产权交流、引进高新技术的重要途径，为优化知识产权展会保护的环境，吸引更多的企业和个人参加，促进东莞市企业与国内外企业的高新技术和知识产权交流，东莞市必须进一步加强知识产权展会保护，加强对参展方有关知识产权保护和参展项目知识产权状况的审查，明确展会主办方的法律地位以及权利义务，完善涉展会知识产权纠纷的及时有效审理机制，加强涉展会知识产权典型案件的全方位宣传。

（六）加大知识产权人才培养力度

目前，东莞市虽出台了培养高层次人才的特殊支持政策并且制定了新时代创新人才引进培养实施方案，但知识产权人才在数量和质量方面都存在严重不足。无论是高层次知识产权人才还是实务型知识产权人才，东莞市知识产权人才缺口都相对比较大。

一是通过专利代理师考试的专利代理人才比较少。东莞市通过专利代理师考试的人数仅为广州的 13%、深圳的 17%，对比之下差距明显。二是知识产权人才整体素质有待提高。知识产权人才除了掌握知识产权相关的技术知识之外，还要掌握国内外法律知识、外语知识、业务知识、管理知识等，以缓解现今的知识产权人才知识结构单一、整体素质不能满足市场需求的局面。三是知识产权人才培养体系不够健全。目前，东莞市开展了一定数量的政府机构以及知识产权行业协会组织的各种培训会、交流会和研究会，但数量上仍然不能满足培养知识产权人才的需求。

此外，东莞市在高等院校建设知识产权人才培养基地的数量仍然需要增加，高等院校的知识产权教学与合作仍然需要进一步改善，高等院校知识产权师资培养中心也需要健全，高等院校知识产权人才培养基地的计划和培养机制的制定和实施仍需要加快。知识产权人才是知识产权事业得以发展的重要支撑，因此，东莞市必须加大知识产权人才培养力度，加强知识产权实务人才培养，完善高校知识产权人才培养体系，建设知识产权人才培养基地，以支撑东莞市知识产权事业取得进一步发展目标的实现。

（撰稿人：刘晓蔚）

第6章　佛山市知识产权报告

佛山是粤港澳大湾区最重要的城市之一，经济规模仅次于深圳、广州和香港，是粤港澳大湾区的西部枢纽和制造业创新中心。于2019年2月发布的《粤港澳大湾区发展规划纲要》要求粤港澳大湾区逐步成长为具有全球影响力的国际科技创新核心，形成以创新为主要支撑的经济体系和发展模式，佛山则被确定为粤港澳大湾区的"重要节点城市"和"珠江西岸先进装备制造产业带"的"龙头"。科技创新产业是大湾区和佛山市的经济支柱，知识产权是科技创新的重要法律基础。因此，摸清佛山市知识产权各方面工作的"家底"不仅有利于各级政府制定切实可行的政策，而且可以为包括企业在内的社会各界的知识产权工作提供一定的指引和参考。

2011年4月，佛山市人民政府发布《佛山市知识产权战略纲要（2011—2020年)》。2013年1月，佛山市人民政府发布《佛山市建设国家创新型城市总体规划（2013—2020年)》，正式启动建设国家创新型城市。这些为佛山市知识产权工作奠定了政策基础，提供了方向指引。2018—2019年，国家知识产权政策正在发生缓慢变化，其重要特点就是知识产权保护进一步强化，知识产权工作开始从重视"量"向重视"质"转变，这不仅影响佛山市知识产权制度和政策的调整，更直接影响佛山市各项知识产权的发展状况。该报告在前一年报告的基础上，着重分析2018—2019年佛山市知识产权制度和政策的调整及其对各项知识产权工作的影响和佛山市各项知识产权的发展状况。

一、佛山市知识产权制度和政策

2018—2019年，随着国家宏观知识产权政策的调整，佛山市知识产权制度和政策也在逐渐变化，制定了《佛山市全面建设国家创新型城市促进科技

创新推动高质量发展若干政策措施》《佛山市促进专利高质量发展资助办法》
《佛山市知识产权局商标品牌战略资金扶持办法》《佛山市知识产权质押融资
风险补偿专项资金管理办法》《佛山市人民政府办公室关于促进科技成果转移
转化的实施意见》《佛山市科学技术局关于促进科技成果转移转化实施细则》
等，停止执行《佛山市人民政府办公室关于印发佛山市专利资助办法补充规
定的通知》（佛府办〔2014〕44号）的部分条款，旨在促进知识产权提质增
效，促进知识产权利用，推动知识产权高质量发展。具体制度和政策调整表
现在以下几个方面。

（一）新确定为期 3 年的促进科技创新推动高质量发展政策

2019 年 5 月，佛山市人民政府发布《佛山市全面建设国家创新型城市促
进科技创新推动高质量发展若干政策措施》，共制定了全面融入粤港澳大湾区
国际科技创新中心建设、着力构筑人才集聚发展高地、加强基础研究和核心
技术攻关、加大企业创新支持力度、加快科技创新平台建设、加强科技创新
载体建设、促进科技金融深度融合、深化科技领域"放管服"改革等 8 个方
面 35 条政策措施，坚持问题导向，聚焦创新需求，注重体制改革与开放创
新，积极探索、先行先试，围绕区域、技术、人才、主体、平台、载体、体
制等方面提出突破性、普惠性政策措施，为深入实施创新驱动发展战略，以
全面建设国家创新型城市为总目标，促进科技创新推动高质量发展，为粤港
澳大湾区建设具有全球影响力的国际科技创新中心作出佛山贡献。本政策措
施自 2019 年 6 月 8 日起施行，有效期 3 年。

（二）停止执行部分低水平知识产权资助政策

佛山市于 2010 年制定《佛山市发明专利资助办法》，2013 年制定《佛山
市专利资助办法》，2014 年制定《佛山市专利资助办法补充规定》，现行除
2014 年《佛山市专利资助办法补充规定》部分条款停止执行之外，这三个办
法的相关规定均为有效。2018 年 12 月，佛山市知识产权局发布《佛山市知识
产权局关于停止执行〈佛山市专利资助办法补充规定〉部分条款的通知》，该
通知根据《国家知识产权局关于进一步提升专利申请质量的若干意见》（国知

发管字〔2013〕87 号）和《关于规范专利申请行为的若干规定》（第 75 号局令）等文件要求，为强化专利申请扶持政策的质量导向，促进知识产权高质量发展，决定对专利申请、授权相关政策进行调整，自发文之日起，结合《佛山市人民政府办公室关于印发佛山市专利资助办法补充规定的通知》（佛府办〔2014〕44 号）精神，《佛山市专利资助办法补充规定》的第 2 条、第 3 条、第 5 条、第 6 条、第 7 条停止执行。具体来说包括以下几个方面。

1. 停止对专利申请的资助

2010 年《佛山市发明专利资助办法》和 2013 年《佛山市专利资助办法》均没有对国内专利申请进行资助，2014 年的《佛山市专利资助办法补充规定》开始对专利申请进行资助，此项专利申请资助自 2018 年 12 月停止执行。2010 年《佛山市发明专利资助办法》规定，按照国际《专利合作条约》提出的 PCT 国际专利申请每项给予 5000 元资助。2013 年的《佛山市专利资助办法》不再资助 PCT 国际专利申请，2014 年的《佛山市专利资助办法补充规定》恢复 2010 年《佛山市发明专利资助办法》对 PCT 国际专利申请的资助，此项专利申请资助同样自 2018 年 12 月停止执行。自此，佛山市已经停止对单纯专利申请的资助，无论是国内专利申请还是 PCT 国际专利申请。

2. 停止对超限额发明专利授权和国际专利授权的资助

对于中国专利授权，2010 年《佛山市发明专利资助办法》规定获得中国发明专利授权后每项给予 10000 元的资助，2013 年的《佛山市专利资助办法》将此项资助金额降低为 5000 元，且规定一个单位或个人同一年度申请资助超过 20 项时，超出部分每项给予 2000 元的资助，合计资助金额不超过 25 万元。2014 年的《佛山市专利资助办法补充规定》提高了超额授权的专利资助的额度，除限额内获得中国发明专利授权后，每件给予专利权人 5000 元资助，对于超过限额的，同一单位中国发明专利授权超过 20 件的，每件资助 6000 元；超过 50 件的，每件资助 8000 元，不再有合计资助金额的限制。这种对超额授权专利资助额度的提高自 2018 年 12 月停止执行，但 2013 年的《佛山市专利资助办法》提供的专利授权资助仍然继续提供。

对于国际专利授权，2010 年《佛山市发明专利资助办法》规定，获得美国、日本和欧盟等国家或地区授权的发明专利，每项给予 50000 元的资助，获得其他国家或地区授权的发明专利，每件给予 30000 元的资助。一项发明被多个国家或地区授予专利权的，最多可申请不超过两个国家或地区的发明专利资助。2013 年的《佛山市专利资助办法》没有规定国际专利授权资助，2014 年的《佛山市专利资助办法补充规定》恢复了 2010 年《佛山市发明专利资助办法》的资助，此项资助自 2018 年 12 月停止执行。自此，国际专利授权资助停止进行。

3. 停止对专利代理机构的中国发明专利授权资助限额外超额资助和专利申请资助

2010 年的《佛山市发明专利资助办法》没有规定对专利代理机构的资助。2013 年，《佛山市专利资助办法》规定，代理的中国发明专利授权后，给予专利代理机构 1000 元的资助。专利代理机构同一年度申请资助超过 100 项时，超出部分每项给予 500 元的资助，资助金额不超过 15 万元，并且市、区合计资助不超过年度所缴税额。2014 年，《佛山市专利资助办法补充规定》将此项资助额度进一步提高，代理机构代理的中国发明专利获得授权后，每件资助 1000 元。代理的中国发明专利授权超过 20 件的，每件资助 1200 元；超过 50 件的，每件资助 1500 元；超过 100 件的，每件资助 2000 元。此项资助自 2018 年 12 月停止执行。自此，专利代理机构中国专利授权资助恢复至 2013 年《佛山市专利资助办法》规定的标准。2010 年的《佛山市发明专利资助办法》和 2013 年的《佛山市专利资助办法》均没有规定对专利代理机构的专利申请资助。2014 年，《佛山市专利资助办法补充规定》规定，代理机构代理的中国发明专利申请超过 50 件的，每件资助 1000 元；超过 100 件的，每件资助 2000 元。代理量的确认以取得发明专利实审通知书为准。此项资助自 2018 年 12 月停止执行。自此，专利代理机构的专利申请资助停止进行。

4. 停止专利授权前资助、超额资助和大户奖励

《佛山市知识产权局关于停止执行〈佛山市专利资助办法补充规定〉部分条款的通知》在明确停止执行 2014 年《佛山市专利资助办法补充规定》上述条款的同时，还明确规定，佛山市各区、镇、园区印发的专利资助政策中不

符合国家知识产权局文件关于"授权在先,部分资助"的要求,涉及专利授权前资助、超额资助和大户奖励的相关条款同时停止执行。发明专利授权资助由市级统筹,各区、镇及园区不再重复资助。

除以上专利授权前资助、超额资助和大户奖励等有较大弱化或停止之外,佛山市其他知识产权资助办法仍然有效,专利维权援助、企业专利工作资助、平台资助、商标国际注册资助和版权登记资助等知识产权资助政策仍然有效。

(三) 促进专利高质量发展

根据《国家知识产权局关于进一步做好国家知识产权试点示范城市相关工作意见的函》《国家知识产权局办公室关于开展专利申请相关政策专项督查的通知》《国家知识产权局关于进一步提升专利申请质量的若干意见》《广东省知识产权局关于强化质量导向进一步优化专利资助政策的通知》等文件精神,目前广东省正在规范调整专利资助扶持政策,取消对申请阶段的专利进行资助和超额资助,按照"授权在先、部分资助"的要求,政策导向在于突出资助政策的质量和效益,转变资助理念,进一步提升发明专利质量。为进一步促进佛山市专利高质量发展、推动知识产权示范城市建设、尽快做好专利资助政策的调整和配套,鼓励创新创造,佛山市市场监督管理局根据上级文件精神,对原来的资助政策进行重新论证、调整和整合,旨在扎实推进引领型知识产权强市建设,有效发挥财政资金的导向作用,推动佛山市专利高质量发展,促进知识产权综合实力全面提升。2019 年 9 月,佛山市市场监督管理局发布《佛山市促进专利高质量发展资助办法》,在发明专利、专利保护、促进创新主体专利工作、促进知识产权服务机构工作、促进知识产权服务业集聚发展、促进知识产权运用、专利项目等方面提供资助,以推动佛山市专利高质量发展,促进知识产权综合实力全面提升。

1. 发明专利资助

2010 年的《佛山市发明专利资助办法》规定,获得中国发明专利授权后每项给予10000 元资助,2013 年的《佛山市专利资助办法》将资助标准从10000 元降低为5000 元,超出部分资助额降低为2000 元,合计资助金额不超过 25 万元。2014 年的《佛山市专利资助办法补充规定》将超额专利授权资助额度提高，同一单位中国发明专利授权超过 20 件的，每件资助 6000 元；超过 50 件的，每件资助 8000 元。2018 年 12 月，此项资助被停止执行。2019年的《佛山市促进专利高质量发展资助办法》将中国发明专利授权资助标准修改为：通过专利代理机构申请且无申请国家知识产权局费用减缓的已授权发明专利，每件给予 7000 元资助；没有通过专利代理机构申请，或获得国家知识产权局费用减缓的已授权发明专利，每件给予 3000 元资助。2018 年 12月的《佛山市知识产权局关于停止执行〈佛山市专利资助办法补充规定〉部分条款的通知》停止了对国际专利授权的资助，2019 年的《佛山市促进专利高质量发展资助办法》恢复了国际专利授权资助，获得美国、日本、欧盟国家授权的发明专利，每件资助 5 万元；获得其他国家或地区授权的发明专利，每件资助 3 万元；同一项发明专利被多个国家或地区授予专利权的，最多资助两个国家或地区。2018 年 12 月的《佛山市知识产权局关于停止执行〈佛山市专利资助办法补充规定〉部分条款的通知》停止了对 PCT 国际专利申请的资助，2019 年的《佛山市促进专利高质量发展资助办法》恢复了对 PCT 国际专利申请资助，按照《专利合作条约》提出的 PCT 国际专利申请，获得PCT 国际检索报告和国际检索单位书面意见，且至少一项权利要求同时获得新颖性、创造性、实用性的肯定意见，具有授权前景的，每件资助 3000 元。发明专利授权后的年费，每件按当年实际缴纳年费的 70% 给予资助。2010 年的《佛山市发明专利资助办法》和 2013 年的《佛山市专利资助办法》均没有对中国专利年费进行资助，2014 年的《佛山市专利资助办法补充规定》开始对中国专利年费进行资助，中国发明专利授权后的第 4~6 年年费，每件资助当年年费的 50%。2019 年的《佛山市促进专利高质量发展资助办法》提高了专利授权年费资助的额度，即发明专利授权后的年费，每件按当年实际缴纳年费的 70% 给予资助。

2. 专利保护资助

和发明专利资助有升有降不同，《佛山市促进专利高质量发展资助办法》大大提高了专利保护资助的额度。2013 年的《佛山市专利资助办法》没有规定在中国提起专利侵权诉讼的资助，2019 年的《佛山市促进专利高质量发展资助办法》则规定了在中国提起侵权诉讼资助，佛山市行政区域内企业获得中国发明专利授权后，在法院提起发明专利侵权诉讼，最终判定专利侵权成立的，每件给予维权费用的 50%（最高不得超过 5 万元）资助，侵权是否成立以法院生效的裁判文书为准。对于海外维权诉讼，2013 年的《佛山市专利资助办法》规定，在国外提起专利侵权诉讼，其中美国、日本和欧盟国家每件给予 10 万元资助，其他国家或地区每件给予 5 万元资助。此项资助总额每年不超过 80 万元，一个单位同一年度申请此项资助不超过 40 万元。2019 年《佛山市促进专利高质量发展资助办法》则区分在外国（地区）提起侵权诉讼资助和在外国（地区）积极应对侵权诉讼资助。对于前者，要求最终判定侵权成立才予资助，将资助标准修改为美国、日本、欧盟国家每件给予维权费用的 50%（最高不得超过 30 万元）资助，其他国家或地区每件给予维权费用的 50%（最高不得超过 15 万元）资助。侵权是否成立以法院生效的裁判文书为准，资助标准大大提高。另外，新增了在外国（地区）积极应对侵权诉讼资助，最终判定专利侵权不成立的，美国、日本、欧盟国家每件给予维权费用的 50%（最高不得超过 30 万元）资助，其他国家或地区每件给予维权费用的 50%（最高不得超过 15 万元）资助。同时，2019 年的《佛山市促进专利高质量发展资助办法》还特别规定了提出专利无效请求资助，在市知识产权主管部门或者法院被告专利侵权，其向国家知识产权局提出专利无效请求并成功判定涉案专利权全部无效的，每件给予 2 万元资助。

3. 促进创新主体专利工作资助

2014 年的《佛山市专利资助办法补充规定》仅规定了对通过《企业知识产权管理规范》国家标准认证的企业，一次性资助不超过 5 万元；2019 年的《佛山市促进专利高质量发展资助办法》则除此规定之外，对于通过《高等学校知识产权管理规范》国家标准认证的高校和通过《科研组织知识产权管理规范》国家标准认证的科研院所，一次性资助分别不超过 10 万元和 5 万元，资助面大大拓宽，包含更多的科技创新主体。2014 年的《佛山市专利资助办法补充规定》规定，对于获得国家知识产权示范和优势企业的，分别资助不超过 50 万元和 30 万元；获得广东省知识产权示范和优势企业的，分别资助不超过 30 万元和 20 万元；获得佛山市知识产权示范企业的，资助不超过 10

万元。2019 年的《佛山市促进专利高质量发展资助办法》则维持获得国家知识产权示范和优势企业的资助标准，把获得广东省知识产权示范和优势企业的资助标准分别降低为 20 万元和 10 万元，不再资助获得佛山市知识产权示范企业的企业。2014 年的《佛山市专利资助办法补充规定》规定，获得国家专利金奖和优秀奖项目，分别资助不超过 50 万元和 30 万元；获得广东省专利金奖和优秀奖项目，分别资助不超过 30 万元和 10 万元。2019 年的《佛山市促进专利高质量发展资助办法》则拓宽了资助范围，对佛山市行政区域内的单位或个人获得国家专利（含外观设计）金奖、银奖、优秀奖项目，分别资助 50 万元、30 万元、20 万元；对佛山市行政区域内的单位或个人获得广东省专利金奖、银奖、优秀奖项目，分别资助不超过 30 万元、20 万元、10 万元；对佛山市个人获得广东杰出发明人奖，资助 5 万元。2019 年的《佛山市促进专利高质量发展资助办法》还增加了对学校、园区及知识产权（专利）联盟的资助，对于成为全国中小学知识产权教育试点、示范学校的，一次性分别资助 5 万元和 10 万元；对于获得广东省知识产权教育示范学校的，一次性资助 5 万元；对于成为国家知识产权试点、示范园区的，一次性分别资助 20 万元和 30 万元；对于通过国家知识产权局备案的知识产权（专利）联盟，一次性资助 10 万元。支持佛山市校内开设知识产权相关的主修、辅修、选修课程，建立完善的教育管理及课程评价体系，学校应邀请或聘请有资质的教员为至少 100 名学员进行至少 10 课时（45 分钟课程为 1 课时）的课程教学，并对通过考核的学员发放相关证书，每学年对单个学校的资助不超过 20 万元。

4. 促进知识产权服务机构工作资助

在促进知识产权服务机构工作资助方面，2019 年的《佛山市促进专利高质量发展资助办法》除保留原先专利资助办法中的新设立专利代理机构资助、代理发明专利授权资助、专利质押融资服务机构资助之外，新增国家知识产权服务品牌机构资助，对于成为国家知识产权服务品牌机构的总公司一次性资助 20 万元，分支机构一次性资助 10 万元。

5. 促进知识产权运用资助

在促进知识产权运用资助方面，2019 年的《佛山市促进专利高质量发展资助办法》除保留专利技术交易资助外，新增专利保险资助，规定采取按比例补贴、总额限定的方式实行专利保险费率补贴，支持保险公司进一步增加专利保险险种。对购买专利保险的单位，按实际支出保费的 50% 给予补贴，同一单位或个人同一年度获得该项资助不超过 30 万元。

除以上新增内容之外，2019 年的《佛山市促进专利高质量发展资助办法》还规定，佛山市知识产权局可根据国家知识产权局、省知识产权局及市委、市政府的战略部署，围绕知识产权重点工作，按照财政年度预算，除专利后补助外，增设高质量专利培育、高校与科研机构知识产权管理贯标推进、战略性新兴产业导航工程、知识产权保护、知识产权维权援助公共服务、知识产权交易运营、知识产权投融资、专利保险、知识产权软科学研究及管理计划、知识产权服务能力提升、知识产权人才培养等项目，每个项目资助不超过 100 万元。

总体上，2019 年的《佛山市促进专利高质量发展资助办法》系统整理了佛山市专利相关资助政策，在保留部分原有政策的基础上，有意识地新增了许多资助类型，资助覆盖面大大提高，有助于增强知识产权运用能力和促进高质量专利的发展。

（四）品牌扶持的新政策

2017 年 6 月，佛山市发布《佛山市扶持企业创驰（著）名等商标奖励实施意见》，对获得中国驰名商标认定的单位，奖励 30 万元；对获得广东省著名商标认定的单位，奖励 5 万元；对获得集体商标、证明商标认定的单位，奖励 10 万元。2019 年 3 月，佛山市制定的《佛山市知识产权局商标品牌战略资金扶持办法》规定，对获得中国驰名商标认定的，每件给予扶持资金 30 万元；对成功注册地理标志证明商标的，每件给予扶持资金 20 万元；对成功注册集体商标的，每件给予扶持资金 1 万元；对运用区域商标成效明显的注册人，给予"区域商标管理使用扶持资金" 20 万元，每年扶持单位不超过 15 个。原先以单位为单位进行奖励，现在以件为单位进行扶持，原先笼统奖励集体商标、证明商标，现在则分别对地理标志证明商标与集体商标予以扶持，现在增加对运用区域商标成效明显的注册人的扶持。省著名商标不再扶持是因为自 2017 年 7 月 20 日起《广东省著名商标认定和管理规定》已经废止，广东省著名商标也不再评审。不过，总体上，《佛山市知识产权局商标品牌战略资金扶持办法》扶持的商标的范围更宽、力度更大，更为科学合理。

（五）知识产权质押融资支持

为贯彻落实中央、国务院关于加快实施创新驱动发展的战略部署，佛山市人民政府办公室于 2016 年制定了《佛山市知识产权质押融资风险补偿资金管理试行办法》（以下简称《试行办法》）和《佛山市科学技术局关于知识产权质押融资风险补偿资金管理试行办法的实施细则》。自 2016 年以来，佛山市已经成功为一批科技型企业的知识产权质押贷款提供支持，帮助企业累计获得贷款金额超过 11 亿元。但 2016 年的《试行办法》于 2019 年 2 月到期，受国家机构改革影响业务主管部门变更，为更好开展知识产权质押融资工作、理顺工作流程、解决市内更多轻资产的科技型中小企业融资难问题，2019 年9 月佛山市市场监督管理局（知识产权局）修订了《佛山市知识产权质押融资风险补偿专项资金管理办法》（以下简称《管理办法》）。

1. 优先入库企业条件的变化

《管理办法》根据新形势修改了优先入库企业的条件，保留了获得国家或广东省知识产权示范、优势企业称号的企业，近 5 年内拥有 1 项（含）以上有效发明专利或 3 项（含）以上有效实用新型专利或 3 项（含）以上软件著作权的企业，国家高新技术企业或高新技术企业培育库入库企业，广东股权交易中心挂牌企业，符合佛山市产业布局和发展方向的、经济效益较好的、具有中长期发展前景的企业等条件；删除了国家、省或市创新创业大赛优胜企业，获得广东省创新型试点企业或创新型企业称号的企业，近 5 年内获得国家、省、市、区科技立项的企业等条件；新增了列入佛山市重点知识产权保护名录的企业，拥有行政认定中国驰名商标的企业，全国科技型中小企业信息库入库企业，获得国家、省、市版权示范单位称号的企业及产品获得国家、省、市最具价值版权产品称号的企业等条件。优先入库企业有所扩展，尤其是扩展到包括商标、版权优势企业。

2. 明确企业入库采取定期入库和实时入库的措施

定期入库指资金管理人每半年组织一次企业入库申请，企业根据入库申请要求，提交入库申请材料，经资金管理人审核并报工作小组办公室确认后，形成入库企业名单。实时入库指符合入库条件的企业提出融资申请时，向资金管理人提交入库申请材料，经资金管理人审查通过后，先行入库获得扶持，资金管理人再向工作小组办公室报备。

3. 进一步明确了运作方式

《管理办法》明确规定，风险补偿专项资金采取风险分担的方式运作，如支持项目发生风险损失，则知识产权质押实际融资部分由风险补偿专项资金、合作机构按合作协议约定比例承担。风险补偿专项资金仅按规定和约定比例补偿不良贷款项目本金损失部分，相关利息等由合作机构自行承担。明确风险补偿项目到期前，企业因特殊情况，合作机构可向资金管理人提出申请延期，说明延期原因及延期期限，经工作小组办公室批准后执行，同一企业原则上不可连续申请风险补偿项目超过 3 年（含 3 年）。

二、佛山市知识产权发展状况

2018—2019 年，随着知识产权制度和政策的调整，佛山市的知识产权工作也发生了一定的变化，国家和广东省知识产权示范优势企业数量继续增加，各种知识产权数量继续增长，知识产权质量有所提升，知识产权实施效果进一步显著，知识产权保护继续加强，中介服务机构继续发展，知识产权人才培养和引进工作也取得了新的成绩，在最新发布的粤港澳大湾区企业专利创新百强榜中，佛山市凭借 10 家上榜企业紧随深圳市、广州市之后，名列全省第三。国家知识产权运营公共服务平台发布的城市创新指数显示，佛山市 2019 年城市创新指数为 66.08，较 2018 年增长 3.42%，创新指数在全国地级市中排名第三。

（一）佛山市知识产权示范企业发展状况

佛山市知识产权示范企业和优势企业建设取得了不错的成绩，2018 年和 2019 年的知识产权示范企业和优势企业的建设继续稳步推进。截至 2019 年，佛山市获得"国家知识产权示范企业"称号的企业共有 27 家：其中，2018 年获得"国家知识产权示范企业"称号的企业有 10 家，2019 年获得"国家知识产权示范企业"称号的企业有 12 家；获得"广东省知识产权示范企业"称号的企业共有 143 家：其中，2018 年获得"广东省知识产权示范企业"称号的企业有 3 家，2019 年获得"广东省知识产权示范企业"称号的企业有 112 家。截至 2019 年，佛山市获得"国家知识产权优势企业"称号的企业共有 150 多家：其中，2018 年获得"国家知识产权优势企业"称号的企业有 17 家，2019 年获得"国家知识产权优势企业"称号的企业有 100 多家；获得"广东省知识产权优势企业"称号的企业共有 100 家，其中，2018 年获得"广东省知识产权优势企业"称号的企业有 9 家。为响应国家"放管服"的相关要求，减轻企业负担，对标国家知识产权示范企业和优势评定工作，重新整合强企培育工作流程，从 2019 年起，广东省不再评定"广东省知识产权优势企业"称号，原《广东省知识产权示范企业和优势企业评定办法》（粤知保协发字〔2017〕17 号）废止。原已通过"广东省知识产权优势企业"评定的企业继续保留该称号，鼓励该类企业积极申报本年度及今后年度的"广东省知识产权示范企业"称号，并在评定时予以加分倾斜。2019 年继续开展"广东省知识产权示范企业"评定工作，2019 年计划评定"广东省知识产权示范企业"不少于 100 家，符合条件的不设上限。正因如此，2019 年佛山市的"广东省知识产权示范企业"获得突破性增长，增加 112 家，总数达到 143 家。

（二）佛山市知识产权取得状况❶

2018—2019 年，佛山市知识产权取得活动仍然比较活跃，专利申请和授

---

❶　由于著作权因作品创作完成而自动产生，仅仅著作权登记并无意义，不能反映著作权取得情况。本报告不包含著作权方面的内容。

权均获得大幅度增长，质量有一定提升，商标注册仍然在快速地增长。

1. 专利方面

2019 年，佛山市专利申请共计 81011 件，授权 58747 件，其中发明专利授权 4582 件，实用新型专利授权 35475 件，外观设计专利授权 18690 件，均位居全省前列；截至 2019 年底，佛山市有效发明专利总量为 23045 件，同比增长 18.20%，万人有效发明专利拥有量 29.15 件，居全省第五位。相关专利主要集中在电器、家居、五金陶瓷等领域，佛山市各区专利授权数量排名为顺德区、南海区、禅城区、三水区、高明区。其中，顺德区专利授权量最多，达到 29535 件，占全市专利授权量的 50.28%；南海区以 19697 件位居第二，占全市专利授权量的 33.53%。两区合计比例超过全市八成。2019 年，佛山市获第二十届中国专利奖 52 项，获第五届广东专利奖 15 项，数量居全省第二位。

2. 商标方面

截至 2019 年底，佛山市累计获批创建全国知名品牌示范区 13 个，中国驰名商标数量达 162 件，位列全省第二，继续保持全国地级市首位。2019 年，佛山地区新申请商标共 102361 件，占广东省新申请商标总量的 6.94%，在全省排名第四。截至 2019 年 12 月 31 日，佛山地区累计有效注册商标 358847 件，总数在全国城市中位列第 12，每万户市场主体注册商标拥有量为 4373 件；中国驰名商标 162 件，继续位居全国地级市首位；集体商标和证明商标累计 141 件，位居全省首位；马德里体系国际注册商标 721 件，位居全国第 12。佛山市有效期届满的注册商标续展率 46.94%，高于广东省商标续展率 41.78% 的平均水平。佛山市商标聚集度在粤港澳大湾区排名第二，顺德区商标活跃度五区第一。2018 年全市五区商标发展态势良好，其中顺德的商标活跃度（每新设一户市场主体同时新增注册商标量）和商标聚集度（每万户市场主体累计商标拥有量）最高。

（三）佛山市知识产权保护与运用状况

2019 年，佛山市两级法院共新收知识产权案件 16011 件。2018 年，佛山市两级法院共新收知识产权案件 13530 件。其中，民事案件 13353 件，行政案件 2 件，刑事案件 175 件。民事案件收案数量出现暴增，是 2017 年民事案件 4940 件的 2.7 倍；行政案件增加 1 件，刑事案件增长 24.1%。佛山市中级人民法院新收民事一审案件 9 件，二审案件 2162 件，刑事二审案件 38 件，合计 2209 件；基层法院新收民事案件 11182 件，行政案件 2 件，刑事案件 137 件，合计 11321 件。2018 年，佛山市两级法院共审结案件 13115 件，其中民事案件 12950 件、行政案件 1 件、刑事案件 164 件。其中，佛山市中级人民法院审结 2217 件，是 2017 年结案数 548 件的 4.05 倍；基层法院审结 10898 件，是 2017 年结案数 4398 件的 2.48 倍。2018 年，佛山法院知识产权案件呈现案件总数翻两番、新类型、疑难复杂案件层出不穷、案件标的额高、社会影响大等特点。❶

2018 年，佛山市成立了中国（佛山）知识产权保护中心，该中心面向智能制造装备和建材产业开展协同保护工作。截至 2019 年底，保护中心新增 425 家备案企业，接收专利快速预审申请 645 件，获得授权 136 件，专利预审服务受理量和授权量均排在全国第 7 位；协助处理各类专利侵权纠纷案件 418 件。

2019 年 4 月 25 日，广州知识产权法院佛山巡回审判法庭揭牌，是广州知识产权法院继惠州后，在全省布局的第二个巡回法庭。广州知识产权法院佛山巡回法庭将立足佛山市，辐射粤西，集中审理佛山市及周边地区属广州知识产权法院管辖的各类知识产权民事案件，为当事人就近提供案件受理、开庭审判、查询咨询、诉调对接、来访接待、法制宣传等诉讼服务，服务当地实施科技创新驱动发展战略，将为广州、佛山两地及粤西地区建设现代化经济体系提供更有力的司法保障。

2012 年以来，佛山市工商局开发和运用全国首个地区商标监测与预警系统，服务全市 30 万户企业，为全市企业开展商标抢注、商标初审公告及使用策略、商标续展、商标初审、商标被异议、商标被撤销等商标预警服务。2019 年，佛山市通过预警系统发出抢注预警 516 份、续展预警 5734 份，商标

---

❶ 2018 年佛山法院知识产权司法保护状况白皮书（全文附典型案例）［EB/OL］．［2019 - 11 - 02］．http：//dy.163.com/v2/article/detail/EDIC9380051497RA.html.

被异议预警1268份，商标被宣告无效预警461份，商标被撤销预警1055份，商标被撤销事项决定预警86份，企业国际商标注册保护建议书2556份，有效杜绝"傍名牌"现象。

2018年，佛山市各级市场监管部门共查处不正当竞争案件89件，案件总数位列全省第一，案件类型包括混淆行为、商业贿赂、虚假或引人误解的商业宣传、商业诋毁以及不正当有奖销售等。国家市场监督管理总局通报表扬的全国市场监管部门2018年反不正当竞争执法重点行动表现突出单位、突出个人和推广典型案例中，佛山市市场监管局获评表现突出单位（全省仅2家），市市场监管局查办的某公司商业诋毁案例获评典型案例（全省唯一）。2019年，佛山市市场监管局立案查处商标侵权、假冒专利违法案件215宗，罚没金额176.074万元。

2019年，佛山市专利转让4694件，受让4798件。专利许可83件，许可合同金额1.1亿元；专利权质押融资115件，融资金额约19.26亿元，专利质押融资单笔金额超1000万元的出质人23家。专利转让和受让均以发明和实用新型为主，分别占转让的98.25%和受让的84.68%，转让和受让总量相差不大，显示佛山市的专利技术输出和输入的关系大致平衡。2019年，佛山市共办理商标转让8837件，同比增长24.94%，总量在全省排名第三；商标许可304件，累计商标许可3296件，累计商标许可量占省总量的13.33%，在全省排名第三；商标质权主体累计67个，累计商标质权主体在全省排名第一，占比23.76%。2019年，佛山市专利保险共投保专利516件，保障金额达5954.1万元。佛山市版权保护协会和平安产险合作推出的版权维权保险"侵权保"正式上线，填补了版权维权保险的缺失。

（四）佛山市知识产权中介机构发展状况

佛山市的知识产权中介机构比较发达，"国家知识产权服务业集聚发展试验区"已经于2017年底获得验收，不仅已经引进培育61家专利代理服务机构，聚集67家知识产权服务机构，而且引进培育高端知识产权服务机构，引进培育12家全国知识产权服务品牌（培育）机构；2019年进驻的专利代理机构、其他知识产权服务机构、孵化机构已经达到185家。尤其具有佛山市特点的是，佛山市完善知识产权协会服务体系，实现市区知识产权协会全覆盖，目前已经形成包括"佛山市知识产权协会""佛山市三水区知识产权协会""顺德区家具行业知识产权保护协会""顺德区专利协会"等研究型咨询服务机构体系。这些研究型咨询服务机构不仅能够提供普通知识产权中介机构可以提供的代理、诉讼、融资等常规知识产权中介服务，而且聚集一大批各个方面的知识产权专业人才，能够提供研究性的咨询服务，为企业和政府机构提供更为全面的知识产权服务。同时，佛山市还完善专利代理机构服务体系，成立市专利代理人协会，编制发布专利代理机构、专利代理人评定准则，引导和规范专利代理机构和专利代理人的发展。佛山市深入实施"英才计划"，成立广东知识产权创新学院、佛山知识产权人才学院，建设知识产权管理产学研合作示范基地，全市累计培育各类知识产权人才超过 10000 人。截至 2019 年底，全市知识产权代理认证行业企业达 445 家。其中，全国知识产权服务品牌（培育）机构有 15 家，已经建成面积达 50000 平方米的禅城、南海、顺德三大服务业集聚园区，超过 50 家知识产权服务机构进驻。❶ 2019 年 4 月 26 日，国家知识产权局专利局广州代办处佛山服务站、佛山市版权登记绿岛服务站及佛山市岭南公证处知识产权服务站在中国（佛山）知识保护中心揭牌，对于佛山市的专利申请、版权登记和知识产权保护起到了巨大的推动作用。

三、建议和展望

总的来说，佛山市知识产权制度和政策已经比较完备，已经基本形成一套有利于创新型城市建设的知识产权政策体系，已经初步建立知识产权创造、运用和保护的知识产权基础设施，企业知识产权管理体系比较完备，形成了一套有助于创新型城市建设的知识产权生态系统。随着国家知识产权政策逐渐趋向于提质增效，重视知识产权质量和知识产权运用，佛山市 2018—2019 年知识产权制度和政策适应国家知识产权政策的调整，减少了那些纯粹催生

---

❶ 2018 年商标注册增长近一倍 佛山市首次发布知识产权报告［EB/OL］.［2019 – 11 – 03］. http：//www.fsxcb.gov.cn/gzdt/zxdt/201904/t20190426_7467256.html.

知识产权泡沫的资助政策，增加了提升知识产权质量和促进知识产权运用的资助政策，资助面大大拓宽，有助于促进知识产权高质量发展和知识产权运用，促进创新型城市的建设。2018—2019 年，佛山市知识产权工作各方面也均取得了较好的成绩，尤其是专利质量进一步提高，知识产权运用效果进一步体现。

2018—2019 年，佛山市知识产权制度和政策已经在很大程度上体现上年度报告所提建议的许多方面，尤其在知识产权资助政策方面，该报告提出应该仅对高质量的专利提供资助，重点资助 PCT 国际专利申请和发明专利，专利资助逐渐转变"事先资助"为"事中资助"和"事后奖励"，逐步取消对专利申请的资助，对于经一定程序确定的有实施价值但实施有资金困难的专利可以进行实施资助，而对于大部分专利仅仅采取事后奖励的方式，可以直接对专利实施效果较好的专利进行资金奖励和荣誉奖励，还可以通过税收方式减免税收或者返还专利产品的税收。在 2018—2019 年这些大部分已经通过相关知识产权资助政策的调整得到实现。但在许多方面，该报告所提建议仍然未能实现。结合粤港澳大湾区建设的新形势和国家知识产权政策的最新调整，进一步提出以下建议。

第一，取消专利年费资助。专利年费资助导致市场对专利质量的调控完全失灵，应彻底取消对专利年费的资助。

第二，在商标方面，仅仅对国际商标注册和驰名商标予以资助，取消对普通商标注册的资助。同时，采用评选名牌商标奖的方式鼓励企业使用商标，鼓励企业创名牌，减少商标囤积和商标垃圾。鼓励企业建立商标档案。商标档案是指企业选择商标、使用商标、申请注册商标、商标使用效果和社会影响等方面的记录，是企业维护商标注册、保护商标权的重要基础，应该通过一定措施，鼓励企业建立商标档案。

第三，在著作权方面，完全取消版权登记资助。我国著作权法采取创作完成著作权自动产生原则，版权登记仅仅起证据作用，是否登记以及登记多少完全不能反映著作权产生的实际情况，对著作权的创造完全起不到激励作用。因此，应该完全取消版权登记资助。

第四，在知识产权中介机构方面，转变普遍资助的方式，而采用重点资助的方式。重点资助那些业务全面、专业性强、层次高、国际化程度高的中介机构，打造少数几家知识产权服务品牌机构。

第五，在知识产权平台方面，重点打造高层次的知识产权数据分析处理平台、知识产权融资平台和知识产权培训平台，对于建立这些平台的机构予以重点资助。

鉴于佛山市已经具备较好的知识产权生态基础、佛山市在粤港澳大湾区中的重要地位以及国家经济发展方式转变和知识产权政策调整的重大机遇，已经进行过适度调整的佛山市知识产权制度和政策必将进一步完善，必将能够有力地促进高质量知识产权的获得和运用，必将对佛山市创新型城市建设提供坚实的制度和政策基础，佛山市的知识产权工作必将成为佛山市创新型城市建设的重要推动力量，佛山市创新型城市建设必将翻开新的一页。

（撰稿人：王太平）

第7章 珠海市知识产权报告

　　珠海市作为粤港澳大湾区的重要城市，特别是港珠澳大桥建成之后，珠海市成为国内唯一连接港澳地区的城市，珠海、澳门到香港的时间将会缩短为一个小时，真正形成环珠三角一小时经济带，特殊的地理位置和国家政策将赋予其新的时代使命。在新的发展节点上，珠海市应当依托香港、澳门、广州、深圳等中心城市的科研资源优势和高新技术产业基础，充分发挥国家级新区、国家自主创新示范区、国家高新区等高端要素集聚平台作用，联合打造一批产业链条完善、辐射带动力强、具有国际竞争力的战略性新兴产业集群，增强经济发展新动能，推动新一代信息技术、生物技术、高端装备制造、新材料等发展壮大为新支柱产业。而加强知识产权保护，是提高珠海市经济竞争力最大的激励。

　　2019年5月，珠海市荣获"国家知识产权示范城市"称号，这一荣誉的获得是对珠海市过去多年在知识产权方面的高度重视和政策支持所付出努力的最好肯定，也是珠海市落实习近平总书记视察广东省重要讲话精神和对广东省工作一系列重要指示精神的生动实践。申报国家级知识产权保护中心，增强知识产权保护力量，开展快速授权、快速确权、快速维权的知识产权协同保护，对珠海市打造粤港澳大湾区创新高地具有标志性意义。"国家知识产权示范城市"说明珠海市的知识产权总体情况居于全国前列，对于全国其他城市具有一定的借鉴经验。因此，该报告以珠海市过去为期一年半（2018年6月至2019年12月）的数据为基础，深入分析过去一年半珠海市的知识产权各项指标以及总体趋势，以期对珠海市的知识产权发展进行总结和展望。

一、珠海市知识产权制度和政策

（一）珠海市知识产权制度

珠海市市场监管局于 2019 年牵头制定了《珠海经济特区知识产权保护条例》立法草案，推动珠海市知识产权保护立法工作，营造高质量发展的投资环境，为粤港澳企业在珠海市投资生产经营提供强有力的知识产权法律保障。目前，此草案已列入珠海市第九届人大常委会立法规划第一类项目。2019 年12 月，珠海市市场监管局联合市财政局印发《珠海市专利促进专项资金管理办法》（珠知〔2018〕76 号），2019 年经修订再次印发，进一步增设和加大知识产权相关政策扶持力度。

2019 年 7 月，《珠海市人民政府关于印发珠海市加强科技企业孵化器用地管理意见（试行）的通知》（珠府〔2019〕41 号）发布。该通知是根据科技部以及广东省人民政府印发的关于科技企业孵化器等相关文件，结合珠海市的具体情况制定的规范性文件。该通知指出，所称的孵化器用地是指以科技创业企业为主要服务对象，通过提供办公空间和孵化服务，提升企业的存活率和成长率的各类科技创业服务载体用地。

珠海市对科技人员创新以及科技成果产业化的政策扶持一直走在全国前列。近年来，在市委、市政府的大力支持下，珠海市积极探索"产学研"和"政孵投"六位一体、以风险投资为催化剂的"大孵化体系"建设，以全球视野谋划和推动自主创新，加快推动珠海"三高一特"现代产业体系的形成。

2018 年 10 月，珠海市人民政府为更好地贯彻落实"珠海英才计划"（珠字〔2018〕6 号），实施产业发展与创新人才奖励计划，激励人才创新创业，推进现代产业创新发展，发布《珠海市产业发展与创新人才奖励办法》。该项奖励的申请对象为符合珠海市产业发展导向的现代企业、新型研发机构工作，且在珠海市依法缴纳个人所得税，在管理与技术创新等方面有突出贡献的有

关人员，均可申请珠海市产业发展与创新人才奖励。❶

（二）珠海市知识产权促进政策

1. 市级政策

为更好地发挥专利促进专项资金对珠海市知识产权事业的促进和引领作用、实施知识产权战略推动创新驱动发展、打造粤港澳大湾区知识产权高地，珠海市知识产权局、市财政局共同修订了《珠海市专利促进专项资金管理办法》，经市政府同意，于 2018 年 7 月发布。具体推出十大举措。❷

第一，在发明专利方面，如果是国内发明专利，企事业单位、高校（含校区）和社会团体及其他组织获得授权的国内发明专利每件奖补 1.3 万元；个人获得授权的国内发明专利每件奖补 5000 元；专利代理机构代理本市发明专利申请并取得授权，对该机构每件奖补 1000 元。如果是国外发明专利，则美国、日本、欧洲国家或欧盟的发明专利获得授权的每件奖补 3 万元，其他国家获得授权的每件奖补 2 万元；同一项发明创造在 2 个以上国家授予专利权的，仅奖补 2 个国家的专利申请费用。原则上，每个单位每年度获得的奖补总额最高不超过 500 万元；每个专利代理机构每年度获得的奖补总额最高不超过 10 万元。

第二，在知识产权贯标方面，对上年度获得《企业知识产权管理规范》认证的本市企业，且在认证通过年度内发明专利申请达 3 件及以上的，由各区给予每家最低 5 万元奖励。

第三，对经市知识产权部门新认定的市级知识产权优势企业，给予每家 10 万元奖励。对经省知识产权局新认定的省级知识产权示范、优势企业，分别给予每家 30 万元、20 万元奖励。

第四，对经国家知识产权局新认定的国家级知识产权示范、优势企业，给予每家 50 万元、30 万元奖励。

---

❶ 珠海市人民政府：《珠海市人民政府办公室关于印发珠海市产业发展与创新人才奖励办法的通知》（珠府办函〔2018〕255 号）。

❷ 珠海市人民政府：《珠海市专利促进专项资金管理办法》（珠知〔2018〕76 号）。

第五，对第一完成者为本市的企事业单位，并在本市实施的专利项目，获中国专利金奖或优秀奖，受省政府奖励的，按省政府授予奖金的 60% 给予配套奖励。

第六，对上一年度在珠海市注册并在省知识产权局备案的新设立的专利代理机构（含分支机构），且该机构上一年度完成本市发明专利代理 20 件及以上，专利电子申请率达 100%，给予新设立一次性奖励，本地机构奖励 10 万元，分支机构奖励 5 万元。

第七，知识产权质押贷款利息及费用补贴方面。具有独立法人资格、符合《关于印发中小企业划型标准规定的通知》（工信部联企业〔2011〕300 号）有关中小微企业划型标准的企业，且与金融机构签订了知识产权质押贷款合同，并且已经按期付息还款并已支付评估（评价）费、担保费和保险费，不存在违约行为，所签订的知识产权质押合同已依法在国家知识产权部门办理过知识产权质押登记手续，符合以上条件的企业可申请补贴。贷款补贴资金用于补贴中小微企业以知识产权质押方式向金融机构贷款所产生的利息及评估（评价）费、担保费、保险费等费用。在企业知识产权质押贷款还款结束后给予一次性核拨，按实际发生的正常利息、费用的 50% 补贴。当年补贴上一年度完成的知识产权质押贷款，单个企业年度内申请补贴资金累计不超过 30 万元。涉及同时符合其他扶持政策规定的，按照不重复原则由企业自行选择。

第八，专利保险补贴方面。对珠海市注册企事业单位，购买了专利执行险等专利相关保险的，按保费 50% 补贴。本项经费市级安排最高不超过 500 万元，如企业申报补贴支出超出 500 万元，则等比例压减保费补贴标准。

第九，专利技术导航及知识产权风险审查评议项目补贴。对在珠海市注册的知识产权服务机构（含分支机构），为珠海市企事业机关单位开展（技改）专利技术导航或知识产权风险审查评议分析，形成报告通过验收，并运用到项目实施的，每项补贴 20 万元。

第十，新设专利代理机构奖励。对上一年度在珠海市注册并在省知识产权局备案的新设立的专利代理机构（含分支机构），且该机构上一年度完成珠海市发明专利代理 20 件及以上，专利电子申请率达 100%，给予新设立一次性奖励，本地机构奖励 10 万元，分支机构奖励 5 万元。

2019年4月，珠海市知识产权局转发广东省知识产权局的《广东省专利奖励办法》（以下简称《办法》）。《办法》在2014年施行的《广东省专利奖励办法》基础上，主要依据《中华人民共和国专利法》和《广东省专利条例》，并参考国家知识产权相关文件修订完成。修订后的《办法》主要对专利奖奖项和奖励金额设置、申报和评审制度、有关奖惩制度三大方面进行了调整和完善。修订后的《办法》增设了广东省专利奖有关奖项；增加了广东专利奖授奖数量，并提高了奖励金额；调整了中国专利奖嘉奖奖励项目和奖励金额。修订后的《办法》修改完善了有关申报、评审制度，对申报条件、申报材料、申报方式等方面进行了完善，对评审程序进行细化规定和调整。修订后的《办法》优化了有关奖惩制度，规定将专利发明人（设计人）获奖情况作为晋升、考核的依据，完善了骗取广东专利奖的惩处措施，强化了全过程违法违规行为记入诚信档案的要求。❶珠海市知识产权局贯彻省级知识产权局的指示，将全面施行新的专利奖励办法。

2019年4月，珠海市知识产权局转发广东省知识产权局发布的《广东省举报侵犯知识产权和制售假冒伪劣商品违法行为奖励办法》。该办法自2019年7月1日施行，有效期3年。该办法旨在调动人民群众的举报积极性，打击侵犯知识产权和制售假冒伪劣商品的行为，有助于肃清当前知识产权市场上存在的一些乱象，保护知识产权所有人的合法权益，从而进一步促进知识产权的创新与发展。❷

2. 区级政策

（1）行政区。

① 香洲区。

香洲区制定实施《香洲区创新发展若干措施》：第一，鼓励企业申报发明专利。国内发明专利授权：每件资助0.5万元。国外发明专利授权：获得美国、日本、欧洲国家或欧盟的发明专利授权每件资助1.5万元，其他国家1

---

❶ 唐珩. 新版《广东省专利奖励办法》将于2019年5月1日起施行 [EB/OL]. [2020-04-10]. http://news.ycwb.com/2019-04/04/content_30233834.htm.

❷ 珠海市市场监督管理局：《广东省举报侵犯知识产权和制售假冒伪劣商品违法行为奖励办法》，2019年4月29日发布。

万元。单个企业每年度最高资助额不超过 100 万元。第二，探索建立知识产权质押融资登记制度。对银行向创新型中小微企业开展知识产权质押融资产生的实际坏账损失，予以其中的 50%、单笔最高 100 万元的事后风险补偿。第三，鼓励企业提升知识产权优势。对每年新认定的市知识产权优势企业给予一次性资助 5 万元。对获得《企业知识产权管理规范》贯标认证的企业，给予一次性资助 10 万元。对辅导企业通过贯标认定的科技服务机构，给予最高不超过 5 万元的工作补贴。❶

② 金湾区。

2018 年 12 月，金湾区人民政府发布《金湾区加强科技创新促进实体经济高质量发展扶持奖励办法》，具体推出以下六大举措。

第一，知识产权创造、保护和运用。对获得国内（含港澳台地区）发明专利授权的，每件给予 1 万元奖励；对获得实用新型专利授权的，每件给予 2000 元奖励；对获得集成电路布图设计登记证书、登记批准的计算机软件著作权的，每件给予 1000 元奖励。对获得美国、日本、欧洲国家或欧盟的国外发明专利授权的，每件给予 3 万元奖励，获得其他国家或地区发明专利授权的，每件给予 2 万元奖励。同一发明专利在两个及以上国家获得授权的，按照 2 个国家标准进行奖励。对成功提交 PCT 专利申请的，每件给予 2 万元奖励。对获得《企业知识产权管理规范》认证的，且在认证通过年度内发明专利申请达 3 件及以上的，给予 10 万元奖励。对新认定为国家、省、市知识产权优势企业的，分别按照 50 万元、30 万元、10 万元的标准进行奖励；对新认定为国家、省知识产权示范企业的，分别按照 50 万元、30 万元的标准进行奖励。对获得国家、省专利奖金奖的项目，分别按照 100 万元、50 万元的标准给予奖励；对获得国家、省专利奖优秀奖的项目，分别按照 50 万元、30 万元的标准进行奖励。

第二，品牌培育与质量标准提升。对企业获得中国驰名商标认定的，每件商标给予 100 万元一次性奖励；对企业产品获得国家地理标志产品认定的，每个产品给予一次性奖励 50 万元；对企业产品获得广东省名牌产品认定的，每个名牌产品给予一次性奖励 10 万元。

---

❶ 珠海市香洲区人民政府：《香洲区创新发展若干措施》（珠香委办〔2017〕6 号）。

第三，高新技术企业树标提质。鼓励企业积极申报高企认定，对积极申报高企认定（包括重新认定）的企业，在企业完成提交纸质申报材料后，给予 5 万元的申报费用补贴。对通过认定（包括重新认定）的高新技术企业，给予 50 万元奖励，对进入省高新技术企业培育库的入库企业，给予 10 万元奖励。支持企业进行高新技术产品认定，按照 1000 元/件的标准给予奖励。积极引进珠海市外生物医药、航空航天、高端装备制造、人工智能技术及装备、新材料、新一代信息技术、电子商务等领域的高新技术企业，在企业完成异地搬迁手续且在金湾区年度实际投资达 1000 万元及以上，给予引进企业 100 万元的奖励。

第四，科技创新载体建设。对获得国家、省、市级科技主管部门认定的工程中心、技术中心，分别按照 100 万元、50 万元、30 万元的标准给予奖励。对首次获得国家、省、市级科技主管部门认定的新型研发机构及重点实验室，分别按照 300 万元、200 万元、100 万元的标准给予奖励；对首次经国家认可委员会认证，具备法定检测资质、面向产业提供检测服务的开放性技术平台，给予一次性奖励 300 万元；重大研发机构引进由区政府按"一事一议"的方式决定。对新获得国家、省、市级孵化器认定的，分别给予一次性奖励 200 万元、100 万元、50 万元。对新获得国家、省、市众创空间认定的，分别给予一次性奖励 200 万元、100 万元、50 万元。对孵化器、众创空间新培育的高新技术企业，每家按照 10 万元的标准资助相关管理方；鼓励孵化器、加速器等孵化机构从市外引进高新技术企业，新引进高新技术企业年度一次性实际投入达到 500 万元及以上，给予引进机构 20 万元/家的奖励。

第五，科技创新研发能力提升。对在区工业企业工作满三年的高级技师、技师、高级职业技能人才分别给予 10 万元、5 万元、3 万元的奖励，奖励资金按照 20%、30%、50% 的标准分三年发放。对在金湾区工业企业工作的高级职业技能人才、技师、高级技师，实施晋级奖励，高级职业技能人才晋升为技师奖励 5 万元，技师晋级为高级技师奖励 10 万元，奖励资金按照 20%、30%、50% 的标准分三年发放。对获得国家、省、市科学技术奖的项目，给予第一完成者 1∶1 的一次性配套奖励，最高不超过 300 万元，给予第二完成者 1∶0.5 的一次性配套奖励，最高不超过 100 万元。对获得国家、省、市科技型中小企业创新专项基金的项目，按照 1∶1 的标准给予一次性配套奖励。

对获得工信部认定的单项冠军企业，给予一次性奖励500万元，对获得工信部认定的单项冠军产品的企业给予一次性奖励300万元。对取得商业银行机构贷款的科技型中小企业，给予贷款成本（包括贷款利息及担保费等）50%的补贴，每家企业每年贴息金额不超过100万元。

第六，大众创业万众创新。鼓励本区内企业、机构或个人参加国家、省、市官方主办的创新创业大赛等科技创新比赛，对获得名次和奖励的，区财政按就高原则给予1：1配套奖励。鼓励在区内运营的创新创业团队申报省、市创新创业团队引进计划，成功入选并获财政资金扶持的，区财政按照1：1标准给予配套资助，最高不超过300万元。鼓励大专院校、科研院所学科负责人以及各行业、各领域高级工程师积极参与金湾区"产业智库"建设，对入选"产业智库"并实际参与产学研合作项目、规划政策起草、项目评审等工作的，每年给予一次性奖励1万元。❶

③斗门区。

2018年10月，斗门区人民政府发布《斗门区促进实体经济高质量发展扶持办法》，具体扶持办法如下。

第一，推动高新技术企业树标提质。对首次通过（包括重新认定）高新技术企业认定的企业，资助10万元。另根据通过认定企业申请认定上年度可税前加计扣除研发费用状况给予额外奖励。对通过省高新技术企业培育入库的企业，资助10万元。

第二，强化自主知识产权创造、保护和运用。在区内新注册设立并在省知识产权局完成备案的专利代理机构（含分支机构），运作满一年、完成发明专利代理20件以上且专利电子申请率达100%的，资助10万元。专利类资助标准按市级专利行政部门相关最新规定执行。

第三，加快高水平科技创新载体建设。对新获得国家、省、市级认定的工程中心、技术中心、重点实验室、公共技术平台等科技研发机构，分别资助200万元、60万元、30万元。获得同级多项认定的，按标准叠加资助。对

❶ 珠海市金湾区人民政府办公室. 金湾区加强科技创新促进实体经济高质量发展扶持奖励办法
[EB/OL]. [2018－12－19]. http：//iic21. com/21sczl/index. php？ m＝Home&c＝Articles&a＝showart&
artid＝296124&areaid＝2617&artcid＝59.

通过相关认定机关运营评估考核的，按优秀、良好、合格等级分别资助15万元、10万元、5万元。对新获得省、市级认定的新型研发机构，分别资助100万元、60万元。对通过相关认定机关运营评估考核的，按优秀、良好、合格等级分别资助20万元、15万元、10万元。对新获得国家、省、市、区级孵化器认定的，分别资助200万元、100万元、80万元、50万元。对新获得国家、省、市、区级众创空间认定的，分别资助100万元、60万元、40万元、20万元。区级孵化器通过年度运营考核的，按优秀、良好、合格考核结果等次，分别资助30万元、20万元、10万元。

第四，鼓励企业加大科技研发投入。区财政每年安排企业研究开发费资助专项资金不少于1000万元，对上年度研发费税前加计扣除额超过20万元的企业，按占比（申报企业上年度研发费用税前加计扣除额/符合条件企业上年度研发费用税前加计扣除总额）进行核算，单个企业最高资助额不超过100万元。区财政每年安排产学研合作项目专项资金500万元，鼓励和促进区企业与高校、科研院所的产学研紧密合作。设产学研合作重点项目和产学研合作项目，项目实行先备案，验收后资助，项目周期一般不超过两年。同一单位每年只资助一个项目，最高50万元。对获得国家、省科学技术奖的，为项目第一完成者的，按省级奖金以1∶1配套奖励，最高资助额不超过100万元；为项目合作完成的，按省级奖金以1∶0.5配套奖励，最高资助额不超过50万元。

第五，支持企业开展技术改造。区财政每年安排促进工业企业技术改造专项资金不少于1000万元，对成立满一年的企业，基于开展数字化、网络化、智能化、绿色化的技术改造而新购生产型或研发型设备超过50万元的，在取得技术改造投资项目备案证、通过完工评价并提交申请后，按占比（申报企业项目设备核定金额/当年全部申报企业项目设备核定投入总金额）进行核算。

第六，支持大众创业万众创新。鼓励本区内企业、机构、团队或个人参加国家、省、市官方主办的科技创新比赛，对获得名次和奖励的，就高按奖金以1∶1进行配套奖励。区财政每年安排20万元专项资金，用于鼓励青少年开展科技创新活动，加大对青少年科技创新的宣传、培育和辅导，重点扶持斗门区青少年科技创新大赛的举办、知识产权创造及成果转化等。

（2）功能区。

① 横琴新区。

自横琴自贸片区知识产权快速维权援助中心在横琴国际知识产权交易中心揭牌成立以来，横琴新区依靠横琴国际知识产权交易中心开展维权援助中心建设，并制定《横琴新区促进知识产权工作暂行办法》，以集聚知识产权领域专业力量，为区内企业创新驱动发展营造更好的环境。该办法从以下六个方面规定促进知识产权工作。❶

第一，知识产权资助。对企业获得国内发明专利受理通知书，每件扶持0.3万元；对企业获得国内发明专利证书，每件再扶持1万元；对企业申请PCT国际专利的每件扶持1万元；对企业获得美国、日本、欧盟授权的发明专利，每件扶持5万元；获得其他国家或地区授权的发明专利，每件扶持3万元；同一项发明专利在2个以上国家授予发明专利的，仅资助2个国家的专利申请费用；对企业年度内获得集成电路布图设计证1件，给予扶持0.5万元；2件（含）以上，给予扶持1万元；对企业年度内获得实用新型专利和软件著作权6件（含）以上，给予扶持1万元；单个企业每年度获得的资助总额最高不超过300万元。

第二，贯标资助。对获得《企业知识产权管理规范》认证的企业，且获得认证后6个月内发明专利申请达3件及以上的，给予扶持10万元。对有资质的知识产权贯标服务机构，辅导区内企业通过知识产权贯标认证的，每一家企业通过认证（通过认证后6个月内发明专利申请达3件及以上）给予贯标服务机构5万元扶持。

第三，知识产权优势企业资助。加强知识产权优势企业培育工作，对经市知识产权部门新认定的市级知识产权优势企业，给予一次性扶持10万元。

第四，中国专利奖奖励资助。对区内企业作为第一完成者获中国专利金奖或中国外观设计金奖的，每项扶持60万元；对区内企业作为第一完成者获中国专利优秀奖或中国外观设计优秀奖的，每项扶持30万元。

第五，新授权商标资助。对企业在国内注册商标的，经认定后，每个商

---

❶ 珠海市横琴新区管委会：《横琴新区促进知识产权工作暂行办法》（珠横新办〔2017〕38号）。

标注册号给予800元扶持，一个申请人拥有多个商标注册号的，可按件分别扶持，单个企业可获扶持金额不超过5万元；企业注册商标被认定为"中国驰名商标""广东省著名商标"的，分别对企业一次性给予100万元、30万元扶持；在香港、澳门、台湾地区注册商标的，每个商标号给予3000元扶持，不得重复申请；企业商标通过马德里体系取得注册的，在获取《商标注册证》并通过各指定国核准注册后一次性申领扶持资金，扶持金额为每件商标注册官费的60%，最高不超过5万元；在欧盟或拉美地区取得注册的，每件给予1万元扶持；在其他单一国家取得注册的，每件给予3000元扶持。对获得国家商标战略实施示范企业，开展制定商标战略规划、商标预警和商标运营等工作的，一次性给予不超过20万元扶持，扶持金额原则上不超过开展上述工作实际发生费用的50%；同一商标扶持总额不超过10万元。

第六，其他资助。对购买专利保险的企业，每件给予1000元扶持。单个企业每年度获得的扶持总额原则上最高不超过10万元。对知识产权被侵权的企业，依企业申请，对其司法鉴定费、公证费、诉讼费、仲裁费等分别给予50%的资金扶持；对国内维权扶持不超过30万元，对涉外维权扶持不超过50万元。

为了贯彻落实党中央、国务院关于推动高质量发展的决策部署，扎实推进专利从高速增长转向高质量发展，横琴新区商务局于2018年12月发布文件宣布暂停执行《横琴新区促进知识产权工作暂行办法》中的第2条、第3条、第5条、第6条、第7条等条款，对于发明专利认定、知识产权贯标、知识产权优势企业认定、中国专利奖、专利保险等方面的扶持，按照《珠海市专利促进专项资金管理办法》相关规定执行。❶

② 高新区。

高新区政府出台《珠海高新区促进知识产权工作暂行规定》，对相关资助数额及方式规定如下。❷ 第一，知识产权资助方面。对企业获得国内发明专

---

❶ 横琴新区管委会商务局：《横琴新区商务局关于暂停执行〈横琴新区促进知识产权工作暂行办法〉部分条款的通知》（珠横新办〔2019〕8号）。

❷ 珠海市高新区政府：《关于印发珠海高新区促进知识产权工作暂行规定的通知》（珠高〔2016〕66号）。

利，每件资助 1 万元，对企业获得美国、日本、欧洲国家或欧盟的发明专利，每件资助 2 万元；其他国家的发明专利，每件资助 1 万元；同一项发明创造在 2 个以上国家授予发明专利的，仅资助 2 个国家的专利申请费用。对企业年度内获得集成电路布图设计专有权 1 件，给予资助 5000 元；2 件（含）以上，给予资助 1 万元。对企业年度内获得实用新型专利和软件著作权 5 件（含）以上，给予资助 1 万元。单个企业年度享受本条规定的资助总额不超过 50 万元。第二，加强知识产权贯标工作。对获得《企业知识产权管理规范》贯标认证的企业，给予一次性奖励资金 10 万元。第三，加强知识产权优势企业培育工作，对新认定的市知识产权优势企业，给予一次性奖励资金 5 万元。第四，对区内企业作为第一完成者获中国专利金奖或中国外观设计金奖的，每项给予奖励资金 60 万元；对区内企业作为第一完成者获中国专利优秀奖或中国外观设计优秀奖的，每项给予奖励资金 30 万元。高新区于 2018 年 12 月发布《关于高新区知识产权奖补工作的通知》，要求坚决贯彻落实党中央、国务院关于推动高质量发展的决策部署，扎实推进专利从高速增长转向高质量发展，根据广东省市场监督管理局（知识产权局）（粤知〔2018〕26 号）和（粤知产〔2018〕161 号）、市知识产权局《关于开展各区专利资助奖补政策自查整改的通知》（珠知〔2018〕144 号）的要求，高新区知识产权奖补工作后续将按市级专利行政主管部门相关要求开展。❶

③ 保税区。

2019 年 5 月，珠海保税区管理委员会印发《珠海保税区促进科技创新实施意见》，具体内容如下。

第一，推动高新技术企业树标提质。鼓励企业进入省高新技术企业培育库。对当年通过省高新技术企业培育入库的企业，区财政奖励 20 万元。鼓励企业申报认定为高新技术企业。园区企业获得区统筹发展局提供的高新技术企业认定申报初步核实意见表，且当年首次通过认定的高新技术企业，根据保税区统计局反馈的认定年度企业规模和保税区税务部门反馈的认定年度的上一年度研究开发费用状况给予奖励。对高新技术企业、省高新技术企业培育入库企业获批国家、省、市无偿资助类项目给予区级配套扶持，对上级部

---

❶ 高新区科技创新和产业发展局：《高新区知识产权奖补工作的通知》，2018 年 12 月 11 日发布。

门明确区级配套比例的项目，按相关规定予以配套扶持。

第二，培育科技创新主体发展。扶持科技创新平台建设：对初次通过国家、省、市科技主管部门认定的新型研发机构，区财政分别给予 200 万元、100 万元、50 万元的扶持资金，每个企业只能享受一次同一级次的新型研发机构扶持资金；对初次获得国家、省科技主管部门认定的重点实验室，区财政分别给予 300 万元、100 万元的扶持资金，每个企业只能享受一次同一级次的重点实验室扶持资金；对初次获得市科技主管部门运行补助资金的公共平台，区财政给予 50 万元的扶持资金，每个企业只能享受一次。鼓励企业建立和完善研发机构：对企业首次通过认定的国家级、省级、市级工程中心或企业技术中心，除获得国家、省、市级承担的扶持资金外，区财政分别给予 200 万元、100 万元、50 万元的扶持资金；如果企业已拥有同一级次的工程中心或企业技术中心资质，则每新增一个按获得国家级、省级、市级再分别给予 40 万元、20 万元、10 万元的资金扶持。推进院士工作站建设：对首次通过省科技主管部门认定的院士工作站按市级资助额度最高给予 70% 的项目配套扶持，最高不超过 300 万元；对首次通过市科技主管部门认定的院士工作站按市级资助额度最高给予 50% 的项目配套扶持，最高不超过 100 万元；一家建站单位只能以省级或市级院士工作站名义享受一次建站经费资助。

第三，促进企业研发创新能力提升。鼓励企业加大研发费用的投入力度，对税务部门核定上一年度研发费用税前加计扣除额超过 10 万元（含 10 万元）的企业，按上一年度研发费用税前加计扣除额最高 15% 给予补助，每个企业每年度最高补助 300 万元。扶持知识产权企业规范建设。对获得《企业知识产权管理规范》贯标认证的企业，且获得认证后 6 个月内发明专利申请量达到 3 件及以上的，区财政给予 5 万元扶持资金。鼓励企业申报知识产权。对企业获得国内发明专利，区财政每件给予 7000 元的扶持资金，但不与市级政策重叠执行。❶

④ 高栏港经济区。

高栏港经济区的《高栏港经济区鼓励企业创新驱动暂行措施》规定：首

---

❶ 《珠海保税区科技创新促进实体经济高质量发展实施意见》（珠保〔2019〕25 号）。

先，鼓励企业申报知识产权。对申请国内发明专利，每件予以资助 5000 元，发明专利获授权后奖励 8000 元；对于申请美国、日本、欧洲国家或欧盟的发明专利每件资助 8000 元，发明专利获授权后奖励 10000 元（同一项发明创造在 2 个以上国家授予专利权的，仅资助 2 个国家的专利申请费用）；对获得《企业知识产权管理规范》贯标认定的企业，给予一次性资助 10 万元；单个企业每年度获得的资助总额原则上不超过 100 万。其次，鼓励申报高新技术企业。企业首次参加高新技术企业认定，按时完成网上申请并成功提交纸质申请材料后给予申报费用补贴 10 万元，通过认定后再予以奖励 20 万元；企业成功通过高新技术企业复审或重新认定的予以奖励 10 万元；企业首次入选高新技术企业培育库的予以奖励 10 万元。优先推荐高新技术企业申报各级科技专项资金。

⑤ 万山海洋开发试验区。

万山海洋开发试验区为深入实施创新驱动发展战略、鼓励企业加大创新驱动投入、提升高新技术产业发展水平，发布《珠海万山海洋开发试验区鼓励企业创新驱动暂行制度（修订）》，适用于在珠海万山海洋开发试验区进行工商注册、国税和地税登记，且符合珠海万山海洋开发试验区产业发展规划的企业。具体修订内容如下。

第一，鼓励申报高新技术企业。企业通过高新技术企业认定或重新认定的，区财政奖励 70 万元。

第二，鼓励申报广东省高新技术企业培育库。企业首次入选省高新技术企业培育库的，区财政奖励 10 万元。

第三，鼓励企业设立新型研发机构和科技创新公共平台。对企业首次纳入珠海市新型研发机构培育计划的，区财政按市财政扶持金额进行 1∶1 配套奖励。

第四，鼓励企业设立科技孵化器。对新认定的国家级、省级和市级孵化器，区财政分别给予 50 万元、20 万元、10 万元的奖励；获得多级奖励的，从高补足奖励资金。

第五，鼓励企业持续加大研发（R&D）经费投入。对企业研发经费投入采取奖励性后补助一次性拨付经费的方式，由区财政根据企业上一年度研发经费支出额度按 5% 给予补助；原则上每个企业获得的年度补助额不超过 200

万元。

第六，鼓励企业申报知识产权。对企业获得国内发明专利证书，区财政每件资助 1 万元，单个企业年度资助金额最高可达 100 万元。

第七，鼓励企业申报高新技术产品。企业每认定 1 件高新技术产品，资助 5000 元，单个企业年度资助金额最高可达 5 万元。❶

二、珠海市知识产权发展状况

（一）知识产权优势企业发展状况

珠海市企业专利创造能力持续提升，创新主体地位巩固。2019 年，全市发明专利申请和发明专利授权中，企业比重分别达到 95.93% 和 97.17%，高于全省水平（81.75% 和 83.87%）。

2019 年，以珠海格力电器股份有限公司、珠海格力节能环保制冷技术研究中心有限公司、珠海格力智能装备有限公司、珠海格力智能装备有限公司为首的 16 家"格力"公司，发明专利申请量 7153 件，占全市总量的 50.19%；发明专利授权量 1815 件，占全市总量的 47.16%；PCT 国际专利申请量 376 件，占全市总量的 67.02%。❷

1. 2019 年发明专利指标前十企业

2019 年 1—12 月，珠海市发明专利申请前十名企业共申请发明专利 8179 件（见表 7 - 1），占全市发明专利申请总量的 24.68%，其中，申请量第一的珠海格力电器股份有限公司发明专利申请量 6323 件，占全市发明专利申请量的 19.08%，与 2018 年同期相比增长 5%。增长速度最快的是排名第七的珠海优特智厨科技有限公司，申请量同比增长 794%。

❶ 《珠海万山海洋开发试验区鼓励企业创新驱动暂行制度（修订）》，2018 年 1 月 5 日发布。
❷ 珠海市知识产权局：《2019 年 1—12 月珠海市知识产权统计简报》（2020 年第 1 期），2020 年 3 月 13 日发布。

表 7-1　2019 年 1—12 月珠海市发明专利申请量前十名的企业❶

排名	企业名称	发明专利申请量/件	同比增长率/%	所属区
1	珠海格力电器股份有限公司	6323	5	香洲区
2	珠海格力智能装备有限公司	503	-7	香洲区
3	珠海格力节能环保制冷技术研究中心有限公司	247	-31	香洲区
4	珠海金山办公软件有限公司	219	105	高新区
5	珠海市一微半导体有限公司	171	58	横琴新区
6	珠海冠宇电池有限公司	165	224	斗门区
7	珠海优特智厨科技有限公司	152	794	横琴新区
8	珠海凌达压缩机有限公司	149	8	富山工业园
9	珠海金山网络游戏科技有限公司	130	11	高新区
10	万翼科技有限公司	120	15	横琴新区

2019 年 1—12 月，珠海市企业发明专利授权量前十名企业专利授权总量为 2313 件（见表 7-2），占全市发明专利授权总量的 12.19%，其中，授权量排名第一的珠海格力电器股份有限公司发明专利授权量为 1739 件，占全市发明专利授权总量的 9.17%，但与 2018 年同期相比，增长率有所下降。同比增长速度最快的是排名第三的珠海豹趣科技有限公司，同比增长率为 2800%。

表 7-2　2019 年 1—12 月珠海市发明专利授权量前十名的企业❷

排名	企业名称	发明专利授权量/件	同比增长率/%	所属区
1	珠海格力电器股份有限公司	1739	-5	香洲区
2	珠海市魅族科技有限公司	234	58	高新区
3	珠海豹趣科技有限公司	116	2800	横琴新区
4	珠海格力节能环保制冷技术研究中心有限公司	55	-74	香洲区

---

❶　珠海市知识产权局：《2019 年 1—12 月珠海市知识产权统计简报》（2020 年第 1 期），2020 年 3 月 13 日发布。

❷　珠海市知识产权局：《2019 年 1—12 月珠海市知识产权统计简报》（2020 年第 1 期），2020 年 3 月 23 日发布。

续表

排名	企业名称	发明专利授权量/件	同比增长率/%	所属区
5	珠海全志科技股份有限公司	45	61	高新区
6	珠海市杰理科技股份有限公司	36	112	香洲区
7	珠海金山办公软件有限公司	28	22	高新区
8	珠海赛纳打印科技股份有限公司	21	31	横琴新区
9	珠海市优特智厨科技有限公司	20	900	横琴新区
10	纳思达股份有限公司	19	6	香洲区

2019 年 1—12 月，珠海市有效发明专利量前十的企业共有有效发明专利共 8533 件，占全市有效发明专利总量的 57.42%，如表 7-3 所示。其中，珠海格力电器股份有限公司有效发明专利拥有量为 6559 件，占全市有效发明专利总量的 44.14%，与 2018 年同期相比增长 32%。增长最快的是排名第四的珠海市豹趣科技有限公司，同比增长率为 142%。

表 7-3 2019 年 1—12 月珠海市有效发明专利量前十名的企业❶

排名	企业名称	有效发明专利量/件	同比增长率/%	所属区
1	珠海格力电器股份有限公司	6559	32	香洲区
2	珠海市魅族科技有限公司	446	106	高新区
3	珠海格力节能环保制冷技术研究中心有限公司	348	8	香洲区
4	珠海市豹趣科技有限公司	324	142	横琴新区
5	珠海天威飞马打印耗材有限公司	224	2	香洲区
6	珠海市全志科技股份有限公司	164	34	高新区
7	炬芯（珠海）科技有限公司	137	-7	高新区
8	珠海艾派克微电子有限公司	121	8	香洲区
9	珠海金山办公软件有限公司	106	36	高新区
10	珠海凌达压缩机有限公司	104	18	富山工业园

---

❶ 珠海市知识产权局：《2019 年 1—12 月珠海市知识产权统计简报》（2020 年第 1 期），2020 年 3 月 23 日发布。

2019 年 1—12 月，PCT 国际专利申请量前十名企业共申请 PCT 国际专利 426 件（见表 7 - 4），占全市 PCT 国际专利申请量的 75.94%。其中，排名第一的珠海格力电器股份有限公司 PCT 申请量为 345 件，占全市 PCT 申请量的 61.50%，但同比增长率为 - 18%。同比增长速度最快的是排名第八的瑞湾科技（珠海）有限公司，同比增长 500%，但 PCT 申请量仅为 6 件。

表 7 - 4　2019 年 1—12 月 PCT 国际专利申请量前十名的企业❶

排名	企业名称	PCT 申请量/件	同比增长率/%	所属区
1	珠海格力电器股份有限公司	345	- 18	香洲区
2	珠海格力节能环保制冷技术研究中心有限公司	16	- 61	香洲区
3	珠海格力智能装备有限公司	14	- 30	香洲区
4	珠海市一微半导体有限公司	13	18	横琴新区
5	珠海奔图电子有限公司	8	33	香洲区
6	珠海市鸿星泰电器有限公司	8	—	香洲区
7	纳思达股份有限公司	6	200	香洲区
8	瑞湾科技（珠海）有限公司	6	500	横琴新区
9	珠海冠宇电池有限公司	6	—	斗门区
10	珠海赛纳打印科技股份有限公司	4	- 67	横琴新区

2. 2019 年度优势企业名单

知识产权优势企业是指属于国家和本市重点发展的产业领域，能承接国家和本市重大、重点产业发展项目，具备自主知识产权能力，积极开展知识产权保护和运用，建立全面的知识产权管理制度和机制，具有知识产权综合实力的企业。珠海市市场监督管理局根据《珠海市知识产权优势企业培育和认定工作方案》开展了 2019 年"珠海市知识产权优势企业"的认定和考核工作，经专家评审及局党组会议研究，于 2019 年 8 月 1 日发布优势企业公示名单，如表 7 - 5 所示。知识产权优势企业是对一个企业知识产权综合实力的肯

❶　珠海市知识产权局：《2019 年 1—12 月珠海市知识产权统计简报》（2020 年第 1 期），2020 年 3 月 23 日发布。

定，榜上有名的企业说明知识产权水平较高，应当以更高的标准促使可持续在知识产权领域取得长足进步。

表 7-5 2019 年珠海市知识产权优势企业公示名单❶

序号	企业名称
一、拟认定的珠海市知识产权优势企业名单	
1	珠海奔图电子有限公司
2	珠海金山网络游戏科技有限公司
3	珠海格力精密模具有限公司
4	珠海格力电工有限公司
5	珠海安润普科技有限公司
6	珠海优特智厨科技有限公司
7	珠海市广浩捷精密机械有限公司
8	珠海金晟照明科技有限公司
9	珠海蓉胜超微线材有限公司
10	珠海亿邦制药股份有限公司
二、拟通过考核的珠海市知识产权优势企业名单	
1	珠海格力节能环保制冷技术研究中心有限公司
2	汤臣倍健股份有限公司
3	珠海冠宇电池有限公司
4	珠海方正科技多层电路板有限公司
5	东信和平科技股份有限公司
6	珠海天成飞马打印耗材有限公司
7	纳思达股份有限公司
8	珠海市杰理科技股份有限公司
9	珠海艾派克微电子有限公司
10	珠海迈科智能科技股份有限公司
11	珠海元盛电子科技股份有限公司
12	珠海迪尔生物工程有限公司
13	珠海汉胜科技股份有限公司

---

❶ 珠海市知识产权局：《珠海市市场监督管理局关于对 2019 年珠海市知识产权优势企业拟认定和通过考核名单进行公示的通知》（珠知〔2019〕15 号）。

续表

序号	企业名称
14	珠海拓普智能电气股份有限公司
15	珠海市斗门福联造型材料实业有限公司
16	珠海雷特科技股份有限公司
17	珠海红塔仁恒包装股份有限公司
18	珠海贝索生物科技有限公司
19	珠海天成技术开发有限公司
20	珠海森龙生物科技有限公司
21	珠海华尚汽车玻璃工业有限公司

（二）知识产权取得状况

1. 2018 年专利申请授权情况

（1）专利申请量。

2018 年 1—10 月，珠海市专利申请量 24241 件，全市历年累计专利申请量 122797 件。其中，发明专利申请量 9796 件；实用新型专利申请量 12029 件；外观设计专利申请量 2416 件。三种类型专利申请的比例为 40.41：49.62：9.97，全省三种类型专利申请的比例为 27.89：46.16：25.95。

同期，珠海市有 1996 家企业申请专利 22917 件，占全市专利申请总量的 94.54%。其中，有 1017 家企业申请发明专利 9402 件，占全市发明专利申请总量的 95.98%。

同期，全市有 421 家规上工业企业申请专利 13180 件，有专利申请的规上工业企业数量占全市规上工业企业总数❶的 39.83%。其中，有 262 家规上工业企业申请发明专利 6115 件，有发明专利申请的规上工业企业数量占全市规上工业企业总数的 24.79%。

同期，珠海市有 721 家高新技术企业申请专利 15609 件，占全市企业专利申请总量的 68.11%。有专利申请的高新技术企业占全市有专利申请企业总

---

❶ 截至 2018 年末，珠海市规模以上工业企业总数为 1057 家，数据来源市统计局快报。

数的 36.12%。

其中，全市有 443 家高新技术企业申请发明专利 7341 件，占全市企业发明专利申请总量的 78.08%；有发明专利申请的高新技术企业数量占全市有发明专利申请企业总数的 43.56%，占全市高新技术企业总数❶的 29.97%。

同期，全市有 8 所大专院校申请发明专利 100 件，9 个科研单位申请发明专利 32 件，10 个机关团体申请发明专利 49 件。

同期，全市有 375 人申请非职务专利 901 件，其中 123 人有发明专利申请 213 件，228 人有实用新型专利申请 417 件，121 人有外观设计专利申请 271 件。

同期，企业、大专院校、科研单位、机关团体和个人专利申请量的占比分别为 94.54%、1.02%、0.24%、0.49% 和 3.72%；发明专利申请量的占比分别为 95.98%、1.02%、0.33%、0.50% 和 2.17%。

（2）专利授权量。

2018 年 1—10 月，珠海市专利授权量 13676 件，全市历年累计专利授权量 75358 件。其中，发明专利授权量 2645 件；实用新型专利授权量 9241 件；外观设计专利授权量 1790 件。

同期，珠海市有 1795 家企业获得专利授权 13006 件，占全市专利授权总量的 95.10%。其中，有 427 家企业获得发明专利授权 2564 件，占全市发明专利授权总量的 96.94%。

同期，全市有 434 家规上工业企业获得专利授权 7330 件，获得专利授权的规上工业企业数量占全市规上工业企业总数的 41.06%；有 157 家规上工业企业获得发明专利授权 1856 件，获得发明专利授权的规上工业企业数量占全市规上工业企业总数的 14.85%。

同期，全市有 674 家高新技术企业获得专利授权 8822 件，占全市企业专利授权总量的 67.83%；有专利授权的高新技术企业占全市有专利授权企业总数的 37.55%，占全市高新技术企业总数的 45.60%。

其中，全市有 233 家高新技术企业获得发明专利授权 2285 件，占全市企业发明专利授权总量的 89.12%，有发明专利授权的高新技术企业数量占全市有发明专利授权企业总数的 54.57%，占全市高新技术企业总数的 15.76%。

---

❶ 截至 2018 年底，珠海市高新技术企业为 1478 家。

同期，全市有 7 所大专院校获得发明专利授权 21 件，3 个科研单位获得发明专利授权 6 件，2 个机关团体获得发明专利授权 3 件。

同期，全市有 275 人获得非职务专利授权 484 件。其中，49 人获得发明专利授权 51 件，149 人获得实用新型专利授权 213 件，100 人获得外观设计专利授权 220 件。

（3）有效发明专利量。

截至 2018 年 10 月底，珠海市有效发明专利量 10929 件，比全省平均水平高 19.03 个百分点。

全市每万人口发明专利拥有量为 61.91 件，比 2017 年同期增加 15.44 件。珠海市每万人口发明专利拥有量全省排名第二，仅次于深圳市。

同期，全市有效发明专利五年以上维持率为 66.47%，居全省第九位。

截至 2018 年 10 月底，珠海市有 1453 家企业拥有发明专利 10527 件，占全市有效发明专利总量的 96.32%。

同期，珠海市有 416 家规上工业企业拥有发明专利 7240 件，占全市有效发明专利总量的 66.25%，拥有有效发明专利的规上工业企业数量占全市规上工业企业总数的 39.36%。

同期，珠海市有 725 家高新技术企业拥有发明专利 8971 件，占全市有效发明专利总量的 82.08%，拥有有效发明专利的高新技术企业数量占全市高新技术企业总数的 49.05%。

同期，珠海市有 9 所大专院校拥有发明专利 57 件，6 个科研单位拥有发明专利 27 件，4 个机关团体拥有发明专利 15 件，212 人拥有发明专利 303 件。

2. 2019 年专利申请授权情况

（1）专利申请量。

2019 年 1—12 月，珠海市专利申请量 33137 件，全省排名第六（前五名分别是深圳、广州、东莞、佛山、中山），比全省平均水平高 4.57 个百分点，如表 7-6 所示。其中，发明专利申请量 14251 件，全省排名第五（前四名分别是深圳、广州、东莞、佛山）；实用新型专利申请量 15595 件，全省排名第六（前五名分别是深圳、广州、东莞、佛山、中山）；外观设计专利申请量 3291 件，全省排名十一（前五名分别是深圳、广州、佛山、中山、东莞）。

表 7-6　2019 年 1~12 月珠海市专利申请总量与结构

指标	数量/件	同比增长/%
专利申请总量	33137	6.32
其中，发明专利	14251	8.46
实用新型专利	15595	3.05
外观设计专利	3291	13.68

从 1—12 月全市各区专利申请情况看，保税区（-15.72%）和香洲区（-2.33%）专利申请量出现同比下降，分别较 2018 年同期下降 25 件和 414 件；增长较大的区分别是斗门区（28.16%）和万山区（27.91%），分别较上年同期增长 368 件和 12 件。

发明专利申请量占专利申请总量的比重为 43.01%。

截至 2019 年 12 月底，全市历年累计专利申请量为 162860 件，占全省总量的 3.28%；全市累计发明专利申请量为 60432 件，占全省总量的 4.62%。❶

2019 年 1—12 月，珠海市各月发明专利申请量情况如图 7-1 所示，专利申请量情况如图 7-2 所示。

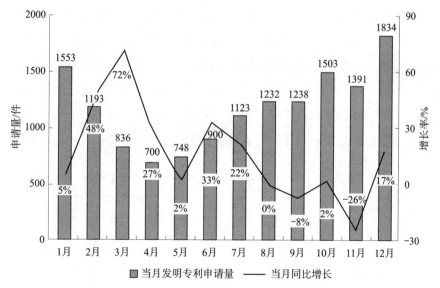

图 7-1　2019 年 1—12 月珠海市各月发明专利申请量情况

❶　珠海市知识产权局：《2019 年 1—12 月珠海市知识产权统计简报》（2020 年第 1 期），2020 年 3 月 23 日发布。

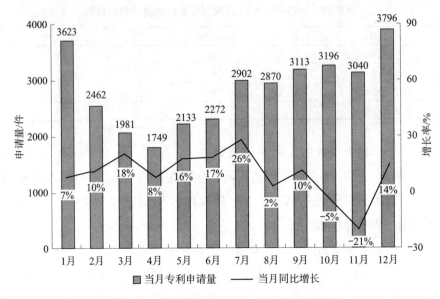

图 7-2 2019 年 1—12 月珠海市各月专利申请量情况

（2）专利授权量。

2019 年 1—12 月，珠海市专利授权量 18967 件，全省排名第六（前五名分别是深圳、广州、东莞、佛山、中山），比全省平均水平高 0.67 个百分点，如表 7-7 所示。其中，发明专利授权量 3327 件，全省排名第五（前四名分别是深圳、广州、东莞、佛山）；实用新型专利授权量 12917 件，全省排名第六（前五名分别是深圳、广州、东莞、佛山、中山）；外观设计专利授权量 2723 件，全省排名第十一（前五名分别是深圳、广州、佛山、中山、东莞）。

表 7-7 2019 年 1—12 月珠海市专利授权总量与结构

指标	数量/件	珠海同比增长/%
专利授权总量	18967	10.98
其中：发明专利	3327	-3.62
实用新型专利	12917	15.60
外观设计专利	2723	10.51

从 1—12 月全市各区专利授权情况来看，万山区（-10.71%）、斗门区（-4.15%）和高栏港经济区（-2.04%）专利授权量出现同比下降，分别较

上年同期下降 3 件、36 件和 12 件；增长量较大的是横琴新区（58.88%）和保税区（39.76%），分别较上年同期增长 600 件和 33 件。

从 1—12 月各类专利人授权情况来看，企业专利授权量较上年同期增长 1766 件，个人专利授权量较上年同期增长 79 件。

发明专利授权量占专利授权总量的比重为 17.54%。

截至 2019 年 12 月底，全市历年累计专利授权量 97739 件，占全省总量的 3.21%，全市累计发明专利授权量 15005 件，占全省总量的 4.18%。❶

（3）有效发明专利量。

截至 2019 年 12 月底，珠海市有效发明专利量 14861 件，全省排名第五（前四名分别是深圳、广州、东莞、佛山），占全省总量的 5.02%，全市同比增长 26.60%，比全省平均水平高 7.56 个百分点，如表 7-8 所示。

表 7-8　2019 年 1—12 月珠海市有效发明专利量

指标	数量/件	同比增长/%
末期有效发明专利量	14861	26.60
其中，每万人口发明专利拥有量	78.58	18.18

全市每万人口发明专利拥有量为 78.58 件，全省排名第二位（第一位是深圳市 106.35 件），比 2018 年同期增加 12.09 件。

全市有效发明专利五年以上维持率为 70.91%，排名全省十二位（前五名分别是深圳、潮州、揭阳、惠州、汕头）。❷

（三）知识产权保护状况

1. 行政保护

（1）2018—2019 年珠海市知识产权部门专利纠纷案件受理和结案情况。

2018 年，珠海市工业和信息化局共受理专利纠纷案件 8 件，审结 8 件；

---

❶❷　珠海市知识产权局：《2019 年 1—12 月珠海市知识产权统计简报》（2020 年第 1 期），2020 年 3 月 23 日发布。

受理假冒专利案件 3 件，审结 3 件，如表 7 - 9 所示。❶

表 7 - 9 2018 年珠海市知识产权局专利案件情况统计表

年度	专利纠纷			假冒专利		
	受理	办结	其中作出 处理决定的	办理	办结	其中作出 行政处罚的
2018	8	8	0	3	3	0

2019 年，珠海市知识产权局与珠海市香洲区知识产权局共受理专利纠纷案件 7 件，其中审结 1 件，请求人撤回请求的案件 4 件，终止审理的 2 件，如表 7 - 10 所示。❷

表 7 - 10 2019 年珠海市知识产权局专利纠纷案件受理情况统计表

案件号	案件类型	立案时间	结案时间	案件来源	处理结果
珠知处字 [2019] 1 号	专利侵权纠纷	20190612	20191023	权利人举报	作出处理决定书， 裁定不构成侵权
珠知处字 [2019] 2 号	专利侵权纠纷	20190819	20191225	权利人举报	请求人撤回请求
珠知处字 [2019] 3 号	专利侵权纠纷	20190826	20191225	权利人举报	请求人撤回请求
珠香知处字 [2019] 1 号	专利侵权纠纷	20190426	20190522	权利人举报	请求人撤回请求
珠香知处字 [2019] 2 号	专利侵权纠纷	20190522	案件中止审理	权利人举报	案件中止审理
珠香知处字 [2019] 3 号	专利侵权纠纷	20190522	案件中止审理	权利人举报	案件中止审理
珠香知处字 [2019] 4 号	专利侵权纠纷	20190521	20190911	权利人举报	请求人撤回案件请求

---

❶ 珠海市市场监督管理局. 珠海市知识产权局历年专利案件情况统计表 [EB/OL]. [2019 - 08 - 17]. http：//www. zhkgmx. gov. cn/wsbs/zxfw/zscq/zlxzcf/201812/t20181227_50615542. html.

❷ 相关数据及表格来自珠海市市场监督管理局的邮件回复，邮件收到时间为 2020 年 4 月 2 日。

（2）2018 年珠海市专利行政执法状况。

2018 年，珠海市工业和信息化局行政强制总数为 6 宗；行政强制被申请行政复议 0 宗；行政强制直接被提起行政诉讼 0 宗，如表 7 - 11 所示。❶

表 7 - 11　2018 年珠海市知识产权局行政强制实施情况统计表　　　单位：宗

序号	单位名称	行政强制措施实施数量				行政强制执行实施数量						申请法院强制执行	合计
		查封场所、设施或者财物	扣押财物	冻结存款、汇款	其他行政强制措施	行政机关强制执行							
						加处罚款或者滞纳金	划拨存款、汇款	拍卖或者依法处理查封、扣押的场所、设施或者财物	排除妨碍、恢复原状	代履行	其他强制执行方式		
1	珠海市知识产权局	0	6	0	0	0	0	0	0	0	0	0	6
	合计	0	6	0	0	0	0	0	0	0	0	0	6

2018 年，珠海市工业和信息化局行政检查总数为 7 次；行政检查被申请行政复议 0 宗；行政检查直接被提起行政诉讼 0 宗，如表 7 - 12 所示。❷

表 7 - 12　2018 年珠海市知识产权局行政检查实施情况统计表

单位名称	行政检查次数/次
珠海市知识产权局	7

（3）珠海市知识产权行政保护情况。

自珠海市顺利通过创建国家知识产权试点城市的验收工作、进入国家知识产权示范城市培育阶段以来，珠海市抓住机遇、趁势而上，为贯彻落实《广东省建设引领型知识产权强省试点省实施方案》，印发《珠海市人民政府

❶❷　珠海市市场监督管理局. 珠海市知识产权局 2018 年度行政执法数据［EB/OL］.［2019 - 08 - 17］. http://www.zhkgmx.gov.cn/wsbs/zxfw/zscq/zlxzcf/201901/t20190108_50938896.html.

关于建设知识产权强市的意见》，作为全市知识产权工作的纲领性文件，并先后制定并实施了20多部与知识产权工作相关的法规、规章和规范性文件，部署各领域知识产权战略。

《珠海市人民政府关于建设知识产权强市的意见》提出，要加大知识产权行政执法力度，加强专利、商标、版权知识产权综合行政执法队伍建设，加强对执法人员的培训，提高行政执法水平；加强行政执法装备和条件建设，依法严厉打击侵犯知识产权行为，特别是打击窃取商业秘密行为；健全知识产权保护行政执法机关与公安、海关的协作机制，提高行政执法效率；大力推进政府和企业使用正版软件，保障民族软件行业健康发展；进一步推进侵犯知识产权行政处罚案件信息公开，将故意侵犯知识产权行为纳入企业和个人信用记录；建立重点企业知识产权保护快速通道，加快知识产权行政执法案件处理，加强定期走访调研，帮助企业协调解决知识产权保护问题。高新技术企业以及专利、商标申请量或拥有量在30件以上的知识产权成长型企业，可申请为市知识产权保护重点企业。❶

为推进珠海市专利行政领域社会信用建设，建立完善失信惩戒和守信激励制度，珠海市知识产权局下发《关于印发〈珠海市专利行政领域信用红黑名单管理办法〉的通知》。对列入红名单的激励有以下措施：一是列为市知识产权局政策重点扶持对象；二是优先推荐申报国家、省级专利项目，申请市级专利项目的优先安排或者加大财政扶持力度；三是《珠海市建立完善守信联合激励和失信联合惩戒制度实施方案》规定的相关激励。激励措施可单项或多项进行。对列入黑名单的惩戒措施：一是列为市知识产权局重点监管对象；二是取消各级专利项目申报资格；三是《珠海市建立完善守信联合激励和失信联合惩戒制度实施方案》规定的相关惩戒。惩戒措施可单项或多项进行。❷

珠海市被确定为国家知识产权示范城市，示范时限为2019年5月至2022年5月。这是国家知识产权局对珠海市知识产权工作的高度认可，也是珠海市落实习近平总书记视察广东省重要讲话精神和对广东省工作一系列重要指

---

❶ 《珠海市人民政府关于建设知识产权强市的意见》（珠府函〔2017〕127号）。

❷ 《珠海市知识产权局关于印发珠海市专利行政领域信用红黑名单管理办法的通知》（珠知〔2018〕120号）。

示精神的生动实践。建设国家知识产权示范城市将全面系统提高珠海市知识产权工作水平，为产业转型升级提供支撑，为创新驱动发展营造环境，为全市经济高质量发展保驾护航。据介绍，2018 年，全市共斩获第二十届中国专利奖 27 项，其中金奖 5 项，金奖数量居全国首位。

为全面提升珠海市知识产权创造、保护、运用、服务能力，珠海市市场监管局（知识产权局）积极推进知识产权管理体制机制改革创新，提升知识产权管理效能；开展知识产权质、量"双提升"行动，激发创新主体知识产权创造活力；突出知识产权金融创新特色，成功建立知识产权质押融资珠海模式，有效解决科技型中小微企业融资问题；加大知识产权保护力度，实施知识产权专项行政执法，探索建立多元化的知识产权纠纷解决机制；依托国家横琴平台，引入国内一流知识产权服务资源，并积极探索粤港澳知识产权交流合作模式，推动全市知识产权服务能力实现整体提升。❶

另外，珠海市知识产权局为发挥专利促进专项资金对珠海市知识产权事业的促进和引领作用，实施知识产权战略推动创新驱动发展，打造粤港澳大湾区知识产权高地，制定《珠海市专利促进专项资金管理办法》，并根据实施状况及珠海市实际发展情况，于 2018 年 12 月印发《关于调整珠海市专利奖补标准的通知》，及时调整专利奖励、资助标准。❷

2019 年 4 月，由珠海市市场监督管理局（知识产权局）主办、珠海市知识产权保护协会承办的"珠海市 2019 年知识产权宣传周启动仪式"在 2000 年大酒店隆重举行。宣传周围绕"严格知识产权保护，营造一流营商环境"的主题展开，旨在突出知识产权保护在营造良好营商环境的重要作用，积极推进以"尊重知识、崇尚创新、诚信守法"为核心的知识产权文化建设，为珠海市知识产权宣传保护工作添砖加瓦。

金湾区、香洲区、斗门区等行政区围绕创新驱动战略，紧跟珠海市开展国家知识产权示范城市培育工作的方案部署，持续加大知识产权工作力度，规范知识产权管理，营造全区知识产权创造、保护、运用氛围，知识产权保

---

❶ 珠海市市场监督管理局. 珠海市荣获"国家知识产权示范城市"称号［EB/OL］.［2019 - 08 - 18］. http://www.gdzhaic.gov.cn/gsyw/gzdt/201905/t20190517_54082528.html.

❷ 珠海市科技和工业信息化局办公室：《关于调整珠海市专利奖补标准的通知》（珠知〔2018〕号）.

护、维权援助体系得到健全，建立 2 家省级以上（含省级）知识产权保护（维权援助）中心。

（4）珠海市海关知识产权行政执法情况。

拱北海关是直属于海关总署的进出境监督管理机关。关区范围包括珠海市和中山市。在海关总署和广东分署的正确领导下，拱北海关坚持以习近平新时代中国特色社会主义思想为指导，持续推进政治建关、改革强关、依法把关、科技兴关、从严治关，全面履行把关服务职责，深入推进各项业务改革，主动支持地方经济社会发展，在知识产权行政执法方面取得了可喜的成绩。

拱北海关设立的"横琴自贸片区海关知识产权保护中心"是全国自贸区首个海关知识产权保护中心。中心主要承担的职能包括：为进出口企业特别是自贸片区内进出口企业提供知识产权专业化服务，推动建立知识产权保护便捷担保机制，推动知识产权快速维权援助机制建设，打造企业知识产权海关，将通过知识产权保护中心提供专业化、专门服务，积极引导企业开展知识产权海关备案，推动知识产权联合维权、风险预警、加强知识产权协同治理，打造企业知识产权大数据信用体系，建立知识产权共宣共培机制和打击横琴口岸进出口侵权行为等。该中心可协助企业通过第三方进行担保，解决权利人寻求海关知识产权保护时需提交担保金带来的现金流压力。海关还将构建以信用为核心的新型海关监管机制，协调落实与其他行政单位对海关企业开展联合激励、联合惩戒的措施，对不同信用等级企业实行差别化通关措施。

2019 年，拱北海关加强知识产权海关保护，查获侵权案件 102 宗；加强异常数据分析监控，强化风险预警，发布预警信息 143 条，查获异常情事 218 宗；完善跨境电商风险联防联控机制，查发 6 起跨境电商渠道走私日化品进境案，案值约 5.1 亿元。❶

为进一步加强知识产权海关保护工作、有效打击进出口侵权货物违法行为、营造良好的口岸营商环境，拱北海关自 2019 年 7 月 1 日起开展为期 6 个

---

❶ 中华人民共和国拱北海关. 拱北海关 2019 年工作总结［EB/OL］.［2020－03－28］. http：// gongbei. customs. gov. cn/gongbei_customs/374280/fdzdgknr19/374304/374306/2877613/index. html.

月的知识产权保护专项行动，代号"龙腾行动 2019"。专项行动期间，拱北海关将根据海运、陆运等不同运输渠道，一般贸易、市场采购、跨境电商等不同贸易形态的侵权特征，精准施策，精确发力。重点聚焦跨国公司的知名品牌、国内培塑企业的知识产权侵权风险，以消费电子类产品、汽车配件、个人护理用品、服装、箱包、鞋靴等威胁公众健康安全的商品为重点，以东南亚、非洲、中东、拉美及"一带一路"沿线国家和地区为重点航线，加大查验力度，加强风险研判和布控联动协同，有效提升打击侵权的精准度。

同时，指定专人对企业实施"一对一"指导，了解企业保护知识产权过程中遇到的困难和问题，提升企业知识产权保护能力，并集中执法力量和执法资源，在全国海关范围内为企业开展维权打假工作提供便利措施，切实解决企业面临的知识产权保护困扰。据悉，2019 年 1—5 月，拱北海关共采取知识产权保护措施 94 批次，查获侵权案件 19 宗，查扣侵权货物 14.7 万件，为权利人挽回经济损失 3536 万元。❶

2. 会展保护

珠海是中国会展业起步最早的城市之一，拥有多年会展文化积淀。1987年，珠海国际贸易展览中心开业后，珠海经济特区首届国际玩具博览会、珠海经济技术合作暨贸易洽谈会、珠海 88 国际旅游展销会等国内和国际性的会展项目纷纷落户珠海。多年来，珠海会展业在探索中不断壮大，如今，连续举办十届的中国国际航空航天博览会，已跃居世界第五大航展，成为珠海对外开放的一张城市名片，也是珠海会展经济不可或缺的宝贵资源；全球最大的打印耗材展——中国（珠海）国际打印耗材展览会也已成为业界著名的国际品牌展会。❷

在港珠澳大桥正式通车和粤港澳大湾区建设加速的大背景下，珠海国际会展中心将迎来发展飞跃期。按照计划，珠海国际会展中心将持续联动港澳

---

❶ 中华人民共和国拱北海关. 拱北海关开展"龙腾行动 2019"知识产权保护专项行动［EB/OL］.［2019 - 08 - 18］. http：//www. customs - . gov. cn//gongbei_customs/374293/374294/2530252/index. html.

❷ 珠海市会议展览局. 会展概况［EB/OL］.［2019 - 08 - 18］. http：//www. zhhzj. gov. cn/? smid = 8.

资源，努力建设成为中国知名的"粤港澳大湾区高端会展综合体"。同时，加速向全产业链迈进，力争用 3 年时间向会展一流梯队加速快跑，推动特区"二次创业"，建设新珠海、新经济、新生活。

2018 年 11 月，珠海市会展局印发《关于提升珠海国际航展中心贸易功能的工作方案》，进一步提高航展中心利用效率，引进培育更多品牌展会和活动。从市场的角度来看，更多的会展企业把眼光瞄准了粤港澳大湾区。即将通车的港珠澳大桥成为促进珠海会展业发展的"关键之匙"。港珠澳大桥的通车，将使珠海无缝衔接港澳资源，共享大桥红利，吸引更多诸如中以科技创新投资大会的国际性大会项目落地珠海。❶

2019 年 5 月，珠海国际会展中心对外公布了 2018 年度综合影响力评估报告。据报告显示，珠海国际会展中心 2018 年接待的展会活动累计贡献经济效益高达人民币 47.1 亿元，其中直接经济收入 4.02 亿元，间接经济收入 43.08 亿元，经济拉动系数高达 1∶10.7，已超过国际会展业公认的"1∶9"经济拉动系数，展会活动对相关产业经济拉动作用显著。2018 年，珠海国际会展中心接待展览及活动 34 场，会议 992 场次，参展、参会人数超过 80 万人次，参会人员覆盖全球 50 多个国家或地区，累计贡献的经济效益高达人民币 47.1 亿元。

珠海国际会展中心的高速发展，已逐渐内化为促进珠海实体经济发展的"芯片"和"引擎"。展览部分，贡献经济效益 4.64 亿元，经济拉动系数为 1∶5.8；会议部分，贡献经济效益 14.49 亿元，经济拉动系数为 1∶14；会带展部分，经济效益贡献 27.98 亿元，经济拉动系数为 1∶10.8。据 CTR 调研数据显示，2018 年，珠海国际会展中心举办的各类型会展活动为大湾区"9＋2"城市旅游产业带来经济收入 9.51 亿元，粤港澳大湾区内的互联互通效应逐渐显现。❷

据统计，仅 2019 年上半年，珠海国际会展中心便累计接待会议活动 363 场次，平均每天有 2 场会议活动在会展中心举办，超过 80% 的客户来自北上

---

❶ 南方日报. 逐鹿大湾区舞台，珠海会展业如何突围？［EB/OL］.［2019－08－18］. http：//zh. southcn. com/content/2018－10/18/content_183701374. htm.

❷ 珠海国际会展中心. 珠海国际会展中心发布 2018 年综合影响力报告［EB/OL］.［2019－08－18］. http：//www. ztcec. org/article/1265. html.

广深等一线城市，累计接待与会嘉宾逾 16 万人次，累计接待餐饮逾 13.5 万人次。随着粤港澳大湾区的推进建设，珠海澳门迎来新一轮发展机遇，尤其在会议展览业方面。会展业作为现代服务业的核心和引擎，已成为珠海一大优势产业，在推动经济高质量发展、产业结构优化等方面发挥着重要作用。❶

2019 年 6 月，首届粤港澳大湾区高价值专利培育布局大赛（以下简称"湾高赛"）在广东省珠海市完美收官。首届湾高赛是在国家知识产权局指导下，由广东省市场监督管理局（知识产权局）、香港特别行政区政府知识产权署、澳门特别行政区政府经济局知识产权厅、珠海市人民政府主办，珠海市市场监督管理局（知识产权局）、华发集团旗下横琴国际知识产权交易中心承办的。大赛旨在深化粤港澳大湾区知识产权合作，提升创新主体知识产权意识，培养创新主体高价值专利培育布局能力，引进高水平项目转化实施，是粤港澳三地知识产权部门落实《粤港澳大湾区发展规划纲要》、发挥知识产权作用、助推大湾区创新驱动和高质量发展的重要举措。本次大赛呈现出几个特点：一是内地、港澳地区广泛参与，本次大赛收到粤港澳大湾区内各地市及港澳地区各界创新主体的参赛项目 586 个；二是项目质量高，参赛项目涵盖新一代信息技术、高端装备制造、绿色低碳、生物医药等八大战略性新兴产业，通过评比筛选，挖掘出一批创新能力强、专利价值高、投资潜力大的优质项目；三是比赛创新多，大赛结合知识产权宣传教育、知识产权培训、高价值专利培育布局、创业投资、知识产权运营，提高了广大创新主体高价值专利培育布局的能力；四是影响性可持续，大赛获奖单位和项目还将获得后续的政策和金融支持。❷

2019 年 8 月，在广东省知识产权保护中心、珠海市市场监督管理局（知识产权局）的支持下，由广东省知识产权研究会与华发七弦琴国家知识产权运营平台主办的 2019 年首届"海丝之路"知识产权创新与合作国际论坛在珠海举行。来自中国、美国、日本、印度、新加坡、芬兰等多个国家和地区的专家学者展开专题讨论，包括政府、学界、企业、研究机构及知识产权服务

---

❶ 珠海国际会展中心. 珠海国际会展中心开启线上线下一站式全案服务［EB/OL］.［2020 – 03 – 28］. http：//www. zhuhaicec. com/info_467. html.
❷ 首届粤港澳大湾区高价值专利培育布大赛圆满落幕［EB/OL］.［2020 – 03 – 30］. http：// www. cnipa. gov. cn/ztzl/zscqzldzcywzcx/zyxw/1142824. htm.

和运营机构的 200 多位代表参加活动。本届论坛重点围绕"21 世纪海上丝绸之路沿线国家知识产权制度的最新发展及实务应对"等三大主题展开，旨在发挥珠海在"一带一路"建设中的重要支撑作用，进一步提升知识产权的国际交流合作水平，推动粤港澳大湾区国际科技创新中心建设。

2019 年 11 月，由中国国家知识产权局与世界知识产权组织（WIPO）共同主办、广东省市场监督管理局（知识产权局）和珠海市人民政府协办的"一带一路"国家知识产权意识提升国际研讨会在广东省珠海市召开。来自中国和"一带一路"沿线国家及相关区域组织知识产权主管部门、地方知识产权管理部门、世界知识产权组织、媒体、高校、知识产权专业机构等 140 余名代表参加了研讨会。中国国家知识产权局副局长甘绍宁出席开幕式并致辞。举办此次研讨会是为了落实习近平主席关于"更大力度加强知识产权保护国际合作"的重要指示，也是为了落实第二届"一带一路"国际合作高峰论坛和"一带一路"知识产权合作的成果。甘绍宁在致辞中指出，中国政府高度重视知识产权意识提升和知识产权保护工作，多年来，采取多种手段营造尊重知识产权的文化环境，积极推进知识产权舆论宣传和教育普及，"尊重知识、崇尚创新、诚信守法"的知识产权理念日益深入人心，人人尊重知识产权，人人保护知识产权，人人从知识产权保护中受益的良好环境加快形成。中国提高全社会知识产权意识，加强知识产权保护的努力取得了良好的成效，也得到了国内外的高度认可。中方愿与"一带一路"相关国家一道，加强沟通，增进合作，共同促进"一带一路"国家和地区知识产权体系建设、知识产权事业发展和经济繁荣。❶

2019 年 11 月 12 日至 14 日，广东省市场监督管理局（知识产权局）、广州市人民政府、香港知识产权署、澳门经济局共同举办了 2019 年粤港澳大湾区知识产权交易博览会（以下简称"知交会"）。华发七弦琴国家知识产权运营平台、珠海格力电器股份有限公司、丽珠医药集团股份有限公司、珠海市知识产权保护协会、珠海市商标协会、珠海市经贸企业协会、珠海博新科技有限公司等企业和协会共 80 余人参加了本次博览会。本届知交会特色鲜明，

❶ "一带一路"国家知识产权意识提升国际研讨会在珠海召开［EB/OL］.［2020 - 03 - 30］. http：//www. cnipa. gov. cn/jldzz/gsn/gsnzyhd/1143512. htm.

亮点突出，"知识产权交易博览""知识产权珠江论坛""知识产权专场活动"三大模块打造集知识产权成果展示交易、交流研讨、国际合作等元素于一体的大型国际知识产权交流平台。

在"知识产权交易博览"模块，本届知交会首次实现知识产权类别全覆盖。"知识产权运营服务展区""专利技术交易展区""商标品牌交易展区""地理标志交易展区""版权文化产业交易展区""国际知识产权交易展区"六大展区将展示一大批知识产权成果，涵盖高价值专利、商标、版权、地理标志等，参展机构达到300家以上。

在知交会会开幕式同步启动"粤港澳大湾区知识产权交易博览会在线交易系统"上线仪式。从此以后，国内外知识产权交易运营机构、金融资本、企业、科研院所、个人等均可通过该线上平台发布知识产权转化运用、交易许可、质押融资、评估保险及证券化等信息，打造"永不落幕的知识产权交易博览会"。❶

2019年12月，"珠海市WIPO国际知识产权体系巡回研讨"活动圆满举行，本次研讨会的主题为"马德里国际商标体系与日本知识产权制度"，旨在更好地帮助珠海市外向型企业发展，推进马德里商标国际注册、运用、保护和管理工作，同时增强企业在日本地区的知识产权保护意识，帮助企业加强海外知识产权保护。

"珠海市WIPO国际知识产权体系巡回研讨会"分别举办了"专利合作条约（PCT）制度""外观设计海牙体系和欧洲知识产权制度""马德里国际商标体系与日本知识产权制度"三场主题研讨，吸引了珠海市100多家企事业单位知识产权从业者300余人参加。通过一系列的主题研讨，进一步增强了珠海企业知识产权国际化布局和保护的意识，提升了知识产权从业者和涉外知识产权服务机构专业人士的实务操作水平，对珠海企业从制造走向"智"造、产业转型升级、参与国际经济、科技竞争等方面具有积极的推动作用。❷

---

❶ 珠海市知识产权相关企业积极参加2019粤港澳大湾区知识产权交易博览会［EB/OL］.［2020 – 03 – 30］. http：//scjg. zhuhai. gov. cn/gkmlpt/content/2/2393/post_2393511. html#247.

❷ "珠海市WIPO国际知识产权体系巡回研讨"活动圆满落幕［EB/OL］.［2020 – 03 – 30］. http：//scjg. zhuhai. gov. cn/gkmlpt/content/2/2417/post_2417370. html#247.

3. 司法保护

司法是公平正义的最后一道防线。具体到知识产权保护，从微观角度来看，司法是知识产权保护的最后一道屏障，是知识产权所有者维护自身权益的最后手段；从宏观角度来看，司法能够提高科学研究成果的潜在收益，是鼓励企业和研究人员在创新上加大投入，构建创新型社会的重要举措。随着珠海高新区知识产权法庭和横琴片区知识产权巡回法庭相继成立，珠海的知识产权司法保护迈入专业化、职业化的新时代。

珠海全市法院坚持以习近平新时代中国特色社会主义思想为指导，全面贯彻党的十九大和十九届二中、三中全会精神，认真落实习近平总书记在十三届全国人大一次会议广东代表团审议时的重要讲话精神和视察广东重要讲话精神，忠实履行宪法法律赋予的职责，紧紧围绕"努力让人民群众在每一个司法案件中感受到公平正义"的目标，坚持司法为民、公正司法，各项工作取得新成效。

（1）珠海市各级人民法院。❶

2018年，珠海市中级人民法院贯彻新发展理念，致力于服务创新驱动发展战略，深化知识产权刑事、民事、行政案件"三审合一"。审结"格力"商标权被侵害纠纷等知识产权案807件，加大对高新技术企业和知名品牌保护力度。同时，珠海市中院改革创新有新进展。全面落实以司法责任制为核心的四项试点改革，完善改革配套措施，正式启动基层法院内设机构改革，并建立知识产权侵权惩罚机制。❷

2018年，香洲区人民法院严格落实产权司法保护工作，贯彻落实最高法院关于产权保护的文件精神，防止将经济纠纷当作犯罪处理，防止将民事责任变为刑事责任。依法审理涉企业和企业家产权利益的案件，支持民营企业发展，审结涉公司、股权类纠纷117件。审结商品房预售、房屋买卖、房屋租赁合同等涉不动产产权纠纷1170件，增强人民群众财富安全感。完善知识

---

❶ 截至2020年4月12日，珠海市人民法院尚未公布相关工作报告和统计数据。
❷ 珠海市中级人民法院. 2019年法院工作报告［EB/OL］.［2019-08-18］. http：//www. zhcourt. gov. cn/courtweb/web/content/973-？ lmdm=1037.

产权审判工作机制，加大知识产权司法保护力度。全年受理知识产权案件 714 件，审结 562 件。加强知名品牌保护，依法审结侵害"格力"商标权纠纷 92 件，涉案标的额 1210 万元，助力企业创新发展。针对知识产权侵权成本低、维权成本高问题，认真开展调研，加大证据保全力度，统一裁判标准。加强与市知识产权保护协会、市律师协会、高新区知识产权仲裁中心等单位的交流研讨，构建司法主导下的知识产权纠纷预防、化解机制。❶

2018 年 4 月，香洲区人民法院召开知识产权司法保护工作新闻发布会，发布《珠海市香洲区人民法院知识产权司法保护白皮书（2014—2018 年)》，并同时公布"香洲法院知识产权审判典型案例"。该白皮书指出，2014—2018 年，香洲法院共受理知识产权案件 2363 件，其中民事案件 2317 件，刑事案件 44 件，行政案件 2 件；共审结 2120 件，结案率为 90%，其中民事案件调解撤诉结案 784 件，调撤率为 37%。受理知识产权案件数量呈快速增长和持续上升态势。❷

香洲法院在审理知识产权纠纷案件的过程中，树立"保护知识产权就是保护创新"工作理念，建立完善十大工作机制。例如，完善知识产权审判"三合一"机制，加强与公安机关、检察院、知识产权行政机关的协调，发挥司法保护综合效能；充分运用证据披露、举证妨害、优势证据等证据规则，最大限度减轻权利人举证负担；加强依职权调取证据、证据保全、财产保全等诉讼保护措施的运用，保障权利人合法权益实现；实行繁简分流、分类施策，引入特邀调解员化解纠纷，完善诉调对接机制，加强与相关部门沟通联动，推动建立司法调解、人民调解、行政调解"三位一体"调解格局，汇聚知识产权保护合力等。

为解决自贸横琴片区内外经济主体在知识产权创造、管理和交易过程中可能产生的法律纠纷，珠海市中级人民法院已于 2015 年在横琴建立了知识产权巡回法庭，负责审理与自贸区相关的属于珠海市中级人民法院管辖的各类

---

❶ 珠海市香洲区人民法院. 珠海市香洲区人民法院工作报告（2018）［EB/OL］.［2019 – 08 – 18］. http：//www. zhxzcourt. gov. cn/index. php? do = news&ac = info&cid = 3615.

❷ 珠海市香洲区人民法院. 香洲法院发布知识产权司法保护白皮书为打造法治化营商环境提供司法保障［EB/OL］.［2019 – 08 – 18］. http：//www. zhxzcourt. gov. cn/index. php? do = news&ac = info&cid = 3619.

知识产权纠纷案件。

随着横琴自贸试验区建设进程的推进，如何为横琴自贸试验区提供司法保障，是摆在珠海市面前现实而紧迫的问题。横琴新区法院凭借新型法院的综合性、系统化的改革创新举措，切实提高审判执行工作质效，提升司法公信力，努力为横琴自贸试验区的改革发展营造公开、透明的法治化营商环境。

另外，横琴新区法院与横琴工商局签署《知识产权侵权惩罚机制合作备忘录》，构建知识产权司法保护和行政执法双轨保护机制。知识产权侵权惩罚机制，即为加大知识产权保护力度，横琴新区法院与横琴工商局签署《关于共建中国（广东）自由贸易试验区珠海横琴新区片区知识产权侵权惩罚机制合作备忘录》，重点在两法衔接、一案双查、证据收集及固定、失信企业联合惩戒、多元化解决纠纷等方面开展合作，努力构建知识产权全方位、立体化的保护体系，形成知识产权司法保护和行政执法的双轨保护机制。

（2）珠海市各级人民检察院。❶

2018年，珠海全市检察机关深入贯彻落实习近平新时代中国特色社会主义思想和党的十九大精神，认真学习贯彻习近平总书记对广东重要讲话和重要指示批示精神，坚持党对检察工作的绝对领导，坚持以人民为中心的发展思想，紧紧围绕上级检察院工作部署和全市工作大局，忠实履行法律监督职责，深入推进司法改革，全面加强队伍建设，各项工作取得新进展。

2018年，全市检察机关致力于服务保障经济高质量发展。加强对知识产权的司法保护，不断完善知识产权领域行政执法与刑事司法衔接机制，严厉打击侵犯商标权、著作权、商业秘密等犯罪，办理的贾某某、刘某某销售假冒注册商标的商品案入选广东省首届知识产权检察保护十大典型案例。务实推进珠港澳三地司法交流合作，与香港特别行政区律政司、澳门特别行政区检察院就加强跨境司法协作等问题进行磋商，共同打击跨境犯罪活动，为粤港澳大湾区建设提供有力的司法服务和保障。❷

为迎接第十九个世界知识产权日的到来，积极推进以"尊重知识、崇尚

---

❶ 截至2020年4月12日，珠海市人民检察院尚未公布相关工作报告和统计数据。
❷ 珠海市人民检察院.2018珠海市人民检察院工作报告［EB/OL］.［2019-08-18］. http://www.zhuhai.jcy.gov.cn/jwgk/gzbg/201903/t20190306_2504874.shtml.

创新、诚信守法"为核心的知识产权文化建设,围绕国家和省、市2019年知识产权宣传工作重点,4月25～26日,珠海市检察院联合市市场监督管理局(知识产权局)、市司法局、市教育局、市知识产权保护协会、北京理工大学珠海学院等单位,开展了以"严格知识产权保护,营造一流营商环境"为主题的系列宣传活动。❶

(四) 知识产权中介机构发展状况

知识产权代理服务是自主创新成果知识产权化的桥梁和纽带,它促进创新成果知识产权化的转化实施,帮助市场主体维护自身合法权益、制定营销策略谋求更好发展,知识产权代理服务业主要包括专利代理和商标代理。此外,还有著作权、软件登记,集成电路、条码申请、域名申请以及海关备案等代理申请授权服务。

目前,珠海市专利代理机构共有14家(见表7－13),相比2018年珠海市增长家。❷同时,2019年珠海市知识产权服务业统计调查名单显示,珠海市共有知识产权服务机构共34家。

表7－13　2019年珠海市专利代理机构名单

序号	机构名称
1	广东朗乾律师事务所
2	珠海智专专利商标代理有限公司
3	广州嘉权专利商标事务所有限公司珠海分公司
4	广州华进联合专利商标代理有限公司珠海分公司
5	广州三环专利代理有限公司珠海分公司
6	广州红荔专利代理有限公司珠海分公司
7	重庆强大凯创专利代理事务所(普通合伙)珠海分所
8	北京中济纬天专利代理有限公司珠海分公司

❶ 珠海市人民检察院. 市检察院组织开展"严格知识产权保护 营造一流营商环境"4·26系列宣传活动[EB/OL]. [2020－03－30]. http://www.zhuhai.jcy.gov.cn/jcgz/gzdt/201904/t20190428_2554791.shtml.
❷ 珠海市知识产权局. 珠海市专利代理机构[EB/OL]. [2020－04－02]. http://scjg.zhuhai.gov.cn/zfxxgk/zscq/bswj/content/post_2421729.html.

续表

序号	机构名称
9	北京汇智英财专利代理事务所
10	珠海市威派特专利事务所
11	上海精晟知识产权代理有限公司珠海分公司
12	北京中济纬天专利代理有限公司珠海分公司
13	北京华际知识产权代理有限公司珠海分公司
14	珠海飞拓知识产权代理事务所（普通合伙）

2019 年 8 月，为深入贯彻习近平新时代中国特色社会主义思想，扎实推进"不忘初心、牢记使命"主题教育，珠海市市场监督管理局召开珠海市专利代理行业"蓝天"专项整治行动工作会议，来自全市专利代理机构代表参加了会议。会议传达学习《国家知识产权局关于加快推进"蓝天"专项行动集中整治工作的通知》，"蓝天"行动的开展旨在为加强专利代理行业监管、推进专利代理行业健康发展、为优化珠海市创新环境和营商环境提供有力保障。将深入推进"蓝天"行动从是否真正落实主题教育活动要求的高度来认识，集中力量，加快推进"蓝天"行动开展。一是高效率开展全覆盖行业自查和信用承诺，二是加大对专业代理行业违法行为的整治力度，三是将"蓝天"行动常态化，进一步加强和完善专利代理事中事后监管。❶

根据国家知识产权局、广东省知识产权局工作部署，2019 年 8 月，珠海市市场监督管理局（知识产权局）知识产权保护科联合知识产权促进科开展"蓝天"执法专项检查行动。此次行动，市局共抽查了 3 家专利代理机构，重点核查了 1 家经营异常专利代理机构，并赴现场进行调查取证。此次"蓝天"行动整治对象主要是专利行业的"黑代理""代理非正常申请""专利代理挂证""以不正当手段招揽业务"等违法行为，旨在聚焦净化专利代理行业发展和市场环境。❷

---

❶ 珠海市市场监督管理局. 珠海市市场监督管理局召开珠海市专利代理行业"蓝天"专项整治行动工作会议［EB/OL］.［2019 - 08 - 20］. http：//www. gdzhaic. gov. cn/gsyw/gzdt/201908/t20190816_56252368. html.

❷ 珠海市市场监督管理局（知识产权局）开展"蓝天"专项整治专项行动［EB/OL］.［2020 - 03 - 30］. http：//scjg. zhuhai. gov. cn/gkmlpt/content/2/2086/post_2086066. html#247.

珠海市知识产权代理机构还积极参与相关知识产权活动，助力珠海市实体经济高质量发展。由珠海市市场监督管理局（知识产权局）主办的第十三届中国专利周·珠海会场之"知识产权进产业园区"活动于 2019 年 12 月在珠海市南方软件园顺利举行。珠海市知识产权代理机构进行现场驻点，分别为横琴国际知识产权交易中心、广东朗乾律师事务所、广州三环专利商标代理有限公司珠海分公司、珠海智专专利商标代理有限公司、珠海飞拓知识产权代理事务所、广州嘉权专利商标事务所有限公司珠海分公司、广州市红荔专利代理有限公司珠海分公司，对企业疑问进行现场解答。❶

（五）知识产权人才培养和引进情况

1. 人才引进情况

（1）2018 年 1—10 月人才引进情况。

2018 年 1—10 月，珠海市共引进培养院士 4 名，招收培养博士后 22 名，引进培养高技能人才 6790 人。发放市高层次人才、青年优秀人才待遇 1819.40 万元，成功办结人才引进手续 11248 名。❷ 2018 年 1—10 月，珠海市人才引进情况如表 7 - 14 和表 7 - 15 所示。

表 7 - 14　2018 年 1—10 月引进或入选省级以上顶尖人才（项目）情况　　单位：名

指标名称	10 月	1—10 月	历史累计
引进培养院士/院士培养对象	0	4/0	24/2
入选广东珠江人才计划	0	0	12
入选广东特支计划	—	—	—

---

❶　第十三届中国专利周·珠海会场之"知识产权进产业园区"活动顺利开展［EB/OL］.［2020 - 03 - 20］. http://scjg. zhuhai. gov. cn/gkmlpt/content/2/2410/post_2410761. html#247.

❷　珠海市人力资源和社会保障局. 珠海市人力资源和社会保障 2018 年 10 月统计月报［EB/OL］.［2019 - 08 - 20］. http://www. zhrsj. gov. cn/zhengwu/tjsj/.

表7-15 2018年1—10月"市科技创新促进高质量发展的行动计划指标"情况

指标名称	10月	1—10月	历史累计
新增博士/名	73	189	1596
新建博士工作站/个	0	0	0
新增博士后/名	4	35	125
新增博士后科研工作站（含分站、创新实践基地）/个	6	6	58
支持产业青年优秀人才/名	0	0	1044
新增硕士/名	217	2136	18536
新引进本科毕业生/名	1200	10000	44500（2015年以来）

（2）2019年1—10月人才引进情况。

2019年1—10月，新增博士203名，引进培养高技能人才5798人。发放市高层次人才、青年优秀人才待遇487.49万元，成功办结人才引进手续19638名。❶ 2019年1—10月珠海市人才引进情况，如表7-16至表7-20所示。

表7-16 2019年1—10月珠海市选拔高层次人才、产业青年优秀人才情况   单位：人

指标名称	10月	1—10月	历史累计
珠海市顶尖人才	—	—	
珠海市高层次人才	91	160	584
珠海市产业青年优秀人才	0	249	1293

表7-17 2019年1—10月博士、博士后工作站点工作情况   单位：人

指标名称	10月	1—10月	历史累计
新建博士工作站	0	24	24
新增博士	0	166	
新增博士后科研工作站（含分站、创新实践基地）	10	22	67
新招收博士后	0	48	0
在站博士后	0	96	

❶ 珠海市人力资源和社会保障局. 珠海市人力资源和社会保障10月统计月报［EB/OL］.［2020-03-28］. http://zhrsj.zhuhai.gov.cn/gkmlpt/content/2/2425/post_2425077.html.218459.

表7-18 2019年1—10月《珠海市人才引进核准办法》实施情况 单位：人

指标名称		10月	1—10月	历史累计
领取人才引进核准证明人数 （成功办结人才引进人数）		1189	19638	60912
其中：博士	含应届毕业生	5	64	197
其中：硕士		80	1650	4983
其中：本科		526	10797	32730
其中：大专		222	3663	13917
其中：纳入全国统一招生计划的普通高等教育全日制专科（高职）以上学历的应届毕业生		306	9927	28879
其中：引进留学回国人员		33	298	939
其中：引进企业业务骨干		8	124	325
其中：职称人才		24	344	1240
其中：技能人才		338	3422	9897

表7-19 2019年1—10月珠海市引进博士、

硕士、本科学历人才情况（全口径） 单位：名

指标名称	10月	1—10月	历史累计
博士	11	203	1910
硕士	82	2009	20830
本科	1603	13424	60591（2015年以来）

表7-20 2019年度珠海市高层次人才、

产业青年优秀人才待遇兑现情况 单位：元

指标名称		10月	1—10月
2018年以前入选人才	高层次人才工作津贴	0	172.315
	高层次人才住房保障	0	9.68
	高层次人才补充养老保险	0	45.47576
	高层次人才子女入学	0	21
	青年优秀人才工作津贴	0	83.8251
	青年优秀人才住房保障	0	0

续表

指标名称		10 月	1—10 月
"珠海英才计划"	顶尖人才奖励	80	80
	顶尖人才住房补贴	120	120
	高层次人才奖励	1082	1082
	高层次人才住房补贴	2960	2960
	产业青年优秀人才奖励	609	609

2. 人力资源市场供求情况

（1）2018 年人力资源市场供求情况。❶

2018 年，人力资源市场共提供现场招聘需求岗位约 104.01 万个次，进场求职者 97.15 万人次，求人倍率约为 1.07，市场供求总体较为平稳。第二产业岗位需求约 59.30 万个次，占比 57.01%；第三产业岗位需求约 44.44 万个次，占比 42.72%，如图 7-3 所示。制造业企业岗位需求较多，第二产业岗位需求依然占据主导地位。

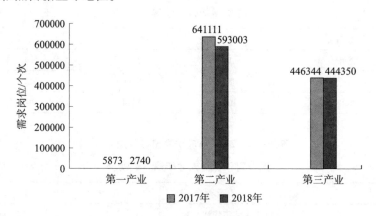

图 7-3　2018 年珠海市岗位需求按产业划分对比

需求岗位数量上，普工需求仍居所有岗位之首，普工需求多达 43.49 万个次，占珠海市企业需求岗位总数的 41.81%，其次为保安、旅游、餐厅娱乐

---

❶ 珠海市人力资源和社会保障局．珠海市 2019 年人力资源市场供求分析报告［EB/OL］．［2019-08-19］．http：//zhrsj. zhuhai. gov. cn/zw/ztzl/zdlyxxgk/jctj/content/post_2114198. html.

服务员等。从人力资源市场招聘情况看，2018 年，企业对学历的需求主要集聚在高中以下，其中，对高中学历的需求占比达 43.31%；其次为初中学历，占比 33.97%。

（2）2019 年人力资源市场供求情况。❶

2019 年，人力资源市场共提供现场招聘需求岗位约 97.10 万个次，进场求职者 94.84 万人次，求人倍率约为 1.02，市场供求总体较为平稳。2019 年，第二产业岗位需求约 53.91 万个次，占比 55.52%；第三产业岗位需求约 42.99 万个次，占比 44.28%，如图 7-4 所示。制造业企业岗位需求较多，第二产业岗位需求依然占据主导地位。

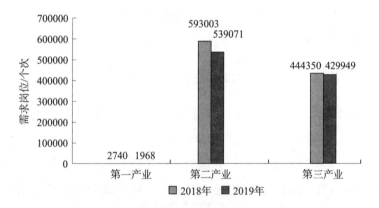

图 7-4 2019 年珠海市岗位需求按产业划分对比

需求岗位数量上，普工（生产线操作工）仍居所有岗位之首，其次为饭店、旅游娱乐服务员以及保安，4~7 位分别是营业人员、模具工、厨工和车工。因新经济（新就业形态）产生的"送餐员"这一岗位首次出现在排名前十的需求岗位中。从人力资源市场招聘情况看，2019 年，企业对学历的需求主要集聚在高中以下。其中，对高中学历的需求占比达 42.98%，其次为初中学历，占比 33.53%。

---

❶ 珠海市人力资源和社会保障局. 珠海市 2019 年人力资源市场供求分析报告［EB/OL］.［2020-04-02］. http：//zhrsj. zhuhai. gov. cn/gkmlpt/content/2/2457/post_2457390. html#338.

3. 《珠海市紧缺人才开发目录（2018 年版）》

珠海市人力资源和社会保障局发布实施《珠海市紧缺人才开发目录（2018 年版）》（以下简称《目录》）。《目录》取消中国科学院、中国工程院院士等人才的年龄限制，并将国家"千人计划"专家、珠海市高层次人才、广东省引进创新创业团队带头人及核心成员；珠海市引进创新创业团队带头人等人才的年龄限制放宽至 60 岁。

该《目录》体现了市场化和社会化的人才评价，客观反映了珠海市市重点产业企业未来两年对人才的需求情况，为珠海市人才的培养引进、结构调整和管理服务等提供更为客观、全面、适时的市场导向和政策依据，进一步提高珠海市人力资源开发与管理水平。

4. 《珠海市人才引进核准办法》

自《珠海市人才引进核准办法》实施以来，珠海市废除了积分入户政策，为珠海市人才引进添砖加瓦。该办法实施以来，珠海有 19589 名各类人才领取《珠海市人才引进核准证明》并取得人事关系转移、档案接收、户籍迁入资格，如表 7–21 所示。这些引进的人才中，超八成分布在科技型企业、制造业企业和中小微企业。

表 7–21　2019 年 1—10 月《珠海市人才引进核准办法》实施情况　单位：名

指标名称	10 月	1—10 月	历史累计
预审通过人数	952	11357	19589
成功办结人才引进手续人数	995	11248	18874
纳入全国统一招生计划的普通高等教育全日制专科（高职）以上学历的应届毕业生	230	9366	19174
留学人员	25	305	7404
引进企业业务骨干	27	173	1137

5. 《珠海市博士和博士后人才创新发展实施办法》

为加快珠海市博士和博士后人才引进集聚、推进创新驱动发展战略，根据《关于加快新时代博士和博士后人才创新发展的若干意见》（粤组通〔2017〕46号）、《关于实施"珠海英才计划"加快集聚新时代创新创业人才的若干措施（试行）》（珠字〔2018〕6号）等文件精神，珠海市制定《珠海市博士和博士后人才创新发展实施办法》（以下简称《办法》）。

《办法》规定，珠海市人才工作领导小组办公室（以下简称"市人才办"）统筹全市博士和博士后工作，牵头制定相关政策措施，协调有关部门落实支持政策，研究解决重大问题。

《办法》规定，珠海市科研机构、企业、从事科研和技术开发的事业单位，以及省级以上经济、技术开发区和留学人员创业园等新设博士后科研流动站、工作站、分站、创新实践基地，分别给予一次性建站补贴100万元、100万元、70万元、50万元；每招收1名博士后，给予设站单位5万元工作津贴。对新引进珠海市创新创业的全日制博士，年龄40周岁以下，且符合下列条件之一者，给予25万元生活补贴，分两年等额发放。出站后留（来）珠海市创新创业的博士后，年龄45周岁以下，且符合第11条所列条件之一者，给予50万元住房补贴，分5年等额发放。❶

6. 金湾区人才引进情况

金湾区成立囊括生物医药、航空航天、新能源、智能制造等领域的"产业智库"，专家范围包括中山大学在内的全省16所高校及各类产业高端人才，旨在高效调动各类人才资源为金湾区产业服务，助力企业知识产权挖掘与应用，务实产学研合作，并以知识产权工作作为重要抓手，稳步推进产业结构转型升级，引领产业向高端化、智能化、绿色化迈进，促进金湾区经济高质量发展。同时，针对区委组织部进行的人才调研结果，参考区人社局产业人才政策，金湾区将人才奖补纳入创新驱动高质量发展奖补政策范畴，筑巢引凤，引导优秀人才向金湾区汇集，为企业留住人才提供后勤支持。

---

❶ 珠海市人力资源和社会保障局. 珠海市博士和博士后人才创新发展实施办法〔EB/OL〕.〔2019-08-20〕. http://www.zhrsj.gov.cn/zcfg/zxwj/201902/t20190215_51475080.html.

三、建议和展望

（一）建议

综合该报告提供的数据可以发现，珠海市目前主要存在以下问题：一是城市规模偏小，无法发挥出城市核心的拉动作用，主要经济活动和公共配套资源还是集中在香洲区，对全市的辐射带动作用有限；二是经济总量偏小，除了空调和打印耗材之外，没有形成集聚性强的其他产业带，上下游产业配套难以有效延展和扩充；三是长期沉醉于人均 GDP 位于全省前列所带来的优越感，没有壮大经济总量的紧迫感；四是对知识产权资金投入虽然不断提升，但仍然大幅低于广、深等城市，投入水平依然制约产出水平；五是专利申请授权结构不均衡，企业申请授权量依然维持"格力"一家独大的局面，高校、个人等申请量严重不足。针对以上问题，为了实现珠海市知识产权的快速发展，我们提出以下建议供有关部门参考。

1. 完善相关知识产权制度，加快知识产权政策创新

制度功能在于规范和约束行为。由于行为主体存在人性弱点、行为能力差异以及行为环境不断变化，制度规范性和约束的功能往往侧重于消解人性弱点、增强行为能力和克服客观环境不利影响。发挥相关法律法规的规范带头作用，在全市范围内构建起知识产权带动经济发展的创新发展理念，有利于推动创新型城市的发展。

法治框架下，主动的制度调整是地方政府形成竞争力的重要手段。在基础设施建设、税收优惠政策等技术手段边际效应递减的情况下，以公共政策和公共服务为主要内涵的制度竞争成为提升地方竞争力的主要路径。而制度竞争中最有可能起引领作用的就是制度创新。当改革进入攻坚期和深水区，鼓励地方政府在公共政策领域大胆探索和创新，是保持地方竞争力的持续动力。各个地方通过制度竞争，从而发展出不少极具地方特色并最终上升为国家战略的发展策略，已经成为一条成就中国经济增长的快车道。因此，珠海

市必须进一步加快知识产权制度和政策的完善创新。

在知识产权制度和政策的完善创新方面，珠海市可以学习借鉴省内外城市和地区的经验。与珠海市同为经济特区的深圳市，在城市综合竞争力排名中，位列第一，并三次位居《福布斯》中国大陆创新城市榜首。总结30多年来深圳市发展经验，简单一句话就是"敢闯、敢试、敢改"。其他城市相对于深圳市，表面上看是差钱、差政策，其实深层次上是差平台、差氛围、差理念、差服务。深圳市与珠海市一江之隔，交通便利，珠海市可以深耕近邻这座创新的金矿，深度学习深圳市改革创新理念，高度对接深圳市创新资源和高端要素，充分发挥珠海市生态环境、交通区位、发展空间等后发优势，走出一条具有珠海特色的创新发展路径。

2. 实施知识产权强企工程，用优良制度调动人才创新积极性

截至2019年12月底，珠海市有效发明专利量14861件，同比增长26.60%，占全省总量的5.02%，比全省平均水平高7.56个百分点。全市每万人口发明专利拥有量为78.58件，比2018年同期增加12.09件。全市有效发明专利5年以上维持率为70.91%，排名全省第二，仅次于深圳市。同期，发明专利申请量14251件，同比增长6.32%，2018年和2017年的同比增长率分别为67%和2%，全市发明专利申请量增长速度在经历快速增长后又呈现放缓趋势。主要原因是发明申请结构不均衡，过度依赖格力系企业。

通过以上数据可以看出，珠海市企业专利创造数量连年攀升，企业占据创新创造的绝对主导地位，但是企业之间的专利实力差距明显，结构不均衡。在专利申请、授权数量排名前十位的企业中，格力电器在专利申请数量与授权数量均居首位，以绝对优势占据珠海市知识产权企业发展领军地位。同居前十位的天威、魅族等企业虽然发展迅速，但是综合实力远远不及格力电器。

针对珠海市实体经济的龙头骨干企业数量不够多、带动力不够强的瓶颈，珠海市可以加快相关政策的出台，力争形成大中小企业梯度发展的企业群，为实体经济发展夯实基础。其中，可以以发挥格力电器等龙头企业的带动作用作为重要发力点，吸引集聚上下游配套产业链企业，力争形成数个产值超千亿元、一批产值超百亿元的世界级产业集群。

另外，通过对比珠海市专利申请量与专利授权量我们不难发现，有效专

利数量的数量较低，专利质量有待提高。而人才引进是解决这一问题的重中之重。推动在珠企业、科研院所和高校进行深层次合作，在人员使用、经费支持、科研场所等提供服务，还应深入企业，了解企业需求，协助企业成立研发部，推荐专家参与产品研发和专利申报。由于我国职务发明制度还存在一些譬如现有法律规定原则性较强且缺乏可操作性、实践中单位侵害发明人权益的现象时有发生，挫伤了发明人的积极性等问题。为此，急需进一步细化职务发明制度，明确创新成果的权属和利益分配规则，确保发明人的合法权益落到实处，充分激发研发人员的创新活力，营造创新人才安于创新、乐于创新的环境。

3. 加大知识产权行政执法力度，推广金湾区先进执法经验

珠海市2018—2019年知识产权执法案件数量较少，共15件。一方面反映了珠海市知识产权违反政策的情况较少，另一方面也反映了珠海市知识产权局打击力度较弱。相较于广州、深圳等一线城市，珠海市在行政保护方面仍需加强。虽然案件数量较少，但做到了有案必结，受理的15个案件均已结案，这反映了珠海市知识产权局认真负责的工作态度，在接下来的工作中应当坚持这种工作态度。

下一步，珠海市相关部分可加强专利、商标、著作权知识产权综合行政执法队伍建设，加强对执法人员的培训，提高行政执法水平；加强行政执法装备和条件建设，依法严厉打击侵犯知识产权行为，特别是打击窃取商业秘密行为；健全知识产权保护行政执法机关与公安、海关的协作机制，提高行政执法效率；大力推进政府和企业使用正版软件，保障民族软件行业健康发展；进一步推进侵犯知识产权行政处罚案件信息公开，将故意侵犯知识产权行为纳入企业和个人信用记录；建立重点企业知识产权保护快速通道，加快知识产权行政执法案件处理，加强定期走访调研，帮助企业协调解决知识产权保护问题。高新技术企业以及专利、商标申请量或拥有量在30件以上的知识产权成长型企业，可申请为市知识产权保护重点企业。

同时，完善知识产权执法维权机制，建立高效的市、区知识产权行政执法体系，探索开展知识产权综合行政执法；完善跨区域、跨部门知识产权执法协作机制；发挥最高人民法院知识产权司法保护与市场价值（广东）基地

的作用，健全审判权运行机制和技术专家咨询机制，设立越秀诉讼服务处，为创新主体尤其是中小微企业提供便利化服务；加强知识产权仲裁院与相关知识产权管理部门、行业协会的联系与合作，探索知识产权领域网络仲裁快速维权机制；加强海外知识产权维权援助，支持企业开展知识产权海外布局和维权，引导行业协会、中介组织等第三方机构参与解决海外知识产权纠纷，建立涉外知识产权争端联合应对机制；进一步完善以"两书五制"为核心的商标监管长效机制；建立集防范、监控、预警与打击惩处于一体的商标监管长效机制，加强工商行政执法与刑事司法的衔接配合，构建运转畅通的商标保护联动协作机制。

4. 进一步加强知识产权司法保护，打造提升横琴知识产权保护平台

完善知识产权案件审判机制，加大知识产权侵权赔偿力度。推进知识产权审判体制和工作机制创新，夯实审判基础，推行知识产权审判"三合一"改革试点，加强知识产权司法保护对外合作，构建更有国际竞争力的开放创新环境。

提升知识产权保护能力，加强重点产业和重点市场知识产权保护；加强知识产权保护规范化市场培育，提升市场主办方的知识产权保护能力；查处假冒专利案件结案率、办案量年均增长率达到建设目标；加大知识产权边境保护力度，加强缴扣侵权货物管理，严厉打击进出口环节的知识产权侵权行为。

拓宽知识产权纠纷多元解决渠道，建立相互衔接、相互支撑的知识产权保护网络；加强珠海知识产权法庭建设，健全行政执法和刑事司法相衔接及跨部门、跨地区知识产权保护协作机制，完善案情通报、信息共享、案件移送制度，发挥知识产权司法保护、行政保护的主渠道作用；加强知识产权纠纷行政调解、人民调解，畅通行政调解、人民调解获得司法确认的渠道；倡导运用仲裁方式保护知识产权，在横琴自贸区内开展知识产权调解与仲裁服务。

截至 2019 年 12 月，横琴国际知识产权保护联盟成员单位已发展到 126家，其中香港、澳门机构共 31 家；专家委员会共聘任专家 12 名，其中香港、澳门专家共 4 名。横琴知识产权保护平台已经成为珠海知识产权保护一张亮

丽的名片，珠海市应该充分利用其区位优势，大力打造提升横琴知识产权保护平台，联手港澳打造大湾区知识产权保护新高地。

建立知识产权保护社会监督网络，推进知识产权公共信用体系建设，公开企事业单位侵权假冒违法信息，依法将行政处罚案件相关信息以及不配合调查取证行为、不执行行政决定行为等纳入诚信体系，推动建立知识产权失信主体联合惩戒机制；建设知识产权大数据监管网络平台，实现网络巡查、线上举报和投诉办案一体化；建立珠海市网络经营主体数据库和网络交易商品定向监测常态化机制；加强对全市电商平台、跨境电商以及电子商务领域大数据等新业态知识产权保护的研究，探索破解管辖、取证、侵权认定等保护难题，建立健全保护机制。

5. 发展壮大知识产权服务业，提升专利代理申请效率

截至 2019 年 12 月，珠海市专利代理机构共有 14 家，比 2018 年增长 2 家。由此可以看出，珠海市代理机构虽有增长，但与全省其他城市相比，发展的程度仍然不够，珠海市政府应发布奖励政策，大力扶持珠海市知识产权代理机构的发展壮大。

同时，珠海市还可研究制定加快知识产权服务业发展的政策措施，率先实现"双自联动"发展，依托国家横琴平台提升高新区"一区五园"知识产权服务能力，支持国家横琴平台高新区办事处，开展知识产权代理、分析、评估、质押融资、法律服务、人才培训等服务。市、区财政每年安排相应的工作经费，用于促进和培育本地知识产权服务机构扩大规模，开展专利战略规划与咨询、专利分析与评估、专利信息推送、市场预警等知识产权高端服务，积极引进国内外高端知识产权服务机构落户珠海市。通过政府购买服务，把专业性、技术性较强的社会公共事务和技术服务工作委托给符合条件的知识产权服务机构办理。建立知识产权对接各种交易、展览、大赛等活动的服务机制；打造知识产权特色集聚区域，加强专利导航、专利挖掘、专利投融资等实务培训，推广利用专利信息分析成果；支持依法依规开展互联网知识产权众创、众筹项目；支持科技园区、孵化器、众创空间建立知识产权服务平台，打造专利创业孵化链，支持科技中介服务机构发展和科技创新平台建设，完善科技金融服务体系，促进知识产权运营服务新业态发展。

知识产权服务作为现代服务业的新兴业态，正处于培育市场的关键时期，需要大力扶持。知识产权服务与产业经济发展相辅相成、相互促进，企业创新和产业升级的需求催生和造就了知识产权服务业，高水平的知识产权服务反过来促进产业转型和战略性新兴产业成长。建议珠海市财政部门加大对知识产权服务业培育的经费支持，用于政府向社会购买知识产权服务，支持服务机构发展壮大；设立由国家资金引导、民间资本参与的专利运营基金，支持珠海市知识产权服务机构从事专利技术引进、储备和开发，盘活无形资产；支持知识产权服务高端实务人才培训。

6. 探索知识产权人才引进培养模式，为珠海市知识产权发展注入新鲜血液

2018 年 1—10 月，珠海市引进培养院士 4 名，招收培养博士后 22 名，引进培养高技能人才 6790 人，同比下降 2.76%。发放市高层次人才、青年优秀人才待遇 1819.40 万元，同比下降 48.26%，成功办结人才引进手续 11248 名，同比增长 75.48%。2019 年 1—10 月，新增博士 203 名，引进培养高技能人才 5798 人。发放市高层次人才、青年优秀人才待遇 487.49 万元，成功办结人才引进手续 19638 个。可见，相对于 2018 年来说，2019 年珠海市在人才引进工作上取得了较大进展。相关人力资源管理部门应继续加大人才引进刺激政策的实施，从而吸引高端人才入驻珠海市，为珠海市的知识产权建设提供人才动力。珠海市最近一年来接连出台一系列强有力的吸引人才的政策，我们期待这些政策可以发挥作用，为珠海市的知识产权未来带来更多优质的人才。同时，根据珠海市两年的统计月报可以得出，高中以下文凭劳动者供需及普工等供需依旧占珠海市人才市场供需的绝大部分。

基于此，珠海市可加强知识产权相关学科建设，引导高等院校开设知识产权课程和专业，加大人才培育力度。加强知识产权专业学位教育，完善产学研联合培养知识产权人才模式。鼓励高等院校联合协会、服务机构等设立知识产权人才培训基地。加强对各类创新人才、特别是"千人计划"引进人才团队的知识产权培训力度。加强知识产权领军人才和骨干人才的引进培养，重点引进一批熟悉国际事务与规则、具有国际视野和思维的高层次人才。健全知识产权人才支撑体系，开展知识产权专业技术资格评审，实施专利实务

人才培训计划，培养知识产权运营型、管理型人才；加强党政领导干部知识产权培训，把知识产权法律法规和基础知识纳入党政领导干部培训内容，全面提升党政领导干部的知识产权意识；成立知识产权研究教育培训基地，打造知识产权智库；支持企业、科技园区积极引进高层次复合型知识产权专业人才。

（二）展望

2019 年 5 月 8 日，据国家知识产权局文件，珠海市被确定为国家知识产权示范城市，示范时限为 2019 年 5 月至 2022 年 5 月。截至 2019 年 12 月底，珠海市全市专利授权量 18967 件，有效发明专利量 14861 件，同比增长 26.60%；全市每万人口发明专利拥有量为 78.58 件，比上年同期增加 12.09 件，位居全省第二，仅次于深圳市。

习近平总书记在博鳌亚洲论坛 2018 年年会开幕式上发表主旨演讲，强调将加强知识产权保护作为中国扩大开放的新的四个重大举措之一，再一次向世界传递了中国依法严格保护知识产权的坚定立场和鲜明态度。作为改革开放前沿阵地的广东省，始终坚持贯彻落实中央决策部署，始终坚持实施知识产权战略，以建设知识产权强省为目标，围绕中心、服务大局，大力推进知识产权创造、运用、保护、管理和服务，知识产权事业蓬勃发展，实现了由知识产权大省向知识产权强省跨越的良好开局，在全省供给侧结构性改革、实施创新驱动发展战略和构建开放型经济新体制中发挥了重要支撑作用。

随着珠海市建设创新型城市发展目标和创新驱动发展核心战略深入推进，知识产权事业蓬勃发展，面临难得发展机遇，承载重大历史使命，必须因势而谋、顺势而为、乘势而上，走出一条知识产权支撑创新驱动发展的新路径，把珠海市建设成为国际化知识产权创造运用中心和知识产权保护高地。根据珠海市人民政府发布的《珠海市人民政府关于建设知识产权强市的意见》，珠海市知识产权发展要实现以下目标。

第一，全市知识产权创造、运用、保护、管理和服务能力大幅提升。知识产权管理体系和保护机制进一步完善，创新环境进一步优化，形成一批具有国际竞争力的知识产权密集型产业，聚集一批具有核心竞争力和国际影响力的知识产权优势示范企业，知识产权对经济发展、文化繁荣和社会建设的作用更加凸显。

第二，知识产权创造活力增强。知识产权产出重要指标继续居于全省领先地位。全市每百万人发明专利申请量超过 6800 件，每万人发明专利拥有量50 件，《专利合作条约》（PCT）国际专利申请量比 2016 年翻一番，拥有发明专利或商标的规模以上工业企业比例达到 100%，其中拥有发明专利的规模以上工业企业比例达到 50%。作品著作权和计算机软件著作权拥有量年均增速达 15%，国内有效注册商标总量超过 5.5 万件，拥有中国驰名商标达到 16 件，商标国际注册量有较大幅度增长，高品质、高市场占有率、高知名度的品牌数量不断增加，全国最具价值版权产品数量有较大幅度增长。

第三，知识产权运用成效显著。知识产权运营交易机制进一步完善，具有国际影响力的知识产权资产集散地初步形成，知识产权对经济增长的贡献率大幅提高，年度运营交易专利数达到 2000 项，年度知识产权质押融资额达4 亿元。

第四，知识产权保护状况显著改善。知识产权政策法规体系进一步完善。知识产权保护、维权援助体系得到健全，假冒侵权行为大幅度降低；建立 2 家省级以上（含省级）知识产权保护（维权援助）中心。

第五，知识产权管理体制机制更加有效。知识产权管理体系更加合理，行政管理水平明显提高，高等院校和科研院所普遍建立知识产权管理制度，企业知识产权管理水平大幅提升，全市通过《企业知识产权管理规范》认证的企业达到 50 家，知识产权优势企业 100 家，版权兴业示范基地达到 18 个。

第六，知识产权服务能力稳步提升。知识产权服务业充分发展，知识产权人才队伍日益壮大，数据信息共享便捷。全市知识产权咨询代理机构及其分支机构达到 35 家。

珠海市作为国家知识产权示范城市，示范时限为 2019 年 5 月至 2022 年 5 月。为了建设国家知识产权示范城市，珠海市政府制定《珠海市推进国家知识产权示范城市建设工作方案（2019—2022 年）》，明确提出国家知识产权示范城市建设的以下六大工作目标。

一是知识产权管理能力全面提升。知识产权行政管理和服务能力进一步加强，知识产权政策体系逐步完善，知识产权政策实施的力度、深度以及与相关政策的协调性得到全面提升。到 2022 年，通过《企业知识产权管理规范》国家标准认证的企业达到 700 家，新增培育知识产权优势示范企业 50 家。

二是知识产权创造能力显著增强。知识产权拥有量和产出质量进一步提高，核心专利、知名商标大幅增加。建立区域知识产权分析评议中心，开展专利导航；建设高价值专利培育中心，形成 10 个以上支撑产业发展和国际竞争的高价值专利组合，进一步提升知识产权运用的经济效益。到 2022 年，每万人有效发明专利拥有量达到 75 件，PCT 国际专利申请量逐步增长，有效注册商标拥有量达到 8.5 万件。

三是知识产权保护效果大幅提高。按照知识产权"严保护、大保护、快保护、同保护"的要求，认真履行政府监管职责，不断提高知识产权行政执法能力，加大知识产权侵权整治力度和海关知识产权保护力度，各类知识产权行政执法案件年结案率达到 95% 以上。成立珠海市知识产权保护中心，推动设立中国（珠海）知识产权保护中心，加强知识产权维权援助中心建设，切实增强知识产权保护力量，知识产权保护满意度持续提高，"互联网＋"知识产权保护取得实效。

四是知识产权运用效益日益明显。知识产权密集型产业增加值占全市生产总值比重进一步扩大，企业、高校、科研院所知识产权运营实施收益实现快速增长，推动建设粤港澳知识产权交易中心，知识产权交易额逐年提高。设立知识产权运营基金，知识产权质押融资金额逐步增长。

五是知识产权服务体系更加完善。以国家知识产权运营公共服务平台金融创新（横琴）试点平台建设为主要依托，发挥全市知识产权服务机构作用，提供全方位知识产权服务，打造一批园区知识产权工作站。同时，在培育一批专业化、规模化、品牌化、标准化知识产权服务机构的基础上，积极引进国内一流知识产权服务机构，聚集优质的服务资源，打造知识产权服务业高地。

六是知识产权人才规模不断壮大。加快培育一支规模大、结构优、素质高的知识产权人才队伍，为知识产权创造、运用、保护、管理和服务提供全面人才支撑。到 2022 年，从事知识产权代理、运营、维权、信息等服务的专业人才达到 1000 人以上，积极培养 500 名以上企业知识产权专业管理人才，知识产权专家人才达到100人。

通过国家知识产权示范城市建设，推动工作目标的实现，珠海市知识产权创造质量、保护效果、运用效益、管理水平、服务能力必将得到全面提升，知识产权事业必将得到高质量发展。珠海市将立足粤港澳大湾区，成为具有带动作用、示范效应的国内一流的知识产权示范城市。

（撰稿人：叶昌富）

第 8 章　中山市知识产权报告

依据《2019 年中山市政府工作报告》，牢牢扭住粤港澳大湾区建设这个总纲、主线，着力打造国际一流湾区的重要节点城市，推动中心市经济社会进一步发展，从而为广东省实现"四个走在全国前列"、当好"两个重要窗口"贡献自身力量，已然成为步入"湾区时代"的中山市下一步工作的根本方向指引，而创新则被定位为实现前述目标的重要推动力。为深入贯彻实施创新驱动发展战略，作为创新重要支撑的知识产权事业也得到中山市政府的高度重视。自 2015 年 4 月获得"国家知识产权示范城市"这个新身份以来，中山市的知识产权事业便驶上了"快车道"。围绕知识产权的取得、运用、保护及对其的管理、服务，中山市不断深化改革、扩大开放水平，出台了多项政策。强化政策的实施落地，为中山市创新活力的迸发营造了良好的制度环境。本章将就 2018 年 7 月至 2019 年中山市在知识产权制度及其实施方面的新发展进行阐述，并在此基础上给出完善的建议。

一、中山市知识产权制度和政策

近年来，中山市围绕知识产权的取得、运用、保护及对其的管理、服务，已出台不少规范性文件，从而搭建起了较为完备的知识产权制度框架体系。在综合性文件方面，有《中山市建设国家知识产权示范城市工作方案》《中山市知识产权事业发展"十三五"规划》和《中山市工商行政管理局服务中山组团式发展战略部署实施工作方案》；在知识产权的保护方面，有《中山市加强知识产权保护工作方案》《中山市科学技术局（中山市知识产权局）行政处罚自由裁量量化标准》《中山市专利执法维权工作方案》《中山市知识产权局关于加强电商领域专利执法维权工作方案》《关于加强互联网领域侵权假冒行为治理的工作方案》《中山市知识产权局重大行政执法决定法制审核目录》等；在促进、鼓励知识产权的取得、运用和保护方面，有《中山市科技企业知识产权质押融资贷款风险补偿办法》《中山市知识产权专项资金使用办法》和《中山市版权专项资金使用办法》。下面将就 2018 年 7 月至 2019 年底出台的新规范性文件展开说明。

（一）综合性知识产权规范性文件

中山市人民政府于 2019 年 2 月发布了《中山市深入实施商标品牌战略服务经济社会发展的若干意见》（中府办函〔2019〕23 号）。该意见确定了至 2022 年中山市深入实施商标品牌战略工作的总体要求、主要工作任务和保障措施。在主要目标方面，该意见明确了商标注册量稳定增长、商标品牌产业结构不断优化、商标专用权保护体系日益完善以及商标品牌激励创新机制和公众服务机制逐步强化四项目标。该意见从商标品牌建设服务、商标品牌的运用以及商标保护三个方面对工作进行了部署。

在商标品牌建设服务方面。首先，优化商标品牌产业结构。第一，培育装备制造业优势商标品牌。争取智能制造装备、船舶与海洋工程装备、节能环保装备、新能源装备、汽车制造等领域品牌高地。第二，支持现代服务业商标品牌发展。重点指导协助物流与供应链管理、电子商务、节能环保服务等生产性服务类企业开展商标品牌建设，培育一批高知名度的现代服务商标品牌。引导传统服务业企业通过商标授权许可，实施品牌连锁经营；引导新兴服务业企业加强商标意识，积极注册商标。第三，加大农林渔业特色商标品牌培育力度。建立农林渔业商标培育资源库，培育中山特色地理标志商标。第四，保护发展中山特色文化品牌。通过商标注册保护文化资源，推动传统自然资源和人文资源转化为品牌资源。第五，创建区域商标品牌。围绕中山产业集群特点，引导、支持行业协会等组织申请注册集体商标或证明商标；推广区域、产业和企业个性品牌"三位一体"的品牌运作模式。第六，推进商标品牌国际化建设。支持和鼓励企业发展海外品牌。其次，为商标注册提供便利。第一，建设高效的商标注册受理窗口。争取在中山市设立商标业务受理窗口，降低企业注册成本。第二，大力发展商标品牌服务中介机构，对中介机构提供服务进行规范。第三，针对海外品牌，加强商标海外布局规划，为中山市企业"走出去"、进行商标国际注册提供信息、解决困难。最后，加强商标品牌战略宣传。推动各镇区建立商标品牌培育指导站。指导驰名商标、广东省名牌、高新技术、规模以上企业等大中型企业设立商标品牌管理部门；贯彻落实相关税收优惠政策。

在商标品牌的运用方面，优化商标品牌融资和资产运营。实现商标无形资产的资本化运作；支持以商标出资入股；探索建立商标质押融资市场化风险补偿机制；构建商标品牌质押融资多层次风险分担机制。

在商标保护方面。首先，完善商标品牌维权援助服务平台。实施重点商标品牌预警，对广东省名牌、老字号、高新技术企业及规模以上企业商标、驰名商标、公共资源商标、区域商标等进行全方位商标动态监测，提供续展、异议、无效宣告等商标预警服务，防止商标抢注。其次，实施严格商标保护。在重点产业或重点专业市场开展商标执法维权专项行动；发布商标侵权假冒典型案例；实施商标品牌守信激励与失信惩戒制度；建立跨区域网络发展和治理合作机制。最后，完善监管执法协作机制。加强市场监督管理、公安、司法、海关等部门间的商标执法工作联系，促进跨部门商标执法信息共享；完善行政执法与刑事司法的有效衔接。

（二）知识产权管理与服务方面的规范性文件

中山市知识产权局于 2018 年 12 月发布《中山市知识产权局关于调整优化专利资助政策提升专利质量的通知》。为强化专利资助政策的质量导向，推动本市专利高质量发展，该通知停止执行《中山市知识产权专项资金使用办法》（中山知发〔2018〕30 号）以下专利资助内容："第十一条 国内发明专利授权和年费资助的条件和标准：（一）以本市地址授权的国内发明专利取得专利证书后，每件资助 1 万元。（二）同一单位上一年度以本市地址授权的国内发明专利 10 件以上（含 10 件）的，每家额外给予 3 万元资助；每增加 10 件递增 3 万元，同一单位年度该项资助不超过 15 万元。（三）国内发明专利以本市地址第五年维持有效状态的，每件资助 0.3 万元；第十年维持有效状态的，每件资助 0.5 万元，已按原办法获得第九年年费资助的不再给予资助。""第十二条 PCT 专利申请、进入国家阶段授权资助的条件和标准：
（一）以本市地址申请 PCT 专利，且在 PCT 申请国际检索单位书面意见（237表）或者专利性国际初步报告（409 表）（中文版本）中显示该专利同时具备新颖性、创造性、实用性的，单位每件资助 1 万元，个人每件资助 0.5 万元。
（二）以本市地址申请的 PCT 专利进入国家阶段，并以本市地址获得美国、日本和欧盟国家发明类专利授权的，每件资助 3 万元；获得其他国家或者地区发明类专利授权的，每件资助 2 万元；同一 PCT 专利申请最多获得境外 3个国家或者地区的专利授权资助。""第十三条 专利代理机构和专利代理人资助的条件和标准：（一）在本市注册的专利代理机构或者在本市设立的专利代理分支机构，上一年度代理以本市地址申请的专利申请的专利电子申请率为 100%，没有出现非正常专利申请代理，且上一年度代理以本市地址申请并获得授权的发明专利超过 10 件的，给予代理机构每件授权发明专利 0.2 万元资助，同一代理机构当年度最高资助总额由当年度的申报指南限定。"

为给中山市的中小微企业营造良好的创新环境，引导广大企业持续加大研发经费投入、激发科技创新活力，中山市科学技术局于 2018 年 9 月和 2019年 3 月相继发布了《中山市科技创新券专项资金使用办法》与《中山市科技创新券服务机构入库管理暂行办法》。

科技创新券是为进一步引导和鼓励中山市企业增强创新能力而设计发行的一种补助凭证，由市财政无偿向符合规定的单位发放。领取创新券的单位在完成研发投入后，到科技局进行兑现。2018 年修订的《中山市科技创新券专项资金使用办法》在"券种及额度""支持对象""支持内容"和"兑现比例"方面做了调整。在券种及额度方面，该办法规定了"自主研发券""服务券""仪器共享机时券"和"协同创新券"四个券种。其中，自主研发券可领 1 张，重点自主研发券的面额为 20 万元，一般自主研发券 10 万元；服务券可领 5 张，面额 2 万元；仪器共享机时券可领 1 张，面额 20 万元；本次新增的协同创新券可领 2 张，面额 10 万元，但先申请 1 张，在当年度技术交易履约额达到 100 万元以上且发放额度未饱和的情况下，可申请第 2 张。在支持对象方面，修订后的自主研发券的支持对象不再对支持对象的企业规模作出要求，而对研发投入的要求不变，支持省科技厅公布的入库科技型中小企业，其中重点自主研发券支持上年度研发投入 500 万元（含）以上的企业，一般自主研发券支持上年度研发投入 500 万元以下的企业。修订后的服务券的支持对象为有研发活动和研发投入、主营业务 4 亿元（含）以下的企业。修订后的仪器共享机时券的支持对象为通过中山市大型科学仪器设备共享服务平台对外提供仪器共用测试、检验检测认证等服务的机构。本次修订新增的协同创新券的支持对象则为通过中山协同创新网（中山市技术转移和知识产权交易协同创新平台）作为需求方进行技术开发、技术转让并完成技术合同登记的企业。在支持内容方面，自主研发券和服务券未有变化，仍分别为自主研发项目和购买科技成果与技术服务。仪器共享机时券则新增了仪器共用测试的经费补助。协同创新券为通过中山协同创新网（中山市技术转移和知识产权交易协同创新平台）作为需求方进行技术开发、技术转让并完成技术合同登记的研发投入的补助。在兑现的比例方面，自主研发券没有变化，仍为研发总投入的 25%。服务券则有较大的变化。服务券兑现的合同金额不超过 100 万元。如果企业购买的是检验检测认证服务的，则要进一步区分是否是通过中山市大型科学仪器设备共享服务平台购买的。若是，则按购买总投入的 20% 比例计算；若否，则按 15% 比例计算。如果企业购买的是其他服务，则都按购买总投入的 15% 比例计算。仪器共享机时券的兑现则按机构服务金额的 10% 计算。协同创新券按企业技术交易履约额的 20% 计算。

《中山市科技创新券服务机构入库管理暂行办法》是《中山市科技创新券专项资金使用办法》的配套规定，旨在落实后者"服务券用于企业向经市科技局确认的高校、科研院所和科技服务机构购买科技成果、技术服务等研发投入的补助"的规定。暂行办法的内容包括出台背景、入库条件、入库程序和动态管理。在入库条件方面，可入库的机构包括全国范围内的高校、科研院所和科技服务机构，不限中山市内的机构。入库有两种基本途径，即申请备案入库和直接备案入库。除了该暂行办法规定的 7 类高校、科研院所和科技服务机构可以直接备案入库外，其余机构只能通过申请备案入库。申请备案入库的实质条件包括：能提供研究开发及其服务、技术转移服务、检验检测服务和科技咨询服务这四类中至少一项服务；依法注册、具备法人资格；具有固定的办公场所；具备科技服务能力，有一定数量的专职人员，并具有从事相关科技服务 1 年以上的业务基础。申请备案入库的形式条件则是提交相应的材料。入库程序则包括提交申请、专家评审、公示和结果公布。

为加快引进国内外高端科研机构和高校的科技成果在中山市转化，中山市科学技术局于 2018 年 10 月发布了《中山市引进高端科研机构创新专项资金使用办法》。该创新专项资金的资助对象包括四类项目，即高端科研机构实施的科技创新项目和科技成果转化项目、高端科研机构引进的科技创新项目和科技成果转化项目、国内外高校与中山市联合举办创新创业大赛等合作项目、其他需要支持的项目。该专项资金主要采取对项目进行事前资助的方式，按项目进行资金拨付和使用，资金一次性拨付。资助额度则依项目是否为市重点引进的科技项目而有区别，由市科技局指定的监管银行全程跟踪资金使用情况。

为支持中小企业快速成长的科技企业加速器建设，鼓励新型研发机构、镇区、园区、优势龙头企业建设科技企业加速器，进一步推进中山市科技孵化育成体系提质增效，努力打造完善的"众创空间—孵化器—加速器"科技创业孵化育成链条，中山市科学技术局于 2018 年 9 月发布了《中山市促进科技企业加速器建设发展暂行办法》。

该办法的核心内容是对加速器及其培育单位提供政策性支持。"加速器"是一个为入驻的高成长科技企业提供个性化的企业加速服务，快速实现企业做大做强，进而形成创新型产业集群的机构、单位。科技企业加速器培育单位的认定是加速器认定的先决条件。该办法对申报科技企业加速器培育单位和加速器的条件（第 5 条）和流程（第 6 条）作出规定。该办法提供给获认定为培育单位或者加速器的单位的支持包括三个方面：一是对获得认定的单位给予一次性补助以及对符合一定条件的培育单位给予年度运营补助；二是配套用地和产权分割支持；三是项目资助。该办法还建立培育单位和加速器的绩效评价体系和退出机制，以此对获认定的培育单位和加速器进行监管。

（三）知识产权保护方面的规范性文件

为加强市场采购贸易中的专利保护力度，中山市科学技术局于 2018 年 12 月发布了《中山市市场采购贸易专利保护办法（试行）》。受该办法规制的主体为市场采购贸易方式主体，即经国家、省级部门认定的市场集聚区享受海关通关政策的贸易主体，包括为市场采购贸易提供仓储服务的市场采购贸易经营主体。在市场采购贸易中承担专利保护事项的监管部门为市场采购贸易经营主体所在镇区设立的管理专利工作的部门，而市场采购贸易服务中心则负有协助并支持专利行政管理部门进行专利监管的义务。为避免专利侵权行为的发生，该办法确立了四种监管方式：一是通过市场信用监管平台向社会公开市场采购贸易经营主体的专利信息（第5条）；二是引导市场采购贸易经营主体建立健全专利保护机制（第7条）；三是建立专利保护自律机制（第8条）；四是强化行政指导（第9条）。专利行政管理部门对发生的专利侵权行为进行查处。专利侵权行为的线索既可以来源于专利行政管理部门的监管，也可以来源于公众的举报。推行专利违法"黑名单"公示制度。构成犯罪的专利违法行为依法移送司法部门追究刑事责任。

二、中山市知识产权发展状况

2018年7月至2019年底，中山市的知识产权事业取得了可喜的进展和成绩。下面将从知识产权的取得、知识产权的保护、企业知识产权、知识产权快速维权机制、知识产权管理与服务、知识产权人才培养和引进六个方面对中山市在这段时间的发展状况进行阐述。

（一）知识产权取得状况

2018年，全市累计有效注册商标14.2万件，比2017年增长25%，位居全省第六位，其中当年新注册商标27899件；海外商标注册791件，同比增长13.32%；已有黄圃腊味、中山脆肉鲩、神湾菠萝3个产品获得地理标志产品保护，如表8–1所示。到2019年上半年，累计有效注册商标15.97万件，其中有效驰名商标58件，当年新增国内注册商标17088件、马德里商标6件。目前，全市共有市场主体40.59万户，平均每2.5户市场主体拥有1件注册商标。2019年全年，全市商标申请4.5万件，商标注册3.2万件，拥有马德里商标296件。

表 8-1 中山市知识产权基本情况表

知识产权类型		2017 年/件	2018 年/件	增长率/%
专利权	申请总量	42168	49041	16.30
	其中：发明	7808	8165	4.57
	授权总量	27443	34114	24.31
	其中：发明	1493	1875	25.59
	有效发明专利拥有量	5586	7210	29.07
	PCT 申请量	172	244	4.19
商标权	有效注册商标	110900	123800	11.63
	中国驰名商标	58	58	——
	海外商标（部分国家）	698	791	13.32
地理标志产品		黄圃腊味、中山脆肉鲩、神湾菠萝		

2018 年，全市专利申请量为 49041 件，同比增长 16.30%，专利授权量为 34114 件，同比增长 24.31%，发明专利申请量为 8165 件，同比增长 4.57%，发明专利授权量 1875 件，同比增长 25.59%，每万人口发明专利拥有量为 21.78 件，同比增长 25.97%，全市 PCT 专利申请量为 244 件，同比增长 4.19%；全市有效注册商标累计达 123800 件，同比增长 11.63%。到了 2019 年，全市专利申请量为 43066 件。其中，发明专利申请量为 5548 件，实用新型专利申请量为 18306 件，外观设计专利申请量为 19212 件；专利授权量为 33395 件，其中，发明专利授权量为 1476 件，实用新型专利授权量为 15565 件，外观设计专利授权量为 16354 件；PCT 专利申请 192 件。

（二）知识产权保护状况

2018 年，全市专利侵权纠纷立案 509 宗，结案 509 宗，处理电商领域专利案件 303 宗，展会案件 80 宗，涉及调解金额 66.9 万元，假冒专利立案 27 宗，结案 27 宗，出动执法人员 1957 人次，检查企业、工厂、门市 326 家。查处各类商标违法案件 259 宗，案值 372 万元，罚没 516 万元，移送涉嫌犯罪案件 8 宗，案值 1267 万元。2019 年，全市查处各类商标违法案件 240 宗，案值 122.64 万元，罚款金额 225.20 万元。受理各类专利案件 880 宗。其中，专利侵权纠纷立案 523 宗，查处假冒专利案件 8 宗，电商、展会案件 349 宗。

为建立重点企业知识产权保护快速通道，切实为重点企业解决知识产权保护方面的困难和问题，中山市于 2017 年创设重点企业知识产权保护"直通车"制度。诸如贯标企业等重点企业享受快速协调保护、海关联动保护、案件加快处理、培训及政策宣讲、专利布局及分析服务。截至 2018 年 9 月，中山市专利行政执法立案 820 件。

为进一步推进知识产权行政执法与司法的有效衔接，在设立广州知识产权法院中山诉讼服务处，开展立案、诉调对接等工作的基础上，广州知识产权法院（中山）巡回审判庭于 4 月 26 日正式挂牌运作。

（三）企业知识产权发展状况

2018 年，中山市新增 81 家企业通过《企业知识产权管理规范》国家标准认证，贯标企业累计达 195 家。中山市企业获中国外观设计银奖 3 项（见表 8 - 2）、中国外观设计优秀奖 2 项（见表 8 - 3）、中国专利优秀奖 9 项（见表 8 - 4），新增 8 家国家知识产权优势企业（见表 8 - 5）、4 家广东省知识产权优势企业（见表 8 - 6）。中山市 2018 年度版权优势企业共 5 家，分别为中山力天知识产权有限公司、中山市艾迪尔知识产权代理有限公司、中山市照明电器行业协会、广东莱丁网络科技有限公司、中山市叁陆伍网络信息科技有限公司。广东世宇科技股份有限公司荣获"广东省版权兴业示范基地"称号，获资助 10 万元。中山市文化广电新闻出版局依据《中山市版权专项资金使用办法》为广东鹦鹉知识产权服务有限公司、广东世纪专利有限公司中山分公司、中山市天元网络科技有限公司、中山市铁金法律咨询服务有限公司、中山市盈进知识产权代理有限公司 5 个市级版权基层工作站各发放 5 万元资助。

表 8 - 2　荣获 2018 年中国外观设计银奖项目名单

序号	专利号	专利项目名称	专利权人
1	ZL201530241132.9	吸油烟机（CKW - 220 - Z1601G）	中山市樱雪集团有限公司
2	ZL201630658219.0	暖风机	广东美的环境电器制造有限公司、美的集团股份有限公司
3	ZL201730061278.4	手持式电熨斗	广东美的环境电器制造有限公司

表8-3 荣获2018年中国外观设计优秀奖项目名单

序号	专利号	专利项目名称	专利权人
1	ZL201330463433.7	灯臂（12009018）	中山市琪朗灯饰厂有限公司
2	ZL201730328391.4	圆柱落地式空调器（怡劲风）	TCL空调器（中山）有限公司

表8-4 荣获2018年中国专利优秀项目名单

序号	专利号	专利项目名称	专利权人
1	ZL201010160389.8	插头	中山市开普电器有限公司
2	ZL201010238624.9	射频感应锁及其读卡模块	广东顶固集创家居股份有限公司
3	ZL201210394563.4	玻璃钢防火分隔结构	江龙船艇科技股份有限公司
4	ZL201310305125.0	新型高精磨齿数控系统	中山迈雷特数控技术有限公司
5	ZL201310531444.3	一种多功能脚架	广东思锐光学股份有限公司
6	ZL201410586413.2	一种大豆油墨用大豆油松香改性酚醛树脂的合成方法及改性酚醛树脂	中山市康和化工有限公司
7	ZL201410676510.0	一种水性彩色喷墨打印介质及其生产方法	广东高璐美数码科技有限公司
8	ZL201510209804.7	桥梁的顶推施工的方法	中交路桥华南工程有限公司、中交路桥建设有限公司
9	ZL201510790290.9	微通道换热器及其空调器	TCL空调器（中山）有限公司

表8-5 荣获2018年国家知识产权优势企业名单

序号	专利权人
1	江龙船艇科技股份有限公司
2	中山市金广家庭电器制造有限公司
3	中山市琪朗灯饰厂有限公司
4	广东通宇通讯股份有限公司
5	咀香园健康食品（中山）有限公司
6	广东乐心医疗电子股份有限公司
7	广东永衡良品科技有限公司
8	广东伊莱特电器有限公司

表 8-6　荣获 2018 年广东省知识产权优势企业名单

序号	专利权人
1	完美（中国）有限公司
2	广东弘景光电科技股份有限公司
3	广东乐心医疗电子股份有限公司
4	中山市开普电器有限公司

2019 年，全市新增国家专利奖 7 项，广东省专利奖 3 项，获国家知识产权示范优势企业 34 家，获广东省知识产权示范企业 27 家，获企业知识产权管理体系认证的企业 123 家。

（四）知识产权快速维权机制发展状况

知识产权快速维权的"中山模式"得到了进一步的发展和完善。自 2011 年以来，中山市开创性地推进知识产权领域的"放管服"改革，创新知识产权管理、保护与服务方式，在市内产业集聚区创建了知识产权快速维权中心。截至 2019 年底，中山市已建成了面向灯饰、家电和红木家具三大重点产业的中国中山（灯饰）知识产权快速维权中心、中山市家电知识产权快速维权中心与中山市红木家具知识产权快速维权中心。

中山（灯饰）知识产权快速维权中心于 2011 年 6 月在灯饰产业集聚的古镇挂牌成立，目前已跻身国家级快速维权中心的行列。该中心不仅成为中山市首个也是全国首个针对单一行业的知识产权快速维权中心。在建立之初，灯饰快速维权中心构建了专利快速授权、快速维权和快速协调三大快速通道。这三大通道其实是对知识产权行政管理与保护事业的创新。针对灯饰产品注重外观创新、更新换代快速的产业特征，灯饰快速维权中心在全国首创与外观设计相匹配的专利快速授权机制。国家知识产权局委托中山（灯饰）知识产权快速维权中心对灯饰类外观设计专利申请进行预审查，使灯饰类外观设计专利申请 10 个工作日内即可获得授权。快速维权和快速协调是因应灯饰产业外观设计专利保护的需要而作出的制度创新。就快速维权而言，中山市知识产权局将行政执法权"下放"古镇基层，依法委托中山（灯饰）知识产权快速维权中心行使。在此基础上，中山（灯饰）知识产权快速维权中心对专利侵权纠纷进行快速处理。截至 2019 年底，专利权人按规定提出请求后，中心 5 个工作日内即可立案，并且将于 5 个工作日内进行现场勘验，15 日左右组织双方进行调解处理，从提出请求到结案只需 1 个月的时间。由于专利侵权纠纷解决机制众多，涉及不同的机构，为了对这些机构和机制进行协调，提高纠纷解决速度、降低维权成本，灯饰快速维权中心构建了快速协调通道。以中山（灯饰）知识产权快速维权中心为平台，行政、仲裁、司法、行业自律及人民调解的多元协调化解纠纷机制得以建立。在行政方面，整合工商、版权、公安、海关等行政执法部门资源。在仲裁方面，中国广州仲裁委员会中山分会在古镇设立了商事调解中心。在司法方面，强化知识产权行政执法与司法保护有效衔接；广州知识产权法院在中山古镇设立中山诉讼服务处，担负远程立案、开庭审理、调解、司法确认等职能，并实行证据互认和纠纷调解前行；广州知识产权法院委托中山知识产权人民调解委员会进行审前调解；中山市检察机关知识产权保护工作室也于 2018 年 12 月 19 日在中山（灯饰）快速维权中心正式设立，该工作室的职能主要包括知识产权侵权刑事案件的前置指导、知识产权民事行政诉讼监督、深化行政执法与刑事司法相衔接工作机制等，中山市检察机关将根据工作需要适时派员进行受理、处理相关事务。在专利保护方面，中心还将保护向基层、展会和电商领域延伸，做好专业市场的知识产权保护工作，进驻中国·古镇国际灯饰博览会开展执法维权工作，建立灯饰行业电子商务领域的知识产权快速维权机制。在管理与保护的基础上，灯饰快速维权中心在知识产权行政服务上也进行了诸多创新，构建起知识产权公共服务体系。比如，免费向灯饰企业提供外观设计专利智能检索服务、专利审查费用及法律状态等信息查询服务；成立广东省（灯饰照明）知识产权运营中心；组建知识产权维权援助专家库；举办形式多样的宣传教育活动。

中山（灯饰）知识产权快速维权中心还自 2018 年下半年到 2019 年上半年实施了知识产权涉外应对指导服务项目。在该项目的开展过程中，中心成立了"中山古镇知识产权涉外应对专家库"。目前专家库成员有 38 人，其中欧洲 8 人，美国 22 人，南非（非洲）4 人，日本 3 人，中国台湾（其他地区）1 人；邀请国内外知识产权专家开设了 7 期"专家门诊"，为古镇企事业单位提供知识产权涉外维权咨询服务；成功举办了"海外专利制度与知识产权维权策略讲座""新形势下海外知识产权保护新思考讲座""中山古镇企业海外知识产权保护与风险防范研讨会"等三场知识产权涉外研讨会，受教育面达 300 人次；开发了"中国中山（灯饰）知识产权快速维权中心企业海外知识产权维权信息系统"，实现海外知识产权专家数据库、海外知识产权维权信息、海外知识产权在线咨询投诉渠道等功能；开展多种形式的知识产权涉外维权宣传教育；通过加强与中山海关的业务协作，加强边境知识产权保护。

中山市家电知识产权快速维权中心于 2015 年 8 月在中山市黄圃镇成立，2016 年 9 月 20 日正式挂牌运营。与中山（灯饰）知识产权快速维权中心相比，在快速授权方面，家电快速维权中心尚不具备该项职能。但黄圃镇正在积极争取组建国家知识产权局专利局广州代办处外观专利快速授权通道基层服务站，为包括黄圃镇在内的中山市北部的家电企业提供快速办理外观专利授权通道。在保护方面，家电快速维权中心的职责主要包括案件受理、调查取证、专业评估、行业和行政调解、行政调处、案件移送、参与并协助市知识产权局的执法工作（如在广交会和黄圃镇举办的中国小家电交易会上）。2018 年，中山市家电快速维权中心积极处理专利侵权违法事件，共处理涉嫌专利侵权纠纷投诉、司法维权、广交会执法等案件近 30 宗。在行政服务方面，开展家电领域企业专利信息推送服务工作以及知识产权相关宣传工作，并于 2018 年组建了家电产业知识产权联盟。"2019 年黄圃知识产权保护宣传周暨加强知识产权保护，营造良好营商环境"为主题的知识产权宣传周活动于 2019 年 4 月 23 日正式启动。

知识产权保护快速维权"中山模式"获得了世界知识产权组织、国家知识产权局和广东省知识产权局的认可。世界知识产权组织立项调研"工业品外观设计保护中山古镇模式调研报告"，项目研究成果于 2018 年 9 月在世界知识产权组织总部日内瓦向世界推广介绍。该研究项目是世界知识产权组织在中国第一个关于专利保护的优秀案例。

（五）知识产权管理与服务发展状况

广州代办处中山服务站于 2019 年 3 月 18 日在中山市古镇正式设立。中山服务站将为中山市创新主体和中介服务机构提供以下三项专利相关咨询服务：

在该市范围组织、协调、实施专利法和专利知识等宣传普及工作；针对该市创新主体、专利代理机构推广中国专利电子申请、网上缴费、专利事务服务、复审无效电子请求等系统；提供办理专利申请、缴费、费减备案、专利登记簿副本、专利申请优先审查等相关业务咨询服务。中山服务站还承担向广州代办处反馈有关该市的专利服务需求以及报送专利服务工作开展情况的材料等职能。截至 2019 年底，代办处共办理专利申请、专利缴费咨询服务等 1270次，服务 1170 人次，生物医药、高端装备、智能家居、灯饰等行业的专利信息分析 1800 余次，向 300 余家企业免费推送专利信息分析成果。

中山市市场监督管理局（知识产权局）于 2019 年 1 月 16 日挂牌成立。依据《中山市机构改革方案》，中山市市场监督管理局整合了原市工商行政管理局的职责、市科学技术局（市知识产权局）的专利管理职责、市发展和改革局的反垄断执法职责、市商务局的经营者集中反垄断职责。中山市市场监督管理局下设知识产权促进科、知识产权保护科 2 个科室，并将知识产权执法办案纳入市场监管综合执法科室。

2019 年，中山市市场监督管理局设立了国家级的商标服务窗口——国家知识产权局商标局中山商标受理窗口，为中山市及周边地区的群众提供商标申请、续展、质押登记等 29 项专业服务。中山商标受理窗口成立以来，共受理各项业务 981 件、电话及现场接受业务咨询上千次。

中山市技术转移与知识产权交易协调创新平台于 2018 年 3 月正式上线。该平台整合专业服务机构、高校院所、金融机构等资源，围绕企业专利定制、专利购销等多种需求，开展专利挖掘、专利质押融资、专利交易、专利微导航等综合服务。2018 年完成了智能化印刷装备、成像与光电子、游戏游艺 3个产业专利导航分析报告，为产业和企业创新发展方向提供支撑。开展专利信息推送服务项目，依托德温特专利信息检索系统、中国外观设计专利智能检索系统、专业服务机构等力量，开展 LED、智能抽油烟机、太阳能与节能设备等涉及智能家电、智能家居等行业的专利信息分析项目，编制专利信息简报 44 期，并通过微信平台，免费为企业推送专利分析信息，为企业科技创新提供前沿的技术指引。全市技术合同交易额增长 121%。

为缓解科技型企业尤其是中小微科技企业的融资难、融资贵问题，引导金融资本投向科技与知识产权领域，中山市走出了一条"知识产权质押融资中山模式"的制度创新之路。这个模式即知识产权质押融资风险补偿模式。这个风险补偿模式的雏形为 2016 年创设的知识产权质押融资风险补偿资金机制。中山市设立了总规模达 4000 万元的知识产权质押融资风险补偿资金，以此激励金融机构向科技企业提供贷款。这 4000 万元皆为财政资金。其中，中央财政出资 1000 万元作为引导资金，中山市出资 3000 万元作为支持资金。为保障这部分财政资金的安全，中山市摸索出了"政府＋银行＋保险＋评估"共担风险的融资模式。在政府与银行的基础上引入评估和保险公司，能够规范用于质押的专利的价值评估、增加企业贷款信用评级和通过提供保险降低银行贷款风险。政府（风险补偿资金）、银行、保险与评估机构目前是按照 54∶26∶16∶4 的比例分摊贷款损失的风险。此外，当贷款企业的逾期贷款占已发放贷款总额的比例超过 8%，或者风险补偿资金已赔付金额达到风险补偿资金总额的 50%时，将暂停该贷款项目，待风险得到管控时再行恢复。为进一步降低科技企业的融资成本，中山市还规定贷款企业可以依据《中山市知识产权专项资金使用办法》就贷款时产生的银行利息、保险费用、评估费用申请专项资金资助，分别补贴的金额约占支出费用的 50%。中山市扩大企业质押融资范围，实行专利、商标等知识产权混合质押，将企业单笔贷款支持额度提高到 500 万元。企业积极主动运用高质量专利进行融资，截至 2018 年12 月，共有 386 家企业成为知识产权质押融资风险补偿资金入池企业，初步获得贷款资格。2018 年 1—12 月，试点合作银行为企业发放专利质押贷款6730 万元。2018 年，科技金融加速发展，累计发放科技贷款 60 亿元。2019年，试点合作银行为 75 家创新型企业提供知识产权质押融资 2.25 亿元。

（六）知识产权人才培养和引进状况

2018 年，创新人才加快聚集，全市共培养引进国家和省重大人才工程人才 33 人，国务院特殊津贴专家 41 人，市级以上创新创业团队 40 个，博士及博士后工作平台 67 个，新建院士工作站 2 个。中山市知识产权局荣获 2018 年国家知识产权人才培训工作先进集体的荣誉。

为了满足社会知识产权专业人才需求、弥补中山市知识产权人才培养缺口，中山市科技情报研究所在原市知识产权局的大力支持下，与广州三环专利商标代理有限公司合作，整合了电子科大中山学院校内优质的师资力量，于 2018 年正式开设知识产权创新实验班。该班采用"情报＋法学＋专利＋领域"四位一体的教学体系，开设专利基础与检索、机械工程制图、专利实务、知识产权法等课程，强调情报分析的课程特色。知识产权创新实验班首期招收具有理工科背景的 40 多名学员。首批学员已于 2019 年 6 月完成全部课程，为中山市培养第一批具有情报特色的知识产权专业人才。首批学员申请了 16 件专利，其中发明专利 6 件，已授权实用新型专利 1 件，外观设计专利 2 件；辅助教师申请了近 30 件的专利；协助企业撰写、申请专利超过了 10 件，其中授权 6 件实用新型专利。

中山市于 2018 年 8 月举办了企业知识产权管理规范内审员培训班。来自中山市企事业单位的 90 余名学员参加培训。培训内容包括中山市知识产权相关政策、企业知识产权管理规范标准、申请认证准备及流程、知识产权管理体系文件编写、知识产权管理体系审核与内审实操、知识产权检索等方面。

三、建议和展望

如第一、二部分所展示的，中山市在知识产权事业上已取得显著成绩。中山市需要紧紧抓住建设粤港澳大湾区的重大机遇，在建设粤港澳大湾区的过程中，立足自身的比较优势，利用好政策释放的红利，推动知识产权事业更上一层楼，以此实现向创新型经济的转型、升级。为此，本文对中山市知识产权工作提出以下三点完善建议。

第一，进一步完善快速维权机制的"中山模式"。①丰富中山快速维权中心的行政执法职能。目前，中山快速维权中心与行政执法相关的职能仅包括快速调解；专利侵权纠纷行政处理案件请求的接收、受理审查；协助、配合专利执法。下一步，中山快速维权中心应借鉴其他快速维权中心的经验，丰富与行政执法相关的职能，例如，调处专利纠纷；知识产权案件的调查取证、调解、查处及移送；受理知识产权侵权举报投诉、及时向有关知识产权行政执法机关移交违法线索、向举报人或投诉人反馈案件处理情况和结果；受委托进行行政执法等。②进一步深化行政执法与司法保护的有效衔接，比如专利纠纷行政调解协议的司法确认，一定条件下专利纠纷行政处理结果的司法采纳等。③探索建立社会调解与仲裁协同化解各类知识产权纠纷的保护机制。

第二，下大力气提升执法人员的执法能力。知识产权行政执法权下放与简化程序的趋势引发了公众对执法人员执法能力的担忧。除加大培训力度外，还要通过案例的学习来增强执法能力。供执法人员学习的案例，不应限于经国家知识产权局自上而下筛选而来的知识产权行政执法指导性案例。在执法过程中，还应当允许案件当事人和执法人员援引任何构成同案的在先生效裁判，包括法院作出的裁判。

第三，转变观念，重视知识产权的质量并优化知识产权的结构。"垃圾专利"与恶意抢注商标的泛滥，会滋生众多的知识产权"蟑螂""流氓"与恶意诉讼，反而对自身的创新事业造成损害。

（撰稿人：曾凤辰）

第 9 章　惠州市知识产权报告

惠州市地处粤港澳大湾区东北端，作为粤港澳大湾区重要节点城市之一，粤港澳大湾区规划建设为惠州市的发展带来重大战略机遇。在前期改革发展的基础上，惠州市已形成自己的发展特色，构建起以电子信息、石油化工为支柱的现代产业体系。目前，惠州市是中国乃至全球重要的电子信息产业基地之一，已经形成较完整的平板显示、汽车电子、LED 等产业链，"惠州智造"走向世界，全面融入全球产业链、价值链和创新链。惠州大亚湾石化区已落户惠州市，项目总投资近 1678 亿元，埃克森美孚、壳牌、巴斯夫、乐金化学等化工巨头在此投资合作，石化中下游深加工集群、高端化学品和化工新材料产业集群、现代服务业产业集群正加快形成。在确定"创新""智能制造"等经济发展理念的同时，惠州市为经济发展保驾护航的配套制度和政策也在日益完善。继 2016 年惠州市获评国家知识产权示范城市，惠州市知识产权保护和制度政策完善方面取得了很多进步，下面对惠州市 2018—2019 年在知识产权事业发展方面的进展予以描述和分析，并展望未来，提出建议。

一、惠州市知识产权制度和政策

2016 年，惠州市获评国家知识产权示范城市，同年 10 月，惠州市出台了《惠州市高标准建设国家知识产权示范城市工作方案（2016—2019 年)》。该工作方案从完善知识产权宏观管理体制等方面，为推动惠州市国家知识产权示范城市建设奠定了基调、指明了方向和目标。2018—2019 年，惠州市从更具体的制度和政策层面完善了对知识产权的保护和促进工作。

（一）促进知识产权发展的制度和政策

1. 发布《惠州市对接广深港澳科技创新走廊实施方案（2019—2023年）》

作为粤港澳大湾区的重要节点城市，惠州市将"创新"定位为该市城市和经济发展的核心理念，将知识产权保护作为促进创新的重要制度保障和激励机制。在自2016年起围绕国家知识产权示范城市要求重点建设知识产权保护制度的基础上，2019年，惠州市确定了在创新方面以对接香港、澳门、广州、深圳这四大粤港澳大湾区建设的中心城市为目标的阶段性发展目标，以最终实现融入粤港澳大湾区建设并共同发展。2019年9月2日，惠州市政府印发了《惠州市对接广深港澳科技创新走廊实施方案（2019—2023年）》（惠府办函〔2019〕98号）（以下简称《科技创新走廊方案》）。《科技创新走廊方案》确定了惠州市接下来四年的科技创新发展目标和实施方案，制定了清晰的工作路径，明确了各部门具体的工作任务，主要内容包括构建"一核两带多节点"的创新空间格局、建立全面开放创新大格局、打造多层次创新平台体系、培育高水平创新型产业集群、营造国内一流创新创业生态、构建具有吸引力的人居环境和保障措施七大部分。在知识产权保护方面，确定了加强知识产权运用与保护的政策，明确继续高标准地建设国家知识产权示范城市，继续推动专利产出增量提质，推进知识产权质押融资和专利保险；实施"互联网＋知识产权"计划，建设知识产权大数据平台；加强与广州知识产权交易中心、中新广州知识城、国家专利技术（深圳）展示交易中心等平台对接；筹备中国（惠州·电子信息）知识产权保护中心，建立专利快速审查、授权、维权、确权的绿色通道，争取设立知识产权法院或法庭、审判"三审合一"改革试点，探索区域知识产权行政执法与刑事司法有效衔接机制等具体内容。创新需要知识产权政策和制度的保驾护航，《科技创新走廊方案》也将是促进惠州市知识产权制度和政策在实践中进一步发展完善的重要方案。

2. 发布《惠州市加快推进珠三角（惠州）国家自主创新示范区建设实施方案》

2019 年 4 月 19 日，惠州市政府发布《惠州市加快推进珠三角（惠州）国家自主创新示范区建设实施方案》（以下简称《实施方案》）对惠州市做强国家电子信息产业基地、加快珠三角（惠州）国家自主创新示范区建设提出了具体的实施措施。《实施方案》包括五大点 19 项措施，明确了自创区建设目标，提出把自创区打造成"现代产业集聚区、中国高新技术成果转化基地、广东创新创业高地"，加大海内外人才引进，进一步探索创新机制体制，打造惠州市"改革先行区"。为激发自创区企业创新活力，《实施方案》对创新型企业、研发机构和园区给予实质性奖励，其中对新获得国家自然科学、技术发明、科技进步一等奖、二等奖的第一完成单位，分别给予 100 万元、50 万元奖励；对新获得省科技奖特等奖、一等奖、二等奖的第一完成单位，分别给予 30 万元、20 万元、10 万元奖励；对新认定的省、市级新型研发机构分别给予 100 万元、50 万元奖补；对特色产业集群培育发展成效突出的园区，给予政策支持和资金奖补；对被认定为国家级创新型产业集群、战略性新兴产业集群的，分别给予 500 万元、300 万元资助。对产业最基础的用地开发，《实施方案》提出了用地扶持政策。在人才引进方面，提出了大力培养引进高层次人才，对引进国内外一流大学、研发机构、领先企业合作建立人才培养基地给予资金支持，优先保障其建设用地等政策。《实施方案》创设了惠州市自创区发展专项资金制度，依此，《实施方案》提出，2019—2023 年，将自创区片区所在县（区）企业增值税、所得税对市、县（区）财政贡献超过 2018 年基数的部分，按一定比例提取设立惠州市自创区发展专项资金，以设立创新基金、股权投资、绩效奖励等形式，统筹用于自创区重大创新平台、公共服务平台等创新驱动重大发展项目。《实施方案》还提出了大力培育创新型企业，加强科技型中小企业培育，实施高新技术企业树标提质行动计划，大力培育瞪羚企业，建立重点高新技术企业服务机制，每家重点高新技术企业由市、县（区）、镇（街）至少安排一名领导挂钩联系，鼓励高新技术企业开展专利布局和贯彻"企业知识产权管理规范"国家标准。

3.《惠州市科学技术局促进新型研发机构发展的扶持办法（修订)》

为继续加大对新型研发机构的扶持力度，结合惠州市新型研发机构当前发展情况，惠州市科学技术局对《惠州市科学技术局促进新型研发机构发展的扶持办法》（以下简称《扶持办法》）进行了修订，于 2018 年 11 月 20 日向社会发布修订稿，公开征求意见，并于 2019 年 9 月 1 日正式实施。新修订的《扶持办法》共 6 章 21 条，不仅加大了新型研发机构奖补力度、拓宽了扶持渠道，还积极鼓励引进港澳创新资源，支持各新型研发机构以创新为引领，大力加强技术研发和成果转化，助推惠州市特色产业集群做大做强。《扶持办法》明确规定新型研发机构是指投资主体多元化、建设模式国际化、运行机制市场化、管理制度现代化，具有可持续发展能力、产学研协同创新的独立法人组织；明确规定了扶持力度，即通过认定的市级新型研发机构，市财政扶持奖励 50 万元，通过认定的省级新型研发机构，市财政扶持奖励 100 万元；对新型研发机构实施综合评价后补助，A 等级补助 50 万元，B 等级补助 30 万元等内容；新修订的《扶持办法》还规定了对新型研发机构的科研建设及成果转化项目，可依法优先安排建设用地，有关部门优先审批以及对市委、市政府要求的重大项目可采取"一事一议"等措施给予专门支持。此外，新修订的《扶持办法》的资金扶持方式和类别也有所改变，从原来侧重资质认定奖补转向侧重研发投入和综合绩效评价后补助，可激发各新型研发机构研发产品和服务的积极性，引导新型研发机构加大科研投入，推动科技成果转移转化和创新创业孵化，提高新型研发机构的科研实力和专业服务水平，促进新型研发机构高质量发展。

4. 发布《惠州市科学技术局关于促进科技孵化育成体系建设的意见》

为加快建设国家创新型城市，引导社会力量积极投资建设孵化载体，加快建设一批众创空间、孵化器、加速器，推动孵化育成体系提质增效和高质量发展，依据惠州市政府的工作部署，惠州市科技局于 2018 年 12 月 25 日发布了《惠州市科学技术局关于促进科技孵化育成体系建设的意见》（惠市科字〔2018〕212 号）（以下简称《意见》）。《意见》明确了促进科技孵化育成体系建设的工作目标与任务并指出，到 2020 年，要建成能够满足不同成长阶段科技企业需求的专业化、个性化、全程化、规范化的孵化服务体系。《意见》规定了达成目标与任务的四个方面的主要政策措施。其一，规定了一系列降低孵化器和众创空间建设成本的措施，包括用地用房保障，降低用地成本；落实税收优惠政策，对符合条件的孵化器和众创空间，免征房产税、城镇土地使用税和孵化服务增值税，减轻企业税收负担。其二，推动孵化器和众创空间专业化能力建设，明确提出通过给予补贴支持公共服务平台建设，通过给予资助强化创业辅导。其三，完善金融支撑，规定创业投资及信贷风险补偿制度，推动创业投资资金更多地投向众创空间和孵化器的在孵企业，引导金融机构为更多地在孵企业提供贷款。其四，明确了对孵化器和众创空间运营质量的奖励政策，具体规定了新增孵化面积后补助政策、建设运营评价后补助政策以及孵化绩效奖励政策。《意见》为提高众创空间和孵化器的运营管理和专业服务水平，加快形成一支高水平、高素质、专业化、职业化的运营队伍以及鼓励运营主体提升孵化效果，把孵化器做优、做强，促进惠州市知识产权事业发展创造了良好的政策环境。

5. 发布《惠州市科学技术局科技企业孵化器认定管理办法》

为贯彻《科技部关于印发〈科技企业孵化器管理办法〉的通知》（国科发区〔2018〕300 号）、《惠州市科学技术局关于促进科技孵化育成体系建设的意见》（惠市科字〔2018〕212 号），引导科技企业孵化器高质量发展，惠州市科技局于 2019 年 7 月 29 日发布《惠州市科学技术局科技企业孵化器认定管理办法》（惠市科字〔2019〕116 号）（以下简称《管理办法》）。《管理办法》对何为"科技企业孵化器"进行了明确界定，并对"孵化器"的主要功能和建设目标进行了细致描述。依据《管理办法》的规定，惠州市科技企业孵化器的认定设市级科技企业孵化器培育单位和市级科技企业孵化器两个等级。《管理办法》分别对市级科技企业孵化器培育单位和市级科技企业孵化器的认定条件、申报程序与管理规程予以详细规定，并对孵化器的发展提出了具体要求。《管理办法》结合惠州市具体情况，为促进惠州市科技孵化育成体系建设提供了可行的实施方案。

（二）完善专利管理的制度和政策

1. 发布《惠州市知识产权局"双随机一公开"监管工作实施细则（试行)》

在专利行政保护方面，为贯彻落实国务院办公厅《关于推广随机抽查规范事中事后监管的通知》（国办发〔2015〕58号)，进一步规范专利行政执法行为，全面推行"双随机一公开"监管，根据《中华人民共和国专利法》《中华人民共和国专利法实施细则》《广东省专利条例》《专利行政执法办法》等法律法规规章，惠州市知识产权局制定了《惠州市知识产权局"双随机一公开"监管工作实施细则（试行)》，于2018年8月25日发布实施。"双随机一公开"确立了在查处假冒专利行为行政执法工作中随机抽取检查对象，随机选派执法检查人员，及时公布抽查情况和查处结果的监管制度。该实施细则明确了该制度的具体运行规则，市知识产权局同时公布了专利行政执法"双随机一公开"检查对象名录库。惠州市知识产权局对市场主体专利使用情况进行常规性监管，对于抽查中发现的假冒专利行为及时依法依规处理，并通过市知识产权局门户网站等向社会公开随机抽查事项清单和检查对象名单、抽查情况和查处结果。查处结果和违规行为的公布对规范企业的专利使用行为起到很好的引导和警示作用，成为预防和打击专利侵权的有效制度措施，也使执法部门的具体执法行为透明化和规范化。

2. 修订《惠州市人民政府关于推进惠州市专利工作实施意见》中部分规定

为进一步提升专利申请质量，充分发挥专利制度激励和保护创新的作用，根据《国家知识产权局关于进一步提升专利申请质量的若干意见》"授权在先，部分资助"的要求，结合惠州市近些年专利工作的具体实践，2018年10月9日惠州市知识产权局发布了《惠州市人民政府关于推进惠州市专利工作的实施意见的补充规定（征求意见稿)》。该补充规定对专利申请资助对象、资助范围、资助的种类和额度以及加强管理和监督等内容作出了补充规定。

惠州市人民政府于 2018 年 12 月 13 日发布《惠州市人民政府关于停止执行〈惠州市人民政府关于推进惠州市专利工作实施意见〉中部分专利资助政策的通知》（惠府函〔2018〕401 号），具体落实《广东省知识产权局转发国家知识产权局办公室关于开展专利申请相关政策专项督查的通知》（粤知产〔2018〕128 号）关于"授权在先，部分资助"的要求。

3. 修订《惠州市知识产权局　财政局关于推进惠州市专利工作实施意见的操作规程》

鉴于近年来知识产权的发展方向、政策、环境等都发生了很大变化，惠州市早些年制定的《惠州市知识产权局　财政局关于推进惠州市专利工作实施意见的操作规程》（惠市知字〔2016〕36 号）已不适应新的要求。2019 年3 月 26 日，惠州市科技局、市知识产权局发布《关于推进惠州市专利工作实施意见的操作规程（修订稿)》，并向 5 个市直部门、县（区）政府及社会公众征求意见，结合回复意见报局务会审定后送市司法局审查。2019 年 8 月 21日，惠州市科技局和知识产权局公布修订后的《惠州市科学技术局　惠州市知识产权局关于推进惠州市专利工作实施意见的操作规程》（惠市科字〔2019〕121 号）（以下简称《操作规程》）。《操作规程》共计 12 章 49 条，调整内容主要体现在专利申请阶段资助调整为授权后资助、取消专项激励活动、删除文件中"证明材料"表述等。《操作规程》规定，国内发明专利授权后每件资助专利权人 3000 元；新列入的国家知识产权示范企业，一次性扶持经费 15 万元；设立专利培训与宣传项目，每个项目资助 3 万 ~5 万元等内容。《操作规程》让惠州市企事业单位、机关、团体和个人在专利申请与授权资助、专利推进活动资助、专利试点单位认定、专利信息分析导航、专利代理机构扶持等方面有了明确的操作规范，有力助推产品结构和产业结构升级，增强产业竞争力和发展后劲。

二、惠州市知识产权发展状况

（一）知识产权取得和保护状况

2018 年，惠州市专利申请 21643 件，其中发明专利申请量 5222 件，分别下降 28.9%、36.2%；专利授权 14705 件，增长 25.6%，其中发明专利授权 1445 件，下降 1.6%；PCT 专利申请 351 件，下降 22.3%；有效发明专利量 6205 件，每万人口发明专利拥有量 12.99 件。❶ 2019 年，全市专利申请 22701 件，增长 4.9%，其中发明专利申请量 4852 件，下降 7.1%；专利授权 14577 件，下降 0.9%，其中发明专利授权 1592 件，增长 10.2%；PCT 专利申请 448 件，增长 27.6%；有效发明专利量 7380 件，每万人口发明专利拥有量 15.28 件。❷

作为珠三角城市，惠州市创新产业聚集，对知识产权司法保护的需求强烈。2018 年，惠州市法院审结知识产权案件共 1236 件，2014 年 12 月至 2018 年 3 月，广州知识产权法院共受理了 226 件涉及惠州地区当事人的案件。为了进一步延伸司法服务、加大知识产权司法保护力度，广州知识产权法院在惠州仲恺高新区设立巡回审判法庭，于 2018 年 4 月 26 日在仲恺高新区举行揭牌仪式。仲恺巡回审判法庭立足惠州，辐射粤东，开庭审理粤东地区属于广州知识产权法院管辖的各类知识产权案件，为惠州及粤东地区建设现代化经济体系提供更有力的司法保障。仲恺巡回审判法庭内设标准法庭 2 个、诉讼服务厅 1 个、调解室 1 个及法官办公室、技术调查官办公室、物证室、资料室等，庭内设施按照现代化数字高清规范标准建设，能实现与广州知识产权法院庭审设备互联互通，满足远程诉讼咨询、立案、庭审、专家支撑等服务功能，可开庭审理粤东地区属于广州知识产权法院以及惠州市中级人民法院、惠城区法院管辖涉及仲恺高新区的各类知识产权案件。4 月 26 日，仲恺巡回审判法庭首次公开审理了爱利生文教用品（惠州）有限公司诉日普工艺制品（东莞）有限公司侵害发明专利权纠纷一案，来自惠州市相关高新企业、机构代表 50 余人旁听了庭审。❸ 广州知识产权法院仲恺巡回审判法庭的设立，标志着仲恺拥有了一个为企业提供知识产权保护的创新驱动战略平台，使惠州

---

❶ 惠州市统计局. 2018 年惠州国民经济和社会发展统计公报［EB/OL］.［2019 - 04 - 20］. http：//www. huizhou. gov. cn/zwgk/sjjd/tjgb/content/post_240641. html.

❷ 惠州市统计局. 2019 年惠州国民经济和社会发展统计公报［EB/OL］.［2020 - 04 - 21］. http：//www. huizhou. gov. cn/bmpd/hzstjj/tjsj/content/post_3810739. html.

❸ 企业知识产权有了保护平台［EB/OL］.［2018 - 04 - 28］. http：//hzfz. huizhou. gov. cn/2018/fzhm_0428/11067. html.

市知识产权司法保护水平大大向前迈进了一步。2018 年，惠州市中级人民法院审理的"林义翔、叶晏呈、郑博鸿侵害商业秘密罪案"［广东省惠州市中级人民法院（2018）粤 13 刑终 361 号刑事判决书］入选 2019 年中国法院十大知识产权案件和 50 件典型知识产权案例。

另外，与国家知识产权局专利局专利审查协作广东中心建立战略合作关系。2018 年 4 月，国家知识产权局专利局专利审查协作广东中心正式在惠州市设立知识产权服务工作站，双方签订知识产权战略合作协议，有效搭建起地级市与国家级知识产权部门的沟通桥梁，高层次谋划推进惠州市知识产权工作。惠州市与该中心的合作，主要从协同完善知识产权管理体制建设、共同激励知识产权创造、推进专利技术产业化、共同促进惠州市企业海外布局、共同优化完善知识产权服务体系、促进知识产权转化运用、加强知识产权人才培养和文化建设七大方面开展；其中又细分为 23 项，这一系列合作内容和工作措施可行性和针对性强，对进一步提升惠州市知识产权创造、保护、运用、管理和服务水平，高标准建设国家知识产权示范城市具有深远意义。

（二）知识产权中介机构发展状况

惠州市非常重视专利管理工作，2019 年修订的《操作规程》加大了对专利代理机构的扶持力度。至 2019 年 7 月 30 日，惠州市共有专利代理机构 32 家，其中 2018 年 1 月至 2019 年 7 月共增设来自北京和深圳等地的专利代理机构分支机构 11 家，如表 9 - 1 所示。作为行业管理和激励措施，惠州市科技局每年委托第三方机构对本市专利代理机构的年度工作进行综合考核和评审，选出年度优秀专利代理机构、专利文本质量管理优秀代理机构以及优秀专利文本撰写人，2018 年度分别评选出上述三项"优秀"各 8 个。❶

---

❶ 惠州市科技局. 关于确定 2018 年度惠州市优秀专利代理机构、惠州市专利文本质量管理优秀代理机构及惠州市优秀专利文本撰写人的通知［EB/OL］.［2020 - 04 - 20］. http：//sti. huizhou. gov. cn/zdlyxxgk/kjglhxmjfxxgk/kjglhxmjfxxgk/kjjhgl/xmjtys/content/post_3073111. html.

表 9 - 1   2018 年 1 月至 2019 年 7 月惠州市新增专利代理机构一览表❶

序号	机构名称	设立时间
1	中山市兴华粤专利代理有限公司惠州分公司	2018 年 1 月
2	北京众达德权知识产权代理有限公司惠州分公司	2018 年 1 月
3	北京和信华成知识产权代理事务所惠州分所	2018 年 4 月
4	深圳市创富知识产权代理有限公司惠州分公司	2018 年 5 月
5	北京众合诚成知识产权代理有限公司惠州分公司	2018 年 7 月
6	北京天奇智新知识产权代理有限公司惠州分公司	2018 年 10 月
7	北京润泽恒知识产权代理有限公司惠州分公司	2018 年 11 月
8	北京市盈科律师事务所惠州分所	2019 年 4 月
9	佛山市智汇聚晨专利代理有限公司惠州分公司	2019 年 4 月
10	深圳市合道英联专利事务所惠州分所	2019 年 5 月
11	合肥市科融知识产权代理事务所惠州分所	2019 年 5 月

（三）知识产权示范城市建设状况

继 2016 年获评国家知识产权示范城市后，惠州市在促进知识产权事业发展方面取得了很大的进展。2017 年，惠城区、博罗县获认定为国家知识产权强县工程示范区（县），惠阳区获认定为国家知识产权强县工程试点区，惠东县进入国家知识产权强县工程第二轮试点。2018 年 7 月，惠州市仲恺高新区通过国家知识产权示范园区验收。2019 年，仲恺高新区完成地区生产总值（GDP）643. 3 亿元，同比增长 2. 2%，增幅高于 2018 年 0. 1 个百分点，在全国高新区的排名升至 36 位，取得建区以来最好成绩。2019 年，惠州市 7 个县区中已有 5 个县区进入国家知识产权示范、试点工程行列。在知识产权示范城市建设方面，惠州市在企业知识产品的产出、知识产权保护和转化运营方面不断实现机制创新。

政策目标导向上惠州市近年出台一系列文件，如《惠州市智能制造发展规划（2016—2025 年)》以及《惠州市推进制造业与互联网融合发展实施方

---

❶ 惠州市科技局. 惠州市专利代理机构一览表［EB/OL］.（2019 - 07 - 30）［2020 - 03 - 20］. http://sti. huizhou. gov. cn/zwgk/fwgk/content/post_2106177. html.

案》（惠府〔2017〕70号）等确定通过实施驱动创新发展战略，大力发展智能制造行业，促进产业转型升级，建成一批新兴产业高度集聚的创新型园区，使惠州成为广东国家科技产业创新中心的重要支撑，成为珠三角中高端智能制造产业集聚区。2019年，惠州智能制造行业发展迅猛。统计显示，在全市2153家规上工业企业中，先进制造业企业有873家，占40.5%；智能制造生产企业566家，占26.3%；先进装备制造业企业181家，占8.4%；2个项目入列国家智能制造试点示范；2个项目被工信部评为"智能制造综合标准化和应用新模式试点示范"；新增5家省级智能制造试点示范项目、23家智能制造试点企业；开展工业机器人应用企业100家，累计应用工业机器人设备3000台套；先进制造业、高技术制造业增加值分别占规上工业增加值的61.8%、39.2%，居全省前列。❶

在培育创新型企业的同时，惠州市在企业中贯彻国家知识产权"贯标"政策，即推进《企业知识产权管理规范》计划。知识产权"贯标"是对企业知识产权进行全面防御保护、提升技术创新能力的一种有效途径。在推进知识产权"贯标"这项系统工程上，一方面，惠州市对企业进行专项资金资助，根据相关规定，对于已签订贯标辅导合同、贯标工作全面启动并支付60%以上辅导费用的企业，一次性资助5万元；另一方面，在推进贯彻"贯标"的模式上进行了大胆创新，探索推行互联网＋集体"贯标"新模式，引导企业自觉将知识产权管理要求融入研发、生产、销售等经营全过程中。2018年，全市共有190家企业启动了"贯标"，其中66家企业通过了认证审核。2019年，惠州市投入549.5万元作为知识产权专项资金对全市市直和7个县区共79个项目进行资助，受资助的项目包括专利技术产业化项目、知识产权优势企业的培育与认定项目、企业知识产权管理规范试点项目、专利信息分析与导航项目、各类创新中心高质量专利培育、科技企业孵化器知识产权管理体系建设、学校知识产权宣传教育试点与人才培养、知识产权托管项目、知识产权培训和宣传项目等9大类，极大地促进了惠州市企事业单位在知识产权创新方面的创新发展。

在知识产权转化运营方面，惠州市也有了新突破。在知识产权金融服务上，于 2016 年出台《惠州市知识产权质押融资风险补偿基金管理办法》，设立知识产权质押融资风险补偿基金，2017 年印发《惠州市知识产权局 惠州市财政局专利权质押融资贴息项目操作规程（修订）》。2016 年，惠州市推动知识产权质押融资贷款为 1750 万元，2017 年达到 19 笔共 1.56 亿元。经过两年的运营，2018 年惠州市企业通过这一方式实现的融资额度达到 22 笔共 2.2 亿元。近几年来，惠州市多家金融机构积极响应知识产权质押融资。2019 年，惠州市已有三批共 12 家金融机构成为知识产权质押融资金融补偿合作机构，包括建行、中行、邮储、浦发、广发、光大、粤财普惠金融（惠州）融资担保股份有限公司、中国人民财产保险股份有限公司惠州市分公司等。以建设银行惠州市分行为例，2018 年下半年以来，为加快知识产权金融建设，促进知识产权和金融的深度融合，强化了分行科技金融业务深层发展和知识产权质押融资业务的推动，2018 年建行惠州市分行投放知识产权质押融资贷款 3425 万元。知识产权质押融资贷款不仅可以有效地减轻科技型中小微企业融资难问题，也可以为金融机构拓展业务，同时，它还可以引导企业向科技创新型发展，促使其创造更多更有价值的专利，这与当前创新驱动发展战略一脉相承。❶

惠州市积极创新工作模式，将首届中国高校科技成果交易会（以下简称"科交会"）筹备工作和知识产权运营工作同策划、同部署，突出知识产权在科交会中的核心地位，专门成立全市首家知识产权交易服务机构，并邀请多家知名评估机构入驻，为参会企业和高校提供科技成果和专利技术的对接、转移转化、维权等方面的服务，助推科交会取得丰硕的成果。此外，从企业和科研单位的实际需求出发，惠州市通过举办专题业务培训和申报指导会议，开展专利优秀文案撰写培训和考评等多项举措，解决专利申请人的实际难题，推动专利申请质量和水平不断提升。惠州市积极贯彻实施珠三角国家自主创新示范区产业专利导航工程，开展卫星导航应用产业专利导航。2017 年，安排专项资金，支持企业开展专利产业化项目 3 项；支持高校、企业、服务机

---

❶ 惠州企业去年知识产权质押融资贷款 2.2 亿元［EB/OL］．［2019 – 03 – 13］．http：//www. gd. gov. cn/zwgk/zdlyxxgkzl/zscq/content/post_2222383. html.

构开展超双疏表面（涂层）领域专利信息分析与导航、智能家庭网关产品专利信息分析与导航等产业导航项目2项，为惠州市重点产业发展提供决策参考。2018年，惠州市新增国家知识产权示范企业1家，优势企业4家；全市获认定国家级优势和示范企业达16家，省级优势和示范企业42家；新认定高新技术企业435家，总量1108家，增长40%；新增省级高水平新型研发机构3家，规模以上工业企业研发机构覆盖率46%。

三、建议和展望

2018—2019年，惠州市在知识产权保护和促进知识产权事业发展方面取得了较大进步。在制度和政策上不断创新监管方式，完善知识产权保护制度，加大执法力度，深入开展执法维权"护航"专项行动，推进重点企业、重点产业和重点市场知识产权保护机制建设，全市营商环境在不断优化，知识产权大保护工作格局初步形成。在湾区经济协同发展、粤港澳城市群融合协调发展的背景下，惠州市应进一步利用这种政策优势，在推进知识产权"大保护"方面有更大的作为。

（一）进一步完善知识产权行政保护机制

强化知识产权保护、支撑创新驱动发展是建设现代化科技强国的必然要求。从党的十八大到十九大，中央十分重视知识产权保护工作。十八大提出"加强知识产权保护"的重大命题，十九大进一步明确了"强化知识产权创造、保护、运用"的战略要点。"没有创新就没有进步。加强知识产权保护，不仅是维护内外资企业合法权益的需要，更是推进创新型国家建设、推动高质量发展的内在要求。"❶ 作为一个以创新为导向引领发展的开放性经济城市，近些年惠州市在激励创新与保护知识产权方面作出了很多努力，但是由于惠州市知识产权保护机制和机构体系建设的基础薄弱，仍有很多方面需要进一步完善。

---

❶ 习近平. 齐心开创共建"一带一路"美好未来：在第二届"一带一路"国际合作高峰论坛开幕式上的主旨演讲［N］. 人民日报，2019-04-27（3）.

在知识产权的行政保护方面，惠州市取得了一些成绩：例如，专利保护方面，通过"双随机一公开"等执法细则的完善，规范了执法程序，提高了执法效率；通过邀请国家知识产权局专利局专利审查协作广东中心在惠州市设立知识产权服务工作站，签订知识产权战略合作协议等举措，有效搭建起地级市与国家级知识产权部门的沟通桥梁，但是仍然存在机构设置不完善，缺乏行政保护的专门力量，执法办案和行政裁决能力弱、效果差等问题，需进一步完善。知识产权的行政保护因具有主动实施、灵活高效的特点而一直是我国知识产权保护的重要方式，未来将长期与司法保护一道构成我国知识产权保护的主要方式；但是，惠州市知识产权的行政保护长期存在机构设置碎片化、执法队伍专业化程度低等弊端，无法满足知识产权本身具有的高度专业化对专门保护的需求。2019年1月，惠州市进行了机构改革，将市工商行政管理局、市质量技术监督局、市食品药品监督管理局（市食品安全委员会办公室）的职责，以及市科学技术局（市知识产权局）的专利管理职责，市发展和改革局的价格监督检查和反垄断执法职责，市商务局的经营者集中反垄断相关职责整合，组建惠州市市场监督管理局、加挂惠州市知识产权局牌子，在一定程度上整合了商标、专利以及与技术标准有关的知识产权的保护力量。在机构整合的基础上，惠州市应加强知识产权行政保护工作协调机制的建立和完善，尤其是需要明确和整合内部机构具体部门的职权范围，去除内部机构职权和职责上交叉矛盾之处，处理好执法协调工作。其次，加大专业执法队伍的组建和培育。知识产权保护涉及诸多专业性技术问题，当前人工智能、大数据、基因技术等高新技术领域和产业的形成，使知识产权行政保护面临很多前沿科技问题，以及具体法律规范的滞后问题，以创新主导发展的惠州市必须打造一个具备较高业务素质和综合能力的知识产权保护执法队伍。最后，完善保护知识产权的行政执法规范和程序。执法程序的规范化关涉执法效率和执法的公正性，执法部门应重视对我国知识产权行政保护方面的法律法规等规范性文件的研究，结合惠州市实践制定具体的实施规程。此外，惠州市知识产权局应通过参与联合执法或加入知识产权保护协同机制等途径，加强与粤港澳大湾区内其他城市的沟通和联系，提升执法水平。

（二）发挥仲裁在知识产权纠纷解决中的作用

基于知识产权的私权属性，纠纷当事人可以自行决定向仲裁机构和调解机构等寻求解决方案。与司法救济相比，仲裁、调解等纠纷解决方式具有程序更灵活、能够在更短的时间内解决复杂问题等优点，解决方式上强调当事人的"合意"，纠纷当事人可以不受限于严格的诉讼程序，在不违反法律强制性规定的前提下最大程度地表达自己的意见，灵活地解决纠纷。当前仲裁在惠州市知识产权保护中的作用尚需挖掘和培养。

2018—2019年，惠州市仲裁委在民商事纠纷解决方面的作用日益彰显。2018年，惠州市仲裁委共受理各类民商事仲裁案件641宗，当年审结527宗（含2017年的部分积案），其中裁决结案343宗、调解结案184宗❶；2019年受理各类民商事仲裁案件1320宗，案件受理量与上年同期相比增长了53.7%，妥善化解调解、和解案件475宗，案件调解率达36%❷。但是，惠州市仲裁委的进一步发展也面临一些问题。组织机构方面，内部治理结构单一，内设机构仅有三个科室，不适应当前仲裁事业的发展。管理权限方面，用人自主权严重受限，惠州仲裁委不能自主向社会招聘专业办案人才，仲裁秘书职业化和专业化水平较低。随着经济社会的快速发展，矛盾纠纷呈现出跨行业、跨领域、复杂化的特点，知识结构相对单一的仲裁队伍难以适应新形势、新任务、新要求，而财务管理、薪酬管理、绩效考核等方面的自主权受到严重制约，又严重影响仲裁事业的发展。在审判形式更新方面，惠州市仲裁委在信息化建设方面相对滞后。信息化办公、互联网仲裁、智能仲裁是新时代仲裁事业的发展趋势，但惠州市仲裁委办公场地较为狭小，硬件设施比较老化、办案系统不够完善、互联网仲裁和智能仲裁尚在摸索阶段。

将仲裁方式引向知识产权纠纷案件的解决需要引进和培养知识产权纠纷解决的专业人士，组建专业化队伍。惠州市仲裁委要在知识产权保护纠纷方

---

❶ 惠州市仲裁委员会. 惠州仲裁委员会2018年工作总结和2019年工作打算［EB/OL］.［2019 – 03 – 01］. http：//www. huizhou. gov. cn/hzzcwyh/gkmlpt/content/2/2011/post_2011316. html#1304.

❷ 惠州市仲裁委员会. 惠州仲裁委员会2019年工作总结［EB/OL］.［2020 – 01 – 16］. http：// www. huizhou. gov. cn/hzzcwyh/gkmlpt/content/3/3125/post_3125781. html#1304.

面发挥作用还需从人才队伍、组织机构、仲裁裁判现代化等方面进行改革和完善，这也是惠州市作为大湾区国际创新中心和国家创新型城市群重要节点城市需要努力完善的一个方面。2019 年 11 月 4 日，由中国国际经济贸易仲裁委员会华南分会主办、惠州市相关单位协办的"粤港澳大湾区仲裁的协同发展——2019 年中国仲裁周惠州分会场"在惠州市举行，与会专家就惠州市仲裁委发展中的一些重要问题进行探讨，惠州市仲裁委的进一步发展也在行进中。这有利于有层次有重点地打造知识产权多元治理体系和保护机制，形成知识产权的司法保护、行政执法、专业仲裁、行业自律、企业自治多元化协同保护格局。

（三）加强知识产权预警防范机制的构建

我国现已形成包括司法裁判、行政执法、专业仲裁、第三方调解的知识产权保护多元共治格局。在国家推动知识产权保护深度发展的形势下，除了自上而下的政策法律推进，还需要有地方和企业自下而上地对知识产权保护的积极回应。恰如 2015 年国务院发布的《关于新形势下加快知识产权强国建设的若干意见》提出的要授权地方开展知识产权改革试验，鼓励有条件的地方开展知识产权综合管理改革试点。

被动保护不如主动保护，在湾区区域经济战略背景下，惠州市知识产权保护的更进一步强化应推动和加强预警防范机制的建立。知识产权预警机制是为了减少不必要的知识产权纠纷，企业、行业协会、政府等主体通过对知识产权信息的收集、整理、分析、整合，对影响知识产权纠纷发生的因素进行预测和告警的制度体系。[1] 知识产权预警不仅是政府部门的事，它涉及政府、企业、行业协会等多个主体，对于企业而言，建立知识产权预警防范机制最直接的效果是能够提高企业知识产权管理水平，提高知识产权侵权防范意识，规避知识产权风险。

当前，知识产权预警机制应该发动企业和行业协会等主体积极参与，区域化发展背景下，积极谋划在企业层面、行业层面和区域层面推进知识产权

---

[1] 肖海，陈寅．论建立中国知识产权预警机制［J］．华东交通大学学报，2011（1）：92．

预警体系的构建。企业层面的预警防范机制由企业制定，这一预警机制具有很强的针对性，但是也存在由于信息不对称等情况致使企业很难及时准确获取所需信息以及机制的设计和运行需要较多的人力物力成本等弊端。作为市场经济的主体和知识产权的直接享有者，建立知识产权预警防范机制是非常必要的。当前，应借助国家推进《企业知识产权管理规范》的贯彻（贯标）的制度和力量，推进相关企业知识产权预警防范机制的建设。知识产权"贯标"致力于优化企业知识产权管理体系，推动各类企业实施知识产权管理规范，建立与经营发展相协调的知识产权管理体系，引导企业加强知识产权机构、制度和人才队伍建设，帮助企业建立一套完整有效的知识产权管理体系，规范企业研发、生产、销售、人事、财务等各个环节的知识产权管理。自2013 年国家知识产权局启动知识产权贯标政策即在全国范围内推行《企业知识产权管理规范》国家标准工作以来，广东省知识产权管理部门对此非常重视，广东省各级政府为推动企业实施贯标，对通过知识产权贯标的企业给予5万~30 万元的奖励。当前惠州市在知识产权"贯标"方面取得不少进步，尤其是专利保护方面，2018 年，惠州市与国家知识产权局专利局专利审查协作广东中心（以下简称"协作中心"）签订的战略合作协议约定：在共同优化完善知识产权服务体系方面，协作中心将提供相关管理培训，协助惠州市开展专利服务机构能力提升工作，引导服务机构开展特色化、高端化、国际化服务，加强专利代理行业服务规范化建设，探索以专利代理质量评价、专利代理行业综合实力及服务满意度评价，以及专利代理质量提升培训专项等方式，共同推进惠州市"贯标"服务在全市推广。惠州市应借助"贯标"在专利保护领域的推行，推动企业知识产权预警防范机制的构建，并将这一经验向版权、商标、域名等知识产权保护领域推广。

行业层面的知识产权保护体系，有利于在现行知识产权保护制度的基础上，根据行业知识特点探索、研究适合行业知识产权保护的专门知识产权制度，充分利用产业政策，制定适合产业发展的知识产权政策，这是知识产权保护更专业化和更精细化发展的方向。但是，由于各行业之间行业技术密集度和技术差距存在很大的差异，"一刀切"的制度和政策并不适合引导行业自治在知识产权保护和知识创新中发挥积极作用，无法带动高新技术行业的整体跨越发展。行业自治保护和促进知识产权发展层面，惠州市处于探索阶段，从知识产权保护和发展的整体视角而言，应进一步探索和发挥行业自治在其中的作用。

区域层面，立足于将粤港澳大湾区建成国际一流湾区和世界级城市群这一背景和目标，结合惠州市在湾区城市中的发展基础和在协同发展中的定位，积极开展湾区经济技术发展建设合作，通过与湾区中其他城市和湾区建构的机构合作，积极推动区域层面的知识产权保护和预警防范机制的建设和发展。

（撰稿人：刘洪华）

第 10 章　肇庆市知识产权报告

肇庆市地处广东中西部，与珠三角经济圈毗邻，尤其作为粤港澳大湾区的成员之一，具有独特的地理优势。可以说，随着肇庆市加快融入大湾区一体化发展，其竞争力也在逐步增强，成为广东地区 GDP 增速排名比较靠前的城市之一。据《2019 年肇庆市政府工作报告》显示，2018 年肇庆市生产总值达到 2201.8 亿元，比 2017 年增长 6.6%。此外，在各类投资建设项目中，高新技术企业净增 124 家，总数达到 413 家，增长 43%；新增省级新型研发机构 2 家、创新平台 33 家，规模以上工业企业研发机构覆盖率超 40%。[1] 肇庆市之所以在经济发展中取得如此突出的成就，其知识产权发展的贡献功不可没。在过去的一年，肇庆市在知识产权创造、保护、运用、管理、服务、人才培养等方面取得较显著成效。本文试图就 2018—2019 年肇庆市知识产权方面的发展作介绍与分析，并就肇庆市知识产权发展方面存在的不足以及未来可以考虑的发展方向与思路提出一些建议。

一、肇庆市知识产权制度和政策

为深入实施知识产权战略，着力打造出具有知识产权核心竞争力的产业，探索出知识产权推动创新发展的新路径，把广东建设成为国际化知识产权创造运用中心和知识产权建设先行省，2018 年 12 月，广东省人民政府印发了《关于进一步促进科技创新若干政策措施》。按照该通知的指示，广东省采取进一步推进粤港澳大湾区国际科技创新中心建设、鼓励港澳高校和科研机构

---

[1]　肇庆市 2019 年政府工作报告 [EB/OL]．[2019 – 10 – 06]．http：//zwgk. zhaoqing. gov. cn/zq310/201901/t20190123_886431. html.

承担省科技计划项目、推动创新人才高地建设、加快建设省实验室和新型研发机构以及加快高新区改革创新发展等措施，深入实施创新驱动发展战略，大力推进以科技创新为核心的全面创新，不断提升广东省自主创新能力，充分发挥科技创新对经济社会发展的支撑引领作用。❶ 此外，为了有效激励创新，强化知识产权创造、运用和保护，推动创新型广东建设，2019 年 4 月，广东省政府出台了《广东省专利奖励办法》。根据该规定，广东省设立中国专利奖嘉奖和广东专利奖，对广东省获得重大专利技术的单位或者个人给予高额的奖励。同时，为加快推进实施中小企业知识产权战略，进一步提升中小企业知识产权保护和利用水平，支持中小企业创新发展，2019 年 4 月，广东省人民政府又发布了《广东省促进中小企业知识产权保护和利用的若干政策措施》，提出要提高知识产权纠纷解决效率、加大知识产权侵权惩处力度、降低知识产权创造和应用成本、提升知识产权服务能力、强化知识产权人才培养等措施。❷ 另外，为充分调动社会公众举报侵犯知识产权和制售假冒伪劣商品违法行为的积极性，依法严厉打击侵犯知识产权违法行为，推动广东省经济高质量发展，同年 6 月，广东省政府发布了《广东省举报侵犯知识产权和制售假冒伪劣商品违法行为奖励办法》。根据该文件的指示，未来将进一步加大对侵犯知识产权违法行为的打击力度和举报奖励支持，为知识产权事业发展做好全方位护航。可以说，《关于进一步促进科技创新若干政策措施的通知》《广东省专利奖励办法》《广东省促进中小企业知识产权保护和利用的若干政策措施》《广东省举报侵犯知识产权和制售假冒伪劣商品违法行为奖励办法》等文件的实施为广东省的知识产权发展提供了指导和制度保障，同时也为肇庆市的知识产权事业发展指明了方向和提供了政策支持、依据。因此，为了更好地贯穿落实省政府关于知识产权方面的要求，肇庆市在 2018—2019 年也先后出台了一系列促进肇庆市知识产权发展的相关规章制度，其主要内容如下。

---

❶ 广东省政府. 关于进一步促进科技创新若干政策措施的通知［EB/OL］.［2019 - 10 - 06］. http：//www. gd. gov. cn/zwgk/wjk/qbwj/yf/content/post_1054700. html.

❷ 广东省政府. 广东省促进中小企业知识产权保护和利用的若干政策措施［EB/OL］.［2019 - 10 - 08］. http：//www. gd. gov. cn/gkmlpt/content/2/2283/post_2283892. html.

（一）颁布《肇庆市高新技术企业扶持暂行办法》

为加快推进实施肇庆市创新驱动发展战略，充分发挥高新技术企业在科技创新中主力军的引领作用，加强肇庆市高新技术企业的培育发展❶，2018年1月16日，肇庆市制定了《肇庆市高新技术企业扶持暂行办法》。该规定有利于明确肇庆市高新技术企业的认定以及研究开发与技术成果的转化，形成企业核心自主知识产权。同时，也为肇庆市为高新技术企业的指导、管理提供法规依据。以下，笔者将简析该法规中有关知识产权方面的内容。

1. 实施政策扶持

对市级高新技术企业在工业园区准入、创新人才引进、企业投融资、厂房租赁、科技研发、工业技术改造、市级财政扶持项目申报等方面给予政策支持。由于高新技术企业往往掌握一定的自主研发的知识产权，对其实行各种优惠扶持政策有利于鼓励高新技术企业落户肇庆市，为肇庆市的知识产权事业提供新的源泉。

2. 设立专项资金和财政补助

市财政设立市级高新技术企业扶持专项资金，用于市级高新技术企业的扶持奖助。此外，有效期内的市级高新技术企业，每年按照企业上年度缴纳的企业所得税额的10%由地方财政给予补助。该规定能最大限度地激励企业的自主研发能力，鼓励技术创新，从而为肇庆市的知识产权事业发展锦上添花。

3. 加强对高新技术企业的管理、监督

建立市县联动的高新技术企业服务管理队伍，全面推行高新技术企业培

---

❶ 肇庆市高新技术企业扶持暂行办法［EB/OL］.［2019 - 10 - 08］. http：//zwgk. zhaoqing. gov. cn/zq310/201801/t20180123_587857. html.

育发展台账，建立挂钩帮扶机制。❶ 此外，肇庆市还构建高新技术企业信息平台，建立企业运行情况监测数据库，加强对高新技术企业的动态监测、引导和服务，及时掌握高新技术企业的培育发展情况，并根据实际情况采取定期检查、不定期抽查或委托机构测评等方式，对全市高新技术企业发展情况进行监督检查。该规定一方面便于加强对高新技术企业的管理、监督，另一方面便于更好地服务于肇庆市的高新技术企业，为肇庆市的知识产权事业发展保驾护航。

《肇庆市高新技术企业扶持暂行办法》的制定，对于肇庆市加快推进实施创新驱动发展战略、加强高新技术企业的培育发展、充分发挥高新技术企业在科技创新中的主力军作用具有重大意义。同时，也有助于促使肇庆市形成一批拥有核心自主知识产权的企业，为该市的知识产权建设提供强大支撑。

（二）出台《肇庆市实施创新驱动发展"1133"工程五年(2017—2021年)行动方案》

为深入实施创新驱动发展战略，大力推进科技创新载体建设，聚集创新资源，构建创新体系，把肇庆打造成为国家自主创新示范区、国家科技成果转移转化示范区、粤港澳大湾区科技产业创新重要承载地，从而为全市经济社会发展提供科技支撑，2018年6月21日，肇庆市政府发布了《肇庆市实施创新驱动发展"1133"工程五年（2017—2021年）行动方案》，其中提出了发展目标：到2021年末，全市力争实现高新技术企业总量突破1000家，确保建成10所左右本科以上高等教育机构、30家新型研发机构、30家高水平的科技企业孵化器及众创空间，加快建设国家知识产权示范城市和国家创新型城市。❷ 为了实现这一目标，肇庆市政府实施了一系列扶持政策，其中有关知识产权发展的内容具体如下。

---

❶ 肇庆市高新技术企业扶持暂行办法［EB/OL］.［2019 – 10 – 08］. http：//zwgk. zhaoqing. gov. cn/zq310/201801/t20180123_587857. html.

❷ 肇庆市实施创新驱动发展"1133"工程五年（2017—2021年）行动方案［EB/OL］.［2019 – 10 –08］. http：//zwgk. zhaoqing. gov. cn/zq106/201809/t20180930_701690. html.

1. 扶持高新技术企业发展

通过"引进一批、培育一批、孵化一批",努力壮大高新技术企业集群,夯实高新技术产业基础。一是强化高新技术企业精准招商。制定面向高新技术企业的招商引资和招才引智优惠政策,吸引广州、深圳等地的高新技术企业整体转移到肇庆市,引进创新型企业并加快培育成为高新技术企业。二是抓好高新技术企业培育。以科技型中小企业为重点培育对象,建立高新技术企业动态培育库,支持企业加大研发投入和规范管理,尽快成长为国家高新技术企业,构建起"市高新技术企业—省高新技术入库企业—国家高新技术企业"的梯次培育机制。三是加强高新技术企业孵化。按照"政府引导、政策扶持、市场运作、专业运营"原则,加大对科技企业孵化器、众创空间、新型研发机构等创新载体扶持力度,着力提高其高新技术企业孵化育成能力,使之成为全市高新技术企业的培育摇篮和集聚高地。

2. 扩大高等教育规模,推动产学研用相结合

进一步扩大全市高等教育规模,不断强化高校的人才、智力和技术支撑作用,打造成为广东省重要的应用型高等教育基地。一是大力推进与高校合作。加强与国内外尤其是理工类高等院校、大型教育投资机构合作,争取引进知名高校分校落户肇庆市。二是推动高校产学研用相结合。充分利用高校的人才优势、设备优势、信息优势和理论优势,鼓励肇庆市高校建设孵化器、新型研发机构、工程中心等创新载体,支持开展与市场需求相联系的应用性研究,大力推动高等院校科技成果转移转化,努力提升全市创新发展的源动力。

3. 建设新型研发机构

围绕科研体制机制改革,推动新型研发机构的技术创新、管理创新、模式创新和机制创新,努力把新型研发机构建设成为创新创业、孵化育成的平台和创新人才聚集高地。一是加快培育一批重点新型研发机构,重点抓好一批以肇庆市主导产业和特色产业为研发及科技成果转化方向的新型研发机构建设。二是引进一批高端新型研发机构。大力引进创新型人才和研发机构,特别是加大对高层次创新团队及领军人才的引进,并逐步引导建设成为新型

研发机构。❶ 三是依托龙头企业、科研院校建立一批新型研发机构。通过已有的工程技术中心、实验室等创新平台，组建新型研发机构；支持国内外高校、科研机构与大型企业研发机构以产学研合作形式在肇庆市组建新型研发机构，推动科技成果转化和产业化。

4. 鼓励发明创造

对高新技术企业、新型研发机构等企事业单位、科研机构以及高等院校的国内发明专利申请给予资助。按照《专利合作条约》提出的 PCT 专利国际申请给予不同程度的财政补助。

《肇庆市实施创新驱动发展"1133"工程五年（2017—2021 年）行动方案》的制定，有利于肇庆市加快形成一批高新技术产业和创新研发基地，有利于科技创新和知识产权成果的转化，对于建设国家知识产权示范城市和国家创新型城市具有重要的指导意义。

（三）印发《贯彻落实省政府进一步促进科技创新若干政策措施的实施意见》

为深入实施创新驱动发展"1133"工程，大力推进以科技创新为核心的全面创新，不断提升肇庆市自主创新能力❷，2019 年 4 月，肇庆市政府印发了《贯彻落实省政府进一步促进科技创新若干政策措施的实施意见》，并针对肇庆市知识产权发展提出了以下几点要求。

第一，高标准建设肇庆科技创新产业带，打造西江创新产业走廊。加强与港澳地区科技创新部门及高校、科研机构、企业的对接交流，共建重大创新平台和成果转化基地，加快科技成果落地转化。

第二，更好发挥"人才第一资源"的作用。以大力实施"西江人才计划"和"百千万"人才引育工程为主要抓手，积极参与粤港澳人才合作示范

---

❶ 肇庆市政府. 肇庆市实施创新驱动发展"1133"工程五年（2017—2021 年）行动方案 [EB/OL]. [2019 - 10 - 08]. http：//zwgk. zhaoqing. gov. cn/zq106/201809/t20180930_701690. html.

❷ 肇庆市政府. 贯彻落实省政府进一步促进科技创新若干政策措施的实施意见 [EB/OL]. [2019 - 10 - 12]. http：//www. zhaoqing. gov. cn/xxgk/zcjd/snzc/201905/t20190507_949179. html.

区建设。加强对高层次人才的配套扶持，完善人才落户的各项保障措施，推动人才为肇庆市创新发展出力献策。

第三，推动建设广东省实验室。推动开展研发机构体制改革，加强省级实验室和新型研发机构建设。

第四，推进省级高新区布局建设。加强产业园区升级改造，大力推进西江高新区、高要高新区等获批省级高新区，并组织四会高新区等有条件的园区申报省级高新区。

第五，建设粤港澳大湾区科技成果转化支撑平台。一方面，大力推进市级科技成果转化平台建设，支持专业化技术转移服务机构建设；另一方面，依托肇庆市高校，联合打造科技成果转移转化平台，促进高校院所科技成果向创新产业流动。同时，在肇庆新区等地建设广深港澳科技孵化项目落地园区，加速建设成果转化支撑平台。

《贯彻落实省政府进一步促进科技创新若干政策措施的实施意见》的实施有利于加快肇庆市知识产权人才引育制度，推动高端科研机构的建设和发展，加速建设粤港澳大湾区科技成果的共享、转化，为肇庆市知识产权发展提供更好的契机和平台。

（四）修订《肇庆市知识产权专项资金管理办法》

为加强和规范肇庆市知识产权专项资金管理，提高资金使用效益，促进市知识产权事业和产业协调发展，2019 年 8 月，肇庆市知识产权局修订了《肇庆市知识产权专项资金管理办法》。该规范性文件有利于加强对高质量专利资助力度，鼓励专利申请数量的快速增长，进一步促进肇庆市知识产权事业的繁荣发展。以下，笔者将简述该文件中涉及知识产权的相关内容。

第一，鼓励知识产权创造，推动知识产权运用。具体包括资助肇庆市企事业单位或个人的专利创造、商标、版权登记，并加大对获得专利的单位或个人奖励等。另外，扶持开展知识产权交易、融资、运营及高端运用，知识产权产业化及专利导航预警等工作。❶

---

❶ 肇庆市政府. 肇庆市知识产权专项资金管理办法［EB/OL］.［2019 - 10 - 12］. http：//sc. zhaoqing. gov. cn/gsyw/sbgg/426zscqxc/201909/t20190902_988441. html.

第二，加强知识产权管理，促进知识产权保护。开展知识产权宣传教育和人才培养，推动企业建立知识产权管理规范体系；统筹协调行政执法保护和维权援助与涉外应对等。❶

第三，提升知识产权服务水平。包括加快知识产权公共服务体系建设，推进知识产权服务业发展，进一步促进肇庆市知识产权事业全面、协调、可持续发展。

《肇庆市知识产权专项资金管理办法》的修订，对规范肇庆市知识产权专项资金利用、提高知识产权资金使用效益、加强对高质量专利资助力度、促进肇庆市知识产权事业和产业协调发展具有重要意义。

综上所述，通过肇庆市政府出台的一系列知识产权政策支持和深入落实，肇庆市在知识产权的建设和保护力度、监督管理等方面得到有效改善和优化。这不仅能提高自主创新专利技术的数量和质量，而且也可以增强知识产权成果的现实转化能力，这对于肇庆市知识产权的创新、发展水平的提高具有重要的推动作用。

二、肇庆市知识产权发展状况

为贯彻落实广东省知识产权推动创新驱动发展战略，着力打造一批具有知识产权核心竞争力的企业，形成一批具有国际影响力的知识产权密集型产业，提升肇庆市知识产权保护水平，打造知识产权建设强市，肇庆市先后出台了一系列推动知识产权建设的制度和政策。在这些制度和政策的支持下，2018—2019 年，肇庆市的知识产权事业得到了较为明显的发展，在知识产权企业发展、专利的申请和授权、商标的申请和注册、知识产权的保护、人才培养等方面均取得一定的业绩。

---

❶ 肇庆市政府. 肇庆市知识产权专项资金管理办法［EB/OL］.［2019 – 10 – 12］. http：// sc. zhaoqing. gov. cn/gsyw/sbgg/426zscqxc/201909/t20190902_988441. html.

（一）知识产权企业发展状况

1. 高新技术企业发展态势较好

（1）获得广东省高新技术企业认定的数量明显增加。

根据中国高新技术企业认定管理办公布的《广东省 2018 年第一批、第二批拟认定高新技术企业名单》，2018 年广东省（不含深圳市）共有 11510 家企业被认定为广东省高新技术企业，其中肇庆市共有 186 家企业被认定为广东省高新技术企业。另外，根据广东省科学技术厅发布的《广东省 2019 年第一、第二、第三批高新技术企业名单》数据统计，2019 年广东省被认定为高新技术企业的数量达 10525 家，其中肇庆市被认定为广东省高新技术企业的共有 200 家，增长了近 8%。由于企业数量较多，以下仅列举 2018 年、2019 年粤港澳大湾区九大城市的情况作对比，如表 10-1❶和表 10-2❷所示。

表 10-1　2018 年广东省部分城市获省高新技术企业数量　　　单位：家

城市	数量	城市	数量	城市	数量
广州	3852	佛山	1712	惠州	436
深圳	5405	珠海	728	江门	605
东莞	2182	中山	945	肇庆	186

表 10-2　2019 年广东省部分城市获省高新技术企业数量　　　单位：家

城市	数量	城市	数量	城市	数量
广州	3565	佛山	1709	惠州	413
深圳	6543	珠海	632	江门	404
东莞	1694	中山	688	肇庆	200

---

❶ 高新技术企业认定管理作用网 [EB/OL]. [2019-10-16]. http://www.innocom.gov.cn/gxjsqyrdw/index.shtml.

❷ 广东省科学技术厅　广东省财政厅　国家税务总局广东省税务局关于公布广东省 2019 年高新技术企业名单的通知 [EB/OL]. [2020-04-10]. http://gdstc.gd.gov.cn/gkmlpt/content/2/2956/post_2956766.html#723.

与广东珠三角其他城市相比，肇庆市拥有的省级高新技术企业的数量排名比较靠后，但是从肇庆市2018—2019年被评为省级高新技术企业的数量来看，增长了近8%。由此也可以看出，虽然相比广东省其他城市高新技术企业而言发展滞后，但是肇庆市知识产权事业仍在稳定发展中，未来有很大的上升空间。

（2）获得市级高新技术企业认定情况。

根据肇庆市政府官网公布的《2018年第一、第二批肇庆市级高新技术企业名单》显示，2018年度被认定为市级高新技术企业的有182家，其中排名前四的区（县/市）分别是端州区54家、高要区38家、高新区28家、四会市25家，占比分别为29.67%、20.88%、15.38%、13.74%。由于官方尚未公布2019年的数据，故此未列出2019年的具体情况。表10－3是2018年肇庆市各区（市/县）市级高新技术企业分布的具体情况。❶

表10－3　2018年肇庆市各行政区获市级高新技术企业数量　　　单位：家

区域	数量	区域	数量	区域	数量
端州区	54	四会市	25	怀集县	8
高要区	38	鼎湖区	13	德庆县	8
高新区	28	广宁县	10	—	—

从以上数据可以看出，肇庆市各区县的市级高新技术企业的分布是比较不均匀的，各地发展差异较大。同时，数据也反映出肇庆市的高新技术企业数量比较匮乏，说明其知识产权事业的发展仍然任重而道远。

2. 知识产权优势企业和示范企业发展较快

2018年，肇庆市获得国家级知识产权优势企业的有6家，国家知识产权示范企业1家；广东省知识产权优势企业1家、示范企业0家。而到了2019年，肇庆市被确定为国家知识产权优势企业达到19家，省级知识产权示范企业19家，增长非常迅速。由于2019年广东省取消省级知识产权优势企业的

---

❶ 肇庆市人民政府［EB/OL］．［2019－10－16］．http：//zwgk. zhaoqing. gov. cn/zq106/201812/t20181210_881081. html，http：//zwgk. zhaoqing. gov. cn/zq106/201812/t20181228_881027. html.

认定，故 2019 年的数据未列出。为了作客观的比较，笔者还查找了同期广东珠三角地区部分城市的相关情况，以期作一个对比分析，如表 10 - 4 所示。❶

表 10 - 4　2018—2019 年广东部分城市知识产权企业发展状况　　单位：家

城市	2018 年				2019 年			
	国家优势企业	国家示范企业	省级优势企业	省级示范企业	国家优势企业	国家示范企业	省级优势企业	省级示范企业
肇庆	6	1	1	0	19	1	—	19
广州	13	3	8	4	112	8	—	94
深圳	6	3	11	4	57	4	—	49
佛山	17	9	9	3	132	11	—	117
东莞	2	3	11	3	78	4	—	59
珠海	3	4	5	2	60	2	—	46
中山	8	0	4	0	32	3	—	27
惠州	4	1	1	1	12	0	—	18

从表 10 - 4 可以看出，2018—2019 年，肇庆市国家知识产权优势企业的数量从 6 家上升到 19 家；省级知识产权示范企业增至 19 家，实现零突破；但国家知识产权示范企业数量无明显进步。

从上述数据来看，2018 年肇庆市国家知识产权优势企业的数量在上述珠三角城市中超过了珠海市、东莞市和惠州市，跟广州市、深圳市、中山市的差距在缩小；但在国家知识产权示范企业、省级知识产权优势企业和示范企业的数量方面，对比珠三角其他城市而言明显偏少，存在一定差距。

而从 2019 年的数据来看，肇庆市被评为省级知识产权示范企业数量从2018 年的 0 家增加至 19 家，在国家知识产权优势企业的数量方面增长也较明显，增速非常快，超过了惠州市，趋势喜人。虽然相比同期的其他城市仍然存在不少差距，但是从横向的对比角度而言，肇庆市的知识产权企业发展还

---

❶　国家知识产权局［EB/OL］.［2020 - 04 - 12］. http：//www. cnipa. gov. cn/gztz/1131081. htm，http：//www. cnipa. gov. cn/gztz/1144715. htm；广东省知识产权保护协会［EB/OL］.［2020 - 04 - 12］. http：//www. gdippa. com/news/down. aspx？ page = 1&ChannelId = 020203；人民网. 61 家深企新获评国家知识产权优势示范企业［EB/OL］.［2020 - 04 - 12］. http：//sz. people. com. cn/n2/2019/1206/c202846 - 33609613. html.

是取得一定业绩。

总体上而言，肇庆市无论是在国家知识产权优势及示范企业还是省级知识产权优势及示范企业数量上来说，相比较其他发达城市而言明显偏少，尤其是国家知识产权示范企业和省知识产权示范企业的发展状况和其他城市相比差距非常明显，这说明肇庆市的知识产权发展仍然不够充分。但也应该看到，肇庆市的知识产权优势企业或示范企业总体呈现增长趋势，未来还有一定发展空间。

3. 贯标认证企业数量有所增长

截至 2018 年 7 月 31 日，广东省共有 5537 家贯标认证企业，其中包含 11 个子母证，中规认证的 2961 家，中知认证的 2576 家。相比 2017 年的贯标认证企业 2896 家，增长了近 1 倍。其中，2018 年肇庆市的贯标认证企业数量为 19 家，相比 2017 年的 15 家，增长了 26.67%，如表 10 - 5 所示。❶ 由于官方尚未公布 2019 年的相关数据，故此未列出。

表 10 - 5　2017—2018 年广东部分城市知识产权贯标认证企业数量　　单位：家

城市	2017 年	2018 年
肇庆	15	19
广州	1188	2614
深圳	671	1025
珠海	222	304
中山	115	157
东莞	367	917
佛山	144	270
惠州	48	66

从以上数据可以看出，肇庆市的知识产权贯标认证企业数量在逐年上升，但是相比广东省其他城市的增长速度，仍旧比较缓慢，而且数量比较少。由于知识产权贯标认证企业不仅可以获得政府补贴等优惠，而且可以激发企业

---

❶ 广东省知识产权局［EB/OL］.［2019 - 10 - 15］. http：//home. gdipo. gov. cn/gdipo/qygb/201808/b5a8b49a955845b6a66863f594504a83. shtml.

的创新活力、推动企业全面提升知识产权创造数量、有效提高知识产权创造质量,一个城市的知识产权贯标认证企业数量越多,越能反映该市知识产权事业的活跃和发展程度,对于衡量该市的知识产权发展状况具有重要的参考意义。

(二) 知识产权取得状况

1. 专利申请数量快速上升

根据广东省知识产权局官网显示,2018 年肇庆市专利申请数量是 7906 件,比上年增长 48.02%,其中发明专利 2146 件,增长 16.13%。2019 年,肇庆市全年的专利申请数量是 7301 件,相比上年略有下降。为了跟广东省其他城市作整体对比,笔者还摘录了其他城市的相关数据,如表 10 - 6 所示。❶

表 10 - 6　2018 年以及 2019 年广东省部分城市专利申请情况

城市	2018 年						2019 年					
	发明/件	发明增长率/%	实用新型/件	外观设计/件	合计/件	同比增长/%	发明/件	发明增长率/%	实用新型/件	外观设计/件	合计/件	同比增长/%
肇庆	2146	16.13	4106	1654	7906	48.02	1653	- 22.97	3874	1504	7031	- 11.07
深圳	69970	16.12	100992	57647	228609	29.08	82852	18.41	113830	64820	261502	14.39
广州	50169	35.81	79598	43357	173124	46.30	46643	- 7.03	81728	48852	177223	2.37
东莞	24674	20.94	56089	16267	97030	19.38	20290	- 17.77	45116	17811	83217	- 14.24
佛山	29709	14.71	40723	18963	89395	20.89	16887	- 43.16	40706	23423	81016	- 9.37
中山	8165	4.57	20914	19962	49041	16.30	5548	- 32.05	18306	19212	43066	- 12.18
惠州	5222	36.19	11755	4666	21643	- 28.92	4582	- 7.09	12600	5249	22701	4.89
珠海	13139	69.12	15133	2895	31167	50.30	14251	8.46	15595	3291	33137	6.32

从以上数据可以看出,肇庆市从 2018—2019 年的专利申请情况整体持下降趋势。但从纵向来看,肇庆市 2018 年发明的申请数量增长率超过了佛山、

---

❶ 广东省市场监督管理局. 2000—2019 年广东省各市专利申请情况 [EB/OL]. [2020 - 04 - 12]. http://amr.gd.gov.cn/zwgk/sjfb/tjsj/content/post_2910458.html.

中山等城市。2019 年，肇庆市的专利申请数量增长率虽然略有下降，但是下降幅度低于东莞、中山等城市。然而，整体来看，肇庆市在专利的申请数量绝对值方面整体低于广东省其他城市，跟其他城市相比仍然存在较大的差距。

2. 专利授权数量增长明显

2018 年，肇庆市专利授权数量总共 3901 件，同比增长 67.28%。其中，发明专利 294 件，实用新型专利 2572 件，外观设计专利 1035 件。2019 年，肇庆市专利授权总数达 4524 件，同比增长 15.97%。其中，发明专利 309 件，实用新型专利 3088 件，外观设计专利 1127 件。从增长率方面看，虽然 2018—2019 年的同比增长率超过广州、深圳、东莞等城市，位居珠三角前列，但从数量而言，远远不及广州、深圳等珠三角的其他城市，如表 10 - 7 所示。❶

表 10 - 7 2018 年及 2019 年广东省部分城市专利授权情况

城市	2018 年						2019 年					
	发明/件	发明增长率/%	实用新型/件	外观设计/件	合计/件	同比增长/%	发明/件	发明增长率/%	实用新型/件	外观设计/件	合计/件	同比增长/%
肇庆	294	56.38	2572	1035	3901	67.28	309	5.10	3088	1127	4524	15.97
深圳	21310	12.58	75543	43353	140206	48.76	26051	22.25	87433	53125	166609	18.83
广州	10797	15.54	51307	27722	89826	49.21	12221	13.19	54745	37845	104811	16.68
东莞	6716	35.16	46519	12750	65985	45.97	8006	19.21	37931	14484	60421	- 8.43
佛山	5058	3.20	30139	15816	51013	38.75	4582	- 9.41	35480	18690	58752	15.17
中山	1875	25.59	15474	16765	34114	24.30	1476	- 21.28	15565	16354	33395	- 2.11
惠州	1445	- 1.63	9661	3599	14705	25.62	1592	10.17	9405	3580	14577	- 0.87
珠海	3452	39.25	11174	2464	17090	36.24	3327	- 3.62	12917	2723	18967	10.98

从以上数据可以看出，肇庆市专利授权数量整体呈上涨趋势，尤其是实用新型专利和外观设计专利的授权数量增长较为明显。然而，从组成结构来

---

❶ 广东省市场监督管理局. 2000—2019 年广东省各市专利申请情况［EB/OL］.［2020 - 04 - 18］. http://amr. gd. gov. cn/zwgk/sjfb/tjsj/content/post_2910458. html.

看，虽然肇庆市的专利授权数量增长快速，但是基本集中在实用新型专利和外观设计专利，发明专利的占比较低。此外，跟广州、深圳等珠三角城市相比，肇庆市的专利授权数量仍旧远远不足，这也反映了肇庆市的知识产权发展状况还不够理想。

3. 有效发明专利数量增长较快

根据笔者查询的省政府信息数据库显示，2018—2019 年，肇庆市的有效发明专利数量呈明显增长趋势，从 2018 年的 1260 件到 2019 年的 1587 件，增长了 25.95%，其增长率在珠三角几大城市中仅次于东莞市，位居第二，如表 10 - 8 所示。❶

表 10 - 8　2018—2019 年广东省部分城市有效发明专利量

城市	2018 年有效发明专利/件	2019 年有效发明专利/件	增长比/%
肇庆	1260	1587	25.95
深圳	118872	137638	15.79
广州	48354	57528	18.97
东莞	23300	29487	26.55
佛山	19498	22842	17.15
中山	7210	8151	13.05
惠州	6205	7254	16.91
珠海	11739	14498	23.50

从上表的数据中可以看出，肇庆市的有效发明专利数量跟珠三角其他城市相比，差距较悬殊；但是从其增长率来看，已经超过广州、深圳、惠州等城市，这说明肇庆市的知识产权底子较为薄弱，但是有进一步发展的潜力，未来依然有较大的发展空间。

4. PCT 国际专利申请量明显偏少

2018 年，肇庆市国际专利（PCT）申请量是 38 件，占当年广东省国际专

---

❶ 广东省截至当月底各市有效发明专利量（知识产权）［EB/OL］．［2020 - 04 - 18］．http：//gddata. gd. gov. cn/data/dataSet/toDataDetails/29000_02600057.

利总申请量的 0.15%。2019 年，肇庆市的国际专利申请量是 36 件，基本跟 2018 年持平，但也仅占广东省国际专利总申请量的 0.15%，在广东省排名较靠后，如表 10－9 所示。❶

表 10－9　2018—2019 年广东省部分城市 PCT 申请状况

城市	2018 年		2019 年	
	数量/件	占比/%	数量/件	占比/%
深圳	20259	71.67	17459	70.61
广州	2534	10.03	1622	6.56
东莞	2698	10.68	3268	13.22
佛山	857	3.39	853	3.45
惠州	351	1.39	448	1.81
珠海	693	2.74	561	2.27
中山	244	0.97	192	0.78
肇庆	38	0.15	36	0.15

从以上数据可以看出，在整个广东 PCT 申请量都下降的情况下，肇庆市虽然 2019 年的国际专利申请数量较 2018 年略有降低，但是下降幅度是整个珠三角最小的。不过，从绝对数值方面来看，肇庆市的 PCT 申请量跟广东省其他城市相比，依然差距悬殊。这也反映了肇庆市在国际知识产权申请方面存在的不足和劣势，也是未来肇庆市知识产权针对性发展需要努力的短板。

5. 商标申请量和注册量呈增长趋势

截至 2019 年第四季度，广东全省的商标申请量、注册量和有效注册量分别为 1463989 件、1187686 件和 4477109 件。其中，肇庆市的商标申请量、注册量和有效注册量分别为 8977 件、7370 件和 32988 件，有效注册量相比上年同期增长超过 20%。肇庆市各地申请和注册情况如表 10－10 所示。❷ 此外，笔者还摘录了广东其他城市的数据，以期较客观地反映肇庆市在广东知识产

❶ 2019 广东省知识产权统计数据［EB/OL］．［2020－05－15］．http：//amr.gd.cn/attach-ment/0/392/392325/2991519.pdf.
❷ 国家知识产权局商标局．2019 年四季度全国省市县商标主要统计数据［EB/OL］．［2020－04－18］．http：//sbj.cnipa.gov.cn/sbtj/202001/t20200117_310563.html.

权的发展情况，如表 10 - 11 所示。❶

表 10 - 10　2018 年及 2019 年肇庆市各区县商标申请、注册状况　单位：件

地区	2018 年			2019 年		
	申请件数	注册件数	有效注册量	申请件数	注册件数	有效注册量
端州区	1831	1585	5042	1610	1190	6089
鼎湖区	590	269	1452	940	554	1935
广宁县	617	515	2101	458	598	2600
怀集县	1076	840	2119	1181	1060	3130
封开县	501	264	778	442	475	1218
德庆县	251	232	1019	246	218	1187
高新区	228	202	1002	188	142	958
高要市	1155	1124	5847	1196	1092	6636
四会市	1989	1925	5041	1315	914	5678

表 10 - 11　2018 年及 2019 年广东省部分城市商标申请、注册情况　单位：件

城市	2018 年			2019 年		
	申请件数	注册件数	有效注册量	申请件数	注册件数	有效注册量
肇庆	9437	7490	26904	8977	7370	32988
广州	438228	274861	947444	409397	337354	1250876
深圳	481816	326915	1026193	500905	395243	1396734
珠海	54846	18610	65412	25880	25586	88378
惠州	24203	13981	61591	27876	21278	80258
中山	42351	27762	135580	46729	38032	167841
佛山	98197	65575	273857	102341	85117	348840
东莞	94439	58151	234896	108475	82345	308458

---

❶　国家知识产权局商标局. 2019 年四季度全国省市县商标主要统计数据 ［EB/OL］. ［2020 -
04 - 18］. http：//sbj. cnipa. gov. cn/sbtj/202001/t20200117_310563. html.

从表10－10的数据可以看到，肇庆市2018—2019年的商标有效注册量总体呈增长趋势，且申请数、注册数、有效注册量基本集中在端州区、怀集县、高要市、四会市这四个地方。虽然相比较2018年，2019年肇庆市的商标有效注册数总体有所增长，但是从表10－11的数据中也可以反映出，就广东范围而言，肇庆市的商标申请量、注册数以及有效注册数仍旧比较靠后，跟广州、深圳、珠海等城市相比，差距是非常明显的，这也在一定程度上为肇庆市未来的知识产权发展提供了需要努力的方向。

6. 地理标志发展优势凸显

地理标志商标是标示某商品来源于某地区，并且该商品的特定质量、信誉或其他特征主要由该地区的自然因素或人文因素决定的标志，是一个地区特色产品的象征性"名片"。通过申请地理标志商标，可以合理、充分地利用与保存自然资源、人文资源和地理遗产，有效地保护优质特色产品和促进特色行业的发展。为落实省委省政府乡村振兴战略，推进全省地理标志工作，肇庆市全面推进地理标志培育、运用和保护工作，比如大力挖掘培育地理标志产品，大力支持地理标志商标注册；强化地理标志的运用，完善地理标志产品标准化管理体系，积极打造地理标志品牌；严厉打击地理标志违法行为，提高地理标志主体保护能力。在开展地理标志培育工作的同时，肇庆市积极指导商标注册人规范管理和使用专用标志，利用网络交易模式开展电商服务和宣传力度，拓宽产品销售渠道，提高地理标志商标的市场知名度和美誉度，发挥地理标志商标在促进经济增长和农民收入方面的作用。

笔者从广东省市场监督管理局公布的数据中看到，肇庆市近两年的地理标志注册商标数量一直位列全省前列，超过了广州、深圳、佛山等地；在获批的广东省地理标志保护产品名单中，肇庆市就占据了17个，约占广东全省的地理标志保护产品12%，如表10－12和表10－13所示。❶

---

❶ 2019广东省知识产权统计数据［EB/OL］．［2019－10－06］．http：//amr.gd.gov.cn/attach-ment/0/392/392325/2991519.pdf.

表 10-12　2018 年及 2019 年广东省部分城市有效地理标志注册数量　单位：个

城市	2018 年	2019 年
肇庆	11	11
广州	8	11
深圳	1	1
珠海	0	0
惠州	1	1
中山	0	0
佛山	7	7
东莞	0	0

表 10-13　2019 年广东省部分城市获批地理标志保护产品情况

城市	数量/个	产品名称
肇庆	17	化橘红、端砚、肇庆裹蒸、文㿺鲤、文㿺鲩、麦溪鲤、麦溪鲩、活道粉葛、高要戟天、怀集茶秆竹、汶朗蜜柚、桥头石山羊、谭脉西瓜、岗坪红茶、封开油栗、封开杏花鸡
广州	11	从化荔枝蜜、钱岗糯米滋、增城丝苗米、增城迟菜心、派谭凉粉草、增城挂绿、增城荔枝、萝岗糯米滋、萝岗甜橙、新垦莲藕、庙南粉葛
深圳	1	南山荔枝
珠海	1	白蕉海鲈
惠州	7	惠州梅菜、龙门年桔、罗浮山大米、柏塘山茶、观音阁花生、观音阁红糖、罗浮山荔枝
中山	3	中山脆肉鲩、神湾菠萝、黄圃腊味
佛山	5	九江双蒸酒、合水粉葛、乐平雪梨瓜、石湾玉冰烧酒、香云纱
东莞	2	莞香、东莞米粉

从表 10-12、表 10-13 可以看出，肇庆市连续两年有效地理标志注册数量以及地理标志保护产品数量稳居粤港澳大湾区九大城市之首，而且数量明显超过其他城市。这反映了近年来肇庆市能够利用自身资源优势，充分挖掘本地地理产品，打造地方特色品牌，形成独特的地理标志发展优势，这对肇庆市进一步缩小与其他城市之间的知识产权发展差距具有显著意义。

（三）知识产权保护状况

对知识产权的保护力度强弱，不仅关系知识产权事业的进一步发展，而且涉及整个社会的创新发展。知识产权的保护越到位、完善，不仅越能激发创新，推动整个肇庆市创新产业继续向前迈进，带动整个社会的不断发展，而且也是肇庆市打造国家知识产权强市战略的有力保障。知识产权的保护一般可以分为司法保护和行政保护，本文试图通过对肇庆市近两年知识产权行政保护和司法保护的数据进行分析，以期尽可能了解肇庆市 2018—2019 年度的知识产权保护状况。

1. 行政保护

行政执法保护是知识产权保护的重要组成部分，较司法救济而言，行政执法能够快捷、及时地制止知识产权的侵权行为。面对知识产权侵权的专业化、技术化以及知识产权纠纷类型多样化、复杂化的趋势，依靠法院处理知识产权纠纷的传统体系已不能满足社会发展的需求，因此需要行政执法来强化知识产权保护。

肇庆市在市知识产权局的统筹指导下，各级知识产权行政执法部门加大了知识产权的执法、普法工作，深入实施知识产权战略，扎实推进国家知识产权试点城市建设，认真落实知识产权事业发展推进计划，稳步推进知识产权创造、运用、保护和管理各项工作，努力提高肇庆市的自主创新能力，为肇庆市实施创新驱动发展战略提供了有力的保障和支撑。

一方面，肇庆市知识产权局依法严厉打击专利侵权假冒行为，同时统筹协调全市打击侵权假冒工作领导小组成员单位，开展各专项行动，处理和调解专利纠纷案件；另一方面，不断完善知识产权信用体系建设，明确知识产权守信和失信行为的激励和惩戒标准以及方法。

此外，肇庆市还积极推进知识产权维权援助体系建设，将产权保护和援助服务有机结合，推动企业的创新创造，保障知识产权行政执法的效益，推动肇庆市知识产权保护体系的建设。

（1）2018 年、2019 年专利纠纷案件收结情况。

近两年来，肇庆市知识产权行政执法部门在行政执法案件的收结数量上有上升的趋势。在收案方面，截至 2019 年底，肇庆市知识产权局专利纠纷案件共收案 50 件，相比 2018 年收案 44 件有所上升；广东省方面，截至 2019 年 12 月底，全省各地市知识产权局共收案 6441 件，较 2018 年同期专利纠纷案件收案 4117 件，增加了 56.45%。

在结案方面，截至 2019 年底，肇庆市知识产权局专利纠纷案件结案数量为 46 件，相比 2018 年肇庆市知识产权局专利纠纷案件结案数量 40 件也有所上涨。在广东省方面，2019 年广东省全省专利纠纷案件结案数量为 6390 件，比 2018 年专利纠纷案件共结案 4007 件，增长幅度 59.47%。肇庆市及广东其他部分城市 2018—2019 年专利纠纷执法数据如表 10 – 14 所示。❶

表 10 – 14　2018 年及 2019 年广东省部分城市专利纠纷案件受结情况

地区	2018 年		2019 年		受结增长比	
	受理/件	结案/件	受理/件	结案/件	受理增长比/%	结案增长比/%
广东全省	4117	4007	6441	6390	56.45	59.47
肇庆	44	40	50	46	13.64	15
广州	1479	1476	2034	2011	37.53	36.25
深圳	364	298	905	930	148.63	212.08
佛山	121	124	1032	1022	752.89	724.19
珠海	48	49	29	26	− 39.58	− 46.94
惠州	49	51	97	95	97.96	86.27
中山	892	893	806	784	− 9.64	− 12.21
东莞	234	236	285	258	21.79	9.32

从以上数据可以看出，2019 年肇庆市受理案件的数量比 2018 年增长了

❶　专利行政执法案件量统计（知识产权）［EB/OL］. ［2020 – 05 – 15］. http：//gdda-ta. gd. gov. cn/data/dataSet/toDataDetails/29000_02600055；广东省市场监督管理局. 2019 广东省知识产权统计数据［EB/OL］. ［2019 – 05 – 15］. http：//amr. gd. gov. cn/attachment/0/392/392325/2991519. pdf.

13.64%，结案数量相比上年上涨幅度更是明显。在广东全省总体受理增长的情况下，肇庆市的受理案件增长比例在广东省各地市的排名较靠前，这反映出近年来肇庆市知识产权局的知识产权保护工作开展得较好。同时，在结案方面，我们可以看到肇庆市的结案增长率超过珠海市、中山市、东莞市，但是相比广州、深圳、佛山等城市差距明显。导致这种差异的主要原因在于结案数量的基数不同所致，当然从数据反映的结果来看，肇庆市的知识产权结案效率在不断提高。

以上数据只是通过受理和结案两个方面对专利纠纷大致进行分析。通过对广东省市场监督管理局官方公布的数据对知识产权行政执法部门受理的专利纠纷案件进行归类，可以将专利纠纷案件具体分为侵权、权属、其他几大类，2018 年、2019 年广东省部分城市专利纠纷详细状况如表 10 - 15、表 10 - 16 所示。❶

表 10 - 15　2018 年广东省部分城市专利纠纷详细状况　　　　单位：件

执法部门	专利纠纷案件情况				
	纠纷案件受理				纠纷案件结案
	专利数量	纠纷种类			
		侵权	权属	其他	
肇庆市知识产权局	44	—	—	—	40
东莞市知识产权局	234	—	—	—	236
广州市知识产权局	1479	—	—	—	1476
深圳市知识产权局	364	—	—	—	298
中山市知识产权局	892	—	—	—	893
佛山市知识产权局	121	—	—	—	124
珠海市知识产权局	48	—	—	—	49
惠州市知识产权局	49	—	—	—	51
全省合计	4117	—	—	—	4007

---

❶ 专利行政执法案件量统计（知识产权）　［EB/OL］.［2020 - 05 - 15］. http：//gdda-ta. gd. gov. cn/data/dataSet/toDataDetails/29000_02600055；广东省市场监督管理局. 2019 广东省知识产权统计数据［EB/OL］.［2020 - 05 - 15］. http：//amr. gd. gov. cn/attachment/0/392/392325/2991519. pdf.

表 10 - 16　2019 年广东省部分城市专利纠纷详细状况　　　　单位：件

执法部门	专利纠纷案件情况				
	纠纷案件受理				纠纷案件结案
	专利数量	纠纷种类			
		侵权	权属	其他	
肇庆市知识产权局	50	50	—	0	46
东莞市知识产权局	285	285	—	0	258
广州市知识产权局	2034	2033	—	1	2011
深圳市知识产权局	905	901	—	4	930
中山市知识产权局	806	806	—	0	784
佛山市知识产权局	1032	1032	—	0	1022
珠海市知识产权局	29	29	—	0	26
惠州市知识产权局	97	97	—	0	95
全省合计	6441	6434	—	7	6390

从以上统计数据可以看出，2019 年全省专利行政执法部门共收案 6441 件，2018 年全省共收案 4117 件，增长幅度超过 50%。通过进一步分析我们可以发现，在受理的案件中，绝大部分属于侵权案件。侵权案件的受理大幅度增加，较充分地反映了广东省在知识产权方面的保护力度在加强，知识产权市场环境得到进一步规范。在以上几个城市中，2019 年肇庆市的侵权案件收案数量较 2018 年有明显增加，这反映了肇庆市在知识产权保护方面的效益较为明显，因此侵权行为得到有效遏制。

（2）2017 年、2019 年查处假冒专利执法状况。

在查处假冒专利行为方面，根据广东省市场监督管理局公布的专利行政执法状况统计数据显示，2019 年全省各级市场监督管理局查处假冒专利行为案件共立案 381 件，结案 255 件。其中，肇庆市市场监督管理局 2019 年查处假冒专利行为共立案 32 件，结案 0 件，相比较 2017 年立案 39 件、结案 39 件，略有下降。由于 2018 年的数据不详，故未列出，因此只列出 2017 年及 2019 年数据作对比，以期能较客观地反映肇庆市知识产权近两年来的执法保

护状况，如图 10 - 1 所示。❶

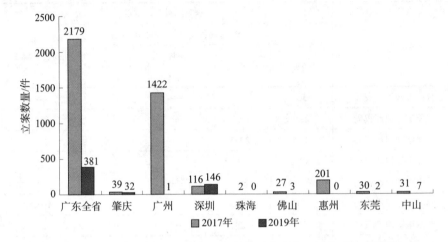

图 10 - 1　2017 年、2019 年广东省部分城市查处假冒专利立案数量

从图 10 - 1 可以看出，在查处假冒专利立案方面，2019 年肇庆市的受理案件数量在珠三角几大城市中仅次于深圳市，说明肇庆市在打击知识产权侵权方面力度有所加强。同时，相比 2017 年的案件数量，2019 年的立案数量有所减少。专利执法案件的减少也从另一方面反映出肇庆市在近两年对知识产权的整治中得到一定效果，从而使侵权案件有所减少，有效维护了市场环境。

在查处假冒专利结案方面，截至 2019 年 12 月底，全省结案数量为 255件，相比 2017 年的 2174 件减少幅度非常明显；肇庆市 2019 年结案数则为 0件，相比前年的 39 件下降异常明显，如图 10 - 2 所示。❷

从图 10 - 2 结案情况来看，不仅肇庆市查处假冒专利结案数量下降，而且整个广东省的结案数量都在下降。导致这种差异的原因主要在于 2019 年广东省各市的立案数量在急剧下降，说明整个广东省在贯彻知识产权保护理念方面具有较强的执行力，故而假冒专利现象有所缓解。肇庆市亦是如此。然而，通过对肇庆市 2019 年的立案数量可以看到是 32 件，而结案数量却是 0件。虽然这可能跟知识产权自身的复杂性要求较长的审查期限相关，但同时也说明肇庆市在知识产权执法处理方面的办案效率仍然有待提高。

❶❷　广东省市场监督管理局. 2019 广东省知识产权统计数据［EB/OL］.［2020 - 05 - 16］. http：//amr. gd. gov. cn/attachment/0/392/392325/2991519. pdf.

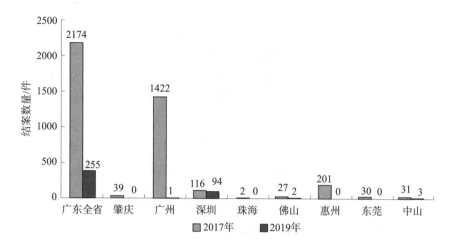

图 10－2　2017 年、2019 年广东省部分城市查处假冒专利结案数量

2. 司法保护

司法是保障社会公正的最后一道防线，司法保护对于知识产权的保护具有积极的意义，是行政保护的重要补充。通过司法保护，能够有效保障知识产权事业的顺利发展和创新驱动发展战略的实施。近两年来，肇庆市加大对知识产权的规范整治，加强对知识产权的监管力度和创新成果保护力度，获得了良好的社会效果。

根据肇庆市中级人民法院官网显示，2017 年肇庆市法院共审结各类知识产权案件 163 件，与 2016 年相比，增长了 42.98%。其中，以涉著作权案件为主，共审结 90 件，同比增长 80%。[1] 2018 年肇庆全市法院共审结各类案件45460 件，其中审结知识产权案件 338 件[2]，比上年增长了 1 倍多，其中超过90% 是知识产权侵权案件。由于官方尚未公布 2019 年的数据，故只列举2017—2018 年的情况作说明，以期提供一定的价值参考，如图 10－3 所示。

---

[1]　肇庆市中级人民法院. 4.26 世界知识产权日/商标近似、"偷取"客户资源……这算侵权吗？[EB/OL]. [2020－15－16]. http://www.gdzqfy.gov.cn/byxw/1155.html.

[2]　肇庆全年办结案件 4.5 万件创历史新高 [EB/OL]. [2020－15－16]. http://news.southcn.com/gd/content/2019－01/17/content_184861184.htm.

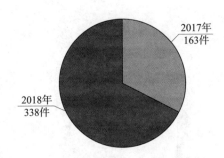

图 10 - 3 2017—2018 年肇庆市法院审结知识产权案件情况

从图 10 - 3 我们可以看出，2017 年到 2018 年肇庆市法院审结知识产权案件的数量几乎翻了一倍，这也反映出肇庆市加大对侵犯知识产权的打击力度，为推进粤港澳大湾区建设、保障肇庆市知识产权市场发展提供有力的司法保障。

3. 拓展多元化维权援助机制，提升服务质量

近两年来，肇庆市积极开展各种知识产权维权援助服务工作，完善维权援助体制机制建设，落实有关知识产权保护的相关政策，不仅帮助企业提高知识产权方面的维权意识，而且引导企业加强技术创新和专利运用，努力为经济发展作贡献。

（1）广东省知识产权维权援助中心肇庆分中心揭牌。

2017 年 12 月，肇庆市成立了广东省知识产权维权援助中心肇庆分中心，这是广东省知识产权维权援助中心第 10 个分中心。广东省知识产权维权援助中心作为公益服务机构，是政府提供公共服务的一个重要平台，成立分中心是广东知识产权维权援助中心完善公共服务体系、提高知识产权维权援助工作层次、增强知识产权维权援助工作能力的重要手段。同时，分中心的成立有利于提升地市区域知识产权权利人的维权意识和社会公众的知识产权保护意识。

肇庆分中心的设立是知识产权维权援助服务深入地市区域、实现维权援助社会化的有效措施。这对于肇庆市知识产权的保护和发展具有重要推动作用，也必将对建设知识产权强省作出更大贡献。

（2）成立知识产权纠纷调解委员会。

2018 年 12 月，肇庆市高新区成立了全市首个知识产权纠纷人民调解委员

会。肇庆高新区知识产权纠纷调解委员会旨在为知识产权纠纷提供快捷、及时、灵活的解决渠道，调解委员会的调解工作将以专利、技术秘密等为重点，并兼顾相关领域知识产权案件，努力为企业解忧，为创新添力。❶ 知识产权纠纷调解委员会为知识产权纠纷提供多元化的解决机制，相比较司法救济的被动性、高成本和行政救济的强制性，知识产权纠纷调解委员会能够快速化解矛盾，极大降低解决问题的成本，有效缓和社会关系，为知识产权的发展提供一个良好的维权环境和纠纷解决新思路。

（3）肇庆市高新技术企业协会挂牌。

经肇庆市民政局批准，2018 年 12 月 28 日，肇庆市高新技术企业协会正式成立。肇庆市高新技术企业协会的成立体现了肇庆市全面贯彻落实国家、省创新驱动发展战略的要求。肇庆市高新技术企业协会的成立对于该市全力以赴推动高新技术企业群体规模不断发展壮大、推动高新技术企业树标提质具有重要意义。同时，该协会在提升企业科技创新能力、加强企业资本要素供给、支持企业引进培养创新人才、强化企业用地保障、引导企业管理创新、优化企业发展环境方面给予重点扶持，引导和支持企业持续提升创新能力及市场竞争力。可以说，肇庆市高新技术企业协会是政府与企业沟通联系的重要桥梁，协会的成立将进一步整合利用政府、社会和企业资源，促进企业间的合作与交流，促进政产学研结合，推进高新技术成果转移转化，将为该市高新技术产业的不断发展贡献更多力量。

（4）市场监督管理局挂牌成立。

2019 年 1 月 14 日，肇庆市市场监督管理局挂牌成立。市场监督管理局整合了原市知识产权局的专利管理职责以及其他相关部门的职责，不仅标志着肇庆市市场监管体制改革迈出了实质性、关键性的第一步，而且对于肇庆市知识产权事业的发展将翻开新篇章，因为市场监督管理局职权不再局限于原市知识产权局的职能，而且兼具其他相关部门的职权，对于监管、维护知识产权市场秩序以及打击侵犯知识产权的违法犯罪行为将更加具有威慑力和效能，为肇庆市知识产权事业的发展提供良好的法治保障。

---

❶ 肇庆市人民政府 ［EB/OL］. ［2020 - 05 - 16］. http：//www. zhaoqing. gov. cn/xwzx/zqyw/201812/t20181220_768379. html.

（四）人才培养和科研建设状况

1. 举办知识产权培训班，培养知识产权储备人才

2018 年 8 月 16 日，由肇庆市知识产权局主办，广州奥凯信息咨询有限公司、肇庆学院知识产权培训基地承办的 2018 年肇庆知识产权管理体系内审员培训班正式开课，共有 80 多家企事业单位的 100 余名学员参加。参加此次培训的学员皆为企业核心岗位员工，亦是企业知识产权管理关键岗位，其专业的知识产权水平直接关系到企业未来知识产权管理水平的高低。

此次培训针对企业的切实需求为目标，帮助企业熟悉《企业知识产权管理规范》国家标准要求和培训贯标工作的知识产权管理骨干，推进企业构建和完善知识产权管理体系，帮助企业提升知识产权管理能力、科技创新能力和综合实力。❶

2. 加快科技研发机构建设，贯彻创新驱动战略

近年来，肇庆市通过出台系列扶持政策，加大财政投入，完善服务体系，科技研发机构建设成效显著。截至 2018 年底，肇庆市高新技术企业净增 124 家，总数达到 413 家，增长 43%，309 家企业通过国家科技型中小企业评价入库。此外，肇庆市拥有国家级创新平台 6 家，新增省级新型研发机构 2 家、创新平台 33 家，市级以上新型研发机构 10 家；规模以上工业企业研发机构覆盖率超 40%，新增科技企业孵化器 15 家、众创空间 4 家。2018 年，肇庆市被列入珠三角国家科技成果转移转化示范区，珠三角国家自主创新示范区、国家知识产权示范园区。❷ 这些都体现了肇庆市近年来创新能力持续提高。

3. 进一步加强高校合作和人才引进

首先，肇庆市于近两年不断加强和引进高校合作，进一步提升产、学、

---

❶ 广东肇庆举办知识产权管理体系内审员培训班［EB/OL］．［2020 - 05 - 16］．http：//news. sina. com. cn/c/2018 - 08 - 23/doc - ihhzsnec4619603. shtml.

❷ 肇庆市人民政府［EB/OL］．［2020 - 05 - 16］．http：//zwgk. zhaoqing. gov. cn/zq310/201901/t20190123_886431. html.

研的结合。2018 年，肇庆市在原有与北京理工大学、中山大学、华南理工大学、华南师范大学、暨南大学等国内 30 所高校合作的基础上，进一步引入哈尔滨工业大学新能源汽车轻量化复合材料工程技术研究院、武汉大学粤港澳环境技术研究院等新型研发机构进驻运行，加强与高校科研机构的合作。

其次，高层次人才引进力度加大。肇庆市深入实施"西江人才计划"，成功举办 2018 年亚太地区可持续发展论坛暨首届肇庆人才节，引进国家"万人计划"专家 2 名，引进长江学者等国家级高层次人才 25 名，引进第二批西江创新团队 8 个、领军人才 6 名以及百名港澳台博士，为 124 名高层次人才颁发"人才绿卡"，实现重大人才项目工程引育"全覆盖"。❶

三、问题和建议

肇庆市在近几年尤其是 2018—2019 年出台了一系列关于知识产权方面的政策，也取得了较显著的效果，有力地促进了肇庆市社会经济的发展。但是，由于底子较为薄弱，肇庆市知识产权事业仍然存在一些不足。

首先，企业整体创新能力较弱。截至 2018 年底，肇庆市全市高新技术企业数量相比珠三角其他城市明显偏少，知识产权优势企业和示范企业尤其是国家优势企业和示范企业更是寥寥无几，全市高新技术产业和战略性新兴产业相对薄弱，而这在一定程度上反映了肇庆市企业创新能力的不足。因此，必须高度重视并进一步投入精力增强肇庆市科技型企业的创新能力，加大对企业科研投入的支持力度，探索建立科研企业培育库，培育更多、更富创造力的高新技术企业，促进肇庆市企业的知识产权创新、转化和应用能力的提升，进一步优化肇庆市企业的结构。

其次，知识产权结构比不甚合理，尤其是发明申请和授权状况不佳。从目前的情况来看，无论在专利申请的数量还是质量上，肇庆市都远远落后于广州、深圳等其他珠三角城市，尤其是 PCT 申请量才占广东 PCT 申请总量的 0.15%。此外，在专利构成中，实用新型和外观设计专利居多，发明专利则

---

❶ 肇庆市人民政府［EB/OL］．［2020 - 05 - 16］．http：//zwgk. zhaoqing. gov. cn/zq310/201901/ t20190123_886431. html.

相对较少，特别是发明专利的授权量远低于前两者。总体而言，肇庆市的专利申请和授权数量跟广东省珠三角其他城市相比差距悬殊。因此，肇庆市应该有针对性地采取以专利为核心的知识产权促进措施。一方面，政府要进一步加大对专利尤其是发明专利的申请资助力度；另一方面，要进一步完善优惠与扶持政策，激发企业的科研积极性，鼓励它们加大自有资金投入力度。通过政府、社会与企业的多方合力，努力提升肇庆市以专利为核心的知识产权的成果数量和质量，尤其是提高发明专利的数量和质量。

最后，知识产权人才较匮乏。虽然近两年肇庆市出台了引进、培养高层次人才等支持政策，但知识产权人才在数量和质量方面都严重不足。根据2019年广东省市场监督管理局公布的数据显示，截至2019年底，肇庆市依然无知识产权代理服务机构，只有2家分支机构，且全市通过知识产权专利代理师考试的只有1位❶，远远不及广州、深圳、佛山等珠三角城市。在知识产权培训基地建设方面，全市仅有3个基地，而且成立时间较短。可以说，无论是高层次知识产权人才、实务型知识产权人才还是知识产权研发基地建设方面，肇庆市知识产权人才缺口都相对较大，严重制约着该市知识产权事业的快速发展。肇庆市由于缺乏较为有科研实力的高校，不利于综合型知识产权人才的培养和知识产权基地的建设。因此，肇庆市需要进一步加大才培养力度，引进国际高层次知识产权人才，建立人才动态培育库；同时加强与国内尤其是国外高校的合作交流，进一步实现与国际接轨，增强国际市场竞争力，以支撑肇庆市知识产权事业的进一步发展，实现知识产权强市建设的目标。

（撰稿人：龙著华）

---

❶ 2019 广东省知识产权统计数据［EB/OL］.［2020－05－16］. http：//amr. gd. gov. cn/attachment/0/392/392325/2991519. pdf.

第11章 江门市知识产权报告

江门市自 2017 年 12 月进入国家知识产权试点城市示范培育阶段以来，一直秉承高质量、绿色发展的理念，稳步推进江门市知识产权建设与保护工作，营造良好的法制化营商环境。根据《2020 年江门市政府工作报告》，江门市主要经济指标的增长幅度均排在全省前列。全市地区生产总值预计超 3000 亿元，同比增长 4%；规模以上工业增加值超 1000 亿元，增长 3%；新引进高端装备制造、新一代信息技术、新能源汽车及零部件、大健康、新材料等五大新兴产业超亿元项目 91 个，总投资 388.5 亿元，占全市引进超亿元制造业项目总投资的 67.6%。工业投资、工业技改投资额在全省分别排第五位、第六位。江门市认定了第一批总部企业 16 家，认定了第二批公共服务示范平台和公共技术示范平台 14 家，新增 1 家国家级公共服务示范平台；新增 14 家省级企业技术中心，数量创历年新高。江门市完成固定资产投资约 1870 亿元，增长 9% 左右，市重点项目完成年度投资计划的 127%。"招商引资项目落实年"成效显著，在北京、广州、深圳和港澳等城市举办招商推介会，各市（区）均引进投资超 20 亿元项目并动工建设，实际利用外资 54.5 亿元，增长 14.9%。全市共引进投资超亿元项目 209 个，投资额 1298 亿元，分别增长 7.2% 和 5.7%，近八成的项目已落地、超六成的项目已经动工。台山核电一期 2 号机组、德昌电机、优美科等项目实现投产或试产。

江门市科技创新能力不断加强。2019 年，江门市实施《江门市关于进一步促进科技创新推动高质量发展的工作措施》，荣获了"全国小微双创示范城市"称号。高新区在全国国家高新区中综合排名第 57 位，连续 5 年实现争先进位。全市高新技术企业超过 1500 家。院士工作站增至 11 个，与 14 位院士建立了合作关系，2 人入选了第四批国家"万人计划"。与广东省科学院共建省半导体产业技术研究院江门中心和省智能制造研究所江门中心。五邑大学建设高水平理工科大学稳步推进，参与大湾区西岸科技创新和人才培养合作联盟，与中科院半导体所共建"数字光芯片联合实验室"、与香港理工大学共建"纺织材料粤港联合实验室"，综合排名比上年提升123位，跃居全国第259位，整体实力进入同类高校第一方阵。江门中微子实验站建设进展顺利。珠西创谷成为全市首家获省认定的粤港澳台科技企业孵化器，与珠西先进产业优秀人才创业创新园等港澳青年创业园区共引进60家港澳企业和项目。举办中国创新创业大赛港澳台行业赛和2019年江门市"科技杯"创新创业大赛。百名博（硕）士引育工程累计引进博士32人、硕士19人，新增博士后创新实践基地5个，新引进在站博士后38人。广州知识产权法院诉讼服务处、市中级人民法院知识产权巡回审判庭等6个平台在江海区揭牌并投入运营。新会区被评为国家知识产权强县工程试点县（区）。

江门市营商环境持续优化。商事制度改革深入推进，在全省首推商事登记"微信＋智能化审批"服务，实现企业设立登记压减到0.5个工作日内，开办企业全流程1天办结，经验在全省推广。"数字政府"建设高标准推进，政府数据开放指数排名全国第11位。商业信用环境指数排名全国第21位。2019年第三季度改革热度指数排名全国第7位、全省第1位。下面将围绕江门市2019年知识产权建设与保护工作进行介绍与分析。

一、江门市知识产权制度和政策

2017年1月，广东省发布了《广东省知识产权事业发展"十三五"规划》，明确了"十三五"时期全省知识产权事业发展的指导思想、发展目标和主要任务、保障措施。江门市为全面贯彻落实国家知识产权局和广东省知识产权局的精神，继2018年度，2019年度又相继出台了一系列知识产权建设与保护方面的政策，主要包括以下几项。

（一）出台《江门市知识产权局 江门市财政局关于专利扶持实施办法》（以下简称《江门市专利扶持实施办法》）

为倡导创新文化，强化知识产权创造、保护、运用，实施创新驱动发展战略，发挥财政资金在社会发展领域的引领作用，江门市知识产权局、财政局根据《广东省人民政府关于知识产权服务创新驱动发展的若干意见》《广东省人民政府关于印发广东省建设引领型知识产权强省试点省实施方案的通知》等规定，于 2019 年 9 月颁布《江门市专利扶持实施办法》。

该办法拟通过为专利事业发展提供资金支持，激发企业发明、创造的活力，推动专利事业发展。凡在江门市从事专利相关领域工作或生产经营活动，并在 2019 年 1 月 1 日至 2020 年 12 月 31 日获得《江门市专利扶持实施办法》涉及扶持事项的单位和个人，可以获得 3000 元至 20 万元不等的扶持资金。扶持范围包括普惠性专利资助、竞争性专利补助以及国家、广东省知识产权项目嘉奖。根据该办法授权国内发明专利，每件资助 0.3 万元（获国家知识产权局费用减缴的每件资助 500 元）。通过专利代理机构代理申请的每件再资助其代理服务费的 80%，每件资助额不超过 0.4 万元。以江门市地址申请的 PCT 专利进入国家阶段获得美国、日本和欧盟国家授权的，每件资助 3 万元；获得其他国家或者地区授权的，每件资助 2 万元。单位和个人也可享受专利保险、专利权质押融资贷款费用等方面的资助。专利保险可按实际支出保费的 50% 给予资助，对同一单位每年的专利保险资助总额不超过 2 万元。获国家知识产权示范单位的，每家奖励 20 万元；获国家知识产权优势单位、广东省知识产权示范单位的，每家奖励 10 万元；获广东省知识产权优势单位的，每家奖励 3 万元。获中国专利金奖或者中国专利外观设计金奖的，每项奖励 20 万元；获中国专利银奖或者中国外观设计银奖、广东专利金奖的，每项奖励 15 万元；获中国专利优秀奖或者中国外观设计优秀奖、广东专利银奖的，每项奖励 10 万元；获广东专利优秀奖的，每项奖励 5 万元；获广东杰出发明人奖的，每人奖励 2 万元。

（二）出台《江门市市场监督管理局 江门市财政局关于商标品牌战略专项资金使用管理办法》

为了切实发挥商标制度的激励和创新保障作用，进一步加大江门市商标培育和保护力度，江门市市场监督管理局、财政局于 2019 年 4 月发布《江门市市场监督管理局 江门市财政局关于商标品牌战略专项资金使用管理办法》。

根据该办法，凡于 2018 年 1 月 1 日至 2020 年 12 月 31 日取得集体商标、证明商标、境外商标注册的符合条件的自然人、法人或其他组织，可以获得如下奖励：证明商标每件奖励人民币 20 万元；集体商标每件奖励人民币 5 万元；境外注册商标每件奖励人民币 3000 元，但给予同一申请人年度奖励总额不超过人民币 6000 元。对取得商标的主体予以奖励，有助于提高企业、个人对商标品牌的意识，推动本地品牌的创建，尤其是对境外注册商标的资助政策，可有效推进商标品牌的国际化建设，助推本地品牌向国际发展。

（三）发布《江门市人民政府印发关于进一步促进科技创新推动高质量发展工作措施的通知》

为贯彻落实广东省人民政府《关于进一步促进科技创新的若干政策措施》，坚持实施创新驱动发展战略，加快建设国家创新型城市，以科技创新推动江门市经济社会高质量发展，2019 年 7 月，江门市发布了《江门市关于进一步促进科技创新推动高质量发展的工作措施的通知》。该措施包括以下重要内容。

第一，构建粤港澳大湾区国际科创中心的重要节点。首先，积极参与粤港澳大湾区科技创新中心建设。对接"广深港澳"科技创新走廊，围绕重点产业推进产学研合作的同时，发挥侨乡优势，推进聚侨引智。其次，全力创建国家创新型城市，以科技创新为核心，全面推进创新。再次，加强重大科技基础设施建设，重点打造江门中微子实验站建设和中科院·中国（江门）国际科学小镇建设。又次，深化产学研合作，推动五邑大学高水平理工科大学建设。最后，积极对接粤港澳大湾区港澳创新资源，办好科技杯创新创业大赛。

第二，打造粤港澳大湾区人才高地。创新离不开人才驱动，创新实现离不开人才建设。江门市将以建设人才强市为目标，推进江门人才岛、全国博士后创新（江门）示范中心及"联络五邑"海外服务工作站建设。同时，江门市提供两个配套措施：一是实施粤港澳大湾区个人所得税优惠政策，对在江门市工作的境外高端人才和紧缺人才给予超额个税补贴。二是建设产权型或租赁型人才住房。

第三，加快科技创新平台建设。科技创新平台对推动科技的研发、创新和技术成果转化具有重要作用。为此，江门市鼓励国内外高校、科研院所、企业等多主体联合到江门创建省实验室和新型研发机构，按"一事一策"，予以重点扶持，并赋予其人财物自主权。鼓励设立离岸研发机构，对通过国家、省立项支持的，给予资助。加快建设实验室和新型研发机构，试点实施事业单位性质的新型研发机构运营管理机制改革。对省市参与建设的事业单位性质新型研发机构，授予其自主审批下属创投公司最高 3000 万元的投资决策权。

第四，推动江门高新区高质量发展。高新区是先进生产力发展和先进技术产业化的重要引擎，高新区的发展有利于提升产业竞争力和自主创新能力。江门市推动高新区发展的具体措施有：①实施"创新提升、创业孵化、全球链接、环境再造"四大工程；②完善高新区管理机制；③理顺高新区财政管理体制。

第五，加快高新技术产业发展。高新技术产业是知识经济的入口，是提高国际竞争力的有力手段。高新技术产业的发展需要政府支持。江门市主要从财政、税收入手，给予高新技术产业优惠政策。首先，统筹安排高新技术企业发展资金。其次，进一步降低企业研发成本。在研发费用税前加计扣除75% 政策的基础上，对评价入库的科技型中小企业增按 25% 的研发费用税前加计扣除标准给予奖补。最后，建立高成长性科技企业种子库。通过江门市创新创业大赛，建立高成长性科技型企业种子库，并支持企业在境内外上市。

第六，组织实施科技引领计划。江门市科技引领计划围绕五大新兴产业展开，具体包括：①加快突破产业关键核心技术；②加快发展先进制造业和战略性新兴产业；③鼓励港澳高校和科研机构参与江门市科技引领计划。

第七，加强创新创业载体建设。科技企业孵化器、众创空间等科创载体是科技创新研发、科技成果转化的重要载体。江门市建设科创载体的措施体现在：首先，提升产业园区创新能力，从三方面着手：一是整合产业资源，促进产业园区提质增效；二是做实做大五大万亩园区；三是持续推进"1+6"园区（江门国家高新区、江门滨江新城、新会银洲湖、鹤山工业城、台山工业新城、开平翠山湖科技产业园、恩平工业园）。其次，加快科技企业孵化器建设。引导社会资源和市场资本参与并修订完善科技企业孵化器后补助办法。

再次，鼓励与港澳台合作建设双向孵化创新载体。又次，优先保障重大科技项目用地。加强科研用地保障，并对重点科技创新项目建设予以支持。最后，放宽地块容积率限制。

第八，推动科技成果转化。推动科技成果转化具有十分重要的意义，可以促进经济高质量发展，通过科研与生产的结合，有利于创造出新产品、新产业、新岗位；可以催生高水平科研；可以提升企业产品技术含量和市场竞争力。江门市也十分重视科技成果转化，具体包括三项措施：①完善创新券后补助办法；②建设大湾区科技成果转移转化示范区；③建立综合性科技成果转化服务平台。

第九，促进科技金融深度融合。创新驱动是经济发展的重要动力，引导金融资源向科技领域配置，可以为自主创新增加经济保障，加快科技成果转化。江门市将从四方面实现这一目标：首先，支持企业开展研发融资。设立支持企业研发融资资金，采用事后奖补的方式给予补助。其次，设立科技风险准备金池。再次，支持私募股权和创业投资。最后，大力发展金融科技产业。吸引金融科技企业和人才落户，鼓励金融机构对云计算、大数据、区块链、人工智能等新技术在金融领域的应用予以支持，并在各类科技项目立项中予以支持。

第十，深化科技领域"放管服"改革。放管服是简政放权、放管结合、优化服务的简称。"放管服"改革是处理好政府与市场关系的重大改革举措。江门市在科技领域，将推动科技管理向创新服务转变，加强科研诚信管理，加强、优化、转变政府科技管理和服务职能，并建立完善公开统一的市级科技管理平台。

（四）发布《江门市关于加强港澳青年创新创业基地建设实施方案》

为深入贯彻落实《粤港澳大湾区发展规划纲要》《中共广东省委 广东省人民政府关于贯彻落实〈粤港澳大湾区发展规划纲要〉的实施意见》《广东省人民政府印发关于加强港澳青年创新创业基地建设实施方案的通知》等文件精神，加快港澳青年创新创业基地建设，优化港澳青年来江门就业创业环境，进一步支持和鼓励港澳青年到江门就业创业，江门市于 2019 年 6 月 5 日发布该方案。主要内容如下。

第一，基本原则。江门市建设港澳青年创新创业基地的基本原则有四个，分别为：统筹兼顾，科学谋划；开拓进取，争创一流；因地制宜，互利共赢；积极稳妥，扎实推进。

第二，工作目标。到 2020 年初步建成港澳青年（江门）创新创业基地平台。到 2025 年，各市（区）至少配套一家港澳青年创新创业基地，基本建成"1＋7＋N"的孵化平台体系。

第三，主要任务。江门市明确规定了以加强港澳青年创新创业基地建设为中心的主要任务，具体包括健全港澳青年就业创业政策体系、加快港澳青年创新创业基地建设深入推进江门"侨梦苑"建设、深化区域创新体制机制改革、建设"乐业五邑"就业创业综合服务平台、推动人力资源产业蓬勃发展与港澳金融市场互联互通、降低港澳青年创业成本、营造宜居宜业的工作生活环境、加强与港澳教育领域合作、举办高质量创业活动、积极对接港澳民间社团组织、打造高层次平台对接港澳人才、鼓励港澳青年到江门市开展交流、广泛开展各类宣传活动。

第四，保障机制。港澳青年创新创业基地的建设是粤港澳大湾区发展不可或缺的一部分，江门市重视保障机制的建立，以确保建设工作顺利实施。江门市专门在粤港澳大湾区建设领导小组下设港澳居民就业创业专项小组，以加强组织领导。在资金方面，江门市将完善以政府投入为引导、用人单位投入为主体、社会投入为补充的多元投入机制，强化资金保障。

（五）发布《江门市人民政府关于支持江门人才岛建设发展的实施意见》

经济社会发展、科技创新离不开人才建设，为充分发挥人才的支撑引领作用，江门市 2019 年 6 月 4 日发布《江门市人民政府关于支持江门人才岛建设发展的实施意见》，主要内容如下。

第一，发展目标。发展目标分三个阶段：第一阶段，到 2021 年基本形成各功能区域统筹建设、协同发展的空间布局；第二阶段，到 2025 年初步建立区域人才示范基地品牌；第三阶段，到 2030 年，建设成为人才发展政策与人才服务机制国内一流的先行示范区，成为立足江门、服务湾区、面向全球的国际人才示范基地。

第二，创新体制机制。江门市人才岛建设发展将采用创新体制机制，该机制包括三方面：一是探索人才服务产业化，按照"政府引导、市场运作、服务人才"的原则，打造全链条人才产业。二是鼓励开展先行先试，支持蓬江区在人才岛全面实行投资项目承诺制改革、支持人才岛试行"带方案出让地"制度、支持人才岛创新园区发展模式。三是探索多元化开发模式，积极探索人才岛开发新路径，支持引入"科技＋人才＋项目＋产业"的战略投资运营商参与人才岛开发建设。

第三，打造粤港澳大湾区人才高地。为将人才岛建设成为粤港澳大湾区人才高地，江门市将通过补贴、资助、人才公寓等形式对人才培育提供物质保障。具体内容为：首先，打造高层次人才聚集区。在人才岛设立人才政策"特区"，对符合条件的高层次人才给予科研经费和生活补助。其次，打造粤港澳人才合作样板区。再次，打造高技能人才培养基地。鼓励职业院校、技工院校与企业合作建设高技能人才培训基地，打造江门高技能人才培养品牌。最后，完善人才服务保障体系。

第四，促进现代产业聚焦发展。江门市拟通过下列措施促进现代产业发展：①培育主导产业。推动创新能力强、科技含量高、能源消耗少、污染零排放的高新技术产业项目优先布局在人才岛，支持人才岛重点培育和发展高端电子信息、智能制造装备、前沿新材料、生物医药、新能源、数字创意产业等战略性新兴产业，打造现代产业研发制造基地。②强化产业招商。支持人才岛创新招商方式，完善招商引资保障体系，制定普惠性扶持政策，营造具有比较优势的营商环境。③促进创新创业。支持人才岛以科技创新创业为重点，创建"双创"区域示范基地。扶持重大科技创新平台建设。对获得市级以上认定的各类科技创新平台、建成的科技企业孵化器和众创空间、高新技术企业从事研究开发活动予以资助。

第五，强化要素保障。一是财政保障。自 2020 年起连续 10 年，市本级每年安排 1 亿元给蓬江区，专项用于人才岛建设。自 2019 年起 10 年内，蓬江区将人才岛的土地出让统筹安排用于人才岛建设。从 2019 年起 8 年内，将人才岛税收收入和随税附征的非税收入按市本级实际分享的增量 50% 安排给蓬

江区，将人才岛范围内的城市基础设施配套费增量前 3 年按全额、后 5 年按
70% 安排给蓬江区用于人才岛建设。二是建设用地保障。从 2019 年起连续 10
年，市每年安排商住用地出让计划指标不少于 150 亩。建立人才岛用地报批
审批"绿色通道"。三是项目实施主体保障。市滨江建设投资管理有限公司是
人才岛项目实施主体。支持蓬江区向市滨江建设投资管理有限公司注资；支
持市滨江建设投资管理有限公司统筹实施人才岛"三旧"改造；支持市滨江
建设投资管理有限公司投资建设并提供有偿服务；支持市滨江建设投资管理
有限公司依法依规取得相关基础设施和公共服务特许经营权。对依法无须招
标的政府投资项目，可优先直接委托市滨江建设投资管理有限公司投资建设
运营。

（六）发布《江门市人民政府办公室关于成立市推进政府职能转变和"放管服"改革协调小组的通知》

为深入推进简政放权、放管结合、优化服务改革，加快政府职能深刻转
变，江门市于 2019 年 8 月 13 日发布《江门市人民政府办公室关于成立市推
进政府职能转变和"放管服"改革协调小组的通知》，其中有关知识产权的内
容如下。

第一，优化营商环境组。营商环境组负责牵头优化营商环境，提高综合
竞争力，打造竞争新优势。放权方面，推进实行市场准入负面清单制度，清
理废除妨碍统一市场和公平竞争的各种规定和做法；扩大外资市场准入，促
进民间投资，提升贸易便利化水平。监管方面，清理规范审批中介服务，全
面推行依清单收费，完善收费监管制度，持续清理规范涉企收费。服务方面，
加强产权保护，推动健全知识产权保护体系。

第二，激励创新创业组。创新创业组负责牵头推进实施创新驱动发展战
略。放权方面，协调推进科研经费使用和管理方式改革创新，赋予高校、科
研院所和科技人员更大自主权，提高创新成果转化效率，激发创业创新活力。
监管方面，对新兴产业量身定制包容审慎监管模式和标准规范。服务方面，
协调推动各类主体融通创新，破解创业创新融资难题；改革分配机制，健全
保障体系，促进人才合理流动。

第三，深化商事制度改革组。商事制度改革组负责牵头深化商事制度改革，加强和完善市场监管，维护公平竞争市场秩序。放权方面，压缩企业开办时间，全面推进"证照分离"改革，深化"多证合一"改革。监管方面，健全以"双随机、一公开"监管为基本手段、以信用监管为基础的新型监管机制，推进跨部门联合监管和"互联网＋监管"。服务方面，发挥标准的引领和规范作用，健全认证认可检验检测体系。

（七）发布《关于进一步集聚新时代人才建设人才强市的意见》的通知

发展是第一要务，人才是第一资源，创新是第一动力。江门市十分重视人才的培养和建设。2019年1月15日，江门市发布《关于进一步集聚新时代人才建设人才强市的意见》的通知。为建设人才强市，江门市制订了如下计划。

第一，实施高端产业人才引进计划。①引进产业顶尖人才。"诺贝尔奖"获得者、两院院士等顶尖人才，全职来江门工作的，给予专项工作经费补贴，其中"诺贝尔奖"获得者给予1000万元专项工作经费补贴，两院院士等顶尖人才给予100万元专项工作经费补贴，并免费提供1套150平方米以上的住房居住，工作满5年后赠予个人；柔性来江门工作的，按1000元/天标准给予补贴；带产业项目落户江门的，给予最高1亿元产业项目补贴。②引进产业领军人才。国家级、省级领军人才，全职来江门工作的，分别给予80万元、60万元专项工作经费补贴，免费提供1套120平方米以上的住房居住，工作满5年后赠予个人；带产业项目落户江门的，分别给予最高3000万元、1000万元产业项目补贴。③引进产业发展战略科学家。每年给予战略科学家适当工作补贴；对江门市产业发展纳入国家、省规划建设有突出重大贡献的，另给予每人最高50万元工作补贴；对战略科学家举荐产业顶尖人才和国家级、省级领军人才并带产业项目落地江门市的，给予最高100万元工作补贴。

第二，实施产业支撑人才鼓励计划。①鼓励引进各类产业人才。全日制硕士和本科（含国、境外）毕业生，分别给予住房和生活补贴；对承诺在江门市工作3年以上的硕士和本科毕业生，可享受购房价格优惠。②鼓励柔性引才。对企事业单位柔性引进的高层次人才和引智项目，符合条件的给予每人每年最高 10 万元项目资助经费，最长期限 3 年。③鼓励引进特殊人才。在专业性较强的政府机构设置高端特聘职位，实施聘期管理和协议工资，鼓励引进特殊人才。④鼓励国内高等院校在江门市建立实习基地。给予企业适当补贴，鼓励企业在高等院校设立奖学金。

第三，实施博士、博士后人才汇聚计划。①加强博士、博士后科研平台建设。对新设立并招收博士、博士后的博士工作站和博士后科研工作站、创新实践基地，分别一次性给予 50 万元、50 万元、30 万元建站补贴。对博士后科研工作站、创新实践基地引进的博士后，给予每人每年 15 万元生活补贴，最长期限 2 年；对设站（基地）单位每新招收 1 名博士后，给予 3 万元工作补贴。②大力引进博士、出站博士后。对符合条件的博士和出站博士后视情形分别给予生活补贴和购房补贴。博士生导师为江门市每招收 1 名博士、在站博士后给予 3 万元工作补贴。

第四，实施高层次人才创业支持计划。①发挥创业创新基金引导作用。吸引社会资本参与，加快科研成果落地转化。②加大高层次人才创新创业支持力度。对一级、二级、三级高层次人才创业团队在江门市办理工商登记注册，分别给予启动资金 60 万元、40 万元、30 万元。③支持留学归国人员创新创业。留学归国人员（含港、澳、台人员）创新创业项目经评审后，给予 20 万~50 万元资助；特别优秀的，最高给予 300 万元资助。④柔性引进在读博士。支持柔性引进在读博士与江门市企业开展产学研项目合作，对柔性引进的博士和导师每年分别给予 2 万元和 3 万元生活补贴，最长期限 2 年。

第五，实施本地人才培育计划。①支持专业技术人员晋升等级。对市机关事业单位工作人员以外的专业技术人员晋升正高级、副高级职称，分别给予 5 万元、2 万元补贴。②培育市级领军人才。对江门市一级、二级、三级科技创业领军人才和生产性服务业创业领军人才分别给予 300 万元、200 万元、100 万元、100 万元创业项目资助，拔尖、优秀、青年创新领军人才分别给予 200 万元、100 万元、50 万元专项工作经费资助。③培育产业精英人才。对 AAA、AA 级诚信绿卡骨干企业的管理团队，给予 20%~50% 不同级别的专项补贴。

第六，实施高技能人才引育计划。①鼓励技能人才岗位成才。对参加职业技能晋升培训的城乡劳动者实施终身职业技能培训补贴，对高技能领军人才，给予每人每月 2000 元生活补贴，最长期限 3 年。②加快技能人才培养载体建设。给予高技能人才培训基地 10 万元建设经费补贴。③建立创新技能人才评价与待遇相衔接的激励机制。④加快高技能人才引进。企业引进急需紧缺的高级技师、技师，服务满一年的，按每引进一名分别给予企业 1 万元和 5 千元补贴。⑤搭建高技能人才成长平台。

第七，实施人才培养服务载体建设计划。①支持五邑大学建设高水平理工科大学。引导五邑大学做好战略性新兴产业学科专业设置，为江门市创建"中国制造 2025"国家级示范区提供人才支撑。②加快全国博士后创新（江门）示范中心建设。支持各市（区）建设示范中心分中心，给予 10 万元启动建设经费。③建设江门"人才岛"。④鼓励支持建设高水平科研平台。具体资助标准如表 11－1 所示。对国内知名高等院校、科研院所在江门新设立的研究院，给予最高 1 亿元启动资金补贴，其中财政扶持资金原则上不超过研究院建设资金的 50%。建成后投入运营的，每年给予最高 1000 万元补贴，补贴期限 5 年。⑤搭建高层次人才交流服务平台。对高端人才交流活动或论坛，最高给予 300 万元经费支持。建立江门市高层次人才联谊机构，每年安排不少于 100 万元专项资金。

表 11－1　江门市科技平台资助标准

科研平台	资助经费/万元
国家科技部认定的技术创新中心、重点实验室	500
国家发展改革委认定的企业技术中心和工程实验室	200
省科技厅认定的新型研发机构、重点实验室、技术创新中心	
省科技厅认定的工程技术研究中心、院士工作站	50
省工业和信息化厅认定的企业技术中心和省发展改革委认定的工程实验室	
市科技局认定的院士工作站	20

第八，实施"江门伯乐"引育计划。①建设江门人力资源服务产业园。②鼓励社会力量举荐人才。③建立人才供给基地。对与市政府及职能部门建立战略合作关系的国内外机构，每年给予不少于 10 万元工作经费。④建立江门"专家智库"。

第九，实施人才安心保障计划。①制定江门市高层次人才服务实施意见。统筹推行高层次人才"绿卡"制度。②实施高层次人才安居工程。③实行人才政策兑现承诺制。④建立江门市人才"安居乐业"生态园信息系统。

第十，保障措施。①落实资金、人员保障。②出台配套细则。③发挥地方积极性。④加强政策实施。

该意见于2019年2月18日施行，有效期为5年。

综上所述，江门市继续贯彻落实创新驱动发展战略和人才战略，出台了上述一系列政策和制度，不仅继续保障并推动专利、商标的创新和激励作用，而且十分注重科技创新和人才的引进和培育。

二、江门市知识产权发展状况

在上述一系列政策和制度的引导和支持下，2019年，江门市的知识产权事业再上一层楼，在知识产权的创造、管理、保护、运用等方面均取得了不错的成绩。

（一）知识产权企业发展状况

1. 高新技术企业数量继续增加

全国高新技术企业认定管理工作领导小组公布的《广东省2019年第一批、第二批、第三批拟认定高新技术企业名单》显示，2019年广东省共有10611家企业被认定为广东省高新技术企业，其中江门市的企业被认定为广东省高新技术企业的共有330家❶，低于2018年的374家，高于2017年的248家。2019年中国城市排行榜显示，江门市属于三线城市，相较于广东省同水平的其他城市（肇庆市、清远市、湛江市、汕头市、揭阳市等），2019年，江门市被认定为高新技术企业的数量依然领先，如图11-1所示。❷

---

❶❷ 高新技术企业认定管理工作网［EB/OL］.［2019－12－02］. http：//www. innocom. gov. cn/gxjsqyrdw/gswj/list_2. shtml.

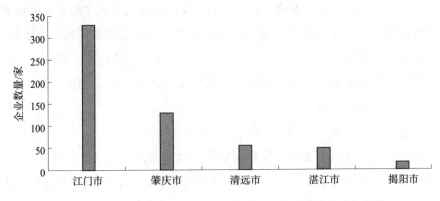

图 11-1　2019 年广东省部分城市（三线）获高新技术企业数量

2. 知识产权优势企业和示范企业发展状况进步明显

根据国家知识产权局公布的《2019 年度国家知识产权优势企业名单》，2019 年，江门市有 6 家企业被评为国家知识产权优势企业，分别是江门崇达电路技术有限公司、江门大诚医疗器械有限公司、量子高科（中国）生物股份技术有限公司、广东华辉煌光电科技有限公司、台山市心华药用包装有限公司、开平市瑞霖淋浴科技有限公司。❶ 之前江门市国家知识产权优势企业仅1 家，2019 年进步十分显著。

2016 年，江门市无企业被认定为广东省知识产权示范企业，被认定为广东省知识产权优势企业的有 2 家，分别是天地壹号饮料股份有限公司和广东瑞荣泵业有限公司。2017 年，恩平市海天电子科技有限公司被认定为广东省知识产权示范企业，广东富华重工制造有限公司、广明源光科技股份有限公司 2 家公司被认定为广东省知识产权优势企业。2018 年，广东富华重工制造有限公司被认定为广东省知识产权示范企业，江门崇达电路技术有限公司被认定为广东省知识产权优势企业。2019 年，广东省取消知识产权优势企业的评定工作，继续保留知识产权示范企业的评定。台山市心华药用包装有限公司、开平市瑞霖淋浴科技有限公司、江门大诚医疗器械有限公司、广东华辉煌光电科技有限公司、广东敞开电气有限公司、量子高科（中国）生物股份

❶　国家知识产权局 [EB/OL].［2019-12-11］. http：//www. cnipa. gov. cn/gztz/1144715. htm.

有限公司 6 家公司被认定为 2019 年广东省知识产权示范企业，是前 3 年数量的 3 倍，但与同为三线城市的肇庆市（19 家）相比，差距较大，与揭阳市（7 家）、汕头市（5 家）差距不大。❶

截至 2019 年底，江门市被认定的国家知识产权优势企业 7 家、省知识产权示范企业 9 家、省知识产权优势企业 27 家、市知识产权示范企业 167 家。虽然国家知识产权优势企业、省知识产权示范企业增长显著，但相较于其他粤港澳大湾区城市，在知识产权优势企业和示范企业的总体数量上，江门市仍处于劣势，有待进一步推动企业自主创新能力以及对知识产权的保护和运用，在前期落后的情况下，继续付出更多的努力。

（二）知识产权取得状况

1. 专利申请量连年增长

（1）2017 年专利申请量大幅增长。

2016 年，广东省共申请专利 505667 件。其中，发明 155581 件，实用新型 203609 件，外观设计 146477 件。该年度内，江门市共申请专利 13366 件，排名第八，其中，发明 3244 件，实用新型 5195 件，外观设计 4927 件。2017 年，广东省共申请专利 627819 件，同比增长 24.16%。其中，发明 182639 件，实用新型 283560 件，外观设计 161620 件。该年度江门市共申请专利 17966 件，排名第八，申请量同比增长 52.45%，超过了广东省的总体水平，其中，发明 5687 件，实用新型 7738 件，外观设计 4541 件。根据数据显示，江门市专利申请的总数量、发明的数量和实用新型的数量均增长，外观设计的数量略有下降。

（2）2018 年专利申请量小幅增长。

根据广东省知识产权局数据显示，2018 年，广东省共申请专利 793819 件，同比增长 26.44 件。其中，发明 216469 件，实用新型 367938 件，外观设

❶ 广东知识产权保护协会. 粤知保协发字〔2019〕32 号 - 2019 年度广东省知识产权示范企业认定结果公示〔EB/OL〕.〔2019 - 08 - 29〕. http：//www. gdippa. com/news/detail. aspx？ ChannelId = 020202&ID = 280670.

计 209412 件。江门市申请专利 19748 件，总体比上年同期增长 9.92%，低于广东省的总体水平。其中，发明 4089 件，同比增长 -28.10%，实用新型 9648 件，同比增长 24.68%，外观设计 6011 件，同比增长 32.37%。总体上，江门市的发明申请量有所下降，外观设计的申请量有大幅度的回升。

（3）2019 年专利申请量继续增长。

根据广东省市场监督管理局数据显示，2019 年，广东省共申请专利 807700 件，同比增长 1.75%。其中，发明 203311 件，实用新型 369143 件，外观设计 235246 件。江门市申请专利 20475 件，总体比上年同期增长 3.68%，增幅下降，增长率高于广东省总体水平。其中，发明 3055 件，同比增长 -25.29%，发明申请量持续下跌，且跌幅较大；实用新型 8725 件，同比增长 -9.57%；外观设计 8695 件，同比增长 44.65%。总体上，江门市的专利申请量有所上涨，但发明申请量降幅较大，而外观设计申请量继续大幅度上涨，如图 11 -2 和表 11 -2 所示。❶

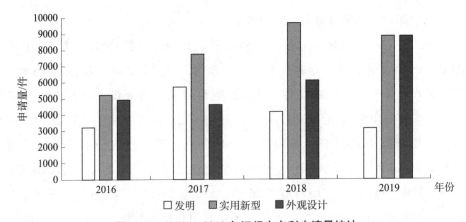

图 11 -2　2016—2019 年江门市专利申请量统计

表 11 -2　2019 年广东省部分城市专利申请量统计表

地区	发明/件	实用新型/件	外观设计/件	合计/件	同比增长/%
广东省	203311	369143	235246	807700	1.75
江门市	3055	8725	8695	20475	3.68

❶ 广东省市场监督管理局. 2019 年 1—12 月各市专利申请情况 ［EB/OL］. ［2020 -02 -28］. ht-tp：//amr. gd. gov. cn/gkmlpt/content/2/2911/post_2911394. html#3066.

地区	发明/件	实用新型/件	外观设计/件	合计/件	同比增长/%
广州市	46643	81728	48852	177223	2.37
深圳市	82852	113830	64820	261502	14.39
东莞市	20290	45116	17811	83217	-14.24
佛山市	16887	40706	23423	81016	-9.37
中山市	5548	18306	19212	43066	-12.18
珠海市	14251	15595	3291	33137	6.32
惠州市	4852	12600	5249	22701	4.89
肇庆市	1653	3874	1504	7031	-11.06

2. 专利授权量继续保持增长

2016 年，广东省共获得授权的专利 259032 件，江门市共获得授权的专利 6763 件，排名第九。其中，发明 544 件，实用新型 2714 件，外观设计 3505 件。2017 年，广东省共获得授权的专利 332648 件，同比增长 28.42%。江门市共获得授权的专利 8577 件，同比增长 26.82%，略微低于广东省的总体水平。其中，发明 589 件，实用新型 4370 件，外观设计 3618 件。实用新型获授权的数量增长幅度超过 60%，发明和外观设计获授权的数量均有小幅度上涨。2018 年，广东省共获得授权的专利 478082 件，同比增长 43.72%。江门市共获得授权的专利 12273 件，同比增长 43.09%，基本上与广东省的总体水平持平。其中，发明 712 件，同比增长 20.88%，实用新型 7219 件，同比增长 65.19%，外观设计 4342 件，同比增长 20.01%。根据数据显示，江门市获得授权的专利数量在 2018 年快速增长，发明、实用新型、外观设计均有涨幅，尤其是实用新型依旧保持着快速增长的态势。2019 年，广东省共获得专利授权 527389 件，同比增长 10.31%。江门市获得专利授权 13282 件，同比增长 8.22%，低于全省总体水平 2 个百分点。其中，发明 647 件，同比增长 -9.13%；实用新型 7224 件，同比增长 0.07%，基本与 2018 年持平；外观设计 5411 件，同比增长 24.62%。与前两年相比，专利授权量继续增长，但增长放缓，其中发明授权量却明显下降，外观设计授权量继续保持

较好的增长速度，如图 11 - 3 和表 11 - 3 所示。❶

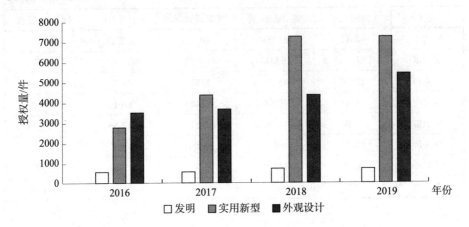

图 11 - 3　2016—2019 年江门市专利授权量统计

表 11 - 3　2019 年广东省部分城市专利授权情况表

地区	发明/件	实用新型/件	外观设计/件	合计/件	同比增长/%
广东省	59472	282740	184907	527389	10. 31
江门市	647	7224	5411	13282	8. 22
广州市	12221	54745	37845	104811	16. 68
深圳市	26051	87433	53125	166609	18. 83
东莞市	8006	37931	14484	60241	- 8. 71
佛山市	4582	35480	18690	58752	15. 17
中山市	1476	15565	16354	33395	- 2. 1
珠海市	3327	12917	2723	18967	10. 98
惠州市	1592	9405	3580	14577	- 0. 87
肇庆市	309	3088	1127	4524	15. 97

3. 有效发明专利量继续增加

截至 2018 年 7 月，广东省有效发明专利量为 232352 件，江门市有效发明专利量为 3204 件，占全省的 1. 38%。截至 2020 年 1 月，全省有效发明

---

❶ 广东省市场监督管理局. 2019 年 1—12 月各市专利申请情况 [EB/OL]. [2020 - 02 - 28]. ht-tp：//amr. gd. gov. cn/gkmlpt/content/2/2911/post_2911394. html#3066.

专利量升至 299581 件，江门市 4118 件，上涨 28.52%，排名全省第八位，如图 11 - 4 所示。❶

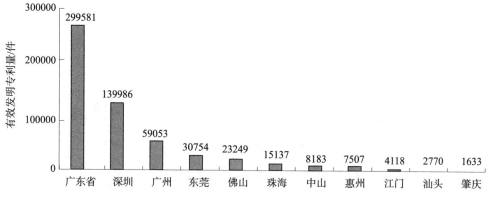

图 11 - 4 2019 年广东省部分城市有效发明专利量

4. 商标申请量小幅上升，注册量继续大幅度攀升

2017 年，广东省商标申请总量 109505 件，注册总量 514024 件，有效注册量 2525055 件。其中，江门市的商标申请量、注册量和有效注册量分别为 12983 件、7214 件和 48252 件，同比增长率分别为 32.79%、18.26% 和 15.01%。2018 年，广东省商标申请总量 1462435 件，注册总量 940624 件，有效注册量 3410021 件。其中，江门市的商标申请量、注册量和有效注册量分别为 17401 件、11317 件和 57857 件，同比增长率分别为 34.03%、56.88% 和 19.91%。截至 2019 年第四季度末，广东省商标申请总量 1463989 件，注册总件数 1187686 件，有效注册总量 4477109 件。其中，江门市的商标申请总量、注册总件数和有效注册总量分别为 18253 件、15469 件和 70063 件，与 2018 年相比，增长率分别为 4.9%、36.69% 和 21.1%，如图 11 - 5 和表 11 - 4 所示。❷

❶ 广东省截至当月底各市有效发明专利量（知识产权）[EB/OL]. [2020 - 05 - 08]. http://gddata. gd. cn/data/dataSet/toDataDetails/29000_02600057.

❷ 国家知识产权局商标局 [EB/OL]. [2020 - 01 - 07]. http://sbj. cnipa. gov. cn/sbtj/.

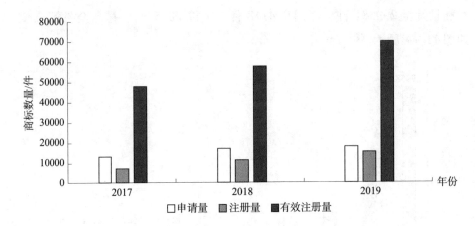

图 11 - 5　2017—2019 年江门市商标申请与注册情况

表 11 - 4　截至 2019 年第四季度末江门市商标申请和与注册情况　单位：件

地区	申请量	注册量	有效注册量
广东省	1463989	1187686	4477109
江门市	18253	15469	70063
蓬江区	5229	4916	15792
江海区	2582	1561	6654
新会区	3820	3420	13870
台山市	1557	991	4459
开平市	1333	1450	9092
鹤山市	974	914	7580
恩平市	1626	1222	4899

5. 地理标志产品培育、保护和运用情况位居前列

2019 年，江门市国家农产品地理标志产品新增了台山蚝和恩平濑粉，加之杜阮凉瓜、马冈鹅、鹤山红茶、恩平簕菜、台山大米、新会柑、新会陈皮、台山鳗鱼，全市的数量增至 10 个，排广东省第一。❶江门市还拥有新会陈皮、杜阮凉瓜、台山大米、大沙天露茶、恩平簕菜 5 个地理标志证明商标。《江门

---

❶　江门市人民政府.2020 江门市政府工作报告［EB/OL］.［2020 - 01 - 16］. http：//www. jiangmen. gov. cn/newzwgk/bggb/zfgzbg/content/post_1953238. html.

市加快建设现代农业强市工作纲要（2015—2020年）》明确提出了"支持开展地理标志商标注册，打造区域公共品牌"这一目标。近年来，江门市借助农产品博览、展销、推介活动和新媒体包装宣传，积极对外推广，提升品牌价值。通过"公司＋农户＋商标（地理标志）"的产业化经营模式，将农产品商标或地理标志作为联系企业与农户的纽带，大大提升地理标志产品的品牌价值。新会陈皮品牌总价值突破100亿元，并入选中国地理标志农产品品牌声誉百强榜。

尤其值得注意的是，江门市十分重视新会陈皮公共品牌的维护。2006年，新会柑和新会陈皮获得国家地理标志保护产品，江门市配套了相关管理规定；2008年，制定《国家地理标志产品新会柑》和《国家地理标志产品新会陈皮》两个地方标准；2009年，新会陈皮获得地理标志证明商标，也制定了相关管理规定；2012年，通过《新会柑（陈皮）种植永久保护地规划方案》；2018年，制定《新会陈皮国家现代农业产业园促进产业绿色提质增效扶持办法》。2019年6月底，《江门市新会陈皮保护条例》正式进入立法审议程序。一旦获得通过，该条例将成为广东省首部针对单个地理标志产品进行立法保护的地方性法规。❶

（三）知识产权保护情况

1. 司法保护亮点纷呈

司法是保护知识产权的最后一道防线，保护知识产权就是保护创新。因此，通过司法保护，知识产权可以激发创新活力，保障知识产权战略和创新驱动发展战略的实施。2018年，江门市中级人民法院被广东省委政法委指定为"在营造共建共治共享社会治理格局上走在全国前列广东首批实践创新项目"知识产权司法保护试点单位，成为除广州知识产权法院、深圳市中级人民法院之外的第三家试点法院。2019年2月28日，江门市中级人民法院召开研究创新知识产权司法保护试点工作会议。会议确定了下一步工作任务：一

---

❶ 该条例已于2020年3月31日通过。

是法院要深刻领悟"共建共治共享社会治理格局"的精神实质。二是要深入调研，了解行业和重点企业需求，切实形成知识产权保护共建共治共享的局面。三是法院相关部门要积极配合，真正打造江门特色社会治理创新品牌。❶2019 年 4 月 11 日，江门市知识产权司法保护服务中心正式揭牌成立。该中心旨在为江门市市场主体提供知识产权司法保护服务的专门平台，为企业特别是重点产业、重点企业、重点领（区）域的民营经济主体提供精准有效的司法服务，如诉讼引导、建立健全企业知识产权管理制度、促进知识产权纠纷快速审理。❷

（1）江门市法院知识产权案件情况。

江门市一直致力于加强知识产权司法保护力度。根据 2018 年江门市中级人民法院工作报告显示，2018 年江门市全市法院受理知识产权、商事案件共计 27509 件，审结 25295 件，解决标的金额 132.1 亿元，市中院受理 2501 件，同比上升 6.4%。审结 2405 件，解决标的金额 41.5 亿元，同比上升 4.8%。

从 2013 年到 2018 年，江门市知识产权类案件数量急升，两级法院累计审理各类知识产权案件共 6683 件，5 年案件数量增长 3 倍。大部分案件集中在 2016—2018 年，其间江门法院审理各类知识产权案件共计 4365 件。

2020 年 4 月 23 日，蓬江法院发布了《蓬江法院知识产权司法保护状况白皮书（2010—2019 年）》。白皮书显示，2010—2019 年，蓬江法院受理的知识产权案件数量呈双向浮动态势，目前仍持续高位运行，累计受理知识产权诉讼案件 3624 件，共审结 3536 件，其中 2019 年受理知识产权民事案件 636 件，如图 11-6 所示。知识产权民事纠纷主要集中在著作权和商标权，其占比分别为 77.3% 和 17.4%。该院受理的知识产权案具有以下特点：一是司法保护需求旺盛，审理的知识产权案类型和数量接近珠三角发达地区。二是纠纷主要为著作权纠纷，在所有知识产权纠纷中著作权纠纷占比 77.3%。其中，涉KTV 著作权纠纷案件数量增势最猛，由 2015 年的 154 件上升至 2019 年的 540件，增长率为 250%。三是商标侵权行为涉及行业范围广。10 年来，蓬江法院依法审结了多宗跨各领域的商标侵权案件，涉及衣、食、住、行各行业。

---

❶ 江门法院网 [EB/OL].［2019-03-16］. http://fy.jiangmen.cn/web/content/2083-？lmdm=1004.
❷ 江门法院网 [EB/OL].［2019-04-12］. http://fy.jiangmen.cn/web/list/1004-？page=1.

四是以网络为媒介的知识产权纠纷呈现高发态势。10 年间，涉网络侵权案件不断增加，且侵权标的集中表现在影视作品、摄影作品、文字作品等。五是案件类型不断增加，审判难度加大。近 3 年来特许经营合同纠纷、侵犯商业秘密案件、不正当竞争和侵害商标权纠纷竞和案数量呈上升趋势，仅 2019 年蓬江法院就审理了 12 件涉"素匠泰茶"特许经营合同纠纷。❶

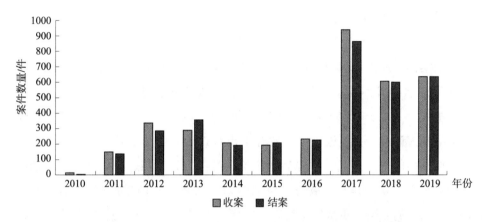

图 11－6　2010—2019 年蓬江法院知识产权民事案件收结案数量

（2）江门市法院知识产权案件审理模式。

自 2017 年起，江门法院针对知识产权案件全面实行"三合一"审判模式，即对涉及知识产权民事、刑事和行政案件统一由专业审判业务庭审理，即节约司法资源，也对案件审判的法律适用标准、裁判尺度进一步统一。

目前，江门市不仅只有市中院具有知识产权案件的管辖权，蓬江法院、新会法院、江海法院也具有知产案件的管辖权，形成知识产权案件的相对集中管辖格局。蓬江法院管辖蓬江区、鹤山市的一审一般知识产权案件；新会法院管辖新会区、台山市、开平市、恩平市的一审一般知识产权案件；江海法院管辖高新区（江海区）的一审一般知识产权案件。并且，江门市在台山市、开平市、恩平市三地设立了知识产权巡回审判站，在恩平市设立江门市首个知识产权巡回审判站，引起了热烈的反响。

为提高案件审执效率，有效破解审判"周期长"的难题，蓬江法院通过

---

❶　蓬江法院发布近 10 年知识产权司法保护状况白皮书著作权和商标权纠纷占比超 9 成［EB/OL］.［2020－04－26］. http：//www. jmnews. com. cn/a/content/2020－04/26/content_2275847. htm.

"繁简分流、简案快审"的审判机制，对知识产权案件进行分类集约管理，并建立"快立案、快审理、快执行"的知识产权维权绿色通道；同时该院认真贯彻"调解优先、调判结合"的原则，对重大案件引入庭领导、主管院领导参与调解机制，充分利用其他部门的力量参与构建多元化调解机制。

（3）江门市知识产权典型案例。

① 广东宋某等二人假冒注册商标案。

2019 年 4 月 15 日，最高人民检察院发布 2018 年度检察机关保护知识产权典型案例，来自江门市的广东宋飞等二人假冒注册商标案入选，该案同时入选 2019 年度广东检察机关保护知识产权十大典型案例。❶

被告人宋某于 2015 年 6 月至 2017 年 5 月，未经"恒洁""HEGLL"注册商标权利人许可，在其位于广东省开平市水口镇的中洁洁具厂内生产假冒上述注册商标的卫浴产品，并先后销售给俞某某、张某某、段某某等人，销售金额为 6.3 万元。其间，被告人卢某明知宋某在工厂内生产假冒上述产品，仍接受宋某的雇请，负责安排生产、发货等工作。2017 年 5 月 25 日，侦查人员将被告人宋某、卢某抓获，还查获一批假冒"恒洁""HEGLL"注册商标的水龙头、花洒、地漏等卫浴产品成品、配件及包装箱等，经鉴定价值 22 万余元。经审查认定，被告人宋某、卢某假冒注册商标的非法经营数额共 28 万余元。

该案由广东省江门市公安局于 2017 年 5 月 25 日立案侦查，后被告人宋某、卢某被逮捕。江门市新会区检察院于同年 11 月 27 日以二人涉嫌假冒注册商标罪提起公诉。江门市新会区法院于 2018 年 6 月 15 日作出判决，以假冒注册商标罪判处被告人宋某有期徒刑三年，缓刑三年，并处罚金 18 万元；判处被告人卢某有期徒刑一年两个月，缓刑一年两个月，并处罚金 5 万元。同时判决扣押在案的假冒注册商标物予以没收、销毁，但未对宋某、卢某的违法所得判决追缴或责令退赔。江门市新会区检察院及时提出抗诉，江门市中级人民法院于 2018 年 11 月 7 日作出判决，采纳检察院的抗诉意见，增加追缴宋某、卢某违法所得 6.3 万元，依法予以没收，上缴国库。

---

❶ 广东省人民检察院. 2019 年度广东检察机关保护知识产权十大典型案例［EB/OL］.［2019 - 05 - 06］. http：//www. gd. jcy. gov. cn/xwzx/jdxw/201905/t20190506_2560533. shtml.

针对法院漏判追缴违法所得是否属于法律适用错误、能否作为提抗理由等问题，检察官明确提出依据：一是刑法规定"犯罪分子违法所得的一切财物，应当予以追缴或者责令退赔"；二是司法解释规定"追缴或者责令退赔的具体内容，应当在判决主文中写明"。检察官随即以一审法院法律适用存在错误等建议提请抗诉。针对二审中辩护人提出的违法所得数额应当在销售金额基础上扣除成本的辩护意见，检察官依据现有立法规定和精神予以反驳，明确指出刑法规定的追缴对象是违法所得的一切财物，立法原意是"不让犯罪分子通过实施犯罪获得任何收益"。最终，检察官的上述意见得到江门市中级人民法院采纳。

江门市新会区检察院通过积极履行审判监督职能，对知识产权刑事案件漏判追缴违法所得的判决提出抗诉，纠正了错误判决，在严惩知识产权犯罪、维护司法公正方面具有典型意义。

② 东莞大宝公司与江门大宝公司侵害商标权及不正当竞争纠纷案。❶

东莞大宝公司获准注册了第 14338537 号"伊泰丽"商标、第 1256810 号"大宝"商标、第 4853294 号"大宝漆"商标。原告东莞大宝公司自 2003 年开始使用"伊泰丽"文字标识，东莞大宝公司在 2006 年 2 月申请"伊泰丽"油漆桶外观设计专利并于 2007 年 1 月获得授权。江门大宝公司提供的《转让协议书》反映了江门市蓬江区荷塘宝源化工有限公司（以下简称"宝源公司"）于 2005 年 9 月 1 日将其机械设备、原材料，"伊泰丽"等产品名称、包装装潢、商标、技术、销售网络等资产转让给邓某；江门市荷塘鸿圣五金制罐厂于 2004 年 6 月 18 日为宝源公司制作了一批包装罐，其中有一部分包装罐拟定名称为"伊泰丽"；江门市蓬江区杜阮联钢实业有限公司于 2006 年 5 月 3 日为被告江门大宝公司制作了一批铁罐，其中一部分铁罐拟定名称为"伊泰丽 18 升花兰桶"。但被告江门大宝公司未能提供其使用"伊泰丽"标识的产品外观情况的证据。2011 年 5 月 9 日，原告东莞大宝公司曾以被告江门大宝公司对其构成侵害商标权及不正当竞争为由，提起诉讼。经江门市中级人民法院二审审理后于 2012 年 11 月 20 日作出判决，判决认定：江门大宝公司构

---

❶ 江门法院网 [EB/OL]. [2019 – 06 – 27]. http：//fy. jiangmen. cn/web/content/2436 – ? lmdm = 1309.

成对东莞大宝公司注册商标专用权的侵犯。江门大宝公司应规范使用其企业名称"江门大宝化工有限公司"，不得违反规定在其生产出售商品上简化或者突出等不规范方式使用"大宝"字样。

江门市中级人民法院认为，东莞大宝公司在一、二审期间均未举证证明其因江门大宝公司、红红宝石商行侵权所受到的损失数额或其因侵权所获利益的数额，则应结合东莞大宝公司在该案中主张权利的商标及侵权产品品种范围，江门大宝公司、红红宝石商行侵权行为的性质、情节、经营规模、侵权持续时间，权利人商标的知名程度以及东莞大宝公司为制止侵权行为所必要发生的合理开支，酌定江门大宝公司、红红宝石商行在该案中应承担的赔偿数额。关于江门大宝公司应承担的赔偿数额。江门大宝公司于2012年因侵犯东莞大宝公司的商标专用权被生效判决确定赔偿400000元，并要求其规范使用企业名称。而该案中，江门大宝公司在其生产的"伊泰丽"油漆产品的包装桶、网站展示的图片产品外观、包装及相关宣传中，或用括号将企业名称中的"江门"二字括起，以"（江门）大宝化工有限公司荣誉出品"出现，或以"江门大宝化工""大宝""大宝化工"等形式使用，前述使用方式中发挥主要识别作用的仍为"大宝"，该使用形式易使消费者在识别产品时产生误认，使相关公众与东莞大宝公司享有的注册商标使用权产生混淆或误认，构成不规范使用其企业名称。江门大宝公司仍未规范其使用行为，构成重复侵权。结合江门大宝公司对该案所涉三个注册商标专用权的侵权方式、内容、影响范围，以及东莞大宝公司为制止该侵权支出的成本等因素，并综合考虑对"大宝"注册商标专用权重复侵权的主观状态，江门市中级人民法院酌定江门大宝公司应向东莞大宝公司赔偿损失250000元，一审法院确定赔偿数额为80000元不当，应予以纠正。关于红红宝石商行应承担的赔偿数额，红红宝石商行系个体工商户，一审法院综合考虑其经营规模、产品销售范围、侵权行为的情节及后果、东莞大宝公司维权的合理费用等因素，酌定红红宝石商行向东莞大宝公司赔偿损失50000元并无明显不当。

该案入选江门2018年度十大典型案例。侵害商标权案件中，因侵权所获得的利益或者因被侵权所受到的损失无法确定时，江门市中级人民法院指出，赔偿数额应当综合考虑多种因素，具体包括：被控侵权人的经营规模和销售数额、侵权的主观恶意程度、被侵权商标的知名度、商标使用许可的种类、时间、范围及制止侵权行为的合理开支，特别要考虑恶意侵权对赔偿数额的影响。该案对遏制侵犯商标权的行为具有重要意义。

③ 王某、曹某诉黄某、第三人河南素匠泰公司等特许经营合同纠纷案。

被告黄某为"素匠泰茶"系列商标的注册人，其将上述系列商标授权给江门某某公司（自然人独资公司，股东为被告黄某）使用。2018年4月，王某、曹某与江门某某公司签订特许经营加盟协议书，王某、曹某向江门某某公司支付加盟费35万元。2018年6月，王某、曹某加盟经营的店铺开始营业。2018年8月，深圳市食品药品监督管理局通报当地该品牌的加盟店内两类奶茶检测不合格。

2018年10月，河南素匠泰公司成立，后江门某某公司与河南素匠泰公司签订权利义务转让协议书，约定江门某某公司将其与客户签订的特许经营加盟协议书的全部权利义务转移给河南素匠泰公司。2018年11月，江门某某公司办理注销登记。王某、曹某向法院提起诉讼，请求解除特许经营加盟协议书，要求黄某退回加盟费35万元并赔偿损失。

蓬江法院经审理认为，首先，特许人江门某某公司被注销后，应视为合同主体的灭失，王某、曹某被赋予了解除特许经营加盟协议书的权利，王某、曹某通过提起诉讼请求解除涉案协议，应予支持。其次，涉案协议虽约定特许人无论任何理由均可不予返还加盟费，但在特许人存在过错的情况下应当结合实际情况予以处理。虽然江门某某公司已按涉案协议履行了特许经营义务，但其提供的加盟产品配料含有违反国家食品安全标准的添加剂，对王某、曹某的经营造成了影响，其在履行过程中存在过错。

综合考虑特许人在履约过程中的过错，王某、曹某的经营时间、经营状况以及掌握了一定的经营技术等因素，蓬江法院一审判决黄某退回王某、曹某加盟金10万元。黄某不服提起上诉，二审江门中院维持原判。

该案是蓬江法院2019年审理的特许经营合同纠纷案。一般情形下，加盟费不予返还。因为加盟费体现的是特许人所拥有的商标、盈利模式、原料配方、培训支持、管理方式等经营技术的价值，而上述经营技术一旦由被特许人知晓和掌握，就意味着特许人已经履行其义务，故特许经营合同常常约定特许人可不退回加盟费。但若特许人在履行特许经营合同的过程中存在过错，法院应综合考虑相关因素，酌定特许人向被特许人退回部分加盟费，甚至赔偿损失。

2. 行政保护情况

司法保护作为最后一道防线，具有被动性的特征，而行政执法能够主动、快捷地制止知识产权的侵权行为，是知识产权保护中不可替代的部分。行政执法部门既可以依权利人的申请，及时制止有关侵权行为，也可以依自身职权主动展开调查，并对侵权纠纷进行处理。同时配合上门查处、扣押等执法措施，以及没收、罚款等行政处罚手段，保障知识产权权利人的合法权益。

（1）2018 年、2019 年专利纠纷案件收结情况。❶

2018 年，广东省行政执法部门受理专利纠纷案件共计 2069 件。其中，江门市受理 15 件，占比 0.72%。2019 年，广东省行政执法部门受理专利纠纷案件共计 1862 件。其中，江门市受理 10 件，占全省的 0.54%，占比较 2018 年有所下降。

在结案数量方面，2018 年，广东省专利纠纷案件结案共计 1172 件。其中，江门市仅结案 2 件，占比 0.23%。2019 年，全省专利纠纷案件结案共计 1326 件。其中，江门市结案 12 件，增长幅度巨大。

上述数据显示，江门市在 2019 年专利纠纷案件结案数量大比例提高，反映出江门市行政执法部门对知识产权保护方面的重视并将其落到实处，对受理的案件及时办理，处理专利纠纷案件的效率显著提高了，但是 2016—2019 年江门市行政执法部门效率并不算高，2017 年和 2019 年表现良好，但 2016 年和 2018 年结案效率却较为低下。

（2）2018 年、2019 年专利行政执法情况。

行政执法办理的知识产权案件可分为专利侵权、查处假冒专利行为及其他。2019 年，江门受理和审结的案件均为专利侵权纠纷案件。2018 年受理的纠纷中，13 件属于专利侵权纠纷，2 件属于查处假冒专利行为，审结的 2 件均为假冒专利行为。2018—2019 年，江门市行政执法案件统计如表 11 - 5 所示。

---

❶ 2018 年为 1—7 月的数据，2019 年为 1—11 月的数据，下同。参见：专利行政执法案件量统计（知识产权）［EB/OL］.［2020 - 05 - 13］. http：//gddata. gd. gov. cn/data/dataSet/toDataDetails/29000_02600055.

表 11－5　2018—2019 年江门市行政执法案件统计　　　　单位：件

年度	纠纷案件受理		纠纷案件结案	
	侵权	查处假冒专利行为	侵权	查处假冒专利行为
2016	18	2	6	2
2017	36	1	47	1
2018	13	2	0	2
2019	10	0	12	0

3. 成立江门高新区知识产权服务联盟

2016 年，江门高新区被确定为国家知识产权试点园区；2017 年，被确定为国家知识产权强县工程示范县；2018 年，成立了广东省内首家高新区知识产权服务联盟。该联盟将广东省内优质的知识产权服务资源聚集起来，覆盖知识产权代理、贯标、诉讼、价值评估、检索分析、咨询、运营等服务，为江门高新区企业提供知识产权资源服务平台，实现资源对接、彼此支撑、互助互利、协同发展，推动高新区知识产权与技术创新事业建设，为高新区产业转型升级提供强有力支撑。

4. 成立江门市科技企业孵化协会

为推动江门孵化育成体系进一步完善、全面释放科技创新动能，2019 年 7 月 12 日，江门市科技企业孵化协会成立。江门市科技企业孵化协会是在江门市科学技术局指导下，由江门市内的科技企业孵化器、加速器、众创空间、科技园区、产业园区、投融资机构、科研院所、科技企业以及科技中介等从事科技创新领域的相关机构和单位自愿组成的专业性的非营利性社会团体。该协会旨在联系和服务协会成员单位，在政府和创新创业载体之间搭建沟通桥梁，以加强科技企业孵化器及科技企业之间、科研机构、科技中介服务机构、风险投资机构、从事科技孵化服务工作等机构的联系和信息交流，整合创新资源，实现社会共享，并通过举办培训和交流活动，为协会成员单位提

供信息服务，促进科研成果转化。❶

（四）知识产权中介机构发展状况

2008 年发布的《国家知识产权战略纲要》把"知识产权中介服务"作为发展战略之一。截至 2018 年底，全国获得专利代理师资格证人数达到 4.2581 万人，执业专利代理师超过 1.8668 万人，专利代理机构达到 2195 家。2010—2019 年，我国的专利代理机构数量每年都在上涨，尤其是 2016 年开始，上涨幅度大幅度提升，如图 11-7 所示。2019 年，全国新设专利代理机构 590 家，其中广东、北京、江苏分别以新设 109 家、105 家、80 家位列前三。

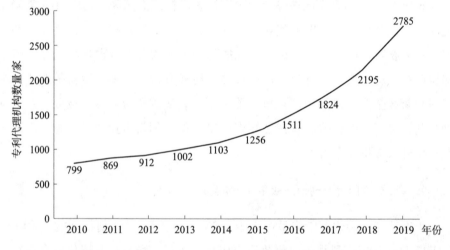

图 11-7　2010—2019 年我国知识产权专业代理机构数量变化情况

2019 年，江门市新成立了 2 家知识产权代理事务所，算上之前的 1 家，目前共有江门创颖专利事务所、江门市博盈知识产权代理事务所、江门市泰睿知识产权代理事务所 3 家知识产权代理机构❷。此外，还有广州科粤专利商标代理有限公司（江门分公司）、广州新诺专利商标事务所有限公司（江门分公司）、广州三环专利代理有限公司（江门分公司）、广州嘉权专利商标事务

❶　江门市人民政府［EB/OL］.［2019-07-15］http：//zwgk.jiangmen.gov.cn/xxgk_kjj/201907/t20190715_1966924.html.

❷　国家知识产权局.专利代理机构列表［EB/OL］.［2020-05-01］.http：//dlgl.cnipa.gov.cn/txnqueryAgencyOrg.do.

所有限公司（江门分公司）、广州市华学知识产权代理有限公司（江门分公司）和北京远大卓悦知识产权代理事务所（江门办事处）等 8 家专利代理分支机构。

（五）知识产权人才引进和培育情况

1. 江门市人才引进情况

2018 年，全市新增博士后科研工作站 2 个、园区工作站分站 4 个、创新实践基地 12 个，新引进博士后 40 人，在站博士后达 63 人，新增博士工作站 21 个，博士、博士后科研平台数量和博士后人数均取得大幅增长；新增 2 人入选"国家科技创新创业人才"推进计划，新增 1 个项目入选"2018 年度中国留学人员回国创业启动支持计划"，新增 1 个项目入选 2018 年地方科教文卫引智项目计划；新设立 2 个"联络五邑"海外服务工作站。实施"百名博（硕）士引育工程"，25 名博（硕）士聘用到位；新增 6 个市级留学归国人员创新创业项目，评出 20 名"江门市名师名医名家"和 8 个"专家工作室"，资助用人单位柔性引进高层次人才 14 人。❶

2019 年，江门市与暨南大学等省内 4 所高等院校签订人才供给战略合作协议，搭建人才供给平台。全市新增博士后创新实践基地 5 个。新引进在站博士后 38 人，新增高级职称专业技术人员 1148 人；12 名在站博士后获得中国博士后科学基金面上资助，获批人数为历年最多。❷

2. 珠西先进产业优秀人才"双创园"正式运营

2019 年 9 月 19 日，珠西先进产业优秀人才"双创园"开园。建设双创园是江门市积极响应广东省政府建设"1 + 12 + N"港澳青年创业孵化载体工作部署的重要举措。双创园是江门市汇聚港澳青年创业的核心孵化载体，对吸

---

❶ 江门市人力资源和社会保障局 2018 年工作总结和 2019 年工作计划［EB/OL］.［2019 - 01 - 09］. http：//www. jiangmen. gov. cn/zwgk/bggk/bmgzzj/201901/t20190109_1800362. html.
❷ 江门市人力资源和社会保障局 2019 年工作总结和 2020 年工作计划［EB/OL］.［2020 - 04 - 09］. http：//www. jiangmen. gov. cn/bmpd/jmsrlzyhshbzj/sylm/ghjh/content/post_2027328. html.

引港澳及国际人才、推进江门引才引智引技将发挥桥头堡作用。双创园不但提供零租金和拎包入驻的优质办公场地，还拥有一流的创业环境以及专为港澳青年创业打造的全链条服务体系。目前已有8个高层次人才创业团队得到双创园专家评审会议专家的一致认可，优先获得入驻资格，其中4个为人工智能及智能制造领域的港澳青年创业项目。❶

双创园正式运营，将进一步促进江港澳双创资源的对接，有利于深层次吸引港澳地区的优势资源汇聚江门，有利于加速推动江门市积极融入粤港澳大湾区建设。

3. 江门首个人力资源服务产业园建成

江门市首个人力资源服务产业园（以下简称"产业园"）于2018年底建成并投入运营。产业园积极服务粤港澳大湾区建设，招才引智取得了初步成效，人力资源协同发展实现了新的突破。目前，产业园共引进优秀人力资源服务机构20家。其中，7家机构在国内、省内具有品牌影响力，2家机构具有港澳资金背景。产业园机构2018年产值达3.1亿元，税收近500万元。截至2019年4月底，产业园共为1.32万家企业提供服务，引进和服务对象达60.63万人。❷

4. "人才管家"项目初获成效

江门市人才管家的服务对象主要包括江门市认定的一级、二级人才。截至2019年6月，江门市共设置人才管家134名，开展各类服务5000多人次。市人才管家项目涵盖高层次人才专业服务、生活服务、家庭服务等23项内容，该项目的开展使江门的人才服务形成了统一管理的模式。❸

---

❶ 江门市人民政府网站［EB/OL］.［2019 – 09 – 20］. http：//www. jiangmen. gov. cn/zwgk/sssqzx/jhzx/201909/t20190920_2013857. html.

❷ 江门市人民政府网站［EB/OL］.［2019 – 05 – 20］. http：//www. jiangmen. gov. cn/zwgk/zwdt/201905/t20190520_1905204. html.

❸ 江门市人民政府网站［EB/OL］.［2019 – 06 – 06］http：//www. jiangmen. gov. cn/zwgk/bdzx/201906/t20190606_1924629. html.

5. 国际引才引智网络进一步扩展

2019 年 12 月 3 日，江门市与中德（汉诺威）跨文化咨询服务中心等两家机构签订了合作协议，意味着江门市海外服务站数量达到 8 家，国际引才引智网络进一步扩展。同时，也意味着离江门市 2016 年提出的在全球布局 10 个左右"联络五邑"海外服务工作站计划完成更进一步。海外服务站的建立有助于吸引更多来自欧美的科研创新人才及优质项目落地江门市，引导更多国际创新资源集聚江门市，提高江门市在实施人才战略中的站位，构建全球引资引智工作网络。❶

6. 粤港澳大湾区高层次人才创新创业就业驿站成立

为吸引广大海内外尤其是港澳高层次人才到江门创新创业就业，实现港澳人才智力资本为江门市所用，为江门市高质量发展提供强大的智力支撑，2019 年江门市成立了粤港澳大湾区高层次人才创新创业就业驿站。驿站的成立同时也为江港澳三地人才交流合作提供了新的平台，为港澳人才走近江门、认识江门、落地江门提供了窗口，也为大湾区区域之间的高层次人才协同合作、融合发展、自由流动创造了良好条件。

三、建议和展望

2019 年，江门市出台了一系列关于知识产权方面的政策，取得了较显著的效果，也有力地促进了江门市社会经济的发展。但是，江门市知识产权事业仍然存在一些不足。

（一）企业创新能力仍需加强

2019 年，江门市全市高新技术企业数量大幅增长，但知识产权优势企业和示范企业尤其是国家优势企业和示范企业数量仍然很少，在一定程度上反

---

❶ 江门"联络五邑"海外服务工作站再添新翼 ［EB/OL］. ［2019 – 12 – 04］. http：//www. jiangmen. gov. cn/newygadwq/xw/content/post_1871742. html.

映了江门市企业创新能力尚待提高。因此，应高度重视并花大力气增强江门市企业尤其是科技型企业的创新能力，加大对企业科研投入的支持力度，推动企业自主创新能力以及知识产权的保护和运用，促进江门市企业的知识产权创新、转化和应用能力的提升，进一步优化江门市企业的结构。

（二）知识产权获取尤其是专利申请和授权状况不佳，有效发明专利数量偏低

从 2019 年的情况看，无论是在专利申请的数量还是质量上，江门市都远远落后于广州、深圳等其他珠三角城市。在专利构成中，实用新型和外观设计专利居多，发明专利则相对较少，且发明申请量和授权量出现了下跌趋势。更为值得注意的是，江门市的有效发明专利量 2019 年虽居广东省第八位，但每万人有效发明拥有量低于广东省平均水平，与粤港澳大湾区其他城市相比，仅高于肇庆市，落后于其他城市。总体而言，江门市的专利申请、授权数量和有效发明量跟广东省珠三角其他城市相比差距悬殊。因此，江门市应该有针对性地采取以专利为核心的知识产权促进措施。江门市已经意识到这一点，所以在 2019 年出台了《江门市专利扶持实施办法》，为专利事业发展提供资金支持。但江门市仍然需要进一步完善优惠与扶持政策，形成良好的竞争和激励机制，激发企业的创新积极性，鼓励它们加大自有资金投入力度。通过政府、社会与企业的多方合力，努力提升江门市以专利为核心的知识产权的成果数量和质量，尤其是提高发明专利的数量和质量。江门市还应加大宣传和支持以专利为核心知识产权的成果的创造，激发江门市学校、个人的创新创造能力，营造一个大众创新创造的环境，而不仅是依靠企业推动以专利为知识产权的发展。此外，江门市在专利代理服务方面的发展还较为落后。江门市可以加强发展专利代理服务，由申请人委托专利代理机构申请专利，提升专利申请的成功率等。通过做好以上工作来提高江门市的自主创新能力，提高以专利为核心的知识产权成果的数量和质量。

（三）知识产权保护力度尚需加强

首先，在知识产权保护的宣传、教育方面存在明显不足。就目前的情况看，江门市的知识产权保护培训和知识产权保护的宣传工作基本上都是针对企业的，面向知识产权权利人以及一般市民的相关工作几乎付诸阙如。在加大知识产权保护力度的同时，应积极拓宽宣传渠道进行普法教育，可采取行政执法机关、司法机关联合召开新闻发布会等形式，彰显打击知识产权侵权、犯罪行为的合力，形成震慑，或通过向社会公布并评选的方式定期发布知识产权典型案例。同时，利用新媒体传播快捷、覆盖面广等优势，通过微博、微信等网络媒体，制作知识产权保护微博专栏和手机报，普及知识产权取得、运用、保护等方面的知识。其次，江门市应加大知识产权相关数据与信息的统计与发布。江门市虽发布有《江门市制造业知识产权司法保护白皮书》等报告，但仍缺少全面数据与信息的发布。江门市应加强知识产权相关数据与信息库的建设，加大对知识产权的重视与保护。最后，江门市知识产权保护协会尚待建立。2019 年，江门市成立了知识产权司法保护中心，但该中心是由江门市中级人民法院主导的、提供知识产权司法保护服务的专门性平台，并不能取代地方性知识产权保护协会，两者的定位与功能并不相同。在过去几年里，广东省知识产权保护协会以及东莞市知识产权保护协会、汕头市专利保护协会等地方性知识产权保护协会，都在知识产权的保护中起到了重要的作用。但是，江门市迄今仍未成立地方性知识产权保护协会。根据《国家知识产权战略纲要》的部署，成立知识产权协会是贯彻《国家知识产权战略纲要》的重要举措之一，其目的是发挥协会在知识产权保护、运用、管理方面的能力，提高成员单位的保护知识产权水平，健全知识产权保护的社会化服务体系。

（撰稿人：刘睿）

后　记

本报告是《粤港澳大湾区知识产权研究报告》系列丛书的第二本。本报告聚焦于 2018—2019 年粤港澳大湾区知识产权制度和政策、知识产权发展状况等，对发展过程中出现的问题提出了建议并对未来的发展进行了展望。

本报告撰写分工如下。第 1 章：卢纯昕；第 2 章：王佳、常廷彬；第 3 章：朱晔；第 4 章：赵盛和；第 5 章：刘晓蔚；第 6 章：王太平；第 7 章：叶昌富；第 8 章：曾凤辰；第 9 章：刘洪华；第 10 章：龙著华；第 11 章：刘睿。

本报告撰写过程中得到了广东外语外贸大学校领导、广东省市场监督管理局（知识产权局）领导、广东省知识产权保护中心领导等的大力支持。在此，对各位领导的关心、指导以及各位作者、编辑等的辛勤付出表示衷心的感谢！